中国人民大学食品安全治理协同创新中心译丛

欧盟食品法

EUROPEAN
FOOD LAW

［意］路易吉·柯斯塔托（Luigi Costato）
［意］费迪南多·阿尔彼斯尼（Ferdinando Albisinni） 主编

孙娟娟　等编译

知识产权出版社
全国百佳图书出版单位

图书在版编目（CIP）数据

欧盟食品法／（意）路易吉·柯斯塔托（Luigi Costato），（意）费迪南多·阿尔彼斯尼（Ferdinando Albisinni）主编；孙娟娟等编译．—北京：知识产权出版社，2016.11
ISBN 978-7-5130-4607-7

Ⅰ.①欧… Ⅱ.①路… ②费… ③孙… Ⅲ.①欧洲联盟—食品卫生法 Ⅳ.①D950.216

中国版本图书馆 CIP 数据核字（2016）第 275878 号

This book is the Chinese edition of the Italian original version of "European Food Law" (Authors: Luigi Costato, Ferdinando Albisinni), 2nd edition, © 2016, Wolters Kluwer Italia s.r.l., Milanofiori Assago (Milano), Italy.

责任编辑：齐梓伊　　　　　　　　　执行编辑：雷春丽
封面设计：韩建文　　　　　　　　　责任出版：刘译文

欧盟食品法

［意］路易吉·柯斯塔托（Luigi Costato）
［意］费迪南多·阿尔彼斯尼（Ferdinando Albisinni）　主编

孙娟娟　等编译

出版发行：知识产权出版社有限责任公司	网　　址：http://www.ipph.cn
社　　址：北京市海淀区西外太平庄 55 号	邮　　编：100081
责编电话：010-82000860 转 8176	责编邮箱：qiziyi2004@qq.com
发行电话：010-82000860 转 8101/8102	发行传真：010-82000893/82005070/82000270
印　　刷：北京嘉恒彩色印刷有限责任公司	经　　销：各大网上书店、新华书店及相关专业书店
开　　本：720mm×1000mm　1/16	印　　张：29.5
版　　次：2016 年 11 月第 1 版	印　　次：2016 年 11 月第 1 次印刷
字　　数：393 千字	定　　价：88.00 元
ISBN 978-7-5130-4607-7	
京权图字：01-2016-8757	

出版权专有　侵权必究
如有印装质量问题，本社负责调换。

食品安全治理丛书编委会

编委会主任：王利明

编　　　委（按姓氏笔画排序）

马　中　王伟国　王晨光　申卫星
生吉萍　朱信凯　吴永宁　余以刚
李广贺　杜焕芳　陈　岳　张成福
胡锦光　倪　宁　钱永忠　唐　忠
韩大元　雷　梅

编　辑　部
编辑部主任：路　磊
编辑部副主任：杨　娇
编　　　辑：孟　珊　宫世霞

译　者

孙娟娟　中国人民大学法学院博士后，食品安全治理协同创新中心研究员

（第一章、第二章、第三章、第四章、第五章、第七章、第十一章、第十六章、第二十三章）

苗　苗　中国人民大学法学院法律（非法学）食品安全方向2014级研究生

（第六章）

王君羽　中国人民大学法学院法律（非法学）食品安全方向2014级研究生

（第八章）

石冰冰　中国人民大学法学院法律（非法学）食品安全方向2014级研究生

（第九章）

唐　珊　中国人民大学法学院法律（非法学）食品安全方向2014级研究生

（第十章）

周先翔 中国人民大学法学院法律（非法学）食品安全方向 2014 级研究生
（第十二章）

周　明 中国人民大学法学院法律（非法学）食品安全方向 2014 级研究生
（第十三章、第十八章）

张　超 中国人民大学法学院法律（非法学）食品安全方向 2014 级研究生
（第十四章）

徐　双 中国人民大学法学院法律（非法学）食品安全方向 2015 级研究生
（第十五章）

蒋一玮 中国人民大学法学院法律（非法学）食品安全方向 2014 级研究生
（第十七章）

方昕婕 中国人民大学法学院法律（非法学）食品安全方向 2014 级研究生
（第十九章）

孔　倩 中国人民大学法学院法律（非法学）食品安全方向 2015 级研究生
（第二十章）

尤　猛　中国人民大学法学院法律（非法学）食品安全方向 2014 级研究生
（第二十一章）

叶程程　中国人民大学法学院法律（非法学）食品安全方向 2015 级研究生
（第二十二章）

崔美晨　中国人民大学法学院法律（非法学）食品安全方向 2015 级研究生
（第二十四章）

王光耀　中国人民大学法学院法律（非法学）食品安全方向 2015 级研究生
（第二十五章）

周　梦　中国人民大学法学院法律（非法学）食品安全方向 2015 级研究生
（第二十六章）

译者序

欧盟农业和食品法律的历史演变呈现出以下特点。一是反映了一部新兴的领域法，即食品法的崛起。该法律的目的在于回应农业及食品行业发展中出现的问题，并通过确立各利益相关方的权利义务，以协调公众健康保护、食品行业经济发展和地方饮食文化传承等不同利益。二是鉴于粮食安全、食品安全、食品质量等食品问题的历时性与共时性，欧盟食品法的内容架构也相应地呈现出问题导向的立法干预特点以及该立法发展的渐进性。然而，历经疯牛病危机和彻底的食品立法改革，新架构的《通用食品法》（第178/2002号法规，全称《欧盟议会和欧盟理事会2002年1月28日第178/2002/EC号有关食品基本原则和基本规定、建立欧盟食品安全局以及食品安全事务相关程序的法规》）则借助消费者保护、风险分析、谨慎预防等立法原则突出了健康保障的优先性、立法决策的科学性和民主性。而且，在该法规的基础上，进一步形成了体系化、全面化的食品法律框架。值得一提的是，在"法规适度与绩效项目（REFIT）"下，食品领域内的法规体系也正朝着更加简洁、清晰、稳定和可预期的方向发展。三是作为一个超国家组织，欧盟有关农业和食品的立法协调也受到自身权限的限制。换而言之，欧盟的食品治理具有多层性和多元性的特点。其中，前者涉及欧盟与成员国在食品监管事项中的不同分工与合作，后者则是因为成员国内的食品行业和饮食传统差异，需要在欧盟协调中进一步为各方利益提供

诉求和协商机制。

对于上述内容，由路易吉·柯斯塔托（Luigi Costato）和费迪南多·阿尔彼斯尼（Ferdinando Albisinni）教授于2011年主编出版的《欧洲食品法》（European Food Law）作出了详细的介绍和评析，要点包括梳理欧盟农业法和食品法的历史演变及关联性，介绍《通用食品法》的定义、原则和制度，以及举例说明对新食品、传统食品等具体食品种类的监管。时值中国加快构建食品安全治理体系之际，欧盟食品法规的体系化发展和多层次的分工与合作，都能为中国进一步完善立法体系中的规章配套和改善监管体系中的央地关系提供欧盟经验。值得一提的是，之所以选择"欧洲"而不是"欧盟"这一词汇，编著者们是为了强调这些食品相关的欧盟法律是欧盟立法、成员国法律乃至国际规则相互交织而成的产物，其影响并不局限于欧盟层面，也包括对成员国的立法和执法。也就是说，"欧洲"在此是为了突出从欧盟到成员国的一个多层及多元治理体系，而不是泛欧洲这样一个概念。然而，鉴于"欧洲"和"欧盟"概念在中文语境中的差异，为了避免对读者的误导，在原著编者的同意下，译者使用了"欧盟"的概念，意在表明这一译著是关于欧盟及其成员国有关食品安全的立法进程和相关制度建设。

需要补充的是，随着食品法在欧盟乃至全球范围内的发展，路易吉·柯斯塔托和费迪南多·阿尔彼斯尼教授已经注意到了食品法发展的全球趋势。为此，在2016年的再版期间，两位教授不仅根据欧盟食品法的立法新动态更新了一些章节的内容，尤其是第1169/2011号有关向消费者提供食品信息的法规、第1151/2012号有关农产品和食品质量项目的法规、第1308/2013号建立针对农产品的共同市场组织的法规、第2015/2283号有关新食品的法规等新落实的法规所带来的内容变化。而且，他们也通过增加美国篇、中国篇、拉丁美洲篇和全球篇，介绍了食品法在这些国家和地区以及国际层面的发展。

正是考虑到食品法的兴起与发展，中国人民大学食品安全治理协同创新中心不仅通过新设学科、协同研究的创新推动该领域法在中国的发展，同时也借助域外合作为上述的工作提供智力支持和经验借鉴。其中，以这一介绍欧盟食品立法为主要内容的《欧洲食品法》为代表的系列化的国外食品法译著将成为域外合作和国内推广的重要成果。目前，通过此译著呈现的《欧洲食品法》是该英语著作的第一版。但鉴于法律适用的时效性，译著也根据其第二版的整理及时更新了一些章节的内容。在此，笔者首先要感谢中心韩大元教授、胡锦光教授和竺效教授以及路磊、杨娇、孟珊老师在合作洽谈和翻译立项中给予的支持。其次，感谢意大利费迪南多·阿尔彼斯尼教授在中心开展的有关欧盟食品法的培训和对此次翻译的推动工作。最后，感谢参与此次翻译工作的中国人民大学法学院法律（非法学）食品安全方向的研究生。正是因为他们的协助，此次的翻译工作才可以顺利推进。所谓众人拾柴火焰高，新兴的食品法需要更多的合作力量，去推动其在中国乃至全球的发展。

孙娟娟

2016年8月

原 版 序

《通用食品法》在共同体和成员国层面确立了有关食品和饲料的基本原则,尤其是针对食品和饲料的安全。

就为此所制定的规则而言,它们的相关性并不仅仅基于它们的内容,也基于多重的法律基础[条约第37条、第95条、第133条和第152(4)(b)条]、多重的立法目标(公众的健康和福利以及食品和饲料在共同体和内部市场的自由流通),综合采取的创造性原则[风险分析、谨慎预防原则(precautionary principle)、透明],成立欧盟食品安全局。这些原则和规则即便是在成员国层面也是必须予以执行的,且涉及食品生产和流通的所有环节。

一如某一美国学者的观察:"美国宪法规定中的重要原则已经被引入到食品立法中(Hurt 2005)。"上述的结论对于欧盟的立法而言也是一样的。对于推进欧盟立法中的基本原则的发展而言,食品法的作用是值得肯定的。对此,只要提及"相互认可"这一司法判决所确立的原则即可。此外,欧盟法院有关食品生产和食品市场的许多判决都涉及确认行政行为的比例性这一原则的内容和范围,以及有关保护欧盟公民权利的内容和范围。

《通用食品法》不仅再次确认并扩大了一些原本被诸多限制的规则适用范围(诸如追溯或者谨慎预防原则),而且,其发展的方向也有助于推进一个更为综合的法律体系。在该体系下,一些传统的欧盟规则(例如,针对标识、销售或者产品责任的规则)都将在

这一更为整合的新背景下予以适用。对此，《通用食品法》的解释和适用以及在2002年前后所确认的大量欧盟食品法律规则要求学者、法律实务者、公共机构管理者和企业从业者都认可相关法规和指令执行的规制框架。

事实上，很久之前就已经表明，仅仅只是遵循一项一项的规定已经不够了。在这个方面，《欧洲食品法》明确表明其所推进的方向是采用一个整合且协同的方式，即全面考虑目标、权能、责任和程序，强调行政和司法经验的作用，确立一个地方、国家和欧盟规制者和管理者都紧密合作的框架。为此，可以肯定的是，作为上述进程的结果，一个新的立法模式已经出现。在该新的立法模式之下，源于共同体层面的规则和源于成员国以及地方层面的规则可以严格地嵌入到统一的欧洲食品法模式中。

上述发展使得法律教育的需求量日益增加。在欧盟层面，作为代表的法律教育主要是研究生教育和针对那些业已在私人企业或公共管理机构从事相关工作的人员的教育。在很多情况下，食品企业从业者就日常工作中出现的问题，很难找到明确的解答，尤其是针对新产品和新生产程序的问题，但他们又必须确保符合欧盟成员国的规则。在另外一些情形下，成员国的法院依旧适用一些明显未经修订且依旧具有效力的成员国规则。根据《欧洲食品法》的规定，这些规则都需要加以修订。然而，上述现象直到不久之前还大量存在。最为显著的一个例子就是有关葡萄酒装瓶的规则争议，即争议的一方认为应承认地方针对优质葡萄酒在产地进行装瓶的规则，另一方面则认为应针对受保护原产地命名的产品变更地方规则。

鉴于上述的考虑，本书的主编和写作人员就相关的主题开展了写作合作，以便针对《通用食品法》进行深入的分析和评议。首次合作的成果于2003年发表在了法律期刊（Le nuove leggi civili commentate）上，其由出版社CEDAM出版。在此之后，所有参与评论的学者继续一起致力于这一领域的研究，并于 2004 年设立了意大利食品法协会。该协会分别于 2005 年在罗维戈（Rovigo）、2006 年在乌迪内（Udine）、2007 年在罗马、2008 年在博洛尼亚（Bologna）、2009 年在马切拉塔（Macerata）、2010 年在西耶那（Siena）组织了国际食品法会议。此外，还在网上发布了意大利食品法学会会刊（rivista di diritto alimentare），该学刊是专门针对食品法的法律期刊，目前已是其发展的第五年。同时，针对食品法的专业课程也得以发展，且增长很快，不仅在意大利，也包括欧盟的其他成员国。

正是上述的发展以及业已开展的研究工作，我们决定通过文本性的工作来探讨该法律在国家层面以及一些共享且统一层面的改革进程和相关问题，以便有关这一领域法的知识传播，包括它的内容和趋势。也因为如此，该文本的写作选择了英语。之所以选择英语作为出版语言是因为其不仅有助于在不同的国家发行这本著作，而且更为重要的是，为读者提供一个必要的选择，使其了解相关的术语。因为在很多时候，如果读者不熟悉法律文本所采用的初始工作语言，那么要正确认识相关术语并适用它们就会变得很困难。就上述内容，只要提及"追溯（traceability）"这一话题，各国不同的翻译所导致的不确定性就足以证明其重要性。在这个例子中，一些欧盟法规的官方版本在翻译为意大利语时，有的采用了"rintraccciabilita"这一术语，有的则采用了"tracciabilita"这一术语。作为科学术语，这两个词汇所代表的概念是不同的，其中，一个是指自下而上，另一个是指自上而下，由此，在论及食品从业者和公共管理者的责任和民事责任时是有差异的。

有鉴于此，本书就食品法向学生提供了最为前沿的法律和科学课程，此外，也可适用于那些对《欧洲食品法》领域感兴趣的专业人士、实务人员，无论其是在私人机构还是公共机构。

本书各个章节所讨论的问题都是精选的，旨在就《欧洲食品法》早期发展中出现的主要话题向读者提供体系化的信息，因此，涉及的内容包括法律框架、竞争和内部市场、定义、欧盟和成员国机构、同样适用于其他领域内的欧盟法律体系但对《欧洲食品法》发展具有特殊意义的规制（从消费者保护到标识、商标和专利、快速预警体系、认证过程）、这一领域内的特别规制经验（例如，针对受保护原产地命名和受保护地理标志、有机食品、新食品、传统食品、健康声明、转基因食品）。最后针对红酒和橄榄油的章节是为了讨论具体的产品，其特点在于代表了地中海地区食用农产品的规制特色。本著作最后所列出的案例、法律、网址以及文献有助于针对上述的讨论议题开展进一步的研究。本书已于2011年7月进行了更新。

在此，我们非常感谢 Monica Minelli 在引用和索引审查中给予的帮助，也感谢 Marianna Du Plat-Taylor 对于手稿的审读和语言的校对。本书中出现的所有错误或者疏漏都归责于我们。可以说，这是意大利学者针对《欧洲食品法》用英语进行写作的首次经历，欢迎各位读者的评议和建议，且可发送至邮箱 luigi.costato@unife.it 或 albisinni@unitus.it。

路易吉·柯斯塔托（Luigi Costato）

费迪南多·阿尔彼斯尼（Ferdinando Albisinni）

罗维戈（Rovigo）、维泰博（Viterbo）

2011年7月

全球食品法的发展路径

五年前,《欧洲食品法》第一版的出版是为了实现了以下的设想,即"便于食品法治领域内的知识集结和推进这一领域法的发展,有必要编著一本教材,进而探讨这一不仅只在国家层面,且业已在共同层面所形成的领域法及其所涉及的各类问题"。

从那时开始,这一领域法的影响力在不断扩张。为此,在这次再版中,我们也着眼于这一领域法所日益呈现的全球视野。

从传统来说,无论是意大利还是欧洲其他国家,均习惯性地使用"食品立法(food legislation)"而不是"食品法(food law)"这一概念,前者的意义在于表述国家层面业已发展百年的立法包括了许多针对食品的特殊规则,且大多数是刑事或行政规则,但这些规则都没有系统化,即没有共同的原则、层次和框架。然而,到了 20 世纪 80 年代末 19 世纪初,上述的这一立法模式发生了彻底的转变。

欧盟开始制定新的规则和原则,且对它们进行系统化的编纂,内容包括食品生产者的首要责任,谨慎预防原则,消费者作为责任方而不仅仅只是食品安全消极相关方的贡献角色。

一些研究农业法的意大利学者开始从共同农业政策的研究转向这一渐进发展的新领域,开始讨论并写作有关食品法的内容,即不再仅仅只是探讨食品的立法,且就相关主题写作了第一本手册,强调了食品法的性质是一部欧盟法，也就是说，其不再仅是国家立法，与此同时，这也不仅仅只是一部欧盟法，而是在国家和欧盟法律渊源互动中形成的复杂成果。

正是基于上述的考量，我们决定将第一版的成果命名为《欧洲食品法》，而不是《欧盟食品法》，借此强调这一欧洲食品法并不仅仅只是欧盟法律，相反，其是一个由许多不同的治理中心和机构交织而成的复杂体系，包括了欧洲的、国家和国际的来源，以及私人部门。

几年后，这一发展将进一步超越欧洲的背景而变成全球趋势，为此，我们认为欧洲食品法的性质将重新加以界定，进而我们使用了全球食品法的这一命名，其不仅是指传统意义上的国家组织和国际条约，也是指不同法律体系之间的交流和影响及其比较研究。

美国的《食品安全现代化法案》，中国新修订的《食品安全法》，拉丁美洲的食品立法，都在制定的同时参考了欧盟的《通用食品法》。目前，欧洲法的发展也不仅反映传统国际机构所推进的趋势和规则，同时，也开始与其他的模式相趋同或者相互借鉴。

鉴于上述发展趋势，意大利食品法协会于2015年10月14~15日在米兰召开了以"全球食品法趋势"为主题的年会，出席此次会议的有来自欧洲、美国和中国的研究学者。会议上的发言和提交的论文都确认了欧洲食品法中业已嵌入了许多国际法律规则，尽管有些规则未必是强制性的，但是，都必然是相关联的。由此，该法律明确了那些规制食品生产者和消费者日常活动的共同规则，并引领着食品法的欧洲治理。

对此，这一次再版中的所有章节都意在实现以下的设想，即欧洲食品法的意义并不限于欧洲的边境，而是在影响国际法律发展的同时也受到后者的影响。

此次的目的不是穷尽所有的国际组织和国际规则（这个方面可

以通过其他书籍予以讨论），而是使得读者意识到这一领域法的发展趋势。对此，任何一个想要了解欧洲食品法的人都应当考虑欧洲食品法和全球食品法之间的关联。

此外，之所以将再版的书籍重新命名为《全球食品法》也是为了让全球范围内的食品法律师可以参与进来，进而分享各自的观点、研究和经验。

对于该书的出版，我们想要感谢加利福尼亚大学洛杉矶分校法学院的 Michael T. Roberts，食品相关协会（Asociación Iberoamericana para el Derecho Alimentario）的 Luis González Vaqué，哥斯达黎加大学的 Hugo A. Muñoz Ureña，以及中国人民大学法学院的孙娟娟。他们从不同的角度对这一领域法的发展贡献了自己的观点和建议。此外，也要感谢那些参与写作的意大利同事们。

最后，我们也要一并感谢中国的同事，他们是来自中国人民大学法学院的韩大元院长以及竺效、杨娇、孙娟娟。感谢他们为中文译本以及英语第二版的顺利出版所作出的贡献，而这有助于促进中国和欧洲学者在这一领域内的交流，并共同致力于创建一个不受法律体系的传统边界所束缚的食品法学者交流圈。

路易吉·柯斯塔托（Luigi Costato）
费迪南多·阿尔彼斯尼（Ferdinando Albisinni）
罗维戈、科莎
2016 年 7 月

Contents 目 录

第一章　欧盟食品法的原则和规则
　　Luigi Costato ·· 1
　　1. 粮食安全和食品安全 ······································· 1
　　2. 食品规制 ··· 3
　　3. 谨慎预防原则（precautionary principle）············ 6
　　4. 欧盟食品法的基本规则 ···································· 8
　　5. 欧盟和世界贸易组织 ····································· 10
　　6. 消费者保护和风险预防 ·································· 12
　　7. 结语 ··· 14

第二章　欧盟食品法体系的发展路径
　　Ferdinando Albisinni ·· 15
　　1. 源起：法律协调第一阶段中的共同市场和健康保护
　　　 ·· 15
　　2. 20世纪70年代：部分协调和共同农业政策措施 ····· 20
　　3. 20世纪80年代：司法干预 ······························ 25
　　4. 20世纪90年代：内部市场 ······························ 29
　　5. 欧盟食品立法的多重目标 ································ 36
　　6. 食品安全危机和新的学科框架 ·························· 39
　　7. 新世界——第178/2002号法规和系统性的维度 ······ 42

8. 多中心的规制体系 ································ 45

第三章　国际规则
Paolo Borghi ·· 47

1. 《关税贸易总协定》的初衷，世界贸易组织的成立，以及国际食品法的法律框架 ······················ 47
2. 农产品协定 ····································· 49
3. 《实施动植物卫生检疫措施的协议》 ············· 52
4. 《实施动植物卫生检疫措施的协议》中的谨慎预防原则（precautionary principle） ··············· 55
5. 《技术性贸易壁垒协议》 ························ 57
6. 《与贸易有关的知识产权协定》和食品 ··········· 59

第四章　竞争法与欧盟农业和食品法
Antonio Jannarelli ································· 63

1. 欧盟里斯本条约后的竞争法 ····················· 63
2. 竞争法和共同农业政策 ························· 65
3. 竞争规则和农产品：例外类型（竞争法可适用除外的类型） ······································· 69
4. 农业和食品领域内竞争规制额的适用 ············ 74
5. 竞争法和跨部门的协议和组织 ·················· 75

第五章　欧盟食品法的定义
Alberto Germanò，Eva Rook Basile ············· 79

1. 明确定义的原因 ······························· 79
2. 食品（food）和饲料（feed） ···················· 81
3. 食品和饲料"从业者（operators）" ·············· 83
4. 食品或饲料的入市（food or feed placing on the market） ······································· 85

5. 风险和危害 …………………………………………… 90
　　6. 食品企业和饲料企业 ………………………………… 92
　　7. 食品法 ………………………………………………… 99
　　8. 迈向一个食品法律体系 ……………………………… 103

第六章　欧盟食品安全局：技术、规范和冲突
　　Francesco Adornato ……………………………………… 106
　　1. 机构改革中的欧盟食品安全局 ……………………… 106
　　2. 《里斯本条约》中的食品安全 ……………………… 110
　　3. 欧盟食品安全局的机构：咨询论坛 ………………… 112
　　4. 结论："宇宙中没有一个中心" ……………………… 115

第七章　农业法和食品法
　　Luigi Russo ………………………………………………… 121
　　1. 农业和营养的关系 …………………………………… 121
　　2. 升序：从农业法到食品法 …………………………… 122
　　3. 降序：从食品法到农业法 …………………………… 128
　　4. 结论：我们是否可以使用农业法和食品法的术语 … 136

第八章　消费者保护
　　Sonia Carmignani ………………………………………… 138
　　1. 消费者保护 …………………………………………… 138
　　2. 消费者保护与食品 …………………………………… 141
　　3. 其他 …………………………………………………… 144
　　4. 消费者保护与环境 …………………………………… 147
　　5. 结论 …………………………………………………… 148

第九章　食品行业从业者的责任
　　Antonio Sciaudone ………………………………………… 150
　　1. 前提 …………………………………………………… 150

2. 《通用食品法》（第 178/2002 号法规） ……………… 153
3. 撤回（withdraw）义务 ……………………………… 155
4. 社会责任 ……………………………………………… 157

第十章　缺陷食品产品的损害赔偿责任
Marianna Giuffrida ……………………………………… 159
1. 介于预防和补偿之间的食品安全：总论 …………… 159
2. 食品和缺陷产品的定义 ……………………………… 161
3. 主观方面的要件 ……………………………………… 164
4. 受害人行为的关联性 ………………………………… 166
5. 例外条款的豁免和无效性的原因 …………………… 166
6. 客观限制 ……………………………………………… 170
7. 权利的丧失及时效性 ………………………………… 171
8. 多元责任体系的共存及结语 ………………………… 172

第十一章　追溯和"一揽子卫生法规"
Laura Salvi ……………………………………………… 175
1. 追溯的概念 …………………………………………… 175
2. 欧盟法律中的食品追溯 ……………………………… 176
3. 第 178/2002 号法规中的食品和饲料追溯 ………… 177
4. 欧盟具体部门立法中的追溯：特别是牛肉和转基因食品与饲料领域 …………………………………… 180
5. 欧盟食品卫生立法和"一揽子卫生规范"：概要 … 182
6. 第 852/2004 号有关食品卫生的法规：范围和程度 …………………………………………………… 183
7. 第 853/2004 号有关动物源性产品卫生的法规 …… 189
8. 第 854/2004 号有关动物源性产品官方控制的法规 …………………………………………………… 190
9. 第 183/2005 号有关饲料卫生的法规 ……………… 192

第十二章　快速预警体系

Mariarita D'Addezio, Gioia Maccioni ………… 193

1. 食品和饲料的快速预警体系：法律渊源，框架和作用 ………… 193
2. 确保工作网络功能准确且有效运作的规则、条件和程序 ………… 197

第十三章　技术规则和国家法规

Domenico Viti ………… 200

1. 欧盟在世界食品市场中的"标准制定者"角色 ………… 200
2. 自愿性标准体系 ………… 201
3. 维也纳协定 ………… 202
4. 标准化政策 ………… 204
5. 透明度指令 ………… 204
6. "新方法"和"规则的产生" ………… 205
7. 国家代表团原则 ………… 206
8. 欧盟委员会对欧洲标准委员会的授权 ………… 206
9. 发布标准 ………… 207
10. ISO 22000：2005 标准 ………… 208
11. 审计 ………… 209

第十四章　公共和私人的官方监管标准

Eloisa Cristiani-Giuliana Strambi ………… 211

1. 公共和私人标准：概念、类型、作用 ………… 211
2. 基本标准和质量增值计划 ………… 214
3. 《通用食品法》中的标准 ………… 219
4. 标准、认证计划和认可系统 ………… 222
5. 官方监管和制裁 ………… 225

第十五章　农产品市场的共同组织

Silvia Bolognini 229

1. 《欧盟运作条约》与农产品市场共同组织 229
2. 农产品市场共同组织的实施 232
3. 关税与贸易总协定（1994）下马拉喀什议定书中农业协定对农产品市场共同组织（CMO）的改变 235
4. 第1234/2007号法规和向单一农产品的共同市场组织的过渡 238
5. 市场标准 243

第十六章　标签、名称和商标

Alessandra Di Lauro 246

1. 食品标识、展示和广告立法：第一步定义 246
2. 强制声明、产品名称和语言要求 248
3. 配料和致敏物质 251
4. 营养标识和健康声明 252
5. 针对不公平行为的立法（概要） 254
6. 品牌 255
7. 集体和地理命名 258

第十七章　健康食品和健康及营养声明

Luca Petrelli 261

1. 促进健康食品具体类别定义发展的欧盟立法演变 261
2. 健康食品分类 263
3. 药品和食品的界限 264
4. 针对健康食品中使用维生素和矿物质以外的物质的欧盟立法协调 268

5. 食品营养和健康声明——欧盟第 1924/2006 号法规 …………………………………………………………… 270

6. 使用营养和健康声明的条件 …………………… 272

7. 营养声明和健康声明的具体要求 ……………… 274

8. 结论 …………………………………………… 275

第十八章　专利和植物发明

Francesco Bruno ………………………………… 276

1. 食品领域的专有权和国际专利 ………………… 276

2. 欧盟立法和《国际植物新品种保护公约》对植物新品种的保护 ……………………………………… 278

3. 第 2100/94 号法规 ……………………………… 279

4. 农民的权利 …………………………………… 281

5. 公平报酬与再利用 …………………………… 281

6. 转基因食品的可专利性 ………………………… 284

第十九章　转基因食品和饲料

Eleonora Sirsi …………………………………… 288

1. 介绍 …………………………………………… 288

2. 早期欧盟对转基因食品的规定 ………………… 290

3. 当前转基因食品和饲料规则以及入市销售 …… 292

4. 转基因食品和饲料标识的规制 ………………… 295

5. 非转基因自愿标识制度 ………………………… 298

6. 追溯制度 ……………………………………… 300

第二十章　受保护原产地名称、受保护地理标志和传统特色保证

Stefano Masini …………………………………… 302

1. 受保护地理标志 ……………………………… 302

2. 地理标志，葡萄酒和烈酒 ……………………… 304

3. 地理标志和商标 …………………………………… 305
4. 注册规定 …………………………………………… 306
5. 注册程序 …………………………………………… 307
6. 生产者的权利 ……………………………………… 308
7. 地名的模糊性 ……………………………………… 309
8. 地理标志与商标的共存 …………………………… 311
9. 传统特色保证 ……………………………………… 312
10. 简单和间接的地理标志的国家保护 …………… 313
11. 地理标志保护的国际责任 ……………………… 314

第二十一章　有机食品
Irene Canfora …………………………………………… 316
1. 有机农业的起源：从协调生产方式到欧盟标志 ………………………………………………………… 316
2. 欧盟食品立法框架中第 834/2007 号法规的主要创新 ……………………………………………… 318
3. 有机产品标识：在消费者信息和产品增值之间 ………………………………………………………… 322

第二十二章　传统食品
Lorenza Paoloni ………………………………………… 328
1. 意大利对传统食品的认可 ………………………… 328
2. 欧盟的方法 ………………………………………… 329
3. 现行规制 …………………………………………… 330
4. 欧盟法规的例外 …………………………………… 333

第二十三章　新食品
Sebastiano Rizzioli …………………………………… 335
1. 欧盟新食品法规的立法缘由：入市前的许可程序 ………………………………………………………… 335

2. 第一个新食品规制：欧盟第 258/97 号法规和以 1997 年 5 月 15 日作为确认某一食品是否需要入市许可的判断分水岭 ……………… 337

3. 改革的必要性 ………………………………… 341

4. 欧盟第 2015/2283 号法规：针对新食品的新法律框架及其生效和范围 ……………………… 343

第二十四章　食品添加剂和污染物

Ilaria Trapè，Pamela Lattanzi ……………… 350

1. 引言 ………………………………………… 350
2. 食品添加剂、食用酶和食用香精的通用许可程序 ………………………………………………… 351
3. 食品添加剂的使用规则 ……………………… 352
4. 食用香精的使用规则 ………………………… 354
5. 食品酶的使用规范 …………………………… 355
6. 污染物 ………………………………………… 356
7. 食品中某种污染物的最高水平 ……………… 358
8. 动物源性食品的农药和兽药的最大残留量以及包装的迁移限制 ……………………………… 359
9. 控制，采样和分析方法 ……………………… 360

第二十五章　葡萄酒

Ferdinando Albisinni …………………………… 362

1. 葡萄酒规制的特殊性 ………………………… 362
2. 持久的规则 …………………………………… 364
3. 欧盟法院作为法律的制定者：原产地装瓶案 …… 366
4. 2008 年葡萄酒改革 …………………………… 370
5. 当下优质葡萄酒的监管 ……………………… 372
6. 商标和地理标识 ……………………………… 376

7. 新控制体系和采用统一的规制方式的趋势 ……… 379

第二十六章　橄榄油

Monica Minelli …………………………………… 382

1. 针对油脂的第一个共同市场组织 ……………… 382
2. 国家橄榄油原产地的命名 ……………………… 383
3. 第一项关于特级初榨橄榄油和初榨橄榄油原产地命名的欧盟法规 …………………………… 385
4. 意大利和欧盟委员会的争端 …………………… 386
5. 关于橄榄油原产地命名的一种新的双重标准 … 388
6. 现行法规和单一的共同市场组织 ……………… 389
7. 结论 ……………………………………………… 391

参考文献 ………………………………………………… 393

Chapter 1 第一章

欧盟食品法的原则和规则

Luigi Costato

1. 粮食安全和食品安全

获取食物的能力是动植物赖以生存的前提。换而言之,动植物需要有营养的食物来维持生存。因此,随着内部市场的构建和食品流通的增加,规范欧盟食品系统的规则已变得日益复杂,以至于它们一并构成了一部适宜的食品法。

所有生命物的成长和活力保持都离不开能量。杂食性的人类亦是如此,即通过动物源性或植物源性食物的摄入保持生存力。正是因为如此,欧盟制定了与食品相关的法律,而这又演变为一个很复杂的问题。就人的饮食而言,必须摄入碳水化合物(糖类)、蛋白质、脂肪(脂类)、矿物盐、有机酸、维生素以及适量的水分。在一些特定情况下,一些人群会因为病理的原因而无法食用一些食物,因而需要无害的替代品使其获得适足营养。

立法可以从两个方面对食品相关的事项作出规范,一是针对生产者,二是针对消费者。

当所有人都是食品消费者时，生产者的数量相对而言就比较少。因此，本章首先从粮食安全和食品安全这两个视角论述与消费者相关的立法事项。

粮食安全意味着保障食品的可获得性和供应，食品安全则是与安全、卫生条件相关，也就是说，食物中既没有不属于其成分的物质，如农药、兽药或环境污染的残留物，也没有在生产、使用和/或制备食品时对其作出改变。

由于食品生产和制备技术的发展，食品安全也意味着：一是没有毒素导致的安全问题，即在没有外部因素的影响下，食品自身所含成分的安全性；二是营养安全，即对消费者而言不会使其遭遇营养问题，而这主要是在新食品的评估中加以验证；三是信息安全，即使得消费者获得足够、充分的有关食品特性、使用方式或使用数量的信息（Russo 2010，Costato Rizzioli 2010）。

农民的身份首先是食品生产者，因为整个食品体系都有赖于农业中的食用农产品供给，以及由其为工业和农业加工提供原材料。前者有如水果、蔬菜、肉类和蛋类等食用农产品，后者有如甜菜、谷物、油籽、葡萄和牛奶，其中，葡萄和牛奶通常（虽然并不总是）被农民自己直接加工成葡萄酒和奶酪。

不断延伸的生产链和流通链是农产品市场的一个特点，其不仅跨国也跨越大陆，用比较时尚的说法，就是全球范围。

欧盟内食品生产链和流通链的跨国特点促进了成员国和欧盟机构之间的共存以及相互间的必要合作。一方面，食品供应链的长度和复杂性增加了阻碍自由贸易的风险以及单边国家对于自由流通的限制；另一方面，上述这些因素也会加速健康风险的传播，而这些健康风险与食品的消费或用于食物的动物繁殖相关。上述原因促使了主管部门对彼此合作的重视，包括横向的各成员国主管部门之间的合作以及纵向的和欧盟机构①的合作。

食品法就是通过确定食品的生产和贸易规则以应对上述的复杂问题。此外，它还包括惩罚机制，包括一些在一般法律中作出的规定，如针对食品生产者和贸易商或者其他从业者的商业欺诈和诈骗；或另外一些特别的规定，如针对食品掺假掺杂的处罚。因此，这无疑是一个跨学科的话题。

2. 食品规制

一开始，食品规制仅仅是各国制定的有关禁止以及由刑事制裁保证的一系列规则。如今，食品法的首要目的不是预防、控制，而主要是保证食品自由、安全流通，并且，其流通范围也不仅仅只是欧盟内部，而是全世界范围。对此，国际法律渊源的研究更能说明这一点。

就欧盟食品立法的法律基础而言，其并不像制定共同农业政策或者有关竞争规则的法律基础那样被给予了特别关注。在该立法发展的最初阶段，保护消费者的健康和他们的其他利益并不是食品立法必须考虑的因素，而如今，这些因素日益成为制定食品法律或者食品立法提案的考量重点。

对于欧盟的立法者而言，采取何种手段实现上述的目标并没有明确的政策说明。有鉴于此，在不改变法案法律性质的前提下，他们在欧盟《通用食品法》②的第1章和第2章的规定中设定了框架性的规则，这些都是欧盟和成员国制定后续规则所要遵循的内容。

《通用食品法》的第2章由第4条至第20条构成，且被命名为"一般食品立法"（IDAIC 2003）。上文提及的两个开篇章节的规则统

---

① 原注：参见检察长（Advocate-general）Geelhoed 于 2005 年 2 月 3 日作出的观点：Case C－211/03, Orthica.

② 译注：Regulation (EC) No 178/2002 of the European Parliament and of the Council of 28 January 2002 laying down the general principles and requirements of food law, establishing the European Food Safety Authority and laying down procedures in matters of food safety.

摄整个《通用食品法》,且有助于我们了解欧盟的食品法立法是如何形成的。

《通用食品法》的第1条、第2条和第3条是基本规则,其对食品价值链中的食品、从业者、不同时间段或不同形式的风险、入市、生产环节、食品追溯、原材料这些概念进行了定义。

第2章有关一般食品立法的内容从第4条开始,一方面,其规定了"作为具有横向性的框架要求,所有采取的措施应符合第5条至第10条所列的原则";另一方面,在制定新的规制食品规则前,"已经采用的食品法原则和程序应尽快于……前进行调整,以便符合第5条至第10条的要求"。

《通用食品法》第4(4)条规定的措辞并不令人奇怪。当为用于将来法律规定且保障其同样适用于现有规定的法律解释制定规则时,欧盟法院(Court of Justice)在一个知名案件①中就已作出声明:在适用国家法律时,无论其是制定于指令之前还是之后,国家法院必须按如下方式作出法律解释,即尽可能地参照指令的字面和目的,以便据此完成条约②第189条第3款的规定要求［现《欧盟运作条约》(Treaty on the Functioning of the European Union,TFEU) 第288条］。③因此,可以理解为什么欧盟《通用食品法》规定无论是目前的还是将来欧盟和成员国制定的法律都必须根据该法律第4(4)条规定加以解释。

显而易见,欧盟立法者的意图是将上述的条款定性为欧盟食品法的基本原则,对此,其借助的不仅是第4条的明文规定,也包括其规则内容的实际所指。通过《通用食品法》,立法者在第5条明确了食品法的基本目标,包括第8条规定的从食品消费者这一具体视角强调

---

① 原注:ECJ, 14 July 1994, Case C-91/92, *Faccini Dori.*
② 原注:上述案件 Case C-91/92,第26段。
③ 译注:该规定内容为,指令对其所指向的每一个成员国都具有约束力,为了实现指令的目标,成员国机构可自行选择实现上述目标的形式和方法。

第一章　欧盟食品法的原则和规则
Luigi Costato

保护消费者利益的特殊责任，第 6 条、第 9 条和第 10 条规定的由评估、管理和交流构成其基本特征的风险交流以及第 7 条对其内容作出明确规定的谨慎预防原则。

但有异议者认为：上述规则作为基本原则的特征是否足以说明它们被视为食品法体系的基础的正当性，因为其他一些部门法也有相同的规定（Sgarbanti 2002，Sgarbanti in IDAIC 2003）。

诚然，在很大程度上，初级和次级立法中也有第 5 条至第 10 条中规定的原则。

然而，鉴于食品的特殊性，显然《通用食品法》第 4 条对 "食品" 的定义也有其特别的考量，而且欧盟法律也试图以特别严厉的规定来规制食品，从而权衡保障粮食安全、食品安全和食品的自由流通，而这已是强势崛起的干涉主义的根基所在。

考虑到满足食品安全的要求需要欧盟层面尽快健全规则，因此目前提议的体系化模式还是非常适宜的。而且，无论对欧盟还是成员国而言，对《通用食品法》第 2 章中的原则进行援引始终是解释当前以及今后食品法的关键所在。

《通用食品法》对第 5 条至第 10 条所赋予的内容及其引领性地位使得它们成了欧盟食品法的基石。而且，这些规则对于立法者也具有约束力，因为他们也必须遵守这些被宣告了的原则。

相一致的是，《通用食品法》认为其规定比成员国的法律更具普遍性且需要成员国的机构和欧盟加强合作，从而使其规定以及后续制定的规定能在执行中获得预期结果。

因此，《通用食品法》第 14 条有关食品安全规定的条款要求所有成员国的食品从业者都要遵循这同一规定的要求，即不得在市场上销售不安全的食品。而且，第 15 条对饲料作出了类似的规定。第 16 条关于说明的条款则指出，标识、广告和展示都不得误导消费者，且一并考虑欧盟针对标识的立法以及对现行法律加以逐步完善。

《通用食品法》第 17 条关于责任的条款明确了成员国 "应执行食

品法，监督并且确认生产、加工和流通各阶段负责食品和饲料的从业者有效遵守相关食品法的要求"。为此，其必须设置官方控制体系和适用于违反食品法和饲料生产[1]规则的行为的惩罚规则。在这个方面，可以参见第852/2004号、第853/2004号有关一揽子卫生的法规和第854/2004号有关食品控制的法规[2]以及针对饲料生产的要求。[3] 但是，上述的惩罚规则应当符合比例原则和保证它们的劝诫性，这些源于欧盟法院判例的要求。

食品体系和仅仅用于作为食源性动物的饲料体系中的从业者必须根据《通用食品法》第18条的规定设立追溯体系和相应的程序。[4] 而作为欧盟的科学咨询机构，欧盟食品安全局必须"在其职责范围内，建立一套机构网络并且负责相应的运行工作"。[5]

最后，《通用食品法》第50条规定建立一个快速预警体系。对此，"成员国、欧盟和其机构"都应当参与该体系。第53条对如何应对紧急情况作出了规定，而第55条则是有关危机管理的内容。

3. 谨慎预防原则（precautionary principle）

《通用食品法》第7条作出的规定并没有真正引入谨慎预防原则，而是试图平衡消费者保护和食品自由流通这两类不同的利益。尽管这一规定采用了谨慎预防原则的命名，但是其条文内容与《实施动植物卫生检疫措施协议》的规定是实质性兼容的，尤其是其第5条的规定。

---

[1] 原注：Commission Recommendation of 14 December 2005, on the coordinated inspection programme in the animal nutrition for the year 2006 in accordance with Council Directive 95/53/EC, (2005/925/EC).

[2] 原注：参见第十一章。

[3] 原注：The Commission Recommendation of 14 December 2005, on the coordinated inspection programme in the animal nutrition for the year 2006 in accordance with Council Directive 95/53/EC, (2005/925/EC).

[4] 原注：参见第十一章。

[5] 原注：《通用食品法》第23(g)条。Regulation No 2230/2004 of the Commission of 23 December 2004 bearing application procedure of Regulation No 178/2002 concerning the network of organisms/bodies operating in the sphere of competence of the European Authority for food safety.

第一章 欧盟食品法的原则和规则
Luigi Costato

尽管《成立欧盟经济共同体条约》（Treaty establishing European Economic Community, EEC）第30条（现《欧盟运作条约》第38条）的规定可以在欧盟层面缺乏协调一致的情形下加以适用，但欧盟委员会应当预防统一的市场被分割为若干孤立的市场，并且阻止违反《实施动植物卫生检疫措施协议》的行为，因为后者将因为一个或者多个成员国的行为使得欧盟被世界贸易组织制裁。

通过分析第7（1）条的规定，上述的意图是非常明显的，即根据该条款的规定，"在特殊情况下，即根据现有信息进行评估后，可以确定健康危害发生的可能性但是依旧存在科学不确定性时，可以采取临时性的风险管理措施以便确保高水平的公众健康保护，直到有更充分的科学信息用以更为综合的风险评估"。作为推论，谨慎行动是应当优先考虑的。然而，与其相反，第7（2）条进一步规定，"根据第1款规定采取的措施应考虑比例原则，在实现共同体内高水平健康保护的同时不得对贸易形成限制，同时考虑到技术和经济的可行性以及其他相关的合法因素。根据风险对健康和生命的危害性以及用以明确科学不确定性和进行更为综合的风险评估的科学信息的类型，需要在一定时间内对上述的措施进行评估"。这一规定对谨慎预防原则作出了解读，使其在适用时应当遵循《实施动植物卫生检疫措施协议》第5条的规定。别无他法，因为对于欧盟经济发展而言，遵循上述规定是必须的。当然，在一些或极有可能危及人类健康的情形下，根据一些现有的国际承诺，采取贸易限制的行为也是允许的。

风险分析必须考虑当下所能获得的科学信息。当本法规第7条对上述的原则加以阐明时，其所采用的形式是弱势的，即确认"……可以采取临时性的风险管理措施"，这一措辞意味着适用谨慎预防原则并不是一项义务而是因情况而异的偶发行为。如此规定表明了欧盟立法者显著的"谨慎性"，即其自身并不先验地将谨慎预防原则确认为欧盟食品法体系的强制性原则，尽管欧盟已有法律（Christoforou 2002）明确了这一原则，而且欧盟法院也在涉及健康保护以及食品相

关的案例中频繁适用该原则（Gradoni in IDAIC 2003）。必须补充说明的是，谨慎性行为其本身特性并不是强制性的，且根据需要所作出的决策也应当在不断变化的风险情形中与时俱进地作出调整。

4. 欧盟食品法的基本规则

欧盟食品法政策的法律基础在不断发展中，因此，需要对欧盟的食品法作出更为细致的审视。一开始，欧盟对于这一领域的干预主要是基于农业政策的法律规定，因为条约附录Ⅱ中所列出的产品主要就是食品或者用于食品生产的原材料，一些例外的则是动物饲料或者诸如麻类纤维。

在下列的法律基础上，包括《成立欧盟经济共同体条约》第37条（现《欧盟运作条约》第43条）的农业程序，或其他协调欧盟法律的规定，尤其是《成立欧盟经济共同体条约》第100条（现《欧盟运作条约》第115条，已修订）的规定，立法在这一方面的干预非常困难，因为其立法程序要求欧盟理事会达成一致。随着意在构建欧盟单一市场的《单一欧洲法案》的制定，《成立欧盟经济共同体条约》新增加的第100a条（现《欧盟运作条约》第114条）的规定将上述程序修改为了欧盟理事会的特定多数制（qualified majority），且需要和欧盟议会进行合作，随后，这一制度进一步演变为了欧盟理事会和欧盟议会的共同决策（co-decision procedure），即所谓的普通立法程序（ordinary juridical procedure）。

在一段时期内，《欧盟运作条约》第207条〔原《共同体条约》（Treaty establishing the European Community，TEC）第133条〕规定被视为构建共同贸易政策的依据。随后，由于食品丑闻的发生，尤其是疯牛病的发生，条约中新增了第152（4）（b）〔现《欧盟运作条约》第168（4）（b）条〕，作为干预动植物领域并采用共同决策程序的法律依据，目前一般立法也以其为依据。

从上文提及的争议可以看出食品是一个跨领域的问题，也就是说，

第一章 欧盟食品法的原则和规则
Luigi Costato

其治理涉及欧盟在多个不同领域内的权能。回顾欧盟历史，在1969年，一项欧盟计划（欧盟理事会1969年5月28日决定）试图消除不利于食品流通的技术壁垒，即由于各成员国法律法规以及行政规定不同所导致的差异。相同的，尽管欧盟委员会第50/70/EEC号指令[1]并不特别针对食品领域，但其就消除普遍使用或者特别适用的歧视性措施规定了法律基础。但该指令被后来第戎案例（Cassis de Dijon）的司法判决废除。[2]

欧盟委员会自身也在1985年有关完成内部市场的白皮书中对食品法给予了特别关注。[3] 随后，1993年进一步发布了相关的白皮书，其内容仅是针对食品领域内构建内部市场的措施。[4]

此外，也有必要提及有关欧盟内部食品产品自由流通的通讯[5]与针对该类产品销售的通讯。[6] 而考虑到针对食品产品和非食品产品的差异所设立的不同警示体系，也有必要提及针对欧盟规则适用中应急管理的通讯。[7] 其中，上述的预警体系已经并入《通用食品法》所确立的快速预警体系。

鉴于上述情况，尽管制定一项欧盟食品政策还缺乏其所独有的法

---

[1] 原注：Commission Directive 70/50/EEC of 22 December 1969 based on the provisions of Art. 33(7), on the abolition of measures which have an effect equivalent to quantitative restrictions on imports and are not covered by other provisions adopted in pursuance of the EEC Treaty.

[2] 原注：ECJ, 20 February 1979, Case 120/78, *Rewe Zentral*.

[3] 原注：Completing the internal market: White paper from the Commission to the European Council. COM (85) 310 final.

[4] 原注：Communication from the Commission to the Council, the European Parliament and the Economic and Social Committee on the handling of urgent situations in the context of implementation of Community rules-Follow-up to the Sutherland report. COM (93) 430 final.

[5] 原注：Communication from the Commission Mutual recognition in the context of the follow-up of the action plan for the single market. COM (99) 299 final.

[6] 原注：Commission interpretative communication on facilitating the access of products to the markets of other Member States: the practical application of mutual recognition. 2003/C 265/02.

[7] 原注：Completion of the Internal Market: Community Legislation on Foodstuffs. Communication from the Commission to the Council and the European Parliament. COM (85) 603 final.

律基础,但现有条约中规定的一些法律手段还是对此有所助益。因此,缺乏上述法律基础并不能将其视为制定有其内在原则的欧盟食品法的障碍。尽管一些原则会与其他领域重合,但该法律的形成有其特别的方式,进而使得其所规定的事项与其规制的对象相适宜,抑或者,在将这些事项的规则整合后有助于构建一部针对人类饮食的立法,而在一定程度上,也会涉及动物,因为它们是人类食物的来源。

至少就食品卫生而言,欧盟因为在共同体层面协调法律的缘故已经通过《通用食品法》实现了"准"统一的过程。

食品法涉及国家、欧盟乃至国际的法律规则,其终极目的在于保护食品消费者。概括来说,要实现这一保护目标,需要防止有害健康的食品进入市场,哪怕只是很少的数量。

对于这一构建食品法的初探方式,考虑到其需要明确有关人类消费品生产、贸易和消费的规则,因此,可以适当的激进一点,以便明确更好、更适宜的要求,进而突出其自身的特点。

最后,考虑到《欧盟运作条约》第 3 条和第 4 条有关欧盟权限的新规则,即便没有特别提出食品这一事项,但在内部市场和消费者保护以及农业和渔业政策的框架下,食品也是具有"自主性的事项(autonomous subject)"。而且,到目前为止,欧盟已经在诸多方面具有了干预这一领域的权限。

5. 欧盟和世界贸易组织

毫无疑问,规则之间的快速转化——如成员国和欧盟之间的规则转化,以及诸如世界贸易组织框架内的协议这样涉及全球化的国际条约在国内的适用——不断强调了:食品产品的流通规模不断扩大,如各地域的人民消费着来自千里之外的食品,包括欧洲、美国和亚洲等地。为了应对这一情况,有必要加强针对消费者的保护。

而且,由《马斯特里赫特》(Marrakesh Treaty)所确认的欧盟法律和规则也更为强烈地倾向保障产品的自由流通,且反对以与消费者保

第一章 欧盟食品法的原则和规则
Luigi Costato

护相关的健康规则为施行贸易保护主义的借口，但可以将国家自行的经济目标整合在上述的法律制定中。

考虑到欧盟法院所确立的规则（从 Dassonville 案例①开始）和世界贸易组织内主管部门在争端解决中确立的规则（肉类使用激素案例②），就能充分地明白借助《通用食品法》第 7 条的规定和《实施动植物卫生检疫措施协议》第 5 条的规定，其目的就在于试图平衡以下两项利益，即保障获取安全食品的权利和贸易利益，后者是指食品在欧盟和世界贸易组织成员方之间的自由流通。

当今世界贸易发展的利益在于限制（即便这一限制可能不是直接，但法院的判例不断确认了这一趋势）食品法体系的发展，而这不仅是指在各国内部，也包括在欧盟内部。

大量规则中的禁令、限制禁令等内容说明了食品领域中所涉及利益以及实施这些规则中的独有特征。这一现象本身就确认了食品事项中立法权的转移，即从国家或者诸如欧盟这样的超国家的地区组织向世界贸易组织转移。

食品法所规制的是产品的健康问题，这一性质具有普遍性。因此，即便全球食品流通的发展也需要保证遵循国际层面所制定的标准。这意味着世界贸易组织和欧盟所援引的软法规则将发挥更为重要的作用，一如欧盟法院对食品法典的援引，而这在欧盟加入食品法典委员会③之前就已经有实例（例如，有关冰冻酸奶中著名判决 Smanor）④（Sgarbanti 1997）。

但不可否认的是，尽管由国内和国际层面所有的规则所构成的食品法是以保护消费者和其健康为基本原则的，但是很多规则的制定依

---

① 原注：ECJ, 11 July 1974, Case 8 – 74.
② 原注：World Trade Organization Appellate Body, WT/DS26/AB/R, 16 January 1998.
③ 原注：Council Decision of 17 November 2003 on the accession of the European Community to the Codex Alimentarius Commission.
④ 原注：ECJ, 14 July 1988, Case 298/87.

旧考虑到了贸易需要，但不能凌驾于消费者健康的保护之上。

就食品法的普遍性而言，需要注意的是，为了保障产品合理的自由流通，欧盟机构（不仅仅只是这些机构）不仅尽可能地适用第戎案判决所确定的原则，而且也通过针对香料和添加剂的使用许可及在食品中的数量限制的指令消除了因为卫生问题而导致的贸易壁垒。在世界贸易组织框架中，《实施动植物卫生检疫措施协议》第4条是在改善欧盟互认原则的基础上确立的，而第5条的规定也仅许可在疑似进口不安全食品时采取临时性的禁止进口的措施，而是否撤销这一禁止性措施或者永久地采纳这一措施则需要根据风险的科学评估加以确定。

如今，《欧盟运作条约》第169条明确指出了消费者保护并不仅仅只是保护他们的健康，尽管这一健康保护具有有限性。此外，消费者保护也涉及安全、经济利益和消费者的知情权，后者是指通过充分的标识和各类名称的使用防止消费者被误导，而这些规则往往由食品法典中的软法体系所构建。

6. 消费者保护和风险预防

对于消费者健康的保护，一方面推进了对生产者责任的规制，另一方面则是生产体系和食品流通中对于危害的分析及关键点的控制，即所谓的适用危害分析和关键点控制体系（下文简称HACCP体系）[①]（Costato 2006）。其中，前者强化了生产者的责任，后者则是通过落实内在的自我控制体系以便尽可能地防止生产缺陷食品，尤其是微生物污染所致的问题食品。

最终，根据业已制定的规则，食品生产者有义务对其产品进行追溯，从而确定导致缺陷食品的具体环节，包括这一环节的上游端和下游的生产及销售端。

---

① 原注：根据下列欧盟指令确立：Directive 93/43 of the Council, 14 June 1993。如今，该体系已经根据下列法规作出了修订：Regulation No 852/2004 of the European Parliament and the Council, 29 April 2004.

第一章 欧盟食品法的原则和规则
Luigi Costato

食品法的这些特点使得很难确定其所具有的特别之处，因为它们主要关注消费者的保护以及缓和贸易需要带来的经济冲突，而这些不仅是食品法关注的要素，也是其他规则体系一并关注的，这也是欧盟的特点所在。

但是，在消费者保护、贸易利益以及食品消费者的特殊保护之间，还是存在易于识别的实质性的差异。

事实上，欧盟第 2006/2004 号有关消费者保护的合作法规①已经强调上述问题的特殊性。该法规第 3（a）条已经明确了受到其影响的适用领域及相关的指令，并指出销售者和供应商应当使其被以下的人员所了解，而这些人员是指与其贸易、商业、工艺或职业相关的目标人群。因此，根据上述的法规，消费者是有其自身专业并以此为前提与其签订合同的对象。在这样的情形下，立法者所要关注的是如何保护消费者以使其不至于受到具有能力及专业优势的商人的压榨。

对于消费者和食品供应商的关系，《通用食品法》则从不同的角度予以考虑。事实上，食品供应商的食品从业行为是为了获得利润（该法规第 3 条），但这一点并不重要。因为《通用食品法》意在确保食品的安全性。因此，食品供应商的责任并不会因为角色的差异而不同。对他而言，唯一重要的事就是保证用于消费的食品不会因为过量或者无法容忍而具有超过限定的风险。

作为这一部门法律的特征，其特别的规制对象是最为重要的，即其所规制的内容是生产和贸易或者供应链中任意环节的物品。然而，这些物品并不是外在的一种消费，而是供人类食用或者根据合理预期用以食用的（《通用食品法》第 2 条）。正因为如此，食品与人类的关系与其他物品有所不同。即便是药品，尽管其与食品一样也是用于内在消费，但与食品不同，其仅仅只是一种例外的救助，而不是每人每

---

① 原注：Regulation (EC) No 2006/2004 of the European Parliament and of the Council of 27 October 2004 on cooperation between national authorities responsible for the enforcement of consumer protection laws.

天都需要食用的。食品的这一特性也在第 2006/2004 号法规中予以了重申，因为在众多不涉及食品的指令中，其包含了针对药品的规则但排除了食品的相关规则。

人类与食品的特殊关系也反映在有关饮食至上的观点中，例如，诸多的宗教观点中认为吃掉自己的敌人有助于获得其优秀的品质，而目前依旧有人信服这一点。概括来说，与消费者"亲密无间"的关系使得食品成了非常特殊的物品。因此，立法目标需要考虑这一物品的特殊用途，而这也是构建食品法的基石所在。

事实上，食品法对于饲料的规制也确认这一点，即用于动物的饲料因为这些动物的食源性特点也是食品法的规制内容，但是，当饲料喂食的动物并不用于食品生产时，其则不是食品法的规制范围。

7. 结语

就食品消费者的保护而言，应当对其予以特别的关注，目前欧盟立法中由不同食品法律形成的统一体系已经证实了这一点。

食品的特殊性以及消费者保护的功能使得食品法也具有自身的特色，而在渐进性的演变中其也日益形成了协调一致的模式，包括《通用食品法》中确认的那些一般原则以及自我整合的能力。

翻译：孙娟娟

Chapter 2 第二章

欧盟食品法体系的发展路径

Ferdinando Albisinni

1. 源起：法律协调第一阶段中的共同市场和健康保护

在成立初期，欧洲经济共同体的原始框架内只有6个成员国，它们是比利时、德国、法国、意大利、卢森堡和荷兰这6个创始国。① 该机构的建立表明了这些国家意识到了在当时所谓的"共同"② 市场中推进和引入食品共同规则和关注食品贸易数量与质量的必要性。

然而，历史发展表明就食品法所涉及的各个事项，包括食品的生产、贸易、销售、健康和安全，要针对它们建立一个统一的食品法通用制度框架是一项非常艰巨且不易推进的工作，而且直到20世纪60年代才有所进展。

对于形成上述进程特色的一些要素还是能够加以

---

① 原注：EEC Treaty 1957, establishing the European Economic Community.

② 原注：Art. 3 TEEC 1957.

罗列的，且这些主要与机构的发展相对应。这一方面包括了欧盟内部机构发展的这一维度，另一方面则是在全球化、技术和市场创新的挑战下国际机构发展这第二个维度。

早在20世纪60年代，即《罗马条约》实施不久以后，欧盟理事会就通过制定1962年的第62/2645/EEC号指令[1]干预了食品事项，其目的在于要求用于人类食品的色素必须获得许可才能使用。

这一指令是根据《成立欧洲经济共同体条约》的第100条规定制定的。[2] 因此，理事会在这一方面的权能是有法律基础的，即"根据欧盟委员会的提案以表决一致的方式就协调直接影响建立共同市场或发挥其作用的成员国法律、法规或行政措施制定指令"。

"建立共同市场或发挥其作用"这一条文措辞使得欧洲经济共同体早期有关国家食品法律的协调措施〔也就是说，事实上统一并使这些法律相一致的措施（Costato 2007a）〕具有了正当性。对此，明确的说明是："各国有关色素规则的不同阻碍了食品的自由流通并构成了不公平竞争的条件，因此，直接影响了共同市场的建立及其作用的发挥。"[3]

然而，就这一指令而言，即便在前言第2点提及"自由流通"和"共同市场"之前，前言第1点也开宗明义地指出了其基本考虑的一点是："人类消费食品中的色素规则应当优先考虑公众健康的保护。"[4]

上述指令前言中的第一点明确提及了"保护消费者使其免受食品造假侵害"以及"经济发展需要"这两点并将它们作为"必须予以考虑"的原因。然而，其又同时指出对于人类消费的食品而言，与本指令考虑的其他原因和利益相比较，保护公众健康具有优先性。这一点

---

[1] 原注：Council Directive of 23 October 1962 on the approximation of the rules of the Member States concerning the colouring matters authorised for use in foodstuffs intended for human consumption（62/2645/EEC）.

[2] 原注：就《欧盟条约》第94条，现《欧盟运作条约》第115条。

[3] 原注：Recital 2 of Dir. 62/2645.

[4] 原注：Recital 1 of Dir. 62/2645.

第二章 欧盟食品法体系的发展路径
Ferdinando Albisinni

在以下的情形中具有更为重要的意义，即当以《成立欧洲经济共同体条约》条约第 100 条为法律基础制定的规定中强调了公众健康这一价值时，其他针对共同市场的规定也应当考虑这一可以视为共同体政策制定中体现其存在价值的内容。

一年后，根据《成立欧洲经济共同体条约》第 100 条这同一规定，第 64/54/EEC 指令[①]就协调成员国有关人类消费食品中的防腐剂立法作出了规定，并特别明确地指出了"健康保护"价值的重要性，因此只有"在健康保护许可"的情况下才能考虑"经济和技术发展的需要"："对于用于人类消费食品中使用的防腐剂而言，所有的法律都必须优先考虑公众健康的保护，而不是保护消费者使其免受食品造假的侵害，而且，只有在健康保护许可的情况下，才能考虑经济和技术发展的需要。"[②]

因此，即便是从字面的解读也可以看出健康保护已经被确认为一项非常重要的价值。而且，与条约中提及的其他利益相权衡，也不能被它们所凌驾，且在任何情形下，都必须优先考虑，因为这是人类所追求的最高价值。

换而言之，1964 年制定的指令并没有去平衡不同的利益或者纳入成本收益分析的考量；相反，其明确表明了不同价值和利益的序列，其中，健康保护是位于第一位的。

从上述这些早期阶段的安排可以看出，欧盟针对食品的立法通过多个目标的追求表明了其多元性的特点。同时，也确认了在当时被称之为经济共同体的行动准则，即在各类受保护的目标中，健康保护具有优先性，包括凌驾于经济目标之上。

在欧洲经济共同体早期有关食品法事项的规则制定中，共同市场、

[①] 原注：Council Directive 64/54/EEC of 5 November 1963 on the approximation of the laws of the Member States concerning the preservatives authorized for use in foodstuffs intended for human consumption.

[②] 原注：Recital 1 of Dir. 64/54/EEC.

竞争、食品的自由流通具有万能规制手段的性质。而且，在后来成为欧盟立法范围的事项中也是，如有关健康保护和消费者保护的立法。对于起草和签署1957年《罗马条约》的人而言，他们并不能以明示的方式处理这些内容（或没有意识到处理了这些内容）。对此，直到1986年《单一欧洲法案》的出台，关注这些内容才获得正式的合法性，这在环境和工人保护方面也是一样的情形。①

《成立欧洲经济共同体条约》原文中没有明确提及公共物品和价值。但是，考虑到食品的敏感性（Gadbin 1996），② 它们还是被整合到了用于协调食品立法的规定中，③ 进而可以应对食品生产、贸易和市场销售中出现的技术创新以及与食品安全相关的主题或者问题，后者直到很久以后才在政治和社会争论中被熟知。

必须要说明的一点是，"食品安全（也就是说对于人类消费的食品中与卫生相关的安全要求）"这一表述在当时并不是欧洲经济共同体的规制用语，而且，"粮食安全（也就是说以足够多的食物满足人类的消费）"④ 这一术语也没有被广泛使用。

但是，共同农业政策的诸多明确目标中有涉及粮食安全的内容，⑤ 包括："保障供给的可获得性"和"确保消费者以合理的价格获得这些供给"。⑥

相反，《建立欧洲经济共同体条约》的原文中既没有直接也没有

---

① 原注：根据由《单一欧洲法案》引入到《建立欧洲经济共同体条约》的新规定，第118a条的内容有关工人的健康和安全，第130r条有关环境。此外，第100a(3)条有关机构框架的设置。根据理事会与欧盟议会合作的新权限以及欧盟委员会的提议，欧盟委员会在其有关健康、安全、环境保护和消费者保护的立法提议中，可以将上述内容作为实现高保护水平的依据。也可以参见：经1992年《欧洲联盟条约》修订后的《欧洲共同体条约》，其规定在欧洲共同体的各类活动中，可以为实现健康保护的高水平而做贡献。

② 原注：参见第一章。

③ 原注：参见第一章。

④ 原注：参见第一章。

⑤ 原注：1996年，世界粮食会议定义粮食安全的实现在于"当所有人在任何时候都能够在物质上和经济上获得足够、安全和富有营养的粮食来满足其积极和健康生活的膳食需要"。

⑥ 原注：Art.39(1)(d) TEEC in its original text (now Art.39 TFEU).

间接提及食品安全这一概念，而健康保护也是在1986年的欧盟条约中才被正式使用，即上文已经提及的《单一欧洲法案》。

很多年以来，由于缺乏特定的法律基础，欧洲经济共同体在早期规制中对于食品安全主题的关注也因为缺失上述基础而成了孤立的发展见证，且没有演变为一个统一且体系化的规制框架。

而且，根据《建立欧洲经济共同体条约》第100条确立的用于协调国家规则的程序，其也要求欧盟理事会的一致同意，即所有的成员国都要同意，而这使得欧洲经济共同体在发展的第一个十年中很难推进国家食品法律协调的进程（Capelli 2010a），因为各国的文化和传统差异非常明显。

而由于上述程序的障碍和政治障碍，一些针对食品产品的基本规制问题都根据共同农业政策的规定予以了处理，而这不仅包括一些初级产品的问题，同时也涉及后续阶段的问题。

针对共同农业政策措施的立法，其所依据的是特别的程序，[①] 即只需要获得多数成员国的同意即可，这就不同于第100条所规定的一致通过。因此，其适用的范围不仅包括初级农业生产活动和以价格支持为主要手段向农民提供财政支持，并根据所宣称的政策手段性质发挥"激励性法律"的作用；而且，其也直接干预食品供应链全程中有关食品生产特性和食品产品特定的活动，因此，也使得这些立法具有"规制法"的性质（Jannarelli 2006，Id. 2007）。

与根据《建立欧洲经济共同体条约》第38~47条所采取的综合性措施和多元化的目标[②]相一致，共同农业政策在很多方面都自我彰显了其作为一部农产品政策的复杂性，而这使得它不仅仅只是一部农业政策，因为其内容包括了初级农业生产[③]后的诸多阶段，例如，制造、流通、贸易和销售。这一规制结构与许多国家的法律体系都不相

---

① 原注：Art. 43 TEEC.
② 原注：Artt. 38-44 TFEU.
③ 原注：参见第七章。

同，例如，意大利的农业法一直都仅以初级农业生产活动为内容，即仅限于农场这一范围（Jannarelli 2001）。

就上述这一点，第136/66号有关食用油和脂肪的法规①就足以说明问题。这一根据《建立欧洲经济共同体条约》第42~43条规定制定于1966年的法规，制定了共同的海关关税，确立了赔偿额、进出口许可、市场目标价格、干预价格和门槛价格这一系列的内容（其涉及的行政程序和适用干预规则的机构安排非常复杂）。然而，其也同时统一了初榨橄榄油、精炼橄榄油、纯橄榄油②这些概念，这些内容直接涉及了成员国立法中被一直视为食品法的事项。

借助类比法，第804/68号有关牛奶和牛奶制品的法规③也是1968年根据《建立欧洲经济共同体条约》第42~43条的规定制定的，其目的在于规制牛奶的目标价格、黄油和奶酪的干预价格［对哥瑞纳－帕达诺奶酪（Grana Padano）和帕玛森干酪（Parmigiano Reggiano）的特殊干预价格］，为此制定了共同的海关关税、进出口许可和出口退税（即便在这个方面也是有很复杂的行政程序和适用干预规则的机构安排），但同时也确立了适用于具有"共同体生产的黄油"这一定义的统一质量标准，对此，在欧洲经济共同体的范围内只有符合这一质量标准的黄油才能被进口。④

2. 20世纪70年代：部分协调和共同农业政策措施

20世纪70年代，欧洲经济共同体的成员国扩至了9个，即新加入了英国、爱尔兰和丹麦。与早期的成员国法国和意大利相比，这些新加入国家的饮食传统有非常大的差异性，进而使得加快相关规则的

---

① 原注：Regulation No 136/66/EEC of the Council of 22 September 1966 on the establishment of a common organisation of the market in oils and fats.
② 原注：Annex to Reg. No 136/66/EEC，另可参见第二十六章。
③ 原注：Regulation (EEC) No 804/68 of the Council of 27 June 1968 on the common organisation of the market in milk and milk products.
④ 原注：Art.16(1) Reg. No 804/68.

第二章 欧盟食品法体系的发展路径
Ferdinando Albisinni

协调进程又变得更为迫切。

尽管理事会于 1969 年 5 月 28 日作出了消除有碍食品流通的技术壁垒的决定,[①] 且还有更具普遍适用性的欧盟委员会第 50/70/EEC 号有关取消与进口数量限制具有等同效果的措施的指令,[②] 但是就食品产品的技术规则的协调依旧没有完成,且其实现仍需要很长的一段时间。

其中一个显著的案例就是巧克力案例。就根据《建立欧洲经济共同体条约》第 100 条规定于 1973 年制定的一项理事会指令[③]而言,其能够获得通过是以所有成员国一致同意为前提的。但必须承认的是,由于各国立法和传统的极大差异,即便在那时也不可能完全协调上述指令中的所有有关该产品的规定以及确定统一的定义和成分规则,因此其也明确指出了要实现有效的统一还需要延迟一段时间。[④] 而这一推迟随着 2000 年的一项指令[⑤]的颁布才在 30 年后得以实现（MacMaoláin 2007，Capelli 2011a）。

其他试图协调食品产品特性规则的尝试也没有完全完成,而且在一些案例中也无法制定相应的指令,以至于只有部分诸如巧克力案例中的指令得以出台。例如,就欧盟委员会针对意大利面（pasta）的一项意在归纳意大利配方的指令提案并没有被理事会采纳（Capelli 2010b）。

由于协调过程中所遭遇的僵局,根据《建立欧洲经济共同体条约》第 43 条制定共同农业政策措施作为破解该僵局的方式已在 20 世

[①] 原注：Council Resolution of 28 May 1969 drawing up a programme for the elimination of technical barriers to trade in foodstuffs which result from disparities between the provisions laid down by Law, Regulation or Administrative Action in Member States.

[②] 原注：Commission Directive 70/50/EEC of 22 December 1969.

[③] 原注：Council Directive 73/241/EEC of 24 July 1973 on the approximation of the laws of the Member States relating to cocoa and chocolate products intended for human consumption.

[④] 原注：Recital 5, 7, 8, of Dir. 73/241/EEC.

[⑤] 原注：Directive 2000/36/EC of the European Parliament and of the Council of 23 June 2000 relating to cocoa and chocolate products intended for human consumption.

纪 60 年代就被用于规制食品产品的特性,例如,上文提及的第 136/66 号有关食用油和脂肪的法规和第 804/68 号有关黄油的法规。有鉴于此,这一方式成了实践中所采用的立法手段,其在"20 世纪 70 年代和 80 年代大部分时期内"被用于制定食品法领域内的规则。

在共同农业政策内制定的许多规则都涉及组建农产品市场共同组织(Common Organisation of agricultural Markets,CMO)[①]的事项。这些由欧盟理事会根据《建立欧洲经济共同体条约》第 43 条所赋予的权限和相应的程序所制定的法案,其目的在于保障公民的供给可获得性(也就是粮食安全),农民收入的增长和公平的生活水平以及消费者的合理购买价格,而这些都是共同体农业政策根据《建立欧洲经济共同体条约》第 39 条制定的目标。[②]

一如在 20 世纪 60 年代,[③] 上述的那些法案连同其有关经济发展的内容,如确定价格和对农民的财政支持,多数都在被规制的市场中用以规制食品产品,而在一些案例中涉及的食品也不属于《建立欧洲经济共同体条约》第 38 条[④]提及的"与这些产品直接相关的第一加工环节中的产品"的范围。

在这样的背景下,共同农业政策规制权限的扩张已经确认无疑,即大多数意在实现食品和饲料领域内的协调的指令都是在一并考虑了《建立欧洲经济共同体条约》第 43 条和第 100 条后得以通过的。

换而言之,在 20 世纪 70 年代及随后的时间里,共同农业政策的措施都被用于推进协调目的的实现(至少部分实现)。在这个方面,即便明确规定协调内容的条约规定也没能实现协调目标。因此,在食品法的发展中,第 43 条的规定对这一领域内的规则制定发挥了决定性

---

① 原注:Art. 40 TEEC in its original text. See Chapter XV.
② 原注:由 2009 年 12 月 1 日实施的《里斯本条约》确定,后又被《欧盟运作条约》未加改动的保留为第 39 条。
③ 原注:上述条款的第 1 款。
④ 原注:参见第七章。

第二章　欧盟食品法体系的发展路径
Ferdinando Albisinni

的作用,即成为其得以发展的主要支柱之一。

上述的规制进程一方面导向了纵向规则的制定,即针对某一食品供应链或某一产品的协调措施,另一方面也导向了横向规则,即针对一般性事项或者至少大多数食品涉及事项的协调措施。

就纵向规则而言,其所包括的一些指令主要是在20世纪70年代,针对某一类食品产品制定的协调法律,例如,蜂蜜①、果汁②、人类消费的制备牛奶(preserved milk)③、水果酱、果冻和橘子酱以及栗子酱。④上述这些法律都是一并根据《建立欧洲经济共同体条约》第43条和第100条规定制定的。

就横向规则而言,相关的指令也是一并根据《建立欧洲经济共同体条约》第43条和第100条规定制定的,其涉及的事项包括食品安全和健康保护(现在都由"一揽子卫生规则"⑤加以规制,其是食品法体系的重要内容)。这些指令包括:

——1970年制定的两项指令,一条是有关饲料官方控制的采样和分析方法,⑥另一条是有关饲料中的添加剂;⑦
——1976年制定的两项指令,一条是关于确定食用油和脂肪中芥酸最大量的指令,⑧另一条是关于确定水果蔬菜中农药残留的最大量的指令。⑨

在上述的这些举例中,根据共同农业政策采取的措施在食品市场发挥了重要的干预作用,包括引入一些源于农业法而已成为食品法基本要素的内容。正因为如此,一些原本从事农业法研究的学者也对食

---

① 原注:Council Directive 74/409/EEC of 22 July 1974.
② 原注:Council Directive 75/726/EEC of 17 November 1975.
③ 原注:Council Directive 76/118/EEC of 18 December 1975.
④ 原注:Council Directive 79/693/EEC of 24 July 1979.
⑤ 原注:参见第十一章。
⑥ 原注:Council Directive 70/373/EEC of 20 July 1970.
⑦ 原注:Council Directive 70/524/EEC of 23 November 1970.
⑧ 原注:Council Directive 76/621/EEC of 20 July 1976.
⑨ 原注:Council Directive 76/895/EEC of 23 November 1976.

品法的主题产生了研究兴趣（Costato 2003a）。

仅一些在20世纪70年代后期制定的案例才以第100条为法律基础，包括：

——1976年关于食品接触物质的指令，① 这些物质并不用于食品本身；

——1977年关于咖啡提取物和菊苣提取物的指令，② 其制定方式与1973年关于可可和巧克力的指令的方式是一样的。③ 对此，该指令也明确指出"通过该指令要协调所有适用于食品但有碍咖啡提取物和菊苣提取物贸易的规定是不可能的"，④ 而这为成员国规定背离协调后的规定预留了可能性。其中，这些经协调的规定既涉及产品的特性也涉及它们的名称和标签。正因为如此，停滞的状态是实际存在的，即协调的进度只限于部分协调而尚未完全实现。

就上述的举例，有必要再提及有关标识、展示和广告的这一重要指令。⑤ 这一在20世纪70年代末根据《建立欧洲经济共同体条约》第100条规定制定的指令就用于最终消费者的食品一般事项规定了横向规则。一如20世纪60年代的第一条指令，食品"自由流通"和"共同市场的顺利运作"⑥ 是依法制定"横向适用于入市食品的一般性共同体规则"⑦ 的重要依据。此外，"有必要告知和保护消费者"⑧ 也是统一这些新领域的原因所在。然而，这一20世纪60年代指令中提

---

① 原注：Council Directive 76/893/EEC of 23 November 1976.
② 原注：Council Directive 77/436/EEC of 27 June 1977.
③ Ibid.
④ 原注：Recital 4 Dir. 77/436.
⑤ 原注：Council Directive 79/112/EEC of 18 December 1978 on the approximation of the laws of the Member States relating to the labelling, presentation and advertising of foodstuffs for sale to the ultimate consumer，参见第十六章。
⑥ 原注：Recitals 1, 2 of Dir. 79/112/EEC.
⑦ 原注：Recital 3 of Dir. 79/112/EEC.
⑧ 原注：Recital 6 of Dir. 79/112/EEC.

第二章　欧盟食品法体系的发展路径
Ferdinando Albisinni

到的"健康保护"并没有在上述的指令中提及。

根据这一指令，市场交流中协调进程有了进一步的发展，但并不涉及产品的生产环节，也没有涉及食品"名称"这一敏感的问题，后者依旧是不予协调的领域。除了早期的一些协调案例，该指令并没有调整任意单一销售市场中存在的不同法律或习惯规则，其指出："食品销售时所采用的名称可以使任何有关涉及食品的法律、法规或者行政规章中规定的名称，当没有法定名称时，也可以使用销售该食品的成员国所惯用的名称。"①

仅是在随后的时代里，有关原产地命名产品的名称问题才得到关注，但也主要是借助司法干预而不是规制措施。

3. 20世纪80年代：司法干预

即便在20世纪80年代，有关食品法规定的制定也是借助了共同农业政策针对农产品市场的共同组织②所采取的措施来实现的。

然而，日渐整合到欧盟食品法体系中的内容以及通用的那些原则③具有体现多元价值、利益和目标的特点，且规则制定体系因为多层性而显得比较复杂。但是，上述内容依据的是新的法律基础且与食品安全、经济发展及竞争这两个重要问题相关联，而这些问题的出现则是因为成员国国家边境和关税的取消以及欧盟内部统一进程的推进。

20世纪80年代，加入欧洲经济共同体的三个国家来自地中海，即希腊、西班牙和葡萄牙。这些国家因为其自身的传统和经济体系的特殊之处，都有着与众不同的农产品生产，而这主要是因为它们富饶的多样性。因此，消除有碍食品自由流通的国家障碍显得更为紧迫，对此，需要新的法律手段。

在法律创新中，这些有助于构建欧盟食品法体系的新支柱

---

① 原注：Art. 5(1) Dir. 79/112/EEC.
② 原注：参见第十五章。
③ 原注：参见第一章。

(Albisinni 2009a)包括：通过欧盟法院的创造性工作建立并健全了"互认原则"这一司法原则；通过1986年制定的《单一欧洲法案》及随后欧盟机构的工作和1992年的《马斯特里赫特条约》所完成的内部市场。

对于就保障共同体境内物品自由流通的规制战略所导致的僵局，欧盟法院通过的"互认原则"在破解这一僵局中起着决定性的作用。

对司法在欧盟市场统一方面的工作而言，其第一步在于通过对《建立欧洲经济共同体条约》第31条和第34条禁止与进出口数量限制"具有等同效应的措施"的扩张解释。

上述起始的工作主要是指1974年在著名的Dassonville案例中的判决。在这一案例中，比利时的法律要求苏格兰威士忌的进口商必须具有英国海关机构签发的原产地证明，即便该苏格兰威士忌在法国已经获得自由流通的许可。对此，该规定指出：对于获得成员国真实性证明的这一要求，与直接从原产国进口某一产品的进口商相比，进口已在其他成员国依法自由流通的该产品的进口商会更不容易获得上述的证明，因此，该要求构成了与数量限制具有等同效果的措施，而这是条约所禁止的。[1]

根据上述案例确认的法理基础以及对《建立欧洲经济共同体条约》第31条和第34条的扩张解释，1979年具有先锋作用的第戎案件确立了"互认"的原则，通过发挥"等同"原则的作用，实现了在尊重差异化基础上的内部市场的统一（Torchia 2006）。

在上述第戎案例中，就法国的一款烈酒是否授权其在德国境内销售引发了争议，因为根据德国的法律规定，果酒的酒精含量必须超过25%才能在德国销售，但法国的这款酒的酒精含量仅在15%~20%。

作为历史性的判决，欧盟法院认为无论哪一款产品，其只要在任何一个成员国获得销售许可，就能自由地流通到其他成员国，其依据

---

[1] 原注：ECJ, 11 July 1974, Case 8/74, *Dassonville*.

是根据《建立欧洲经济共同体条约》第30条所确立的"互相认可"，因为任何针对进口和销售的限制都会成为"与数量限制具有等同作用的措施"。而根据第36条的规定，只有基于公共道德、公共政策或公共安全，保护人类、动植物健康和生命，保护具有艺术、历史或者建筑价值的国家财富，或保护经济或商业财产的原因，才能采取禁止和限制措施。

"互认原则"有效开放了国内市场，其所借助的等同效果显然是不能通过立法协调实现的。

20世纪80年代，互认原则一开始是用于与食品产品特性相关的协调目的，随后又逐渐扩展到名称这一内容。欧盟法院认为在成员国以某一名称销售的食品产品在其他国家销售时也可以使用这一名称，即便作为进口的成员国法律对该使用名称的食品在特性和质量方面有不同的要求，对此，通过标识的补充说明和信息能够避免上述的问题。

通过随后一系列的判决，互认原则得到了广泛的适用。例如，根据该原则，一款英国制造的产品其在使用"pasta（意面）"这一名称的原产国意大利也可以使用"意面"这一名称，即便其并没有使用源于硬质小麦的面粉。在这个方面，意大利长期以来的法律都规定只有源于硬质小麦的且使用传统方式制造的"意面"才能使用"pasta"这一名称。[①] 此外，一款根据法国法律在法国制造的名为"bier"的饮料可以以同样的名称在德国销售，尽管其生产方式和原料并不符合德国长期以来某一法律的严厉要求。[②]

换而言之，欧盟法院所确立的互认原则在协调食品产品配方的规制中发挥了作用，而在20世纪80年代其又被广泛地用于与术语和交流相关的案例中。在这个方面，醋的案例中就涉及了司法和规制的多方干预，其中，欧盟法院在最终规则的确立中发挥了核心作用。

---

① 原注：ECJ, 14 July 1988, Case 90/86, *Zoni*.

② 原注：ECJ, 12 March 1987, Case 178/84, *Commission of the European Communities v Federal Republic of Germany*.

在短短的五年内，欧盟法院在三个判决中针对意大利有关醋产品的立法作出了规定。

1980年，博尔扎诺（Bozen）的两个店主销售一款德国的以苹果而不是葡萄酒为原料的醋，因此受到了刑事处罚。因为意大利的法律禁止销售任何不是以葡萄酒为原料的醋。[①] 对此，欧盟法院确认根据互认原则的标准，意大利的规则违反了《建立欧洲经济共同体条约》第30条的规定。

法院意识到某一成员国所制定的食品生产规则也可以在其他成员国内适用。对此，当根据任意成员国规则生产的食品，其要在所有成员国内自由流通并不需要任何"认可"程序，即便进口和销售这一食品的成员国规则与其生产国的规则不相同。

第一个裁决所针对的只是生产相关的规则，而并不涉及各国不同的有关交流的规则。

根据《建立欧洲经济共同体条约》的规定，销售不同于成员国内部市场上传统规定的食品也是符合欧盟法律要求的，对于这些食品生产商和贸易商的竞争而言，有必要在成员国和欧盟规则制定者之间就市场交流的语言作出进一步的协调。

一年后，1981年的法院案例[②]判决就通过对欧盟委员会执法行为的肯定确认了醋类产品的自由流通，即便它们并不以葡萄酒为原料。对此，该判决对产品的名称作出了规范，认为在意大利，醋这一名称仅用于以葡萄酒醋酸发酵制成的产品有违《建立欧洲经济共同体条约》第30条的规定。

意大利议会试图绕开欧盟法院的判决，就产品的交流术语制定单行的规定。随后，1982年的一项法律[③]许可了进口和销售那些不以葡

---

① 原注：Art. 51 D. Pres. 12 February 1965, No 51, as amended by Art. 20 of Law 9 October 1970, No 739.

② 原注：ECJ, 9 December 1981, Case 193/80, *Commission v. Italian Republic*.

③ 原注：ECJ, 15 October 1985, Case 281/83, *Commission v. Italian Republic*.

萄酒为原料的醋产品，但规定"ACETO"（意大利语中的"醋"术语）这一特殊名称只能用于以葡萄酒为原料的产品，而更为通用一点的名称"AGRO"（也就是所谓的酸）可用于不同原料所制造的产品。欧盟委员会要求欧盟法院确认上述法律规定的违法性，而通过1985年的判决，① 法院明确了意大利于1982年制定的上述法律与1981年的判决相违背，因此违法了《建立欧洲经济共同体条约》第171条的规定。

在上述司法和立法的争议中，如今在意大利，进口和销售以任何水果为原料且通过醋酸发酵所获得的产品都能使用"ACETO"（即醋）这一名称，而不再只有以葡萄酒为原料的产品才能使用这一名称。

4. 20世纪90年代：内部市场

欧盟食品法体系的第二支柱是随着内部市场的建设产生于20世纪90年代。就内部市场的发展而言，其始于1986年的《单一欧洲法案》，由1992年的《马斯特里赫特条约》加以整合。由于欧盟在新成员国加入后的扩张、② 应对全球化所带来的挑战以及《马拉喀什协定》所确立的新国际秩序和随后的谈判③而使得内部市场的发展更具迫切性。

《建立欧洲经济共同体条约》第100a条规定④的确立彻底改变了规制格局，因为该规定采取了"用于协调成员国法律、规范和行政规章且其目的在于确立内部市场及发挥该市场作用的措施"。⑤ 根据这一规定，欧盟理事会的决策程序改为了特定多数制（根据合作程序以及随后的共同决策程序，与欧盟议会一起），具有了规制的权限，而过

---

① 原注：ECJ, 15 October 1985, Case 281/83, *Commission v. Italian Republic*.
② 原注：奥地利、芬兰和瑞典。
③ 原注：参见第三章。
④ 原注：由《单一欧洲法案》规定，后部分内容由《马斯特里赫特条约》修订。
⑤ 原注：第100a条由《马斯特里赫特条约》修订，最后由《欧盟条约》第95条和现《欧盟运作条约》第114条，其中部分内容已有变化，以便采取特别的立法程序和普通立法程序。

去则是根据《建立欧洲经济共同体条约》最初的第 100 条（后为《欧洲共同体条约》的第 94 条）所确立的一致通过的投票制。①

对于将欧共体立法程序扩张至食品生产和销售的诸多领域的新规定而言，其涉及的许多规则原先都只有成员国才能制定。

在实践中，第 100a 条的规定主要是用于克服成员国不同规制的目的。与其他的产品相比，食品产品在各国的差异尤为突出，这根植于各国不同的食品传统，而后者是国家身份识别和文化遗产中的重要因素。

就这些新措施所要涉及的内容而言，第 100a 条明确规定"欧盟委员会根据有关健康、安全、环境保护及消费者保护的第一款所提出的立法提案可以有助于实现更高的保护水平这一目标"。② 这一规定与《单一欧洲法案》和《马斯特里赫特条约》所制定的意在增强共同体在公众健康保护（第 129 条）、③ 消费者保护（第 129a 条）④ 以及保留、保护和提高环境质量以及合理利用自然资源（第 130r 条）规则相一致。

对于确立高水平的健康保护和内部市场这两个目标，大量体现在了这些年根据第 100a 条规定所制定的食品立法中。

欧盟食品法体系是各成员国所通用的一项法律体系，在其发展路径中相关的一步是欧盟理事会于 1989 年制定的两项指令，包括第 89/396/EEC 号指令⑤和第 89/397/EEC 号指令。⑥ 这些立法以创新的方式明确表明了重新关注食品产品中卫生控制的重要性。

---

① 原注：参见第一章。

② 原注：Art. 100a(3) TEEC.

③ 原注：随后欧盟条约第 152 条，其修订后特意覆盖了"在兽药和植物健康领域内的与公众健康保护直接相关的措施"，参见第一章。

④ 原注：Later Art. 153 TEC.

⑤ 原注：Council Directive 89/396/EEC of 14 June 1989 on indications or marks identifying the lot to which a foodstuff belongs.

⑥ 原注：Council Directive 89/397/EEC of 14 June 1989 on the official control of foodstuffs.

上述第一条指令规定了确认食品所属的"批次"的要求。① 对此，其规定了可以通用"批次"的定义，即"批次是指销售一批在特定的相同条件生产、加工或包装的食品"。②

第二条指令在欧盟层面针对"食品官方控制表现"规定了一般性原则。③

上述两项指令的法律基础是《建立欧洲经济共同体条约》第100a条的规定，也就是说，《单一欧洲法案》确立的上述规定在由上述指令加以适用之前仅仅实施了两年，且其目的也在于推进内部市场的构建和其作用的发挥。

特别值得一提的是，第89/396/EEC号有关确立食品批次的指令指出了其建立的前提是因为"有必要制定措施以实现逐步建立内部的边界以便物品、人员、服务和资金自由流通，当食品贸易在内部市场中占据重要地位时"，④ 并总结"对于食品所属批次的确立有利于更好地提供产品的识别信息；因此，在食品的争议问题或对消费者健康构成危害时可以作为有用的信息来源"。⑤

有必要强调的是，第89/396/EEC号指令第2（2）条作出了一项例外规定。根据该规定，新的规则并不适用于以下农产品，即在离开持有者后，其"销售或流通至临时贮存、制备或者包装环节；或者运输至生产者组织；或者收集起来以便直接用于制备或者加工系统"。这一规定在疯牛病危机爆发及第820/1997号法规和随后的第178/2002号法规制定前一直占据主导地位，其仅仅关注初级农业生产阶段后期的食品，使得一般适用于食品供应链中生产和加工环节的规则并不在该初级生产阶段内适用。

---

① 原注：Art.1(1) of Dir. 89/397.
② 原注：Art.1(2) of Dir. 89/397.
③ 原注：Art.1(1) of Dir. 89/397.
④ 原注：Recital 1 of Dir. 89/396.
⑤ 原注：Recital 3 of Dir. 89/396.

即便有上述的限制,该规定的出台也与政治和社会的考量相关。由这一指令所确定的规则表明了它们只是一般立法框架内一些要素的性质,进而在此基础上,通过体系化的设计在成员国和欧盟层面将更多的规则逐步纳入上述框架。

食品批次的确立本身并不是目的所在,而是通过这一措施以便实现其他的目的,包括贸易发展领域和物品自由流通相关的目的。与此同时,也涉及保护消费者免受健康危害的侵害和在危害确认时更为有效和直接干预的目的。

有关食品官方控制的第 89/397/EEC 号指令也采用了相类似的方式。对此,其一开始表明鉴于"共同市场中食品贸易是最为重要的内容之一",[①] 这一考虑,强调了"所有成员国都应当努力保护他们公民的健康和经济利益"和"健康保护必须无条件地处于优先地位……因此,食品的官方控制必须协调一致且更为有效地开展"。[②] 根据观察,"成员国有关控制形式的立法差异会成为物品自由流通的障碍",[③] 对此总结道"食品的立法……涉及健康以及通过质量规定保障消费者经济利益以及为消费者提供信息和公平贸易交易的内容;因此,首要的工作就是协调与执行这些控制相关的基本原则;尽管主要是由成员国制定这些检查项目,但鉴于健全和运作内部市场的需要,也有必要在共同体层面制定一些协调一致的项目"。[④]

与长期以来成员国针对食品立法所要实现的目标相比,现在的立法目标更为复杂,涉及了诸多的规制领域,而不再仅仅只是成员国长期以来借助刑事立法保障食品成分和卫生质量的规制内容。

在这一新的欧盟立法中,除了典型的卫生规则,也有涉及消费者经济利益以及其他利益的规则,但这些都不直接涉及经济发展,而是

---

① 原注:Recital 1 of Dir. 89/397.
② 原注:Recital 1 of Dir. 89/397.
③ 原注:Recital 2 of Dir. 89/397.
④ 原注:Recital 16 of Dir. 89/397.

基于预防保护的集体需求，例如，获得公平和完整的信息以及商业交换中的公平保障。

在构建欧盟食品法体系的进程中，另一具有决定意义的步骤是1993年针对食品卫生制定的第93/43/EEC号指令。[①]

这一指令也是以《建立欧洲经济共同体条约》第100a条为法律基础，而且仅在《马斯特里赫特条约》实施后的几个月后就制定了一个整合的方式，认为"对于建成内部市场而言，食品的自由流通是一个必要的前提条件；这一原则意味着就自由流通的食品安全标准而言，欧盟是非常有信心的，尤其是全程供应链中生产、加工、制造、包装、贮存、流通、处理和用于销售或者直接提供给消费者的各类环节中的食品卫生标准"。[②] "人类健康保护是最为重要的考量；"[③] "然而，食品从业者有责任保障其食品活动中的卫生条件；"[④] "食品从业者必须确保只有不危及健康的水平才能流入市场且主管部门由适宜的权限保护公众健康；然而，食品从业者的合法权益也应当得到保护"。

通过食品安全的标准保障信心，确保食品供应链各环节的标准执行以及食品从业者的自我规制责任是上述指令的主要内容。对此，在诸多有关食品生产和贸易的规则中引入了从航空事业中借鉴而来的"危害分析和关键点控制体系"的要求（Costato 2007a），从而使得规制框架也有了创新之举。

指令采用了统一的术语"食品企业（food business）"来涵盖初级生产后的所有阶段，包括"以下所有无论是否盈利又无论是否公有还是私有的活动：制备、加工、制造、包装、贮存、运输、流通、处理或者用于销售或者供给食品"。[⑤]

---

① 原注：Council Directive 93/43/EEC of 14 June 1993 on the hygiene of foodstuffs.
② 原注：Recital 1 of Dir. 93/43.
③ 原注：Recital 2 of Dir. 93/43.
④ 原注：Recital 9 of Dir. 93/43.
⑤ 原注：Art. 2 Dir. 93/43.

食品生产中的农业环节依旧作为适用上述新规则和责任的例外环节,但是食品供应链中的其他所有环节都已纳入上述的统一规制领域。

所有的食品从业者都要求"在他们活动中确认每一环节中用于保障食品安全的关键点并保证建立充分的安全程序以及执行、保持和检查这些程序。对此,需要依据危害分析和关键点控制体系中所要求的各类程序"。①

通过特别强调食品从业者自我控制和自我规制的责任,此次采用的危害分析和基于关键点控制的管理体系引入了动态的组织和保护模式,这与传统的国家食品安全体系相比,更具灵活性。以意大利的法律体系②为例,国家食品安全体系主要是借助针对机器和厂房的静态且缺乏灵活性的规定解决一般性的安全问题,而监管也主要是针对产品的事后检查。

在欧盟和成员国层面③发展和采取良好卫生规范的这一偏好使得以下内容成为可能,包括保留食品产品和生产方式的多样性,优先突出食品从业者的自我规制责任,将健康保护塑造为食品生产意识中的共享企业行为和文化而不是施加的外部秩序规则。

由于有了上述的创新规则,食品从业者被要求在食品安全的保障中发挥前瞻性的角色,对此,他们需要开展教育、行政管理和企业管理。考虑到传统的小型食品生产者在完成上述要求方面的困难,这一要求并没有针对这一类组织。但与此同时,对于国家规定没有太多要求的生产行为和生产方式,则作出了更多的要求。

规则所确立的"去做什么"和"产品的特性和质量"交织在一起,此外还涉及第43/93/号指令的规则,但后者是"怎么做"的规则。

就悖论性的结果而言,1993年的指令目的在于借助协调的方式完

---

① 原注:Art.3(1) Dir. 93/43.
② 原注:See Italian Law No 283 of 30 April 1962.
③ 原注:Art.5 Dir. 43/93.

成内部市场的建设,其所采取的方式是要求食品从业者承担自我规制的责任,这使得他们只要完成了危害分析和关键点控制体系的标准和目标,就有足够多的机会保持自身的差异性和多样化。

第43/93号指令所确立的灵活性方式被同年制定的诸多共同体法案所采纳,例如,1992年第92/46号有关牛奶产品的指令。[①] 这一指令主要是针对鲜奶、热处理奶和奶制品的生产及销售制定共同体的健康规则,但其明确表明了"似乎有必要在这一指令的规制范围内排除那些由生产者直接向消费者提供的产品";[②] 并承认"对于能力有限的单位,可以采用简化的结构和基础设施标准,但需要符合该指令要求的卫生规则"。[③] 根据这一指令,"对于需要至少60天的成熟时期的奶酪制造而言,成员国可以给予个案或者一般通用的背离规定"。[④] "就这一指令中可能影响具有传统特性的奶制品制造的规定而言,成员国可以授权个案的或者一般通用的背离要求。"[⑤] 而且,"当授权同意许可或者背离指令要求的许可时……成员国可以对奶制品制造单位的生产范围限制作出规定"。[⑥]

在上述规定下,有关安全奶制品的指令确立了用于协调各成员国规则的基本要求,但同时,不同的规制方式也是许可的,但应基于以下这些要素,例如,生产的传统方式、成熟时间、生产限制和规定区域内的直接销售。

换言之,在《单一欧洲法案》和《马斯特里赫特条约》之后,于20世纪80年代和90年代早期根据第100a条规定制定的指令都意在以系统化的方式整合一些要素,进而有助于协调的实现。但即便如此,也没有无视多样性和特殊性的考量。因此,这些指令所制定的规则和

[①] 原注:Council Directive 92/46/EEC of 16 June 1992.
[②] 原注:Recital 6.
[③] 原注:Recital 11.
[④] 原注:Art.8(1).
[⑤] 原注:Art.8(2).
[⑥] 原注:Art.11(1).

程序并不局限于一些特别的产品，而是意图规范整合食品供应链和"任何无论其性质是否盈利还是公有抑或私有的活动"。① 对此，也考虑农业初级生产阶段后其他所有食品生产环节的特性和责任，以便整合共同体的规定和国家规则。

即便新规则的适用排除了对初级生产环节的规制，而"食品从业者"的定义也没有包含农民（《通用食品法》作出了如上的排除规定）②，但这一排除规定并不能解读为欧盟拒绝日益发展的体系化设计。

事实上，水果（收获、屠宰或收奶）③ 被单独规制的这一刻是这些食品进入食品供应链的一刻，而从这一刻开始所有的食品从业者（在上述立法的要求下）无论其在哪一个环节中，都应当以一致的方式加以规制。

因此，可以预见的是构建一个欧盟食品法体系的趋势已经出现了，在其发展一小段时期后便开始规定一般适用的规则和基于特殊利益考量的规则。

5. 欧盟食品立法的多重目标

在20世纪90年代最初的五年里，欧盟食品法立法的一个特点就是追求多重目标。

除了上述已经提及的通过"对食品安全标准的信心"快速完成内部市场和"保护人类健康"的目标，其他的利益和价值也值得立法的关注，包括食品质量和多样性。

司法判决确认的"互认原则"消除了食品自由流通的壁垒，但也带来了难以保留传统的风险，即会使得食品的传统配方通用化，进而无视了地域和文化根基（Germanò 2007）。

为了应对上述的担忧，根据《建立欧洲经济共同体条约》第43

---

① 原注：Art. 2 Dir. 93/43; italics added.
② 原注：参见第五章。
③ 原注：Art. 2 Dir. 93/43.

条的规定制定的第 2081/92 号有关受保护原产地命名和受保护地理标志的法规[1]以及第 2082/92 号有关农产品特性的法规[2]是共同农业政策的一部分内容，它们引入了一个适用于大部分质量生产领域的统一规制框架，其不仅包括《建立欧洲经济共同体条约》附录Ⅱ中所定义的农产品，也包括其他农产品，特别重要的是那些不包括在上述附录Ⅱ中的食品以及在新法规[3]制定目录中的食品。

上述的一些法案明确表现出了对食品学科多元维度的兴趣，这也说明欧盟对于食品特有质量和文化与地域根基的关注，并意识到生产和产品的特性[4]和多样学科的相关需要，而这些与产品和生产方式以及标识及市场交流都相关。[5]

基于同样的视角，第 2092/91 号有关农产品的有机种植法规[6]同样也是在 20 世纪 90 年代根据《建立欧洲经济共同体条约》第 43 条制定的法律且被视为共同农业政策的一部分内容。该法规既涉及初级生产环节，也对加工、保存和包装环节的生产方式和检查体系以及标识和销售作出了规定。因此，其所制定的统一规范方式适用于整个食品供应链。

这一复杂的多元食品法体系尽管在其发展中也是争议、冲突不断（Albisinni 2009），但随着规则协调的进展和内部市场的运作，其发展所取得的成果也已凸显出来，且在欧盟法院的判决中有了一些新的重要表述。

---

[1] 原注：Council Regulation (EEC) No 2081/92 of 14 July 1992 on the protection of geographical indications and designations of origin for agricultural products and foodstuffs.

[2] 原注：Council Regulation (EEC) No 2082/92 of 14 July 1992 on certificates of specific character for agricultural products and foodstuffs.

[3] 原注：Art.1 Reg. No 2081/92, and Art.1 Reg. No 2082/92.

[4] 原注：Recital 3 Reg. No 2081/92.

[5] 原注：参见第二十章。

[6] 原注：Council Regulation (EEC) No 2092/91 of 23 June 1991 on organic production of agricultural products and indications referring thereto on agricultural products and foodstuffs. See Chapter XXI.

对于法国和西班牙于 1973 年 6 月 27 日签订的一份有关保护一些产品的原产地命名、原产地说明和名称的协议（在西班牙加入欧洲经济共同体之前）而言，1992 年的法院判决①对其合法性作出了认定。根据该协议，"*Turrón de Alicante*"和"*Turrón de Jijona*"这一名称在法国使用时，仅限于西班牙的产品或物品。

西班牙生产商在法国法院起诉要求禁止法国生产商在类似产品中使用这些名称。对此，法国法院向欧盟法院询问"《建立欧洲经济共同体条约》第 30 条和第 34 条的法律解释是否可以禁止上述法国和西班牙协议中对于原产地命名或说明的保护措施，尤其是针对'西班牙美食牛轧糖（Tourons）'使用'Alicante'或'Jijona'的产地命名"。

在上述案例的探讨中，欧盟委员会总结认为 1973 年这一协议所要求的特殊保护与《建立欧洲经济共同体条约》第 30 条和第 34 条的规定相违背，因为其没有说明上述涉及产品需要根据以下要求加以审视，即"其加工质量和特点归因于原产地的地理条件并使其具有了与众不同的特点"。②

欧盟法院拒绝了欧盟委员会的结论，其认为：欧盟委员会的这一立场与 LOR and Confiserie du Tech 案例中的相一致，且不能被认可。其效果会剥夺对以下产品所采取的所有有关地理名称的保护，即当一产品无法表明其风味源于某一特定的地域因素且其生产方式也没有符合公共机构相关法案要求的质量标准和制造标准，但其命名一直以来都被认为是原产地的指示信息。此外，这一名称在消费者中具有很高的知名度，生产者也将其作为代表特色习俗的必要手段。因此，有权对它们采取保护措施。③ 有鉴于此，法院的裁决认为"条约第 30 条和第 36 条的规定并没有排除成员国之间通过双边协议采取有关产地说明和

---

① 原注：ECJ, 10 November 1992, Case C – 3/91, *Exportur SA v LOR SA and Confiserie du Tech SA*.
② 原注：ECJ, Case C – 3/91, point 27.
③ 原注：ECJ, Case C – 3/91, point 28; italics added.

原产地命名的保护。而就法国和西班牙于 1973 年 6 月 27 日签订的协议而言,其规定的受保护名称并没有在该协议实施后演变为原产国的通用名称"。①

因此,诸如"消费者中的美誉度"和"质量要求"这些表述已经成为上述复杂的欧盟食品法框架的相关规制标准,而在 20 世纪 90 年代最初的五年内,其借助立法和司法的规则制定所开展的合作性和竞争性的干预,为的是追求多元的目标、利益和价值。

6. 食品安全危机和新的学科框架

20 世纪 90 年代后期由于爆发了一些严重的食品安全危机,例如,公众高度关注的疯牛病和二噁英。为此,参考依据发生了显著改变。

因此,对于已有的食品安全规则而言,公众对其效用的信心和信任受到了很大的打击,牛肉和牛产品市场变得非常不稳定,欧盟立法者也面临着作出快速回应的压力,但就回应所要采取的方式而言,需要一个全局性的且系统化的规划。

对此,需要在不同的层面以不同的手段采取解决问题的规制措施。

在技术层面,确定了一些具体的卫生措施,例如,禁止以动物源性的肉类喂食牛类,禁止销售和食用部分牛类,以及对疑似患有疯牛病的整牛屠宰作出了新的义务要求。

但最为初始的回应则是在行政管理层面引入第 820/97 号法规。②根据这一规定,采取了一项在当时并没有法律术语的新手段(一些财政和政府采购法律中的极少案例使用过),而这就是后来普遍使用的科学术语——追溯。

追溯的定义并不是一项卫生措施。其涉及一系列有关识别、控制、记录的规定,且关注食品从业者的自我规制责任,为此他们需要在食

---

① 原注:ECJ, Case C – 3/91.

② 原注:Council Regulation (EC) No 820/97 of 21 April 1997 establishing a system for the identification and registration of bovine animals and regarding the labelling of beef and beef products.

品法中发挥前瞻性的参与作用（一如第 93/43/CEE 号指令的规定和 HACCP 体系）。此外，追溯中还有一些基本要素能促进控制者和生产者之间的对话。

牛肉产品的供应全程情况都会借助特别的工具记录在案，例如，牛类动物在出生几天后就会收到"动物护照"。[①]

这一新的法规针对牛类产品的食品安全问题，第一次规定了初级生产环节的责任，有效推进了研究食品供应链的学科框架的创新。

这些在共同体法律体系中出现的法律创新，以崭新的方式回应了由技术创新和牛肉食品行业带来的挑战。根据主流的科学意见，疯牛病这一传染病是由使用动物源性肉类喂食牛类动物所引发并继而传播开来的。因此，就技术创新而言，其也存在着不可预见的负面影响。

换言之，随着 1997 年制定的这一法规，欧盟食品法在应对由技术创新所带来的风险时，其干预并没有仅仅限于卫生规则这一已经加强协调的领域，而且其在法律规划中所制定的规则也非常具有创新性。

在这一契机之下，由于业已制定的卫生规则并不充分，因此也需要通过一项新的法规加以完善，对此需要考虑那些创新的规制和责任模式。

对此，相应的措施包括以下两类。

——确立用于识别和注册牛类动物的体系，包括通过含有唯一标识码而用以确认动物的耳标、电子数据库、动物护照以及由每一个场所予以保留的登记信息，[②] 任何用于销售的牛产品必须强制标识且包括一组参考码或参考代码，其作用是衔接识别尸体、腿肉和肉块这一环节与个体动物供给这一环节；[③] 也就是确保追溯的实现。

——确定更广范围内的强制性标识，为此，任何一片肉块或肉块

[①] 原注：Art. 6 Reg. No 820/97.
[②] 原注：Art. 6 Reg. No 820/97.
[③] 原注：Arts 14 and 16 Reg. No 820/97.

第二章 欧盟食品法体系的发展路径
Ferdinando Albisinni

组合和它们包装材料上的标签都应当说明"成员国、第三国家或出生地;成员国、第三国家或任一肥育的场所,一些肥育场所必须特别加以说明;成员国、第三国或屠宰进行的屠宰场"。①

除了上述内容,新法规的兴趣点也涉及理事会、《欧洲共同体条约》第43条和共同农业政策制定的法律基础,但无关第100a条制定的内容,也就是在20世纪90年代早期大量制定的意在协调(或者统一)食品安全立法的内容。

根据《欧洲共同体条约》第173条规定,欧盟委员会对第820/97号法规提起了诉讼,认为不是该法规的内容而是其法律基础应以第100a条而不是第43条为依据,为此,应当采取与欧盟议会共同决策的程序而不是由理事会根据多数票制定。欧盟议会支持了欧盟委员会的这一诉讼行为。

欧盟法院在2000年4月4日的判决中撤销了这一适用,其目的可从下列表述窥见一斑:"任何有关条约附录Ⅱ所列农产品的生产和销售的立法都可以以条约第43条为法律依据,对此,有助于实现条约第39条所确立的共同农业政策的一项或多项目标……此外,健康保护有助于实现根据条约第39(1)条所确立的共同农业政策的目标,尤其是直接满足消费者需求的农产品,而他们对健康的关注更胜从前……上述具有争议性的法规涉及条约附录Ⅱ所列的农产品的生产和销售……就该争议性的法规目的而言,有必要观察到根据其序言的第一点内容,其目的在于重新恢复由疯牛病危机所瓦解的牛类和牛类产品市场的稳定性。对此,其要提高该类产品生产和销售条件的透明性,也就是借助追溯这一手段……因此,可以认为通过规制牛类和牛肉产品的生产和销售条件并借此提高这些条件的透明性,这一有争议的法规对于实现条约第39条的目的而言是不可或缺的……因此,根据条约第43条

---

① 原注:Art. 16 Reg. No 820/97.

的规定制定这一法规是适宜的。"①

鉴上所述，法院认为第 820/97 号法规并不像过去的那些规制法案，其性质非常复杂，有必要在此基础上构建一个具有体系化框架的食品立法，在一个多功能的学科中统一目前散见在不同法律领域却明显具有跨界性质的有关市场透明、竞争问题、健康保护目标的规制内容，且在消费者、食品供应类中的各类从业者以及其他在初级生产环节的从业者之间构建统一且共通的法律规范范围。

上述的司法裁决发布于 2000 年 4 月 4 日。这一日期具有一定的相关性，因为仅仅数月之后，即 2000 年 7 月制定了新的有关牛肉的法规，② 其废除了第 820/97 号法规，且其法律基础并不仅仅只是《欧洲共同体条约》第 37 条，③ 也包括《欧洲共同体条约》第 152 条，即根据"所有共同体政策和行动的定义和执行中都要保障人类健康保护的高水平"这一法律基础，因此，根据《欧洲共同体条约》第 251 条的共同决策程序，弥合了欧盟议会、委员会和理事会的政治裂痕。

在上述裁决作出之际，欧盟机构之间的冲突一直在协调解决中，然而，所涉及的问题不再是权限和规制权力，而是如何整合以实现系统化的欧盟食品法。对此，其是欧盟司法和立法规则制定中共同努力的成果。

正是基于这一点考虑，新法规所依据的两个法律基础（通过复杂和与时俱进的视角相互推动 20 世纪 70 年代指令所确定的跨界目标）表明了其系统化的特点在很大程度上是共同认可的发展。

7. 新世界——第 178/2002 号法规和系统性的维度

在 20 世纪末和 21 世纪初期，对于构建系统性的维度而言，具有

---

① 原注：ECJ, Case C-269/97, points 47, 52, 53, 59, 60; italics added.

② 原注：Regulation (EC) No 1760/2000 of the European Parliament and of the Council of 17 July 2000 establishing a system for the identification and registration of bovine animals and regarding the labelling of beef and beef products and repealing Council Regulation (EC) No 820/97.

③ 原注：Ex Art. 43 TEEC.

第二章　欧盟食品法体系的发展路径
Ferdinando Albisinni

决定性和宣誓性的一步是 2000 年欧盟委员会出台的《食品安全白皮书》。① 该通讯一共规划了 84 项不同的行政和规制行动和措施，以便构建一个全面的框架。

整个计划的特点在于采用了整合的食品供应链方法，并将农业初级生产环节一并纳入食品安全的整体计划，进而覆盖食品在"从农场到餐桌"的所有环节。随后，欧盟"从农场到餐桌"的这一表述就被广泛使用了。

这一表述说明了食品安全的全球视角，即要求食品供应链中的所有从业者共同分担保障安全的责任，包括原本只是部分适用通用规则或者作为例外主体的农民，保留了第 820/97 号有关牛类动物法规的预见性规定。

随着《通用食品法》的通过，系统化规划所构建的框架很快就得到了执行。在《通用食品法》中，其第二章的标题为"通用食品法"，并明确指出该法规第 5 条至第 10 条所规定的原则具有构建横向协调框架的性质。②

《通用食品法》的序言指出作为法律基础，在一个单一的法律文本中，有关共同农业政策的第 37 条、协调国家规定的第 95 条、共同商业政策的第 133 条、健康保护的第 152（4）（b）条所确立的多元目标、价值、利益都明显地受到了食品立法的影响。

换而言之，法律基础的多元化与《通用食品法》追求跨界目标，涉足不同领域的需要以及其创新的特点相一致。为此，该法规也采取了一些新的或新设计的法律模式和手段。为此，其弱化了生产和交流规则中的传统界限，突出了责任这一规制标准，通过治理模式的构建，该责任既包括公共机构的也包括私人的。③

---

① 原注：Commission of the European Communities, White Paper on Food Safety, Brussels 12 January 2000, COM (1999) 719 final.
② 原注：Art. 4 (2) Reg. No 178/2002, 可参见第一章。
③ 原注：Art. 17, entitled "*Responsibilities*" of Reg. No 178/2002.

各类活动和商业从业者都要求在整合规制权限的框架内和创新的规制下各司其职,包括组织、关系和法律责任,而这也要一并考虑针对生产和产品的传统规则(Albisinni 2009a)。对此,其表明了欧盟立法者采用了只有前瞻性且创新的方式。

一如某一权威学者的观察所得,《通用食品法》在不同的层面执行:"作为法律渊源……其确立了基本原则……规定直接适用的规则,而这无须成员国进一步制定执行措施……其所确立的机构安排也可由任一成员国执行……促进了成员国机构和欧盟机构的合作(Cassese 2002)。"

这一规定特别申明了其作为法律的体系性特点,制定了"共同体和国家适用的针对食品和饲料的基本原则,尤其是有关食品和饲料安全的基本原则",包括一般法律解释的原则,[①] 可以在欧盟和成员国层面适用于新老规则的一般性的统一标准,进而实现统一的规制。

欧盟食品法的第一个目标就明确了"确立人类健康和与食品相关的消费者利益的高保护水平"的这一目标,但是,"食品供应中有关传统产品的多样性"和"内部市场的有效运作"也需要加以考虑,这又确认了该法规所采取的方式具有多功能性。

《通用食品法》确立了欧盟食品安全局,[②] 作出了一系列有关机构安排、权限和程序的规定。此处列举第四章有关快速预警体系、危机管理和应急的规定就足够了。[③]

在诸多相关的原则、定义[④]和直接适用规则中(IDAIC 2003),[⑤] 需要重点指出的是,对"食品企业"的广泛定义使其延伸至了"无论其盈利与否,但凡从事食品生产、加工和流通的公有或者私有单位";[⑥] 进

---

① 原注:参见第一章。
② 原注:参见第六章。
③ 原注:参见第十二章。
④ 原注:参见第五章。
⑤ 原注:参见第一、五、六、九、十、十一章。
⑥ 原注:Art.3(1) No 2; italics added.

而覆盖食品供应链中的所有环节，包括初级生产这一在欧盟委员会2000年白皮书中所提出的内容。

上述定义提及了在食品供应链中任何阶段的"任何活动"这一表述，因此其提出了"阶段企业（phase business）"的模式，对此，某一企业能够获得合格评定和自成一体并不是因为其采取了一系列综合且同质的活动，而仅是因为其一直采取某一单行的行动，即便与其他的阶段并没有同质性，但也有潜在的关联性。

对于其他法律经验而言，这一阶段性企业的概念是非常陌生的。在意大利，就2001年针对农业企业的新定义就足以说明上述内容。[①] 这一分类往往与这些体系和环节相关，而法律对于这些模式的参照直到最近的经济分析才引起关注。

这一结果就是食品企业这一概念的出现，其意味着在法律范畴、行政模式、机构和活动的规则突破了传统特点。

换而言之，食品规制的目的和健康安全规制的目的意味着制定《通用食品法》的欧盟立法者注意到了在这一部门，基于各主体分门别类进行规制不会有效果，对此有必要制定综合性的规则，从而使得从业者的合规并不是基于抽象的分类，而是他们参与（不管方式是什么）生产、加工或流通环节的任意活动。

私人食品企业从业者遵守规则，但同时他们也因为开展自我规制和承担自我规制的责任而自行制定规则，但这需要与官方的监督管理者开展对话，并将食品安全作为其获得食品市场竞争的法律地位的基本标准。

8. 多中心的规制体系

在21世纪初期的随后几年里，欧盟制定了许多的法规和指令，进

[①] 原注：Legislative Decree No 228 of 18 May 2001, modifying Art. 2135 of the Italian Civil Code.

而健全了细化的整合规制框架,包括"一揽子卫生规则"[①]和其他与食品相关的横向和纵向的规则。

在国家行政机构和以欧盟食品安全局为代表的欧盟机制之间的互动中,经验的积累和程序的构建形成了一个多中心的规制体系。[②]

如今,即便是欧盟这个层面也开始关注全球维度,使其融入到"以部门为特点的全球规制体系的扩张中,而这是应对世界社区不断变化的需求的一个功能性回应(Chiti-Mattarella 2011)"。

在食品法领域,上述的结论尤为正确,原因在于:一是与国际条约[③]有关,二是与欧盟食品法体系的日渐开放相关,对此,其不断根据国际组织和机构[④]的意见加以完善,例如,食品法典委员会、联合国欧洲经济委员会、国际葡萄与葡萄酒组织。这些软法的渊源在一些情形下与硬法的作用几乎一样(Albisinni 2010b)。

因此,可以很合理地构想一下,在接下来的几年里我们将见到在机构安排和规制内容方面的相关创新,进而可以总结的是:欧盟食品法在其法律基础多元性和追求目标及法律手段多元性的特点下,其要在一个领域内构建一个体系化的制度也会付出代价,即遇到纠缠不断的紧张局面。但与此同时,其也表明了一个独特的欧盟规则制定方式,实现了对利益和活动的体系化规制,而这些国际、欧盟和成员国层面的互动以及公私的食品安全责任已经被整合到了一个通过纵向和横向合作和协助实现的统一框架中。

翻译:孙娟娟

[①] 原注:第十一章。
[②] 原注:第六章。
[③] 原注:第三章。
[④] 原注:第三章。

Chapter 3
第三章

国际规则

Paolo Borghi

1.《关税贸易总协定》的初衷，世界贸易组织的成立，以及国际食品法的法律框架

世界贸易组织的成立是通过最后文件（Final Act）得以实现的，其是1994年在乌拉圭回合多边贸易谈判中缔结的《马拉喀什条约》中最为重要的内容。根据发布于乌拉圭东岬的宣言（Punta del Este Declaration），该回合的谈判目的在于完成多边贸易体系的改革。对于作为该多边贸易体系的法律基础，就签订于1947年的《关税贸易总协定》所确立的一般性原则而言，也会通过一系列的国际协议予以替代，后者会针对新的国际贸易秩序的每一个内容进行单独规制，例如，反补贴税、援助、动植物卫生检疫措施，或者新的争端解决机制；抑或针对某一个具体的贸易领域进行规制，例如，农业、服务、纺织品、知识产权等。而对于新的体系而言，《关税贸易总协定》是其法律基础的基石所在。

从1947年开始，该体系的成员国（其成员国数

量一直在增加，并已经超过100个）就因为《关税贸易总协定》的文本内容而争执不休，且在第28条附属条款所规定的谈判回合［从1947年到乌拉圭回合之间总共有八个回合（Borghi 2004）］中对协定内容作出了修改。对此，修改后的文本往往借助协定修订的年份加以区别，例如，《关税贸易总协定》1964年版。在1986年以前，《关税贸易总协定》的缔约国依据的是1947年10月30日在日内瓦签订的《临时适用议定书》。

就最早《关税贸易总协定》的签订目的而言，缔约国试图针对贸易规制找寻一种临时且不具有严格约束力的法律手段。事实上，这一努力成了日后50年里国际贸易的主要规制手段。而且，在实践中，这些规制比其他正式的具有约束力的国际协议来得更为有效（有关《关税贸易总协定》的起源和其演变为世界贸易组织的文献，参见Anzilotti 1969，Cutrer 1961，Demaret 1995，Flory 1968）。

要充分了解总协定在当下多边贸易框架内的新作用，我们必须参照附录1A的总体解释性说明，其明确指出如1994年的《关税贸易总协定》条款与《建立世界贸易组织协定》附件1A中另一协定的条款相抵触，则以该另一协定的条款为准。

此外，也需要提及世界贸易组织协议中的附录2。这一《关于争端解决规则与程序的谅解》可能是与世界贸易组织最为相关的内容，其改善了《关税贸易总协定》的机制，使得新的条约作为一个整体更具有效性。但主要是基于：

——初审专家组的核心角色，其报告最终由世界贸易组织的总理事会（贸易争端解决机构）采纳，且具有约束力，但该机构可以通过一致性的决定否决这一报告；

——就这一报告可向常设上诉机构提起上诉；

——针对争端的最终决定，包括针对违反义务的国家提出的严格说明（建议）以及其立即采取符合该项建议的义务；[①]

---

① 原注：Implementation；DSU, Art. 21, para. 1.

——因为对方违规而遭受损失的有权申请采取报复性措施，应指出合规无法实现的情况（或变得不具有可能性）[①]（有关世界贸易组织的争端解决，参见 Petersmann 1997，Cameron-Campbell 1998，Jackson 1998，Ligustro 1996，Distefano 2001）。

非歧视性依旧是整个关税贸易总协定体系中心的首要责任，其确保另一个互惠的方式。第一，其表述为"最惠国待遇"条款。根据该条款，任何缔约方给予来自或运往任何其他国家任何产品的利益、优惠、特权或豁免立即无条件地给予来自或运往所有其他缔约方领土的同类产品。尽管该协议明确规定了一些例外的相关规定，例如，创建和维持特惠贸易地区（这往往是针对发展中国家设立的，赋予它们《关税贸易总协定》第25条第5款中规定的一些特殊弃权的权利），抑或自由贸易区或诸如欧盟这样的关税同盟。

第二，其表述是第3条有关国民待遇的条款。该条款禁止《关税贸易总协定》的缔约方为保护国内生产，向进口或国产产品适用国内税和其他国内费用，影响产品的国内销售，标价出售、购买、运输、分销或使用的法律、法规和规定。

此外，对于任何从其他缔约国进口而来的产品而言，不得对其直接或间接征收超过对同类国产品直接或间接征收的任何种类的国内税或其他国内费用。更为一般性的要求是，进口产品所享受的待遇不得低于同类国产品所享受的待遇（世界贸易组织的裁决和关税贸易总协定的专家组都试图定义"同类产品"的概念，[②] 参见 Bronckers-Mc Nelis 1999）。

2. 农产品协定

要对贸易中有关食品的国际规则简要概括，有必要从快速阅览世

[①] 原注：DSU, Art. 22, para. 4.

[②] 原注：*EEC-animal feed proteins*；*Japanese liquor taxes II*, at 6.22；*Korea liquor taxes*, at 114.

界贸易组织的《农业协定》开始。可以说，该协定是农业和渔业产品的多边贸易的首个规制规范，其主要附在附件1中。因此，就欧盟法律在食品部门中视为一体的食品和饲料而言，这一协定的规范范围也拓展到了肉类及其制品，以及甲壳类、软体动物类、鸡蛋类、蜂蜜类、可食用的果蔬类（包括干果类）、咖啡、茶和其他香料、谷物和磨坊业制品、脂肪和油、饮料和烈酒等。附件1中的强制性索引包括了海关协调编码的第1～24章内容，以及附录中列出的其他产品。因此，这一《农业协定》可以视为国际食品和饲料贸易的法规。

该协定涉及三个支柱内容，包括市场准入、国内支持和出口补贴，而这些也是世界农业政策的主要支柱。

对于成员国的决策而言，市场准入是第一要务，其会在任何方面并以任何手段影响该国的进口（Anania-De Filippis 1996，Smith 2009，WTO 2001）。第一，在世界贸易组织的框架下，其意味着"关税化"（第4条第4款），即根据单独的执行文件规定的"公式"（Modalities）确定的指标将非关税的措施转换为普通关税，但是第5条以及附录5中规定的内容除外。因此，任何针对进口数量限制或者进口差额税、最低进口价格、进口许可的裁量等已经根据它们的保护效果给予了与关税等量的价值考虑，进而被等效的关税所取代，并最终减让到协议所许可的程度，即与先前的基期相比，在1995年至2000年执行期间平均减让36%，并至少减让15%。此外，国外农产品也要通过零关税的进口配额确保其最低的入市机会，该计算方式可以依据国内相关产品的消费情况并逐步以每年均等消减的方式增加。

针对发展中国家，适用的规则是不同的，例如，上述的执行期间被延长至10年，而最不发达国家则无须作出削减承诺（第15条关于特殊和差别待遇）。其他相关的例外如第4条第2款中规定的特殊待遇，即符合附录5的A部分中的产品无须进行关税化；或者在发展中国家的传统饮食中占据稳定的主导地位的初级农产品，只要他们符合附录5的B部分的条件。此外，第5条的特殊保障措施也允许成员国针对进口适用额外的保护性关税，但要求与既有的市场准入机会相比，其已超过了触发水平，抑或价格降到了触发价格之下（第5条第1、4和5款）。

第二支柱是国内支持，其是国际贸易法规则的新事项（其原先规范的是海关法），而国内支持之所以并入这一新的法律框架是因为其对国际市场也是有影响的，包括影响供需平衡、潜在地诱使低价、生产剩余，等等。此外，也会影响关税减让的效果。《农业协议》第6条第1款的规定涵盖了这样一个减让承诺，即除硬性规定的例外，即该条第4款"最低减让条款"规定的，抑或附录2中所规定的弃权，为了实现既定目标，国内支持措施被分为三类，包括"黄箱"措施，其是指与生产和价格相伴的所有措施（根据第6条第5款和附录2的规定间接推导而来，这些规定是反向的，即免除那些与支持措施不相伴的减让承诺，如所谓的"绿箱"措施）。在"黄箱"和"绿箱"之间，所谓的"蓝箱"首先被认为是与支持措施部分不相伴的，因此其适用只有在2000年前的过渡时期内才被允许，然而在2001年多哈多边会议中对该期间作出了延期规定。"公式"规定所有的"黄箱"措施在2000年前要达到平均20%的减让（对于发展中国家而言是13.5%，最不发达国家无须减让，参见第6.2条和第15条）。对此，当综合支持总量（AMS）不能通过逐一产品加以确定或这一计算方式不可行时，应以支持等值（EMS）来替代综合支持总量这一计算方式，但依据总体有利于前者中规定的非产品特别支持加以确定。

符合减让例外规定的各项目中的支持措施（"绿箱"措施）不用根据综合支持总量或支持等值来计算，因此也无须采取《关税贸易总协定》中的任何行动，这些是指第13（a）条规定的内容，即首先免除任何额外的或反补贴税，但前提是这些措施符合附录2中所列的任一要求。也就是说，它们不具有扭曲贸易的作用或者这一作用的限度非常小，抑或对生产的影响，或生产支付的价格支持影响也很小的时候。此外，上述的措施也必须符合以下的政策要求：本附录中规定的特别标准和条件，例如，向农业或农村提供服务或利益的计划以及该计划下有关的支出或放弃的税收要求，与环境计划有关的研究，与病虫害控制相关，或积累和保持构成国内立法所确认的粮食安全计划的产品，或作为明确的政府环境或保持项目部分且独立于该政府计划中符合具体条件的支付。

最后，第三个支柱是指以其平均30%的价值减让受惠于支持措施的出口（相较于1986~1990年受惠于支持措施的出口的国际平均价值），以及减让平均21%的数量。即便在这个方面，发展中国家也有其特殊待遇，且最不发达国家也无须作出减让承诺。

毫无疑问，没有受惠于支持措施的出口并不在这一协议的规制范围内，且无须作出减让承诺。这也同样适用于针对发展中国家或最不发达国家的食品援助出口。在这个方面，这些措施只有符合以下要求才可以，即只要符合本协议第10条的规定，也就是说，国家的出口补贴在适用的时候没有导致其可以规避出口补贴减让承诺，包括有这一倾向的风险。对此，不得使用贸易交易的方式来规避这一承诺。

3.《实施动植物卫生检疫措施的协议》

要将现有的一些非关税措施转换为关税是不容易的，因此，世界贸易组织的成员国根据上述的理由确立并保留了一些有关动植物卫生检疫的措施，包括兽医措施。正因为如此，成员国总是否认这些措施（或者仅在最糟糕的情形下）具有贸易保护的意图，因此，不愿意将它们关税化。此外，也因为关税化将意味着所认可的卫生检疫理由是假的，而隐藏的保护主义才是其合理化所在。适用动植物卫生检疫措施，即广泛意义上的非关税措施，其与适用关税所实现的保护效果是一样的，但这使得整个世界贸易组织体系的自由权力受到阻碍。

原先动植物卫生检疫措施的规制是根据《关税总协定》第20条的规定进行的，但其暴露了农业和食品领域内这些措施的缺点和不足之处，并在几十年里导致了诸多的贸易争端，因为在这一领域这些措施往往被作为变相的保护手段，以规避减让关税的承诺。事实上，关税措施和非关税措施之间具有相互且自然的互补性，对此，《农业协定》和《实施动植物卫生检疫措施的协议》之间大量重合的事项就说明了这一点。其中，《农业协定》具有强制性适用的范围，也就是说，其规定仅适用于附录1中所列的产品贸易，而《实施动植物卫生检疫措施的协议》可以适用于更为广泛的食品产品种类，例如，食品、饮料或饲料。

一项动植物卫生检疫措施被定义为：保护成员境内的动物或植物的生命或健康免受虫害、病害、带病有机体或致病有机体的传入、定居或传播所产生的风险；或保护成员境内的人类或动物的生命或健康免受食品、饮料或饲料中的添加剂、污染物、毒素或致病有机体所产生的风险；或保护成员境内的人类的生命或健康免受动物、植物或动植物产品携带的病害，或虫害的传入、定居或传播所产生的风险；或防止或限制成员境内因虫害的传入、定居或传播所产生的其他损害。此外，所有有关的法律、法令、规定、要求和程序，特别包括最终产品标准；加工和生产方法；检测、检验、出证和批准程序；检疫处理，包括与动物或植物运输有关或与在运输途中为维持动植物生存所需物质有关的要求在内的检疫处理；有关统计方法、抽样程序和风险评估方法的规定；以及与食品安全直接相关的包装和标签要求，都可以被视为动植物卫生检疫措施。从这一定义可以看出，动植物卫生检疫措施会妨碍国际贸易，已是显而易见的了。

在这个方面，动植物卫生检疫措施看起来首先是非歧视原则的特别表述，因此，适用不具合理性的动植物卫生检疫措施或以错误的卫生原因适用某一措施时，其也会违背国民待遇条款的要求，尽管《实施动植物卫生检疫措施的协议》与《关税贸易总协定》第3条的内容有所差别。

《实施动植物卫生检疫措施的协议》的主要原则是任何一个措施都必须基于确凿的科学依据，且有必要符合《关税贸易总协定》第20

条和《实施动植物卫生检疫措施的协议》第 2.1 条所提出的"必要性"要求，即在专家组看来，就现有的或实施的一个动植物卫生检疫措施而言，没有与其具有同等效果且比其更少限制贸易的措施了。而这是因为《实施动植物卫生检疫措施的协议》第 5.6 条要求成员确保"为了实现适当的动植物卫生检疫保护水平时，其所采取的措施不比要获取适当的动植物卫生检疫保护水平所要求的更具贸易限制性，且要考虑到技术和经济可行性"。根据《实施动植物卫生检疫措施的协议》第 2.2 条的规定，成员国应采取符合以下要求的健康措施，即"不超过为保护人类、动物或植物的生命或健康所必须的程序"。因此，科学的作用不仅在于明确成员国所采取的措施是否真的是为了应对某一风险，而且也可以核实其所采取的动植物卫生检疫措施是否正确，即以科学依据证明其合理性，包括其比例性。

此外，《实施动植物卫生检疫措施的协议》也认为当一个国家的措施具有趋同性时，就是合法的，也就是说，其完全符合一些国际组织制定的标准。在这个方面，根据附录 A 第 3 部分所指出的，针对食品安全，世界贸易组织的成员可以根据食品法典委员会的标准、建议和指南采取行动，而就动物健康而言，该标准制定组织是指世界兽疫组织（IOE），对食品健康而言，则是有国际植物保护公约（IPPC）秘书处所制定的规则。

根据《实施动植物卫生检疫措施的协议》第 4 条的规定，协调是通过等同机制实现的，即当适用一项动植物卫生检疫措施时，即便其没有经过协调，但进口国必须认同这一由出口国所采取的措施。对此，出口国应证明其所采取的措施可以提供健康保护水平，且这一水平与进口国所要实现的保护食品的要求是相适宜的。因此，进口国针对进口产品采取保护措施时，如果其忽视出国口针对这一产品所提供的等同的保护水平，对此，有必要检查这一壁垒，确保其并不是限制贸易组织的借口，而这一方面的合理性检查在于对其"必要性"进行评估。需要补充的一点是，上述的前提是进口商所采取的措施尚未予以协调。

根据世界贸易组织《实施动植物卫生检疫措施的协议》委员会的"决定",当出口国提出申请时,进口国应解释其动植物卫生检疫措施的目的和理由,明确这一措施所要应对的风险。进口国应说明这一动植物卫生检疫措施所要实现的适宜的保护水平(解释的同时应提供这一动植物卫生检疫措施所依据的风险评估信息,或者通过相关的国际标准、指南或意见说明其技术合理性)。相应的,出口国应提供适宜的科学和技术信息,支持其"客观的声明",即这些由进口国所采取的措施能够实现其适宜的保护水平(包括参照相关国际标准或由进口国或其他成员国家所开展的相关风险评估,而且,根据申请,可以允许进口国了解其为认可等同性所采取的检查、检测和其他程序)。作为结果,其是对进口国适用措施的一项有效评估。此外,根据《实施动植物卫生检疫措施的协议》,保护水平的评估不能与相关国家的安全体系相比较,而是参照单一产品和由出口商和进口商适用于这一类产品的具体动植物卫生检疫措施,且需要具体问题具体分析。

此外,成员国有权确认其自身的健康保护水平,但这一权利的行使应一贯地根据《实施动植物卫生检疫措施的协议》第5条第4款所规定的限制加以平衡。成员国被要求考虑在确定其通过动植物卫生检疫措施所要实现的保护水平时,应遵守最低限度地减少负面贸易效果的目标。对此,第5条第5款列出了三项表明某一动植物卫生检疫措施不符合要求的三个重要考量因素,包括:一是当进口国采取不同的健康或生命保护的"适宜水平",二是当这些不同的水平是任意的且不合理,三是当这些措施导致了"歧视或变相限制国际贸易"。至此,非歧视原则在这里的适用有助于检测一项动植物卫生检疫措施的合法性。

4.《实施动植物卫生检疫措施的协议》中的谨慎预防原则(pre-cautionary principle)

由于其在一般国际法律中的不确定性地位和界限,即就谨慎预防

原则在国际法中的地位而言，学者、法律实务工作者、规制者和法官之间缺乏一致性的看法，而这使得谨慎预防原则一直是一个悬而未决的"法律问题"。一些人认为，谨慎预防原则已经成为国际环境保护习惯法的一项基本原则。然而，其作为一项基本原则或者国际习惯法是否得到广泛认可依旧不明朗（Sands 1995，Cameron 1994，Cameron-Abouchar 1996）。① 其他也有人认为，谨慎预防原则并没有获得国际法原则的地位，至少，其所具有的这一地位是值得质疑的，因为该原则的适用依旧需要诸多的释义（Birnie-Boyle 1992，Gundling 1990，DeMestral et. Al 1993）。该原则的界限在一定程度上是不确定的，且经常是由每一项谨慎规则适用的规制背景以及规制框架所要实现的目的所决定的。

一般而言，"谨慎"是"强化保护水平"的法律技术手段，意在潜在损害发生之前保护所需要的价值，也就是说这一危害是否发生是不确定的。由于谨慎预防原则的通常表述是指在缺乏充分科学数据证实某一风险的实际存在的情况下，也就是说某一未来损害的具体可能性时，实现强化保护水平就需要保护处于危险中的价值，即便前景依旧是不确定，以及结果也可能并不存在危害。因此，其意味着基于可能性的正面或负面结果，在作为和不作为之间进行假设性的比较，包括个体和社会在短时期内以及长时期内所要付出的代价。

也许，这是法律和科学之间最为微妙的关系：一方面，科学知识本身就具有不确定性；另一方面，谨慎的前提就是为了应对不确定性，相应的，出于谨慎，立法者和政策制定者也就具有了具体的行动规则，并将其作为治理和管理可能并不存在的风险的基本要求。由于谨慎预防原则的主要功能在于说明某一阈值，即在该阈值之上不确定性会因为法律规定而平等地转变为确定性，因此，治理者需要采取一定的行动。而且，鉴于《实施动植物卫生检疫措施的协议》所规定的方式，

---

① 原注：*EC-Hormones*, at 123；*EC-Biotech*, at 7.87.

即根据上述的解释，采取的任何动植物卫生检疫措施都应严格符合"必需性"的要求，可以明确的一点是，对于立法者和法律解释者而言，主要的难点在于决定多大程度上可以降低上述的阈值。事实上，已经有大量的研究通过分析"风险"或"相关风险"的法律定义来试图深度分析上述的内容，例如，排除"理论风险"的相关性。

《实施动植物卫生检疫措施的协议》第5.7条提及了谨慎预防原则，即规定将谨慎作为一些成员国的权利和能力的基础，否则动植物卫生检疫措施必须具有科学依据。一如国家的义务并没有来源于"必需性"的要求，"不确定性"也没有规定成员国的义务，即一项行动仅仅证实其合法性即可。不确定性的唯一特点在于其仅仅使得临时性的措施具有合法性，且附加了"研究义务"，即试图找出科学证据，以及在新的科学证据或者在对既有的科学数据进行科学评估后确认并不存在风险时，废除上述业已实施了一定"合理期限"的临时性措施。正因为如此，根据第4条中所规定的"等同原则"，进口成员国有义务接受出口方的食品安全标准。

在制定行为规则和法律解释方面，成员国的政府具有很大的裁量自由，对此，世界贸易组织的专家组的作用是决定性的，即通过一些报告对其作出裁决，例如，上文已经提及的有关欧盟的激素案件，或者生物技术案件，以及其他一些诸如石棉的案件等。在任何情况下，与其他国际法案（例如，《生物安全卡塔赫那议定书》或者《里约宣言》相比，《实施动植物卫生检疫措施的协议》中的"谨慎"理念是比较"软的"，其是健康保护需要与国际贸易自由需要之间的妥协产物。如果某一措施的实施时期超过了"合理期限"，则自然而然地使得谨慎作为违反了《实施动植物卫生检疫措施的协议》的要求。

5.《技术性贸易壁垒协议》

在研究国际食品法时，有必要探讨一下那些与动植物卫生检疫措施密切相关的技术规则，尤其是《技术性贸易壁垒协议》，以及《马

拉喀什条约》中其他适用于食品贸易的根本性规定，包括针对初级产品和加工产品的内容。

就食品安全（也包括食品质量）的技术规则的相关性，是具有共识的。对此，《技术性贸易壁垒协议》的制定就是因为意识到了针对产品的要求（例如，强制性规格，许可使用的原料和物质，包装的类型，标识及其内容等），世界贸易组织成员方的规定都是各不相同的，而这些差异就会构成贸易的壁垒。此外，这些要求（包括一些健康相关的要求）会在缺乏真实合理性的情况下加以落实，那么其对贸易的阻碍性就更为直截了当了。因此，《技术性贸易壁垒协议》的目的就在于限制适用这一类别的要求。

首先，该协议认同成员国有权采取与他们所要实现的适宜保护水平相一致的技术标准，因此，并不会组织制定技术标准的行为，并通过《关税贸易总协定》的非歧视性条款重申，指出："成员国应确保技术法规给予从任何成员国进口的产品的待遇，不得低于本国生产或任何其他国家生产的同类产品的待遇（第2.1条）。"因此，成员国被要求确保他们的技术法规（包括那些与质量相关）不能是变相的贸易壁垒或者用于制造变相的壁垒，而且他们也必须追求合法的目标，包括国家安全，人类、动植物健康或生命保护，环境保护，防止欺骗这些值得重点强调的目标。因此，逻辑性的结果就是当制定这些技术法规的理由不再存在时，或者同一情形（目标）下，可以采取对贸易限制更少的技术规则时，上述技术规则不得作为贸易壁垒。

为此，《技术性贸易壁垒协议》确立了"协调"规定，而这与《实施动植物卫生检疫措施协议》的第3条规定极为相似，即可以被视为协调的情况包括：成员国符合了一些国际组织的标准，例如，国际标准组织ISO的标准，或针对食品的食品法典委员会的标准，以及《技术性贸易壁垒协议》附录三中所列出的标准（准备、制定和适用标准的良好规范）。此外，该协议也要求成员国彼此认可标准合格评定的评估程序，以便每一个国家都可以根据进口国的技术规则评估其自身产品的合规性。

6. 《与贸易有关的知识产权协定》和食品

另外一项基本的与欧盟食品法相关的世界贸易组织规则就是《与贸易有关的知识产权协定》。概括来说，其规范主要从多项基本的原则开始，例如：

——知识产权的国际保护目标在于便于技术创新和传播有利于生产者和使用者互利互惠的技术知识；

——对于健康和营养以及知识产权相关权利的保护意味着那些影响重要经济和社会部门的决策，需要采取适宜的措施防止知识产权的权利所有人滥用这一权利；

——成员国可以在其执法中实现比这一协议所要求的保护水平（该协议中的保护水平被视为最低保护水平），但没有义务必须如此；

——知识产权的定义（包括著作权和相关的权利、商标、地理标志、工业设计、专利等）；对于成员国通过既有国际公约处理知识产权问题的法律保护规定予以认可，这些国际公约保护1967年的《巴黎公约》，1971年的《伯尔尼公约》和《罗马公约》。这些公约所规定的义务不能通过《与贸易有关的知识产权协定》予以放弃；

——在知识产权领域内适用非歧视原则，对此，需要履行国民待遇义务和符合最惠国待遇的条款要求。

《与贸易有关的知识产权协定》第二部分规定了一些与最低保护水平相关的标准，其涉及内容包括可得性，知识产权相关权利的目的和实施，明确诸如哪些标记可以作为商标加以保护，赋予所有者的最低程度的权利等。而就地理标志这一特殊的规制领域而言，第23条针对广泛用于葡萄酒和烈酒的一个特殊的食品营销策略作出了规定。很重要的一点是，《与贸易有关的知识产权协定》中针对地理标志的规

定可能是这个协议中最具争议性的内容。在本书写作期间,世界贸易组织的争端也是一个核心的争议焦点。就该争端的结论而言,欧盟不得不重新审视其通过第510/2006号法规对受保护原产地命名标志和受保护地理标志的修订及其规制,尤其是针对第三国进口产品的地理标志规则。

然而,即便上文论述了《与贸易有关的知识产权协定》中有关地理标志的争议及其重要性,可以说,在《与贸易有关的知识产权协定》所规定的执行工具中,有关地理标志的规则是最为主要的创新。对此,该协议中就知识产权的任一项权利的执行而言,民事司法程序应平等地适用于所有的权利人,包括国内和国外的原告都有权及时获得内容充实的书面通知(第42条)。此外,知识产权权利的执行程序应当是公平和平等的,不应有不必要的烦琐致使资财消耗,也不应有不合理的时限及毫无道理的拖延(第41.2条)。但比较特殊的是,就知识产权权利的所有义务而言,无论是原有国际公约的规定还是由一般国际法制裁所要求的义务(如单边报复),《与贸易有关的知识产权协定》都明确表明了这些义务是具有约束力的,因此它们应符合世界贸易组织争端解决机制以及对其有所规定的法律工具的要求。

各国之间的保护水平和技术是有差异的。尽管法律传统的不同,一些国家专门针对地理标志制定了法律,或者,至少制定了一些有助于防止消费者被原产地虚假信息欺骗的规则。例如,在澳大利亚,其1974年适用的一般性贸易实务规则(Trade Practice Act)就针对地理标志作出了规定,而欧盟也针对地理标志制定了专门的法律,即上述的第520/2006号法规。其他一些世界贸易组织的国家在保护地理标志的时候适用了商标法,即没有对商标法和地理标志相关法律加以区分。也有一些国家对一些保护名称进行了官方的注册,其他一些国家则更倾向于以司法个案判决的方式保护这些名称。鉴于知识产权权利对于国际贸易的重要性日益突出,即便是食用农产品领域,上述的一些规则差别也会阻碍国际贸易的发展。因此,针对知识产权的保护寻求一

第三章 国际规则
Paolo Borghi

些共同的原则将有助于减少上述的阻碍，缓解贸易争端。

另一方面，即便欧盟成员国之间的立法，也有一些相关的差别。尽管对于欧盟的成员国而言，其任何一部国内法都应当与欧盟针对受保护原产地命名和受保护地理标志的规定相符合，因为这使得国家法律的适用仅仅只能在产品特征与产地无关联的情形下，禁止那些违法使用地理标志的行为。因为在欧盟法院看来，[①] 只有这些标志（仅仅以地理标志标识的产地为来源，且无关质量）才不属于欧盟针对受保护原产地命名标志和受保护地理标志的规制范围（这一规制的前提就是指产品的特别质量、声誉或其他特征与特殊的地理来源相关联），而只有不受欧盟立法保护的标志才是国内法的规范范围。

欧盟针对受保护原产地命名标志和受保护地理标志的法律定义术语《与贸易有关的知识产权协定》有关地理标志的定义范围。根据该协定第22.1条的规定，地理标志是指一种原产于一成员方境内或境内某一区域或某一地区的商品的标志，而该商品的特定的质量、声誉或其他特性基本上可归因于它的地理来源。在国际贸易中，当某一食品具有质量说明的标记时，其可以被视为质量增值的产品，《与贸易有关的知识产权协定》将《关税贸易总协定》的基本原则（主要是非歧视原则和由该原则衍生而言的原则）扩展到了世界贸易组织成员方之间有关地理标志及其他知识产权权利的适用中。除了继续使用《关税贸易总协定》中一些既有的具体规则（如第9条第6款），《与贸易有关的知识产权协定》还要求世界贸易组织的成员方防止食品中地理标志的欺诈行为，对此他们应提供法律手段阻止上述的使用行为，而这是指有误导消费者的实际风险，并通过有效的体系惩罚任何一个作出该行为的人。而就葡萄酒和烈酒而言，《与贸易有关的知识产权协定》规定了额外的保护，即要求世界贸易组织的成员方应阻止误导性使用地理标志的任何行为，对此，即便欺骗消费者的风险仅仅只是理论上

[①] 原注：ECJ, 7 November 2000, Case C－312/98.

且抽象的（例如，即便这一涉案的红酒或烈酒的真正原产地标注在了标签上，或使用了经翻译的地理标志，或伴以"种类""类型""风味""仿制"等字样，并明确告知消费者其所购买的产品非"原产"）（参见第22条和第23条的规定）。

此外，《与贸易有关的知识产权协定》使得世界贸易组织的成员方在参与谈判的时候，明确了其讨论的目的在于根据第23条的规定增进有关个体地理标志的保护（这意味着这一保护可以扩展到其他的产品，即作为葡萄酒和烈酒原来的食品的保护）。对此，众所周知的是，从2001年多哈多边会议开始，世界贸易组织的谈判就陷入了僵局且无限期阻滞，这里的主要原因就是欧盟提议就《与贸易有关的知识产权协定》针对地理标志的保护，构建一个多国注册机制（multilateral register），而其他世界贸易组织的成员国的兴趣点则在于更为宽松的规制环境。

因此，就《与贸易有关的知识产权协定》中对于地理标志的规制而言，需要重点强调的内容是：一方面，葡萄酒和烈酒之间的差别是显而易见的，而其他食品之间也是如此［即便所有的食品都像葡萄酒和烈酒一样，有被保护的需求，一如在"洛克福羊乳干酪风格"（Style of Roquefort）案例中，其在该奶酪的原产地法国之外的地方销售；又如在加拿大有一家私人企业将帕玛火腿（Parma Ham）注册为了商标，以至于具有真正原产地保护的帕玛火腿无法在加拿大使用地理标志这一保护手段，即便其在欧盟是受到保护的（Gumbel P. 2003）］。另一方面，则需要强调第24.4条中的例外规定以及其随后的条款要求，如例外包括那些已经在世界贸易组织某一成员国合法注册为商标的原产地命名，或者在某一成员国的地域内成为某一产品的通用名称的地理标志。

翻译：孙娟娟

Chapter 4 第四章

竞争法与欧盟农业和食品法

Antonio Jannarelli

1. 欧盟里斯本条约后的竞争法

对于欧盟立法经验而言，竞争保护一直以来都是基础性支柱（参见该条约的第27议定书以及《欧盟运作条约》第199条和第120条的规定），且会持续保持这一地位。

当罗马条约确立成立欧盟共同体开始，反垄断这一领域就持续存在着，主要是《欧盟运作条约》第101条和第102条的规定（前《欧盟共同体条约》第85条和第86条）。这些条款一开始就限制"与内部市场相抵触的影响各成员国之间的贸易以及阻碍、限制或扭曲内部市场竞争的一切企业间的协议、企业联合组织的决定和联合一致的行为"。其后，这些条款指出"任何在内部市场或重要市场领域内滥用一家或多家企业的优势地位，如果可能影响成员国的贸易，则会因与内部市场相抵触而予以禁止。"

上述条款的制定都受到了《北美谢尔曼反托拉斯法》（North-American Sherman Act）和《克莱顿反托拉

斯法》（Clayton Act）（Jannarelli 2009）的影响，然而，在对这些条款进行解释和适用时，其方式则与北美的模式截然不同（Hildebrand 2009，Id. 2002）。

就经营者（undertaking）这一概念来说，2010年10月27日法院在Case T-25/05的判决中强调（第122段）："经营者的概念包括任何一个从事经济行为的实体，与其是否具有法律地位和其财政来源无关……"判决在第123段中也提及"案例法同时也细化了在一些相同的情形下，对于经营者的理解必须将其视为一个经济单位，即便从法律来说这一经济单位由多个法人或自然人组成"。对于后者，法院于2006年12月13日在相关案例Cases T-217/03和T-245/03的判决中认为针对反垄断的规制同样适用于代表雇主的组织所签订的协议，然而，前提是："协议不是集体协议且不是由代表雇主和工人的组织达成的。农民和屠宰商之间根本就不存在雇佣关系，因为农民既不为屠宰商工作也不需要其指导，而且他们也没有组织在一起构成屠宰经营者……另一方面，一如法院早已确认的，可以根据欧盟相关法规第81（1）条的目的要求将农民视为经营者……由此，就争议中的协议而言，其是牛肉行业中两个生产环节之间的内部贸易协议。其次，涉案的协议也没有涉及提高工作和雇佣条件的措施，而是暂停了牛肉的进口并确定了一些奶牛的最低价格。而这些措施在该案中的目的主要是限制单一市场的竞争。"

根据进一步观察，欧盟就竞争所确立的参照标准始终保持着社会市场经济的特点，也就是说采用了弗莱堡学派的奥尔多自由主义。该主义认同自由市场的原则和假定，但其认为公共干预也是重要的，因为有助于应对市场失灵，进而修正那些被社会所责难的结果（Gerber 1998）。至此，该主义认为经济和政治之间的关系以及竞争和经济政策的关系是很重要的，因此，国家所扮演的角色对于经济自由而言，既是构建型的也是辅助型的。

《欧盟运作条约》第101（3）条规定建立一套竞争法可适用例外

规则，且授权欧盟委员会这个政治机构予以执行。目前，由于美国有关反垄断释义模型根据效率原则施加的影响，该框架已有重大的变革。因此，一如欧盟委员会自身所认可（2003，17）的那样，"第81条中所列的目的都是为了保障市场的竞争，并借此促进消费者的福利和资源的有效配置"。

单一内部市场的形成强调了欧盟反垄断规制凌驾于国家规制的优先性，以及偏好法院判决构建欧盟反垄断法规的规制：目前，成员国反垄断机构、国家法官和欧盟机构之间形成了一个工作网络，尤其是欧盟委员会和欧盟法院的参与。事实上，2002年12月16日第1/2003号法规（Venit 2003）已经在成员国层面对控制《欧盟运作条约》第101（3）条规定的例外规则进行了分权，并且废除了就协议告知欧盟委员会的规则。新的规则对欧盟委员会的角色作出了更多的改变：通过它的导向性文件，其可以通过指南要求成员国的执行架构遵循欧盟反垄断领域内的分权化管理模式。相应的，欧盟理事会也针对一些协议的例外情况制定了不同的法规，对此，既有横向要求的法规也有纵向要求的法规，而这些都考虑了北美海关程序中达成的一些结论。

2. 竞争法和共同农业政策

就目前为止的论述框架而言，农业，尤其是共同农业政策（意在实现保护目标的领域）和竞争法的关系表明了罗马条约中一开始就具有的一个特色规定。在"二战"刚刚结束的时期里，每一个欧洲国家都实施了极端的贸易保护主义以及针对农业领域的政府控制政策。对此，当在其他经济领域内构建欧洲的共同市场以实现交换的便利性，减少关税、配额和具有等同效果的措施以及国家援助时则会相对简单很多，农业领域的情况就很不一样。对此，显然易见的是，对于一些农产品领域内业已存在的共同农业组织而言，它们并不能像取消海关或者配额权那样一并被取消。（Clerc 1967）。

《罗马条约》于1957年针对农业的规定意味着共同体在欧盟层面

制定了意在支持农业发展的农业政策，对此，其凌驾于且取消了国家政策。但需要指出的是，从一个国家的农业保护主义到欧盟层面的共同政策，还是需要一定的过渡时期，而这有利于鼓励单一国家内的初级生产部门的发展。因此，《罗马条约》对农业保留了特殊规定，相应的，农业这一经济领域既有自身的经济政策，也在执行条约中所有有关竞争规则的过程中具有了特殊待遇，后者则是指第 101 条、第 102 条以及随后的第 107~109 条中有关国家援助的规定。

《欧盟运作条约》第 42 条对此予以支持："就竞争规则章节中的规定在适用于农产品的生产和贸易时，应限于欧盟议会和欧盟理事会根据第 43（2）条框架确定的程度以及相应的程序要求，并且考虑第 39 条规定的一些目的要求。"

因此，在欧盟的法律体系中，农业领域并不代表"无竞争空间"的部门，但为了实现共同农业政策中所确定的政治目标，如《欧盟运作条约》第 39 条规定的那些目标，这些竞争可以被牺牲或者扭曲。因此，当总检察官 Stix-Hackl 在案例 Case C-137/00 的意见中（第 42 段）指出"农业政策和竞争法之间存在紧张关系"时，其观点也不是纯属巧合。相应的，在 1994 年 10 月 5 日的法院判决中，[①] 就扭曲竞争体系的制度和构建一个共同的农业政策的问题，以及（第 60~61 段）"条约的制定者意识到了在一并追求上述两个目标时，在一些时候和一些情形下，可能会非常困难"；因此，"就竞争领域而言，农业政策的目标优先于条约中的其他目标，且欧盟理事会有权决定在多大程度上可以在农业领域适用竞争规则"。尽管如此，农业领域也没有总是排除竞争。根据 2003 年 12 月 9 日的法院判决，[②] "针对农产品，在市场上保持一个有效的竞争是共同农业政策和相关市场的共同组织所追求的一个目标所在"。

---

① 原注：ECJ, Case C-280/93, *Germany v. Council of the European Union*.
② 原注：ECJ, Case C-137/00, *Commission v. Milk Marque Ltd National Farmers' Union*, p. 57.

第四章 竞争法与欧盟农业和食品法
Antonio Jannarelli

随着《里斯本条约》的实施,竞争和农业的关系变得更为复杂,因为欧盟的竞争法成了欧盟专有的权限。因此,"单独的一个成员国不能就竞争法在共同农业政策中的适用变更规则,如需如此,则只有根据《欧盟运作条约》第 42 条的规定进行"。[1]

在农业领域保留特殊的待遇也是基于这样一个事实考量:在《罗马条约》中,被视为符合要求的农业产品列在了附录 I 中。其中,有些部分是食品,但也是加工产品。换而言之,就欧盟的经验而言,农业在其意义上的界定并不总是与初级生产部门相等同,后者仅涵盖基本农业生产之时。农业试图囊括所有食品和农业加工体系,也就是说,从农民到最终消费者的整个供应链。而且,就第 39 条中所确立的农业政策的目标也是要求借助科学进步和农业生产的合理发展来提供农业生产率,保障生产要素的最优配置和农业社区的公平生活水平,尤其是增加农业人员的个人收入。与此同时,也要确保消费者以合理的价格获得供应。而这些目标都有利于稳定市场,避免市场不便和有害的波动,进而确保供应的可获得性。

2009 年 5 月 14 日的法院判决[2](第 45 条)标志着:考虑第 39 条规定中确立的共同农业政策的目标,欧盟机构必须确保采取有助于实现这些目标协调、持续发展的方式。当这些目标因为某一目标的孤立发展而相互间产生冲突时,有必要鉴于相关的决策给予某一目标临时的优先性以便满足经济要素或条件的要求。

就《罗马条约》制定的农业概念而言,当理事会根据第 42 条的规定针对"农产品的生产和贸易"切切实实制定竞争法规的操作性规则时,也遵循了上述不明确的农业概念。事实上,这又导致了明确的规制措施。

---

[1] 原注:Proposal for a Regulation of the European Parliament and of the Council amending Council Regulation (EC) No 1234/2007 as regards contractual relations in the milk and milk products sector, COM(2010) 728 final of 9.12.2010.

[2] 原注:ECJ, Case C-34/08.

在这个方面，最早的尝试是1962年制定的第26号法规。① 根据2009年10月1日的法院判决②（第52段）：在第36条（《欧盟运作条约》第39条）和第26号法规中，欧共体的立法试图协调共同农业政策的目标与共同体竞争政策之间的冲突。

1962年规定的要求在上述的法规下，其最初仅规制条约附录Ⅰ中的产品，③ 但现在已经纳入了第1234/2007号法规（单一共同市场组织法规）第175条和第176条的规定中，此外，还有第1184/2006号适用于一些农产品的生产和贸易的竞争规则的法规中。就后者而言，其对那些不在第1234/2007号法规规范范围内的农产品而言，其作用有如"终结"领域。

目前，所有针对农产品的竞争规则规定于第1308/2013号法规第一章的第四部分。④ 尤其是，第一章所规定的规则包括三项介绍内容，即第206条、第207条和第209条，以及两项在落实有关农产品生产或贸易相关协议、决定和行动的第101（1）条时可背离规定的要求。第四部分第一款规定，即第206条一开始就指出"除了本规定中另有规定"，随后其规定"根据欧盟运作条约第42条规定，《欧盟运作条约》第101~106条规定以及这些规定的相关执行要求，应当遵守本条约第207~210条的规定，且适用于所有欧盟运作条约中与农产品生产或贸易相关的第101（1）条和第102条规定的所有协议、决定和行动"。有鉴于它们的适用是明确"在上述范围外"，因此只有通过第206条的规定，第101~106条的规定才可适用于所有的农产品，而为

---

① 原注：EEC Council Regulation No 26 of 20 April 1962, applying certain rules of competition to production of and trade in agricultural products.

② 原注：ECJ, Case C-505/07.

③ 原注：ECJ, 21 March 1981, in Case 61/80, and Court of First Instance Judgment 2 July 1992, in Case T-61/89.

④ 原注：Regulation (EU) No 1308/2013 of the European Parliament and of Council of 17 December 2013, establishing a common organisation of the markets in agricultural products and repealing Council Regulations (EEC) No 922/72, (EEC) No 234/79, (EC) No 1037/2001 and (EC) No 1234/2007. 译注：此处为第二版更新的立法内容。

了公平，也应当考虑第 209~210 条规定中所规定的例外，即只针对那些有关农产品竞争规则的才有效。在这一特别背景之外，针对一些农产品的特别生产领域的明确规则是由根据共同农业政策制定的规制框架所确认的。因此，备受质疑的是欧盟委员会的声明（Commission 2015 2.4），其认为第 169 条、第 170 条和第 171 条"背离了《欧盟运作条约》第 101 条和第 102 条的适用"。[①]

为了保障内部市场的有效运行和欧盟竞争规则的适用一致性，欧盟委员会和成员国的竞争主管部门应当通过密切合作以执行欧盟的竞争规则（第 206 条）。有鉴于此，第 207~208 条也涉及了相关市场和支配地位的定义。

3. 竞争规则和农产品：例外类型（竞争法可适用除外的类型）

在上述规定的基础上，欧盟理事会进一步明确了《欧盟运作条约》第 42 条中规定的保留事项。更为具体的说，有关竞争的规则同样适用于农产品的生产和销售，但是，仅限于第 101（2）条规定的协议、决定和联合行动以及第 102 条中规定的情形。

《欧盟运作条约》第 101 条、第 102 条有关滥用支配地位以及兼并规制的内容在适用于农业部门时与其他环节内的适用是一致的。而就国家援助而言，干预会更为谨慎（参见这一主题的论述，Gencarelli, 2009；而就最近的发展趋势而言，尤其是针对国家援助而对农业作出的狭义定义，可以参见 Jannarelli, 2009）。

然而，就上述提及的规制，反垄断的规制也适用于农产品的生产和销售，但其作出了一些例外规定。事实上，目前第 209（1）条规定《欧盟运作条约》第 101 条所确定的规制并不适用于以下两种情形：

（a）对于"实现《欧盟运作条约》第 39 条所规定的目标而言是

---

① 原注：European Commission, Commission Notice — Guidelines on the application of the specific rules set out in Articles 169, 170 and 171 of the CMO Regulation for the olive oil, beef and veal and arable crops sectors, in OJEU C 431 2015, 1.

必须的"协议、决定和行动;

(b)"农民、农民协会或这些协会的组织之间,或本条约第152条所认可的生产者组织之间,或本条约第156条所认可的生产者组织的协会之间的协议、决定和联合行动,其所关注的是农产品的生产或销售或使用共同的设施存储、处理或加工农产品,除非有碍于《欧盟运作条约》第39条的目的。"然而,"这一规定不应适用于那些含有收取统一价格这一义务抑或被竞争排除的协议、决定和联合行动"。

第一项例外(a)是指任何一项涉及条约附录Ⅰ中所列农产品的协议或安排,且其参考了条约第39条中有关农业的概念。更为确切地说,为了适用这一例外规则,很有必要的是这些条约和安排涉及一个或多个立法者所认为的农产品即可。因此,这些协议、行动和安排中的经济参与者的资质和性质依旧不具有相关性,他们甚至可以是农业生产链中的经济从业者,严格来说,并不必须是农民。

就(a)项例外而言,考虑到限制行动"必须是为了实现条约第39条所规定的目标(欧盟条约第33条)",其适用因为欧盟委员会和欧盟法院的限制性解释作出了重要的限制:要求从业者证明其协议的有效性,这使得他们负有举证义务,而这很难执行。为了便于这一例外规则的适用,协议或安排中涉及的从业者应当证明:(1)为了符合必要性的要求,协议是实践中能够实现欧盟条约第33条所规定的共同农业政策目标的唯一方式;(2)该协议可以实现欧盟条约第33条中的所有目的而不是仅仅其中的几个目标。[①]

更为确切地说,2004年10月20日欧盟委员会有关《欧盟共同体条约》第81(1)条[②]下的程序决定指出:例外(b)的适用情形是指只有相关协议才能促进条约第39(1)条中所有目标的实现,或者,当

[①] 原注:Cases C-399/93, *Oude Luttikhuis* 23 et seq.; T-70/92 and T-71/92, *Florimex and VGB v Commission* 152. See also, e.g., Commission Decision 1999/6/EC of 14 December 1998 relating to a proceeding under article 85 of the Treaty (IV/35.280 – Sicasov).

[②] 原注:ECJ, Case COMP/C.38.238/B.2, *Raw TobaccoSpain*.

这些目标之间相互冲突时，只有欧盟委员会才有资格去协调它们以便允许上述例外的适用。

第二项例外（b）代表了针对适用于安排和协议的反垄断规制的最为重要且更为一般性的背离情况，包括相关的协会和协会的协会。根据第152条和第156条的规定，农民是主要的但并不因此是唯一的主要人物。其仅仅只是整合了1992年北美立法——《卡普—沃尔斯特德法》中的下列内容，即只针对有关农业领域的反垄断规制可适用背离规定（Frederick 2002，Saker Woeste 1998，Jannarelli 1997，就《卡普—沃尔斯特德法》的发展，可以参见 Ondeck & Clair，2009）。

但是，北美有关适用《谢尔曼法》的例外规定指出："农产品生产中的人员，如农民、种植者、牧场工人、奶农、坚果或水果种植者可以以协会、企业或者其他形式在集体加工、入市准备、处理和跨州销售及域外贸易等方面一起行动，无论是否具有股本，对此，这些人员的产品也一并纳入考虑。这些协议可以具有共同的市场代理机构；这些协议以及它们的会员也可以签订必要的合同和协议以便实现这些目的。"

为了能从这些例外适用中受益，《卡普—沃尔斯特德法》也要求"上述的那些协会应基于成员间的互利开展行动，因此对生产者而言，其需要符合下面两个要求中的一个或者全部：第一，协会中没有一个成员可以因为其所具有的股票数量或者会员资金而获得一个以上的投票权；第二，协会不能因为股票或会员资金超过一年百分之八的量而进行分红。而在任何情形中都要符合下列这一第三个要求：协会在处理非会员的产品时不能使其货值金额超过由成员处理的量。

上述的特权在下列情形中不适用"如果农业的秘书有理由相信任意一个协会对州际之间的贸易或域外贸易的垄断或者限制使得一个农产品价格到达不合理的高度时（关于这一点，可参见 Jesse-Johnson-Marion-Manchester 1982）"。

就欧洲的规制而言，当当事人之间的协议可以免于反垄断的规制

时，他们可以涉足农产品的生产或销售，抑或使用那些用于仓储、处理或加工农产品的共同设备。目前，这些协议同样涉及第1308/2013号法规第152条所认可的生产者组织，或者该法规第156条所认可的生产者组织之间的协会，其一些成员可能并不是农业生产者。

针对协议的唯一限制仅仅出现在欧盟的规制中而不是北美的规制，其涉及的内容是一致价格收费的义务。这看似确认了共同农业政策内竞争规制的工具性作用。传统上来说，农产品的行政价格是由欧盟机构确定的。然而，很明显的是，这些限制会逐步取消，而这意味着未来的农业政策不会再干预农产品的价格，但已有许多反对情况，一如第1308/2013号法规中第149条、第169条、第170条和第171条的规定。

这一针对反垄断规制的独有例外是根据第101（1）条的规定，一如（c）中的内容，目前就其适用而言，主要限于两个具体的情形。

其中，第一个情形是指当农民之间的协议导致竞争被完全排除时，而这往往很难发生且与第101（3）条所预期的有所不同。第二种情形是当协议会妨碍实现条约第39条规定的农业政策的目标时。

在上述的两个情形中，证明违反《欧盟运作条约》第101（1）条规定的举证义务在于当事方或者认为有违反情况的主管部门。当事人在声明其从该条款第1款中规定的豁免中受益时有义务证明符合了该条款规定的所有条件。

作为结论，欧盟立法经验中对于农业领域内适用反垄断的例外规定是由两个独立的概念激发的。

第一个是对农业的狭义定义，其仅仅将农业先定位为初级生产部门（根据北美沃尔斯特德法的模式）：其是对农民之间的协议和协会予以特殊处理的核心内容，而这是针对第152条和第156条所考虑的生产者组织的唯一例外。

就共同体经验来看，针对农民协会规定的优惠待遇并不限于撤销那些意在准备有力法律背景的规制，即对于反垄断规制而言，是指有

第四章 竞争法与欧盟农业和食品法
Antonio Jannarelli

利于其发展的内容。事实上，共同体在1978年的时候就制定了一个法规，意在通过财政援助促进这些协会的发展。但这一规制很快就被取消了，并由目前第1308/2013号法规第152条和第159条中日益受到重视的精确干预所替代。欧盟委员会也可以采取一些精确干预措施，从而取消那些由国家制定的有关将协会制定的规则适用于经济领域但又不属于生产者组织的那些生产者的规定。

为了抗衡食品企业以及大型零售商的力量，农民间的协会看起来仅可以确保农工业体系具有结构有效性且其运行也是为了避免农产品的涨价而使得最终消费者受益。在COM（2008）821这一有关欧洲食品价格的通讯中，欧盟委员会指出了"农业生产者和供应链中其他从业者之间的议价能力的不对称使得农业领域中的生产者边际成本面临了巨大的压力。作为回应，农业生产者已经采取一系列的战略，包括构建生产者团体和协同方，与加工商和零售商制定合同安排，以及发展高附加值的优质产品，例如，参加自愿性的认证项目。对于生产者而言，通过这些项目对平衡食品供应链中存在的议价能力不对称问题并进而保护消费者和环境是非常有用的"。

就食品供应链中各部门内的整合缺失而言，欧盟委员会已经根据其观察指出"与竞争相关的机构应同时确保这些持续的部门整合不会在地方层面恶化上游和下游的竞争条件，以至于损害当地消费者和从业者的利益"。

第二个是农业的广义定义，该定义包括所有那些协议和安排中与农产品相关的经济从业者。对此，该农业也纳入有关欧洲竞争规制的内容，但是非常慎重（不像Israeli的立法那样将反垄断的适用例外延伸至非农民组成的协会。）

食品供应链中那些经济从业者之间的安排并不完全禁止，无论其

是否涉及农民，但对此依旧有所质疑。2008年11月20日的法院裁决①指出，欧洲共同体条约有关竞争的规定中所涉及的概念是指"每一个经济从业者都应当独立地决定其在共同市场上所要采取的政策。第81（1）条的目的就在于禁止以下任意一种协调形式，即那些意在故意替代具有竞争风险行为的实务合作"。

这些安排看似涉及了那些独属于制度权威的农业政策的领域，但是，它们也会造成无效率或损害消费者的利益，即便严格来说只是经济利益。在这一情形下，针对竞争规制的适用例外只有在利益相关方提供意在说明协议或安排且能够实现共同农业政策目标的真实、必要证据时才能适用。鉴于欧盟法院对相关规定作出的严格解释，只有这样，私主体所提出的合同自治才被允许背离禁止垄断协议的要求，但前提是他们的例外存在对于共同农业政策的司法解释来说是辅助性的。

4. 农业和食品领域内竞争规制额的适用

欧盟反垄断规制只有在对成员国之间的贸易构成不利影响时才能适用，因此，针对反垄断的欧盟法律和国家法律在适用上具有"双轨"的特点：对国家市场而言的限制行为由国家法律规制，这些法律根据每一个相关的行为设定。因此，2009年10月1日的法院判决②在参照2003年9月9日的判决先例③后作出。

事实上，共同体法律的影响更为深远，且可能与成员国的经验相冲突。尤其是，对于农业的一个具体领域，欧盟法院明确指出"去中心化"的适用是可行的，但唯一的例外是：上述提及的决定是欧盟委员会独有的权能时。

就欧盟反垄断规制适用的继承而言，欧盟法院明确指出：对于农

---

① 原注：ECJ, Case C-209/07, *Competition Authority v Beef Industry Development Society Ltd and Barry Brothers (Carrigmore) Meats Ltd.*
② 原注：ECJ, Case C-505/07, *Compañia Española de Commercialización de Aceite SA.*
③ 原注：ECJ, Case C-137/00, *Milk Marque e National Farmers' Union.*

业领域内的反垄断规制，国家法院可以直接裁决，但前提是：（1）该案件不涉及违反第81（1）条的规定（现《欧盟运作条约》第101（1）条）；或者（2）就第三种情形相关的例外不予适用，不存在质疑的情况。

与此同时，欧盟的法院判决也已经明确表示：当国家的竞争规制机构介入由市场共同组织负责但受到质疑的领域时，他们有义务限制采取哪些可能损害或者使得该共同组织成为例外的措施。[①] 对于国家反垄断机构是否遵守，欧盟法院的持续关注已经强化了欧盟委员会和欧盟法院之间以及欧盟委员会与国家机构的工作网络的有效运行。因此，当可能导致冲突的情况出现时，相关的社会组织已经逐渐意识到更好的途径是遵循法律或者政治路径而不是强制性的法律解释。

此外，当案件不仅涉及第81（1）条的法律事实而且也关乎国家竞争法时，国家机构不能作出与欧盟委员会相悖的决定，或者导致这一冲突出现的决定。[②]

5. 竞争法和跨部门的协议和组织

对于执行欧盟的农业政策，竞争所发挥的工具作用也说明了这样一个事实，即欧盟立法中，除了前文提到的一些规定所具有的一般适用的特性之外，也有一些规定是针对特定的情形制定的。

对于上述内容，在一些针对跨部门的协议和组织中就非常明显，但这些协议和组织是属于生产部门且主要是协调食品和农业供应链中不同从业者之间的关系。不像仅有农民组成的生产者组织，上述的组织涉及部门或者全部的食品供应链，包括农民、加工商、流通商和零售商。尤其是，他们在研究、提高产品质量、促进和传播最佳生产和

[①] 原注：ECJ, *Milk Marque and National Farmers' Union*, par. 94; 1 October 2009 in Case C – 505/07, *Compañía Española de Commercialización de Aceite SA.*, par. 55.

[②] 原注：ECJ, 1 October 2009, in Case C – 505/07, *Compañía Española de Commercialización de Aceite SA.*, par. 56.

加工方法方面潜在地发挥着有效作用。当没有明细的干预时，它们都属于第1308/2013号法规第209条所规定的情形。

共同体法律对于具有一般性的干预总是持反对意见，即便法国在根据欧盟法院有关干邑（Cognac）案件的判决而提出要求。对此，可以参见1985年1月30日的法院判决。[①] 根据这一判决："两个贸易团体之间的协议，如葡萄酒种植者和销售商之间的协议，必须被视为企业或企业协会之间的协议。然而，这些团体符合组织要求的事实，如范围要求，并不能使得他们的协议被排除在条约第85条规定的范围。"在这一特殊的情况下，不能适用第26/1962号法规，因为干邑并不属于附录Ⅰ中所列的产品。针对这一情形，法院认为"为了实现第85（1）条（现《欧盟运作条约》第101（1）条）规定的目的，没有必要考虑该目的意在限制、阻止或扭曲竞争的协议的实际效果"。就其本质而言，当协议针对某一产品制定最低价格时，需要提交给公共机构加以审核，以便确定这一最低价格是否合规并予以许可，正因为如此，对于受到质疑的市场贸易商而言，这些都是具有约束力的，而这一最低价格也会扭曲市场的竞争。

跨部门协议和组织涉及与生产相关的经济活动的代表们，或至少是供应链中下列环节的其中一个内容：在某一个或某些部门中有关加工或者包括流通在内的贸易。因此，非常有可能的一点就是，他们的活动会损害消费者的利益。针对它们反垄断规制有效性的规范规定被认为是完全例外性的，即背离自由竞争规制的约束。因此，欧盟有关干预规制的经验表明了谨慎行事的特点，且仅仅在涉及共同农业政策目标时才采取行动。第一个跨部门组织（由确定产品的生产、加工和销售环节的从业代表组成）包含于适用于某些领域内的共同市场组织。

[①] 原注：ECJ, Case C - 123/83, *Bureau National Interprofessionnel du Cognac*（BNIC）/ *Clair*.

第四章 竞争法与欧盟农业和食品法
Antonio Jannarelli

目前，成员国可以根据申请认可第1（2）条（第1308/2013号法规第157条）所列的某一具体领域内的跨部门组织。但是，在橄榄油和餐桌橄榄油领域内和烟草领域内，成员国根据申请可以进行认可（第1308/2013号法规第159条）。这些组织所追求的目标需要考虑他们成员的利益和消费者的利益，这意味着目标的多重性，尤其是在这些目标之间，跨部门组织可以起草与欧盟规则相一致的标准合同，用以向购买者销售农产品和/或向流通者和零售商提供加工过的产品，但需要考虑公平竞争的条件和避免扭曲市场的目标（第157（c）V条）。

在这个方面，欧盟规制是非常谨慎的。首先，这些跨部门组织不能直接干预农产品的流通。针对跨部门组织所采取的协议、行动和安排适用第101（1）条的背离的正式确认必须在成员国认可这些组织时就采取谨慎控制这些组织的体系。目前，第1318/2013号法规第210条规定：

第一，《欧盟运作条约》第101（1）条不适用于本法规第157条所认可的跨部门组织的协议、决定和联合行动，但这些内容的目的在于开展第157（1）条c项所列出的活动，针对第157（3）条c项的奶和奶制品领域，以及针对本法规第162条所列的橄榄油和餐桌橄榄油及烟草领域。

第二，第1款在适用时应当规定：（1）所涉及的协议、决定和联合行动已经告知欧盟委员会；（2）在收到上述详细内容的两个月内，欧盟委员会没有发现这些协议、决定和联合行动有违欧盟的规则。如果欧盟委员会发现了第一款中所涉及的协议、决定或关联活动不符合欧盟规则的要求，它应当指出这些违规内容且不适用第229（2）或（3）条中的程序。

第三，第1款中所涉及的协议、决定和联合行动在第1款第1段b项中所要求的两个月的期限内不得付诸行动。

第四，协议、决定和联合行动在下列的任一情形中都应当宣布其有违欧盟的规则：（1）会以任意的形式导致欧盟市场的分割；（2）会

妨碍市场组织运行的有效性；（3）会导致竞争的扭曲从而使得无法实现跨部门组织所追求的共同农业政策的目标；（4）涉及制定价格或配额；（5）针对大量的关联产品构成歧视或者消除了竞争。

  第五，在上述的两个月之后，欧盟委员会认为适用第1款要求的条件并没有全部满足，其不能适用第229（2）或（3）条中的程序，且需要作出决定宣布针对有问题的协议、决定或联合行动适用《欧盟运作条约》第101（1）条的规定。欧盟委员会的决策不得在告知相关跨部门组织之前就加以适用，除非该跨部门组织提供的信息有误或者滥用第1款所规定的豁免规则。

翻译：孙娟娟

Chapter 5
第五章

欧盟食品法的定义

Alberto Germanò，Eva Rook Basile

1. 明确定义的原因

法律是一种语言现象：法律、法典、判决和合同不仅是行为的意志及描述，也是"一系列陈述和由文字组成的陈述（Castignone 2001）"。一直以来，文字的作用在于说明某一事项；使用的语言则是某一用语社区中流行的一种，且其会使用一定的文字来描述事物而不是其他的文字，以便使交流成为可能（Bobbio 1950）。

然而，文字有模糊且不明确的问题。

当我们说"插入（plug）"时，我们是否是指使用橡胶物体塞住浴缸以止住水流？还是在内燃机火花点制造时的一个配件火花塞？当某一规定禁止"车辆（vehicles）"进入公园时，其是否一并禁止婴儿车或折叠式婴儿车、三轮车或残疾人的轮椅？

此外，当说话者来自语言不同的地区时，他们在描述统一事物时所用的文字可能会不一样，包括词根和词缀。严肃的交流要求通过定义来限定所用文字所

表述的意思，并解释这一意思的内容：这就是所谓的"规范性定义"。

就法律而言，定义的难点与释义密切相关。交流与领悟规范性文本的关联在于不可避免的信息加工过程，也就是所谓的释义。由释义者从法律文本中"提炼"而来的法律规则会因为解释的不同而有所差异（Mengoni 1985）。在法律框架中，当某一文字被赋予一定的意思时，从该规范性定义中所得出的结论会是一致的。然而，此刻"建议"以明确的方式而不是源自实际立法者的方式来使用某一文字，因为本章节所论述的定义是指立法定义。而当立法者表述某一个定义时，感觉起来有点像释义者被迫根据立法者赋予的意思和定义来理解法律文本。因此，法律定义就其本质而言，是真实的法律判决，因为其强制性地解决了因为术语或表述的一词多义而可能导致的任何质疑。换而言之，法律框架下所给定的"解释"对任何在法律规制范围内的主体而言都是具有约束力的（Belvedere 1977）。

规范性定义的功能在于简化交流；法律定义的功能在于保障法律适用中更大的安全性。当法律的适用会覆盖不仅一个国家的地域范围且这些国家的法律体系都不相同时，上述的这一点会变得尤其重要。对此，法律定义可以避免由于不同国家的法律规定所导致的风险，因为当同一定义和相同的法律文本适用于这么多国家时，使用术语的意思可能有模糊不清的问题。

上述的观察有助于解释为什么欧盟《通用食品法》规定了许多的定义。当一个具有约束力的文本要在构成欧盟的 27 个语言不同的国家内保持其有效性时，至关重要的一点是，在用各国不同的语言翻译该法规且对其作出法律解释时，要确保方式的一致性。

也就是说，欧盟裁决中所涉及的定义需要一个统一的法律语言，且性质必须是明确且不含糊，从而有助于实现欧盟内部的一致性和法律确定性。

欧盟立法中的 19 个定义会在此加以分析，并根据它们之间客观的密切关联这一务实的标准加以汇总。

第五章　欧盟食品法的定义
Alberto Germanò, Eva Rook Basile

2. 食品（food）和饲料（feed）

"食品"的定义意在表述一个在欧盟食品法中起着基础性作用的概念。在第178/2002号法规，即《通用食品法》中，该概念是第二条内的一个独立规则，即便该条款一开始就指出"基于该法规的目的性"，这一定义还是具有了广义的约束力，并超越了该法规的范围。对于这一点，可以从序言条款中有关目的的广度加以解读。换而言之，尽管食品的概念界定了保证食品安全规则的适用范围，但食品的定义使得欧盟法律在每一次使用"食品"这一术语时有了法律依据。

相反，就《通用食品法》第3（4）条对"饲料"的定义而言，其仅仅只是食品定义的镜像。2002年，欧盟所追求的目的是确定"食品法的基本原则和要求"（该法规的标题）和试图协调成员国法律针对这一事项所规定的"概念、原则和术语"（序言第5条）；结果，其无法忽略动物饲料的生产和适用内容，只要这一物质的最终目的会进入人类食品的供应链。因此，一如"食品"是指"供人类食用或者根据合理预期用以食用的任何加工、半加工或未加工的物质或产品"，"饲料"是指"供动物食用的任何加工、半加工或未加工的物质和产品，包括添加剂"。

因此，一如针对食品的规定，饲料的规定也是如出一辙，即关键的内容不是物质是否加工或半加工与否，而是该物质是否用于人类消费或作为饲料喂于动物。也就是说，关键的一点是物质是否以口服的方式被人类或动物消费。

需要指出的是，"食品"的定义有助于界定需要依照食品安全规则加以监管的产品范围；但其没有界定为了保障人类营养的产品概念的范围。这一点可以从第2条的规定中推导出。根据该规定，食品包括"饮料、口香糖及生产、制备或处理食品时所用到的任何物质，包括水"。同时，食品不得包括"（1）饲料；（2）活体动物……（3）丰收前的植物；（4）药品……（5）化妆品……（6）烟草和烟草制

品……（7）麻醉和精神药物……（8）残留和污染物"。

第 2 条对"活体动物"作出了具体规定，明确它们作为食品的前提是"用于人类消费而投入市场的动物"。此外，对于药品、化妆品、烟草制品、麻醉和精神药物这些物质，该条款在涉及它们的定义时也分别援引了有相关内容的各个指令。

简而言之，重要的一点是物质的最终用途，即被人类用于消费，以便提供人类所需的营养。就营养这一目的而言，也一并在饲料的定义中加以了说明，但其在食品的定义中也间接地作出了规范，因为该定义排除了药品和烟草这些同样用于人类消费但不提供营养的物质。消费条件所具有的效果在于将食品补充剂也纳入食品的范围，但食品补充剂的营养功能对目前的论述并无关联。

就食品而言，需要补充的一点是，"丰收前的植物"不属于食品。也就是说，丰收环节尽管决定了产品是否作为食品的性质，但水果在丰收前并不是食物。然而，初级生产这一活动还是相关的，尽管只是间接关联，但是有关食品安全的要求也是需要执行的。对此，下列的规定对其作出了规范，包括食品产品的追溯规则，与饲料使用相关的动物饲养规定，以及有关信息和生产者责任的规定。总而言之，就农产品而言，其只有在丰收后才能被定性为食品，也就是说，当它们被置于市场用于人类消费时才能被视为食品。因此，通过土地耕种而来的农产品和通过工业加工获得的食品产品，根据食品定义的目的，在它们进入食品市场时可以一视同仁。

另外需要强调的一点是，食品包括任何意在生产、制备或处理环节中用于食品的物质。就用于区分什么是用于食品的物质而言，其所涉及的内容是是否有意用于食品且成为终产品成分的物质。对此，诸如残留和污染物这些异物被明确地从食品范围内排除了，因为它们并不是食品成分。不同的是，水被视为食物的一种，即当水被有意加入到最终食品中时也被视为食品。

就饲料而言，需要指出的是，其定义包含了添加剂这一内容，但这一术语并没有出现在用于人类食用的产品定义中。《通用食品法》并没有对添加剂进行定义，因此，有必要援引第1333/2008号有关食品添加剂的法规规定。在这些判决中，添加剂是指人类消费食品中可能含有的成分，因此，根据这一规定，就食品和饲料的差异，其并没有明确的差异，但这两个概念已经根据它们消费终端的差异作出区分，即食品是用于人类消费，饲料是用于动物消费。这一区分进一步由食品的界定所明确，即其同样包括口香糖，以及被视为"用于喂食动物的物质"，且该动物会最终作为动物源性食品而被人类消费。相应的，一如上文所述，人类或动物消费产品的营养价值并没有被作为歧视性的标准。这意味着食品和饲料的不同特点是根据其是否被人类食用这一最后诉求加以区分的。因此，城市公园内水族馆或家用鱼缸内用于喂食金鱼的饲料并不是食品法所规范的内容。同理，用于宠物或者类似伴侣性质动物的饲料也不是该法律规范的内容。

此外，食品和饲料之间的一个不同点也可以从食品供应链中的产品追溯加以识别。[1]

作为结论，可以说，"饲料"和"食品"的定义明确了该法律规范的直接目标，但从上述法律中排除了与动物营养无关或不会合理预期被人类消费的那些物质。

3. 食品和饲料"从业者（operators）"

《通用食品法》第3（3）条和第3（6）条分别对"食品企业从业者（food business operator）"和"饲料企业从业者（feed business operator）"加以定义，指"有责任确保其所在的食品企业或饲料企业符合食品法要求的自然人或者法人"。

一如"食品"和"饲料"定义的一致性，就确保有关食品生产或动物饲料生产的法律执行到位的自然人或法人的定义却不能相一致。

---

[1] 原注：参见第十一章。

对此，没有必要做过多的考虑，除非指出这一"从业者"的义务在于符合第17（1）条、第18（2）条、第19条和第20条的要求，读者可以了解针对这些条款的评述。

然而，就"从业者"这个一般术语在意大利用语中的使用，其是指一个对"企业承担责任"的主体，对此，有必要做进一步的解读。就上述提及的《通用食品法》中第17～20条的规定而言，其要求"从业者"告知主管当局并与其展开合作；此外，这些条款也要求"从业者"就入市产品的缺陷承担责任。对此，可以确认的是，这一"从业者"的一般术语也包括企业内部某一部门的主持人或管理者。这一主体应自负其责，且就其食品企业或饲料企业管辖内违反食品法义务的行为承担直接责任。然而，上述法律对从业者的定性使其不仅指自然人也包括法人：这意味着该使用的术语试图明确企业的"所有者"，也就是说企业主的责任，一如德语所明确表明的这一概念。此外，欧盟成员国不同的法律体系也有助于"掌控"任何由"雇工"在履行其义务时导致的危害；因此，无论企业的组织形式如何，例如，是否由单独一个贸易商掌控还是家庭经营的企业，抑或独立的企业或可以划分为不同部门的，从业者就执行食品法要求的情况承担责任，首要的一点是，意大利法律中这一主体的术语为"企业家（imprenditore）"。

之所以使用"从业者"这个一般术语是因为欧盟法律意在避免使用语言符号性质的术语，包括"企业（undertaking）""持有（holding）"和"企业家（entrepreneur）"，这些术语在欧盟成员国法律中使用时的方式都不相同，因此，它们的意思在法律体系有所差异的成员国内也不一样。相反，更为务实的是借助"从业者"这一术语，以使其符合强调效果而不是命名的一致标准：这一规范主体所考虑的不是他们是谁而是他们所做的是什么。相应的，从业者是一个一般性的角色，其可以从事后推导出是在某一部门从业的主体；然而，企业家是一个具体的角色，其是事前就明确的某一经济行为的专业组织持有者。

作为结论，可以说就食品和饲料行业的"从业者"的定义而言，其目的在于明确：就《通用食品法》第2条和第3（4）条所定义的食品和饲料，在其市场准入和流通过程中所涉及的是哪一个主体，而不是交易中所涉及的主体。为此，根据他们的行为和活动作出了从业者这一定义，也就是说根据主体和该法规规范行为之间的特殊关系确定的，而就第3（2）条和第3（5）条所使用的"食品或饲料企业"的表述，其在官方意大利文本中的翻译是"食品公司（impresa alimentare）。"

4. 食品或饲料的入市（food or feed placing on the market）

《通用食品法》第3（7）条、第3（8）条、第3（15）条和第3（18）条的规定主要是关于将定性为食品和饲料的物质流入市场的问题。

"市场（market）"这一术语并不是指价格根据供需规律形成的一个在空间上有所限定的定位。"市场"是一个经济社会制度，其有自身的规律以确定它的结构并对供需规则具有实际影响力，而有的时候还会影响生产。

这一初衷性质的考量有助于审查四个相关的概念并将它们一并解读，即上述指出的由该法规第3条规定的四个款项的定义。

就涉及规定的规范范围是上文对其意思作出说明的"市场"，因此，在自己家里生产、制备、控制和存储食品以用于家庭消费并不在《通用食品法》的规范范围内。欧盟食品市场的结构是由欧盟层面制定的规则加以规范的，因此，这些规则凌驾于各成员国早期制定的规则；借此，欧盟的规则为消费者开启了门户，对其的赋权使其不仅可以提出物品的需求，而且也可以要求这些物品应当是安全和卫生的。根据《通用食品法》，食品产品的供应已有额外的安全要求，因此，食品企业家所追寻的竞争目的不再是简单地提供物品，而是提供安全的物品。规范食品市场的法律意在提供一个产品供给的市场，但其安全并不是由生产者决定的，也不是由消费者的自由选择决定的，即不是由竞争的经济规则决定的，而是由法律框架所决定的。这意味着其所涉及的

问题是就规范食品和饲料市场的法律规定。

"入市销售（placing on the market）"的一般定义是指任何会导致食品或饲料进入流通渠道的行为。因此，其包括持有食品或饲料以便用于销售，一起提供用以销售、销售、流通和其他交易的形式。对此，无论食品和饲料是否以一定价格达成具体事物交易行为的标的，这都是非物质的，因为就涉及的产品而言，其可能是所有由给付/转移某一事物的合同或非合同形式的客体。因此，无论对交易相关方而言支付是否具有双方的约束力，还是交易是免费的，因为其已经明确表明交易的形式既可以是免费的也可以是付费的，这对食品或饲料的流通行为并无影响。

第3（7）条定义了仅限于食品的零售贸易（其在意大利官方文本中的翻译是Commercio al dettaglio），即排除了饲料的销售。当制定这一规则时，"批发"和"零售"之间的传统区别正在淡化，"在向消费者出售或者运送环节处理和/或加工以及储藏食品"这一操作清单中，其不仅包括终端流通、饮食、工厂餐厅、机构餐厅、餐馆和类似的食品服务机构、商店、超市，而且也包括批发卖场。因此，这一定义并不是仅仅针对食品零售的定义，而是一个对上述"入市销售"具有补充意义的定义。事实上，这一规则并不是规范零售商的销售行为，而是规范食品开始生产及持续的一系列操作并最终在消费者的餐桌消逝的这一过程中的时段和场所。这包括"加工、仓储、食品的流通以及到达最终消费者手中的"各个时间段，以及所有上述行为发生的"场所"。此外，为了消除所有的疑虑，上述的清单明确了终端流通、餐饮、工厂餐厅、商店和超市这些业已提及的内容，以及批发卖场。通过这一方式，所有的内容都被涵盖了，即没有任何一个操作时段及场所，或所述的时间段及场所的食品产品被排除在《通用食品法》的规范范围，而这有利于确保它们的卫生、安全和信息流。

因此，就整个食品的路径而言，与它们的交易、加工、仓储、交付、销售和流通相关联的所有时段和场所都应当符合食品法的要求。

第五章　欧盟食品法的定义
Alberto Germanò, Eva Rook Basile

这一路径与"追溯"的定义密切相关，后者已由第 3（15）条作出了规范，其同时针对食品和饲料。

"追溯"的定义并不仅仅适用于食品和饲料，也适用于作为食品原料的动物，即食源性动物。因此，有关活体动物流通的两个平行的不同渠道，有必要作出明确的区分，即一个是针对那些用于耕地、体育运动的动物流通，另一个是针对那些用于食品产品的动物，对此，有必要对它们作出精确的追溯，因为它们的制备是为了通过市场销售并被人类消费。然而，当动物在农场仓储时，混乱将是不可避免的，尤其是马，早期的马是用于体育项目的，但当它们变老而疲于运动时则会用于食品生产。这一最初并不用于人类消费的目的因此而被打乱，而更为困难的是试图在动物的生命周期内重新构建不同的流通渠道。

然而，需要重点指出的是，这一刻所要做的不是用具体的欧盟食品法规则来规范活动发生的内容和场所，而是确保食品以及饲料符合这些规则的要求。也就是说，追溯意味着有能力在所有的生产、加工和流通环节追踪并且跟踪某一会整合到食品或饲料的物质。这一体系要求掌握这些将被人类或动物消费的产品在整个路径中的所有信息。追溯有利于重构食品或饲料的所有生产、加工和流通环节，以至于没有任何信息或知识的鸿沟。《通用食品法》第 3（16）条规定"生产、加工和流通的环节"意味着任何环节，包括进口，初级生产环节以及从这一环节开始，直至仓储、运输、销售或供应给最终消费者这些环节，以及其他相关的，例如，饲料的进口、生产、制造、仓储、运输、流通、销售和供给。

然而，追溯的问题并不仅仅只是上述的内容。其所涉及的问题在于象征了一种新的生产模式和对应的规制框架。法学家所关注的焦点是当今工业体系内日益兴起的新趋势，即在个体企业中将生产分离出来，其所采用的方式是合同外包，即通过条款的规定允许将随后所有的活动整合成一个统一体。但这一发展也同样带来了新的问题，即针对整个企业应该采取怎样的规制框架以及如何将各个部门系统地连接

到这一主要的企业。

就食品部门而言,其碎片化的特点主要在于传统的部门划分,即属于不同的农场和企业,而所有的这些内容都一起呈现在了给定的部门中。从法律角度来说,值得关注的一点是农工业的合同,其从纵向上考虑,允许农场(被整合农场)与一些商业性质或工业性质的企业(整合方)进行整合(Jannarelli 1990)。这一合同类型是基于合同自由得以发展起来的:农产品的供给通过合同加以规范,使其符合整合巨头的要求,也就是工业考量和食品商人(Industrial concerns and food merchants)。

然而,尤为重要的一点是追溯体系同时发挥着统一和差异化的作用,即一方面将生产中各个不同的环节统一起来,另一方面使得各个从业者具有各自的特色,而后者也影响了他们所承担的责任。追溯意味着最后单一的产品可以追溯回不同的生产点。通过合同,一个生产者在履行合同中将产品交付给另一个生产者可以被定义为同类生产操作内的"整合"合同,因为追溯工具通过向心力的作用使得食品生产这一单一流通领域内的不同生产环节进行了重组,而它的存在可以独立于一个或者更多企业。

第18条的评述可以对追溯这一问题做更为深入的分析。[①] 这里需要重点指出的是将这一规则适用于所有食品类型的趋势。

当下的食品应急管理(主要是从"发现"牛海绵状脑病和罗伊茨费尔特—雅各布病之间的关联可能性开始,以及在鸡肉中发现二噁英和鱼中发现汞)已经提高了如下的意识,即确定饲料和食品的源头对于消费者保护而言是至关重要的。确实,追溯便利了召回那些可能会导致健康危害的食品和饲料;此外,其也可以使消费者在应急管理中获得所有产品的预期和精确的信息。

第3(18)条的规定是关于"最终消费者"的,也就是食品的终

---

① 原注:参见第十一章。

第五章　欧盟食品法的定义
Alberto Germanò, Eva Rook Basile

极消费者。

随着食品供应链的流通，食品产品由一个主体转移给另外一个，且其所经历的活动未必是合同约定的交付行为：它们的目的可能是确定的且最终也会消费这一产品，或者他们也会在中介环节被利用，因此，又形成了在流通环节中的"消费"。因此，就消费者这一术语而言，没有办法避免这一概念的模糊性和不确定性。这也就解释了为什么有必要使用"最终"这一定语来描述对于欧盟食品安全法规而言具有核心意义的概念——消费者。

在这个方面，欧盟保留了"消费者"的一个早期定义，即根据该定义，消费者是指"为了其贸易或专业之外的目的[①]而采取行动的自然人"，或者"在其贸易、企业或专业之外"。[②] 也就是说，消费者是通过指令或法规规范的合同，为了实现与其贸易、企业或专业无关的目的而采取行动的任何一个自然人。然而，欧盟早期的法律中并没有采用定语"最终"来修正名词"消费者"。就"最终消费者"这一方程式可以追溯到欧盟法院判决中的措辞，后者的用意在于明确下列法律规定，即"销售商或供应商"与第93/13号有关不公平条款的指令中所提及的"消费者"之间的关系，为此，其针对消费者采用了一个经济型的定义。欧盟法院在判决中指出消费者保护规则是为了保护"私方的最终消费者，他们不参与贸易或专业活动"。[③] 也就是说，根据欧盟法院的决定，"消费者"并不仅仅根据一般性的规则被视为"生产者"的相对方，而且其也不同于在其商业活动中利用产品的"中间使用者"。因此，当《通用食品法》在考虑了食品流通领域内的

---

① 原注：Art. 2 of Council Directive 85/577 on contracts negotiated away from business premises; Art. 1(2) of Council Directive 87/102 on consumer credit.

② 原注：Art. 2 of Dir. 93/13 on unfair terms in consumer contracts; Art. 2 of Directive 97/7 on the protection of consumers in respect of distance contracts; Art. 1(2), of Dir. 1999/44 on certain aspects of the sale of consumer goods and associated guarantees; and see now Directive 2011/83 on contracts negotiated away from business premises, and Directive 2008/48 on consumer credit.

③ 原注：ECJ 3 July 1997, in Case C-269/95, *Benincasa*, which refers back to the previous statement issued by the ECJ, 19 January 1993, in Case C-89/91, *Shearson Lehman Hutton*.

所有的场所和时间段后，根据其规定，通过明确的规定以便确保法律可以区分以下两个不同方面的做法还是正确的：一方面，作为操作环节中的一般性交易对方，其确保了食品在物质上的可获性；另一方面，最终消费者主要是指食用产品的人。只有后者这一消费者才是技术层面的意思。也就是说，真正的消费者是指最终消费者，他们并不是涉入食品行业的其他商人，如接受食品是为了将其出口，或者为了加工、仓储、运输、流通，抑或在其流通终端、餐饮、工厂餐厅、餐馆、商店、超市和批发卖场进行销售。因此，最终消费者仅指那些将产品用于食用或饮用的人。

5. 风险和危害

《通用食品法》第3（9）条、第3（10）条、第3（11）条、第3（12）条、第3（13）条和第3（14）条针对"危害"的概念作出了一系列的术语定义。

根据第3（14）条，"危害"是指：食品或饲料中的生物性、化学性或物理性物质；食品或者饲料的条件，即可能产生不良健康影响的物质或条件。因此，从危害到最终的危险，其可以是任何食品或饲料成分中存在的事物或将食品或饲料置于某一特定条件，以至于使得食品或饲料有害于健康。

当这一"物质"或食品/饲料的条件的出现有可能导致不良的健康影响时，这就是一种危害。危害会导致风险的出现，后者是指对不良健康影响的可能性以及这一影响的严重性。在这一情形中，风险必须加以分析，也就是说，对其进行评估、管理和交流，从而实现以下几个方面的最高保护水平，包括公众健康、安全，消费者获取安全食品的利益，以及精确、真实的信息以便使消费者实现谨慎、自我负责的选择。

简要来说，并不是每一个危害都会导致风险的发生，而仅仅是有可能导致严重的不利健康的影响。相应的，第3（9）条明确了风险就

第五章　欧盟食品法的定义
Alberto Germanò, Eva Rook Basile

是指不良健康影响的可能性及其严重性之间的函数。

因此，就"危害"的定义来说，其是开放且复合型的，因此，在对其进行解读时需要考虑其不断演变的事实。然而，问题的焦点是对有害的影响进行事前和事后的评估，但这依旧是一个没有完全得到解决的问题。这上述的两类评估标准都存在着一定规模的不确定性。

就针对食品或饲料中的潜在风险而展开的事前评估而言，其受限于根据既有科学知识得出的评估公式的边界，因为其无法考虑一些新事件。而对于事后的评估，当预防可以为未来提供更好的保护时，事后评估所依据的危害事件都是已经发生的了，因此，在这一情形下，谨慎预防原则也将成为无用的工具。

由此，风险要求对其进行分析，且这是一个连续性的过程，由三个相互关联的内容组成，包括风险评估、风险管理和风险交流。风险分析中这三个相互关联的组成内容使得其成了欧盟食品法的基础所在。事实上，风险必须加以科学的评估，其方式应当是独立、客观且透明的，因为这是一个以科学为基础的过程，包括危害识别、危害特征描述、暴露评估和风险特征描述这四个步骤。然而，风险也必须由公共机构加以管理，这是一个权衡各类政策的成果，因此，需要使其成为一个选择适宜预防和控制工具的过程，但在这个过程中需要根据风险评估的结果向利益相关方进行咨询。此外，风险也需要加以交流，而这不仅仅只是在分析的最终环节，而是也要贯穿于整个过程，且必须在风险评估者、风险管理者、消费者、饲料和食品企业、学术界和其他利益相关方之间进行信息和观点的交换。

欧盟食品安全政策的一个显著特点就是其委派了公共机构承担风险分析的总体角色，具体来说，包括欧盟食品安全局、欧盟委员会和成员国的主管机构。对此，这些机构不仅需要明确危害是什么、发现这些危害的特征、进行暴露评估并确定风险的性质，而更重要的是，他们还需要审查各类政策工具以便开展行动，其间，既要考虑风险评

估的结果也要考虑其他的合法因素,也就是考虑一些相关的因素。①根据上述的这些考量,他们需要选择适宜的预防和控制措施,并采取有效、符合比例原则要求以及目的明确的行动。而后面的这些内容彰显了欧盟风险管理中应对世界性难题的态度,即有关人类和动物消费物品的生产和贸易问题。不像其他国家,当风险评估是由公共机构开展时,真正的风险管理是由企业和消费者自行开展的,然而,欧盟则是两者兼顾,即预防和控制同行。欧盟采纳了谨慎预防原则。根据这一原则,当根据现有的信息进行风险评估后,可以确认健康危害发生的可能性但依旧存在科学不确定性时,欧盟可以采取临时性的措施而不是继续搜集科学信息以便作出一个更为综合性的风险评估,但是,这些采取的措施必须符合比例原则的要求,且对贸易的限制不能超过实现欧盟健康保护水平的必要限度。

然而,就风险评估的标准而言,已有一些独立性的质疑。对此,需要指出的是,《通用食品法》取代了一些根据标准化基准确定的方法,因为这些基准由于其本身的性质而具有限制性,以至于不适宜用于那些因为持续创新发展而受到影响的产品。

6. 食品企业和饲料企业

《通用食品法》第 3(2)条、第 3(5)条和第 3(16)条和第 3(17)条分别对食品和饲料企业作出了规定,并规定了"生产、加工和流通环节"和"初级生产"的概念。这些定义对于分析欧盟有关人类消费食品的法律有着重要的作用,因为它们超出了《通用食品法》通过成立欧盟食品安全局所确立的限定范围。②

---

① 原注:Art. 5 of the SPS Agreement annexed to the Treaty of Marrakech dated 14 April 1994,参见第三章。

② 原注:意大利对应对 178/2002 号法规使用的术语是"*impresa alimentare*"和"*impresa nel settore dei mangimi*"。字面与意大利语"*impresa*"对应的英语是"undertaking"和"enterprise",而"firm"或者"business"抑或"holding"翻译为意大利语都是"*azienda*"。此外,意大利术语"*impresa Agricola*"的最完美英译是 farm。

第五章　欧盟食品法的定义
Alberto Germanò, Eva Rook Basile

意大利的文本使用了"食品企业（impresa alimentare）"和"饲料企业（impresa nel settore dei mangimi）"两个术语。从字面上来看，与意大利语企业相当的英语词汇是"undertaking"和"enterprise"；而"firm"或者"business"或者"holding"在意大利语中的翻译是公司（azienda）。意大利的术语农业公司（impresa agricole）更适宜翻译为英语的农场（farm）。此外，需要明确的是就针对农业生产和农产品市场的法律规定而言，欧盟法律中经常使用的一个术语是结构（structure）。事实上，自斯切萨革命（Stresa Resolution）以来，欧盟农业法律中使用"农业结构"这一表述就变得极为常见，这主要是受到法国法律传统的影响，后者从20世纪50年代开始就使用了"农业结构（structures agricoles）这一表述。然而，在任何一个情形中，"structure"这一词汇无疑会想到"系统（system）"的概念，也就是不仅仅只是一个企业的事项。该概念会触发不同因素之间的功能性关联，促进整个实体印象的产生，尽管部分之间有相似性，但依旧只是整体的组成内容且只有在关联中才能实现自身的价值（Romagnoli 1976, Germano 1999）。更为具体地说，"结构"这一概念包含了法律和经济的因素，有助于确定开展活动的条件，正是因为这一个原因，即便企业（business）只是结构中的一个要素，其作为法律概念，也需要结合结构来加以解释。

就属于"impresa"而言，一方面，其证实了有必要关联欧盟法院。当法院处理竞争法领域内的企业间的合同或一致性行为的问题时，法院有义务就一个企业内从事经济活动的实体作出细致说明，无论这一企业的法律地位和它的财政来源如何。[1] 因此，市场是识别这些行为主体的决定性因素。对此，一个与反垄断立法相关的行为可以由以下主体进行，其作为一个主体实体可以不属于传统的企业主分类，而

---

[1] 原注：ECJ, 16 November 1995, in Case C – 244/94, *Féderation française des sociétés d'assurance*.

是根据专业设立,开展意在生产和销售物品或服务的经济活动。

根据这一分类,我们可以认为在试图理解《通用食品法》的定义时,根据"食品企业"意味着"无论其盈利与否,但凡从事食品生产、加工和流通的公有或者私有单位",这一类的企业不应该被忽视。此外,就"饲料企业"的定义而言,即便它的措辞看起来与前述的定义一模一样,但它们还是有所差别的;因此,应当作如下解释:"无论其盈利与否,但凡从事饲料生产、制造、加工、仓储、运输或者流通的公有或者私有单位。此外,也包括生产、加工或者储藏饲料喂食自己动物的生产者"。

综上,有必要指出以下五个方面的重要内容。

第一,就"有关任何环节开展的任何活动"而言,意味着根据欧盟法,即便仅仅只是食品生产、加工和流通中的一个环节内开展的活动也应该是这一法律规范的内容。

第二,"饲料企业"的定义中不仅包括饲料生产、加工和流通的操作内容,也包括制造、仓储、运输,以及如下的关键点,即在自己场所为了喂食动物而生产、加工或仓储饲料的环节。因此,当一个企业被视为"饲料企业"时,并不仅仅是指生产饲料和将饲料置于流通环节以便供大众消费,也指他们在内部的场所生产饲料以便喂食该场所内的动物,即所谓的内部消费。

第三,无论活动所追寻的目标是获得经济收入还是非营利性的,这些都是非物质的考量。一如前文论述的,针对食品和饲料的"入市销售",这一概念的全面性已经包括了"免费"这一情形:欧盟法律真正关注的一点是让食品和饲料的消费符合食品安全的要求,而无论这一产品获得的方式是合同行为还是非合同行为。

第四,对于讨论中的"企业"而言,其存在方式无须通过一个组织或者专业架构,相反,根据《民法典》第2082条的规定,意大利对于企业的定义则要求其具有组织或专业架构。对此,欧盟法律所考虑的是:操作自身的零散性质是无关的,因为作为一个既定的事实,

第五章 欧盟食品法的定义

Alberto Germanò, Eva Rook Basile

开展"食品生产、加工和流通中的任何环节的相关任意活动"就足以将这一操作定性为"企业",进而将其视为"食品企业"或"饲料企业"来规范。

第五,就食品企业和饲料企业的定义而言,明确其经济性质是作为公有抑或私有的企业,有助于避免与第 3 款和第 6 款中定义的人物主体相混淆,即"食品企业从业员"和"饲料企业从业员",这些主体在没有履行欧盟食品法所要求的义务时应当承担法律责任。

不同于"企业的持有者",上文提及条款中的内容关注的是与欧盟法院裁决中相一致的活动。如果结论不同,那么第 3(3)条和第 3(6)条中的企业从业者就会与企业主相重合,即第 3(2)条和第 3(5)条中的企业的持有者。事实上,对它们作出不同的定义且通过不同的款项表现出来是为了说明两者之间的差异必须加以区分。就他们的差异而言,只有根据食品生产、加工和流通中的操作内容加以区别,也就是说,他们开展的活动,或者他们的行为。根据欧盟食品法,企业与活动是同义的,简而言之,就这一术语的传统定义来看,企业从业者实际上就是企业主,然而根据《通用食品法》,"企业"是食品生产、加工和流通以及饲料制造、仓储和运输中的任意行为。

鉴于上述考虑,可以指出的一点是:欧盟有关"食品或饲料企业"的法律规定与意大利法律对于企业的定义并不相一致,即便将《通用食品法》第 3(2)条翻译成意大利语时用了"食品企业"这一概念。根据意大利法律,企业主(《民法典》第 2082 条)是一个最为基本的参照模式,其定义为"为了开展物品和服务的生产和交换的经济活动而进行专业组织的人"。相反,欧盟食品法试图将经济背景分解为多元化的法律框架,而要为此确定一个公分母是非常不容易的。

《通用食品法》第 2(a)条(该规定明确了共同农业政策下直接支持项目的共同规则)对"农民"作出了一个特别的规定,即自然人或法人,或者,自然人或法人的团体,无论国家法如何将法律地位赋予这一团体及其成员,其所在的场所位于欧盟内,根据条约第 299 条

的规定，以及其所开展的是农业活动，也就是说，对于从事农业活动的主体定义意味着"生产、养殖或种植农产品，包括收获、挤奶、养育动物以及为了农事而持有动物"，以及"根据第5条所确定的良好农业和环境条件保护土地"。由于"农民"专业从事农事活动，因此也是相关的人物，对此，就农民的活动定义与该法规中对"食品企业"的定义也是相重合的，此外，这一定义也包含了初级生产的活动，即包括初级产品的生产、饲养或种植，以及收获、挤奶和屠宰前的动物饲养。

《通用食品法》第3（2）条和第3（5）条将"食品企业"和"饲料企业"定义为在食品或饲料生产、加工和流通的任何相关环节开展活动的企业，但只有结合第3（16）条的规定，才能对其作出充分的解读。就第3（16）条的规定而言，其所关注的是第3（2）条和第3（5）条内所表述的一个基本内容，即"生产、加工和流通中的环节"。在这个方面，第3（16）条有关"生产、加工和流通中的环节"规定意味着任何一个环节，包括进口、食品的初级生产，到仓储、运输、销售、向最终消费者提供这些环节，以及相关的饲料进口、生产、制造、仓储、运输、流通、销售和供应。通过这一规定，第3（16）条确认了食品的初级生产和它的仓储、运输、销售和向最终消费者提供及进口，以及相关的饲料进口、生产、制造、仓储、运输、流通、销售和供给都是经济从业者的行为，这些都是欧盟食品法规范的内容。因此，"食品企业"的定义也包括农产品的工业加工；这不仅仅只是"第一阶段的加工"，还包括那些并在这一定义内的环节，它们也是整个食品供应链中的部分，因此也可以作为"操作环节"被纳入到有组织的贸易和商业中。此外，如今对于源于农业的原材料处理也日益并入到食品工业中，相应的，那些以自然状态用于消费的农产品也通常是远离其产地。确实，在当下的经济背景下，食品供应链已经成为国际贸易的组成部门，其所带来的不仅仅是多样化，而且也使得农业产地、食品加工场所以及消费地的距离加大。

第五章 欧盟食品法的定义
Alberto Germanò, Eva Rook Basile

然而，就食品法领域内上述各要素的运作内容，尤其相关的是对于"初级生产"的定义。事实上，当任意环节都构成定义中的"食品企业"时，初级生产是指"生产、饲养和种植初级产品，包括收获、挤奶和屠宰前的家畜生产"以及"采集、渔猎和野生产品的收集"。

在本章的前述内容中，已提及了"结构"这一表述，强调其是农业领域内的"既成法规（acquis communautaire）"：其指出欧盟机制使用了这一术语，而不是诸如"企业"这些在立法技术层面并不与成员国译文的字面意思相一致的术语。如今，如果欧盟的"农业机构"这一概念包括意大利"农业企业"这一概念，那么结合第3（2）条的规定，需要指出的一点是意大利对于"农业企业"的分类是欧盟"食品企业"这个宽泛概念中的一部分。而且事实上，食品企业包括了许多不同的机构，然而，所有的这些机构都通过一个相同的法律框架加以规制，因为食品供应链是它们的公分母，其包括了食品生产、加工和流通中的各类不同行为。

即便"流通（distribution）"这一表述也可以被视为认同野生动物的采集以及捕鱼和打猎这些产品会最终用于食品的环节，即便这些环节中所涉及的食品并不是人为"完成"的而是"捕捕"的，后者将不再主宰自己的生命周期，而是根据欧盟的术语，成为食品企业的活动。对此，根据上述绝对相关的事实论述，可以得出的结论是野生产品、渔猎食品都是《通用食品法》第2条所规定的"可以合理预期用于人类消费的物质"，因此，它们都应当符合食品企业的定义。第3（17）条所具有的关联性不仅是因为其有效地消除了欧盟有关"食品企业"的定义是否包括渔猎和采集野生产品的疑虑，因为这些所有的操作都明确表明为初级生产。而且，其也明确了即便是"收获、挤奶和屠宰前的家畜生产"也构成食品企业，借此那些在其控制范围内作出上述行为的自然人或法人也具有了"食品企业从业者"这一地位，至此，其也有责任确保符合欧盟食品法的规定。因此，"初级生产"并不是意味着植物从播种到丰收整个种植过程，抑或动物从生育到屠宰的饲

养全过程，也就是说，它们与那些总是以同一现象来说明和释义的活动并不完全重合，所谓的同一现象是指相较于第二经济活动和第三经济活动，被称为第一经济活动的农业。相反，初级生产意味着种植和饲养活动中的各类可能的分内容。然而，很重要的一点是，并不是所有种植的活动都会使得产品成为"食品"。而饲养活动中的所有环节都有这一定性内容。确实，第3（17）条包括了"初级生产"中的"屠宰前的家畜生产"。但这并不会发生在种植活动中，因为《通用食品法》规定了收获前的植物不属于食品的范围。

因此，值得对这一事实作出反思：如果欧盟对于"食品企业"的定义并不仅仅只是开展食品生产、进口、运输、仓储、加工、流通、销售和向最终消费者提供这些单个的活动，而且也涉及初级生产环节的同类活动，诸如收获蔬菜和挤奶这些肯定相关的环节，那么这意味着《通用食品法》中所使用的"食品企业"这一表述确定了一个公示，其包括各类活动或各类企业这一《通用食品法》所采用的术语。换而言之，生产供应链本身被分割成不同的环节，每一个环节都会构成《通用食品法》中所表述的"食品企业"。

使用术语和概念在意大利是非常通行的，可以说就种植这一活动而言，食品是由水果组成的，其在分离的那一刻就成了新生事物。从事将水果从其母体中分离出来这一活动的人，那些利用自己的机器或其雇员而碾压小麦或玉米的人，也就是所谓的承包商，抑或采摘那些别人种植的葡萄、橄榄、豌豆和番茄的人，他们根据欧盟食品法都是"食品企业"。但是，可以假设的是当企业仅仅只是开展耕地和播种活动时，他们并不是食品企业，因为并没有食品的存在，而根据欧盟食品法的规定，只有在收获后才存在食品这一产品。然而，"追溯"这一定义又意味着要追踪食品和饲料的所有路径，从其"出生"时即便不是食品的那一刻起，而这包括了植物的撒种、成熟、灌溉、除草剂的使用以及为了保障植物健康的处理。在这一路径中，也需要一并加以追溯，而且种植活动有着重要的作用。这意味着此处的焦点又再一

第五章　欧盟食品法的定义
Alberto Germanò, Eva Rook Basile

次聚焦在了"农业企业"这一概念上,与意大利的内容相一致。因此,如果种植这一农业环节被排除在了"食品企业"这一概念中,也就是将《通用食品法》翻译为意大利语后的食品企业,其将不在追溯这一定义的范围内。对此,可以总结的是即便是决定农产品特性的基本生产结构,为了实现追溯的目的,其也应该属于食品企业。

一如前文所提及的,有必要明确这些模糊不清的规定。就食品企业和饲料企业的问题而言,即便意大利的文本中使用了"食品企业"和"饲料企业"这些概念,但这两个类型的企业并不必然要求专业组织的活动。然而,在意大利,已有的一个趋势是假设一些专业组织的活动是确实存在的,因为"企业"这一术语在意大利文本中在概念上回应了意大利民法典的"企业"这一概念。

很重要的一点是,要意识到欧盟针对市场和其经济及法律规则的体系应从不同的视角考虑物品和人类活动。就目的而言,其涉及的物品是指用作交易的食品。欧盟立法的目的在于针对食品市场确立的一个统一的规则体系,对此无须考虑企业的不同分类,进而食品从业者是属于农业分类还是工业分类就变得无关紧要。就主体而言,欧盟法律关注的是与食品市场相关的行为,为此,欧盟食品法针对与食品生产、加工和流通相关的各类发挥这些功能的行为作出了明确的定义,食品企业从业者的地位和责任是由其在食品供应链中开展的任何一个单一的行为所决定的。因此,与这些活动的组织形式并没有关系,而这使得法律框架可以规制不同的农业或商业企业。

7. 食品法

第3(1)条规定了食品法的定义。根据这一规定,食品法是指"共同体和成员国内以食品为基础,以食品安全为重点的法律、规章和行政规定"。食品法包括了食品和食源性动物食用的饲料的生产、加工和流通领域内的任何环节。

在此,有益的一点是可以回顾一下控制单一产品的食品安全问题

或生产中单一环节中的食品安全问题。不同于这一点，《通用食品法》通过食品供应链的方式具有了横向特点，而这彻底改变了公共机构和从业者的法律渊源和责任体系。在《通用食品法》中，其包括了一个多层级的规则体系，因为其既有适用于欧盟层面的规则也有适用于成员国层面的规则。此外，其所引入的措施也不同于渊源这一视角，而这一差异主要是指一些规则是"基本原则"，一些规则则可以作为成员国实施法律释义基准加以直接适用，而也有一些具体措施是要求成员国在2005年1月1日之前或2007年7月1日之前必须执行的内容，具体时间因措施而异。此外，该法律也制定了一系列意在规制整个食品供应链的规则，从而避免那些有害于食品安全和卫生的漏洞。有鉴于此，该法律明确了生产者和食品生产链中各从业者，以及国家机构和欧盟机构的责任。最后，《通用食品法》也规定一些法律术语和概念，如追溯、谨慎预防原则，这些都可以分别作为行为工具和行为基准（Cassese 2002）。综上，《通用食品法》的一系列规则意在确立一个新的食品安全体系，这使得释义者应当明确适宜的指令和统一的原则，或者至少是，意识到一个单一模式的存在。

意大利的法律体系承认多元主体，因为不同的规制框架内需要界定不同的主体——针对工业的法律，针对农业的发展，针对贸易和商业的法律，针对持有大型企业或小企业和非企业主体的法律。这一多元性通过《通用食品法》实现了整合。也就是说，欧盟的规则不会因为适用于从事不同活动的主体法律框架的特殊性而受到影响。然而，欧盟食品法所实现的统一性并不主要依赖于《通用食品法》所规定的一般性规则，而是基于这样一个事实，即这些规则整合食品部门中的各类法律框架，且没有一个可以在任何情况下无视《通用食品法》。这一意思是说，统一的因素并不是由规则所决定的，而是这些规则内涵的潜在原则。这一结论不仅确认了《通用食品法》中所具有的原则性规定，也肯定了其框架性规定在适应一般食品市场方面的能力。

就《通用食品法》所具有的欧盟食品法立法的统一性，另一个需

第五章　欧盟食品法的定义
Alberto Germanò，Eva Rook Basile

要加以肯定的是在这一欧盟的食品法中，其纳入了针对用于人类消费的动物饲料的复杂规定。在这个方面，无论各个成员国如何看待食品法，如今各国的食品法必须对饲料一并作出规范，因为前文已经指出这些用于人类消费食品的动物饲料与人类食品之间的密切关联性。因此，保护这些食品和保护这些动物的饲料成了一个单一立法中的共同部分。考虑到肉类产品的安全极大地依赖于那些为了人类消费而饲养的动物的安全性，因此，不仅需要管理饲料，也要管理所有在食品法规范范围内的饲料生产、制造、加工环节。

《通用食品法》第3（1）条提及了成员国层面这一内容。这意味着有必要意识到：如今，每一个国家的食品法都是由欧盟和本国家规则构成的组合体。

每一个成员国针对食品法的释义和适用都必须整合到其国家的水平规则中，且符合欧盟法律的要求，而这不仅仅是指符合欧盟法律的优先原则，也要特别注意的是，确保全程食品供应链中保障人类食品安全健康这一基础性的目标。

上述有关人类和动物饮食的各个方面的统一关联反映了食品法这一概念的全面性。与此同时，它也有尚未完备的方面。相反，这一概念也引出了一些问题。第一，那些影响食品行业的技术生产和贸易规则以及一系列有关健康和卫生的规则及其惩处体系已经侵蚀了"食品法"的传统认识。[①] 如今，食品法的范围已经扩张到包括一系列有关赋权机构以使其保障食品安全的规则。第二，《通用食品法》中的那些定义所具有的价值和外延有许多都有相互交织的问题，欧盟法律的定义中有许多都与食品产品的安全和消费者的信息相关。

后者需要进一步的关注。事实上，在最初的提案中，即2000年11月8日提交且日后通过后成为《通用食品法》的提案中，欧盟委员会指出食品法的一般目标，且表明有必要就共同的基本原则确定一个

[①] 原注：Dir. 93/43 on the system HACCP-*HazardAnalysis and Critical Control Points*.

共同的一般性基础，以及共同的术语保障人类健康。此处所考虑的人类，一方面，是指食品的消费者，因此保护就是指针对人类健康的保护以及打击食品掺假掺杂；另一方面，则是指食品产品的使用者，因此也要通过标签中的信息保障这些使用者的选择自由，并且保护他们免受市场上的产品欺诈。创建一个食品法的共同的"一般性支架"意在为下述问题的解决提供方法，即当一些相关的法律中所包含的定义在一定程度上会与《通用食品法》的定义产生冲突。举例来说，如第2001/95号有关一般产品安全的指令，第852/2004号、第853/2004号和第854/2004号有关食品卫生的法规，[1] 以及第85/374号和第1999/34号有关缺陷产品法律责任的指令。[2]

在这些法律中，需要特别给予关注的是第2001/95号有关一般产品安全的指令，其一开始就指出要制定一个欧盟的立法去规制出现的每一个产品是非常困难的，因此有必要制定一个宽泛的具有横向性质的法律框架。相应的，在没有具体规定的领域内，第2001/95号指令所确定的所有规定在欧盟立法的框架内适用于所有相关产品的安全保障。最后，它也指出当某产品适用于欧盟立法规定的具体安全要求时，第2001/95号仅适用于那些尚未被该法律要求所覆盖的风险或风险类别。

通过分析上述的规则以及《通用食品法》所规范的客体，第2001/95号的重点在于其针对"一般的产品安全"，表明其措施具有一般性的特点。当该指令对"产品""安全产品""危险产品"和"生产者"进行定义时，[3] 其针对的是所有其他产品的生产和流通，因此排除了那些由欧盟和成员国法律特别规定的水平和饲料的生产、加工和流通内容。对此，可以看出只要论及食品和饲料，具体的法律框架

---

[1] 原注：参见第十一章。
[2] 原注：参见第十章。
[3] 原注：Art.2(a)(b)(c)(e) of Directive 2001/95/EC of the European Parliament and of the Council of 3 December 2001, on general product safety.

第五章　欧盟食品法的定义
Alberto Germanò, Eva Rook Basile

应该由《通用食品法》所确定，而就两个法律框架的关联而言，"一般"和"特别"的关系和"一般法"与"特别法"的关系是一致的。然而，对于一个食品产品而言，有不同的规则，包括相关的健康和安全要求，但这并不意味着存在一个相当自治的法律规则体系——单一的体系——使得作为目标的食品安全可以被忽视。

事实上，当我们处理的主体具有公法性质时，其所要保护的在整个规则体系中都应优先考量，集体利益在审查时会将他们的影响力波及整个经济活动，但不会影响私法中明确的所有权的活动，这些一般而言都是所要谈论内容的题外话。即便食品法的客体是食品和饲料并对它们作出了明确的定义，也不会影响合同法中的私人规则；然而，在有关食品的摄食方面，其所要求的是具体而细致的保护消费者的信任，而这无疑是关键且统一的原则。

8. 迈向一个食品法律体系

基于上述的内容，有必要再分析一下，将这些概念转换到一个规划好的法律模式中，以便在欧盟的法律框架内定义一个具体的食品法律体系是否可行。

通过解释和分析，还是有可能构建一个充足的概念代表，借以表述《通用食品法》规则中所涵盖的内容，并考虑上文提及的那些概念。但问题是这些法律概念，或者说从法律声明的数据（法律定义的集合）中推导出的定义可以获得的执行力将超越《通用食品法》所确定的边界。

有人或许会问，《通用食品法》中针对农事作业（农业）的规则和食品与饲料加工作业（人类和动物食用的物品生产）的规则是否可以构成一个同质性的法律体系，其特点是由共同原则构成，确定了一个一致性的秩序，并且构建了一个当下或未来的农业和食品法的框架。

《通用食品法》的制定是基于诸多法律背景：在该法规出台时，欧盟议会和理事会声明鉴于诸多的条约规定，尤其是第37条有关出台

农业规定的程序要求，第95条有关协调成员国法律的规定，第133条有关共同商业政策的规定以及第152条有关公共健康的规定。

初级生产这一为了获得自然水果的环节与其他食品流通中的各类环节有着特别的关系，就水果而言，在其离开果树后就可以成为食品，或者用于加工后再变成食品。这些关系还可以从进口一直延伸到食品的运输，期间经过物质的运输、仓储和加工环节，随后物质转变为供人类消费的食品和动物食用的饲料。但是，这些关系与其他一些无法由法律将其视为单独实体但又与实现食品安全目标相关的内容有着密切的关系。安全这一目标对于许多渗透在食品供应链的各类措施都具有约束力，且将许多其要经历的碎片化过程整合起来。然而，一个具有约束力的目标是不够的，因为还需要框架性的原则来构建秩序，也就是概念的作用。然而，如果目标是要建立一个系统，仅仅有概念也是不够的。对此，需要对概念加以分类，并借助这一持续的抽象工作，确定更为通用的概念，从而保障逻辑性，而后者需要在构建所有的概念、原则和术语（Orestano 1963）的基础上将它们重新整合以组成一个新的整体。

《通用食品法》所确定的规则并不仅仅适用于食品，而是，它也包括一些与食品相接触原料和物质的措施（而这意味着其他客体）以及农民、工业和商业企业所采用的方法，以及这些相关内容的各类活动。但是，就这些所有的内容而言，这里提及的措施是针对那些不与企业主的原型人物有所重合的其他主体。

这些所有的措施都是基于两个法律定义，它们从学术的角度构成了两个概念，即食品和食品企业。如果食品是指所有人类摄入的物质，那么这意味着植物性和动物性的物质，随即，食品企业是每一个生产、加工和流通食品——显而易见，那些源于植物或动物物质——的活动单位，无论开展这些程序的人是谁。这两个概念可以进一步整合到"食品市场"这一概念，其是由许多持有、供以销售、销售、免费转移和食品流通的操作环节构成。上文提及的两个概念在食品市场的制

第五章　欧盟食品法的定义
Alberto Germanò, Eva Rook Basile

度中实现了统一，并与安全的概念相交织，其目的在于保障人类的生命和健康安全，因为这是主导动机，食品、食品企业和食品市场的法律整合的最低公分母，也就是说，这些所有措施所要共同实现的价值。顺应安全这一概念，进一步开展风险评估，并根据谨慎预防原则的要求加以开展，在此基础上，风险管理由公共机构开展，这一原则代表了最后的概念，而这是食品法中所有定义、概念和术语得以存在的基础。对此，欧盟和成员国都已经决定或将决定通过相互关联的方式采取落实的措施。

因此，可以看出一个有序的立法框架已经建成，其内容是统一的原则，其目标是确保食品安全。这意味着这些规则将在一个独立的市场中加以适用，即食品部门。如此，考虑到市场的法律类型是由流通中的物品特性所决定的，而这一特性又决定了具体的准入规则已要求这一市场中的主体加以遵守，随后，可以肯定的是，《通用食品法》中规定的措施是针对一个特别的且受到法律高度关注的市场。这使得食品市场在法律体系中成了一个特别的存在。

如果赞成上述的分析，那么此处的结论就是《通用食品法》中的具体规则将具有扩张性的特征，它们的释义涉及了一些因为技术类比的特点而会涉及相邻法律内容的事项，也包括那些具有传统独特性的事项，但依旧有一些共享的目标。

翻译：孙娟娟

Chapter 6 第六章

欧盟食品安全局：技术、规范和冲突

Francesco Adornato

1. 机构改革中的欧盟食品安全局

第178/2002号法规规定了关于食品立法的原则和一般要素，确立成立欧盟食品安全局以及食品安全事项中的一些程序要求。该法规的目的是在食品行业为促进人类健康和保护消费者的利益找到一个法律依据，以及确保市场的有效运作（Benozzo 2003a）。

尤其是，通过一个综合体系，国内的和欧盟的、直接的和间接的（Cassese 2002），该法规规定了通过风险的评估和管理实现风险的防控。在这个方面，欧盟食品安全局负责评估、技术性和科学性事务，进而负责向欧盟委员会提供有关风险控制的必要科学信息（Costato 2007a）。在发挥这一重要职能时，欧盟食品安全局应当和机构、成员国的科学委员合作并创造一个网络体系，用来实现处理与食品安全最相关问题的连续的信息和意见的交换。

第六章　欧盟食品安全局：技术、规范和冲突
Francesco Adornato

以这种方式，欧盟食品安全局跟进有关科学和技术的事务以及有关食品和饲料数据的组织工作，这使得它在新的规制框架中发挥了决定性的关联作用。

尤其是，欧盟食品安全局同时代表着每个单一国家主管部门和欧盟其他组织之间不可或缺的联结点，以及代表着几乎全权负责风险评估的机构，哪怕该机构也需要和国内层面的相关机构和共同体内的实验室开展合作。(Valletta 2003b)。除此之外，不仅可以独立开展工作，在成员国向欧盟委员会提出请求后，欧盟食品安全局发布关于修改的必要性意见，暂扣和撤销（通过欧盟委员会）法律允许的授权。

这确实是机构设置时所要考虑的问题，即如何结合技术作用和卓越角色两个机构职能。

通常来说，在民主赤字（Merusi 2000）背景下设定权力机构往往涉及"复杂"（Kreher-Martines 1996）的政治和行政体系，且深受经济过程的快速变化、法律来源的多元化、利益的交汇及传统政治形式混乱的影响。

特别是在共同体层面，机构的存在是基于以下理由，即在于市场和竞争这些宪法框架内的相关规则的确立中获得自身得以存在的理由，且如果对共同体法律规定的情形和范围予以授权，无法由成员国国内的立法者所确定。因为成员国的权力随着主权的受限而由业已"被突破"的宪法所确定（Kreher-Martines 1996）。

尽管名称的差异，权力机构（agency）或者有如欧盟食品安全局这一机构（Authority）（Adam-Tizzano 2010，欧盟层面专设机构的完整列表——Agencies, Authorities, Centres, Institutes, Offices, Observatories, Foundations, Units），与国内法律秩序中已存在的类似机构相比，它们并不完全相似。"如果它们被赋予监管或执行的功能，且其在欧盟有权负责的某一个领域内，通过高水平的技术能力执行其所赋予的执行权，就无法说它们能够具有一样的独立性，因为欧盟层面的机构同时代表成员国以及欧盟委员会这些根据欧盟条约确立的机构（Adam-

Tizzano 2010)"。

与经常构建的那些机构类型相比（Merusi-Passaro 2002），欧盟食品安全局，可以被定义为既不是独立机构（在这个意义上，通过最新原则，欧盟食品安全局遵守两个基本要素，就是行政分离和基本权利的保障，个人或经济自由），也不是规制机构［像法学学者强调的一样，在欧盟机构体系中，欧盟食品安全局因为它特殊的综合功能、职责（咨询论坛），以及独立于欧盟委员会）（Benozzo 2003a），它体现了一个演变，表明了一个借助技术和科学的特点实现在不同的被保护利益之间达到平衡的断裂点。但是它也指出随着共同体权力的扩张，法律政治层面确实出现了超国家组织这一事实，尽管其在后勤和组织架构方面借助辅助原则的宪法化所实现的平衡也欠缺稳定性。对此，《欧洲联盟条约》第5（1）条确实强调了"成员国应当与联盟一起协调它们的经济政策。为此，欧盟理事会应该采取措施为这些政策提供更为广泛的指导方针"（Ziller 2003；Adam-Tizzano2010）］。

特别是在生物技术方面，当前的规制证实了辩证法的应用。如果说第90/220号有关转基因物质的环境释放的指令追溯了"一个分散机制，其关键作用在于赋予国内当局负责有关环境释放的第一个授权"，进而完成转基因生物商品化（Costato 2007a），这个选择使得自由港的建设和市场的分割可以由成员国通过保障条款对另一个成员国采取行动（Valletta 2003b）。相反，第1829/2003号法规开始了一个清晰的并且复杂的程序，在这个程序中辅助性和集中化被合二为一且被置于一个机构，即使得欧盟食品安全局可以作出反对意见的最后决定，而欧盟委员会在决策方面的动机也会变得更为确定。[①] 根据之前提到的程序规范，申请许可的请求第一次应向国内主管部门提交，然后再提交给欧盟食品安全局，最终通过它转给欧盟委员会和成员国。在六个月中，欧盟食品安全局以申请者提供的信息为依据给出自己的意见。

---

① 原注：参见第十九章。

第六章　欧盟食品安全局：技术、规范和冲突
Francesco Adornato

特别是关于健康和环境安全的建议，如果授权的要求涉及转基因生物，例如种子或者类似的，欧盟食品安全局要求国内主管部门去评估环境风险，抑或有权限的共同体实验室（根据第18（3）c条）。欧盟食品安全局的意见和所有证明文件发给了申请者、成员国和欧盟委员会，在三个月内，向食品供应链和动物健康常设委员会提出是否给予授权的意见，期间需要考虑欧盟食品安全局的意见。欧盟委员会可以不遵循欧盟食品安全局的意见，但需要说明理由。

打个比方，由于技术的至高无上和欧盟委员会内的专家政治格局的共存，食品安全的内涵会涉及两头确认，而在欧盟食品安全局与欧盟委员会的对话中后者具有决定权。评论员观察到：不同于发生在其他由辅助原则和分权主义发挥主要作用的欧盟政策领域，对转基因生物的风险控制基本由欧盟食品相关的机构执行，即使根据第2001/18号指令它有义务和国内主管部门商量。这个中心目的很明显：创建一个可信任的安全保障体系以免成员国依据自主并且不协调的决定划分市场（Valletta 2003b）。

如果可以参照历史，回顾巴黎重商主义时代，主管机构在提供食品和食品安全上仍是一个多头怪物，它将三个司法机关和一个行政机关放在一起，即控制一般市场的小城堡，销售商的看护者（provost of sellers），设置在市政厅内的领事管辖，国会；除此之外，由国王直接任命并体现国家现代性的警察负责正义的维护（Ferrieres 2003）。

如果多部门的过程应当简化，那么可从传统行政体系中分离出一个机构并由该机构集中相关的职能，但在欧盟食品安全局的案例中，上述的过程是相反的。

欧盟食品安全局通过横向/纵向、中心/周边的组合形成了一个复杂的体系，而这并不仅仅只是指其后勤和组织上的复杂（Chiti 2002）：双共同体与国家的维度指的是一个相当复杂的国内组织配置，特别考虑到它的功能性质，因为每个成员国在行政配置上都有显著的差别。

在很大程度上，如果保护的利益是相同的（健康、消费者、农产

品……），有关食品安全的国内组织和国家机构（仍存在）（Trape 2003）采取不同的模式、手段和职能，但是追求的是相同的利益。有个经典案例是英国食品标准机构不仅有咨询能力还有检验和管理能力，包括对违反者的刑事控告（della Cananea 2002；Babuscio 2005）。

2.《里斯本条约》中的食品安全

在这方面，重要的是考虑机构中的特别组合，包括其所提供的有关集中和分权的要素（Chiti 2002），这似乎代表真正的更大欧洲机构动力学（institutional dynamics）的附带现象，基于不同权力间的动态平衡，同时也在食品安全领域（超越共同农业政策）（Adornato 2010）。

随着《欧盟运作条约》的生效，不同于农业问题，没有明确提及喂养问题，但恰恰相反，有特定的条款（第168条关于健康安全和第169条关于消费者保护）。尽管如此，毫无疑问在喂养、食品安全和健康安全之间有直接关系；除此之外，第178/2002号法规的序言第8项强调"共同体已经在食品法中为合适的发展选择了高水平的健康保护"。第六项更重要的考虑喂养、食品安全和健康安全之间的关系，特别是该条款指出"和其他食品一样，水也是直接或间接被人类饮用。因此，它也会使得人类暴露于各类食用/饮用的物质前，包括化学和微生物污染"。

类似的功能维度也存在于食品安全与消费者利益安全的关系中，这必须通过食品法开放和透明的发展来维护。根据有关学说，上述条款强调了欧盟在这两个领域的并发权能（Germano 2010）。[1] 在这方面，有些学者发现不同于独有的权能，在这个案例中，由于共同体被赋予的相应的权能所导致的权能并存实实在在地侵蚀了成员国的权能，

---

[1] 原注：根据第2(2)条的规定，当条约赋权欧盟与成员国在某一个领域内共享权能时，欧盟和成员国可以在该领域内通过制定法律或者具有法定约束力的法案。成员国应当行使权能的程度可及欧盟尚未行使其权能。此外，成员国应当行使权能的程度可及欧盟尚未决定停止行使其权能。

第六章 欧盟食品安全局：技术、规范和冲突
Francesco Adornato

但这一过程是可逆的，因为成员国可以再次行使它们自己的权能，直到联盟放弃其所具有的权能，抑或修改或废除原先已经采取的共同规则（Adam-Tizzano 2010）。尤其是，根据第 168（1）条第二行的规定，好似是属于成员国固有的权利，因为欧盟层面的行动是致力于完成成员国的政策并提高公众健康，措施包括监测、预警和打击严重的跨国威胁。随着演进性的法律解释，例如，意大利宪法体系试图在地区权能和联盟需求之间取得平衡（Masini 2010）。

确实，在食品安全领域，一个发展中的机构结合和权能已经一如第168（4）条的规定那样呈现出来，但不同于第2（5）条和第6（a）条的规定，且根据第4（2）k条的规定，欧盟议会和欧盟理事会为了实现这一条款所确定的目标，在按照普通程序进行审议以及咨询经济社会委员会和地区委员会后，在兽医和植物检疫领域内制定政策，目的在于保护公共健康以及共同的安全问题。这些规定都背离了原本赋予欧盟的权限，其目的在于维持、协调或完成成员国在一些领域内的活动，尤其是（第6条）有关公众健康的领域，而有关一致性的问题则主要通过共同的权限予以保障。

本质上，即使在食品安全相关的事项中，也存在一个与共同农业政策的一个特点相似的过程，即权限的执行被分散在各个不同的层面、不同的权力和方案中，即便是一个具有复杂框架的机构也是如此，以至于在不同的议题中形成动态的平衡（Adornato 2010）。

根据可信的观察所得，"在欧盟中心和周边之间的关系中，在国家法律秩序和超现实之间，在国家和欧盟机构之间，所形成的也是多元的结构，而不是单一的或科层制的"（jannarelli 2001）。在这个意义上，尤其是食品问题相关的权能领域，欧盟和成员国之间的平衡机制的复杂性似乎反映了同样的问题本身的复杂性。

毋庸置疑，食品法律的颁布在欧盟统一的进程中是重要的一刻，但与此同时，不可避免地要考虑食品生产方面法律基础的不足正在不断受限于政治成员国家的干预，鉴于不断发展的食品市场，又需要接

受对条约的修正。

欧盟食品安全局架构方面所考虑的辩证法主要是从其功能和权限来实现的。

对于上述的背景交代，还需要探讨该机构的"使命"和"工作"以及其他有关其内设机构的内容（Benozzo 2003a），为了避免仅仅是对上述内容的简单罗列，似乎更为适宜的做法就是继续讨论第178/2002号法规中在这个方面就框架和结构所作出的规定。

3. 欧盟食品安全局的机构：咨询论坛

一般而言，共同体机构即便所具有的权能和职能不同（Kreher-Martines 1996），鉴于它们针对管理机构和科学机构的务实性的架构也会有一些共同的要素，包括行政委员会、执行主任或主席等管理机构以及科学或技术委员会这些科学机构。

然而，欧盟食品安全局即使提出相同的机构计划，在某些方面看起来也是想使其自身有与众不同的地方，例如，第三个机构的设置，包括咨询论坛（Trape 2003），管理委员会的构成，以及选择执行主任的过程。

管理委员会的成立并非像之前那样由成员国代表组成，而是根据第178/2002号法规，基于欧盟委员会拟定的名单由欧盟理事会咨询欧盟议会后所选派的14名成员构成。此人员名单的候选人人数远远高于选取的人数且有一名欧盟委员会的代表。其中四名代表必须有提倡消费者权益，或涉及食品产业链的丰富经验。

显而易见，鉴于机构的架构，他们代表了极为重要的一个特点，即他们必须捍卫他们所代表的利益且去影响他们的成就。而且鉴于办公室的设立和其法律资格的保障，采用一个具有果断决策权的组织体系、明确其内部的特别机构以及定义其所具有的权能范围以及相关内容，可以说，无论何种情况下，其或多或少会影响该机构的使命执行（Losavia 2003）。

第六章　欧盟食品安全局：技术、规范和冲突
Francesco Adornato

在这方面，该机构的重要形象取决于咨询机构，而该机构的功能又影响到与成员国的合作，这些成员国的规制又已经由第 178/2002 号法规中的第 27 条所确定、确认，其实务的开展是由国内决定的方式进行。①

关于多层级机构和复合登记由食品安全法定义，且特别要考虑欧盟食品安全局所发挥的作用，咨询机构本身就很显著地反映了上述体系的特点，在欧盟食品安全局的内设机构中，该咨询机构是一个表达更多意愿，同时又有必要在共同体与国家层面助力于科学知识合作融合的机构。

通过其他的历史性事件，也有可能强调介于咨询论坛和科学委员会之间的欧盟食品安全局的预见性功能。在 17 世纪巴黎的最后 10 年中，上述的历史事件也影响了社会安全与食品安全，反映了面包店主与酒店主的竞争。

酒店主被面包店主控诉从小贩处买面包（这样会损害由社团法律对他们至高无上性的认可），在意识到法律的僵局后，食品安全作为一个理由说明了该选择的正当性，即面包店主做的面包因为使用酵母而可能不健康，且与小贩通过烘焙面粉和来自于瓦兹省（Oise）河流中最好的水作出来的面包不同。

这种商业纠纷演变成健康危机，并对环境安全造成潜在的影响，这导致了警察总部的介入，他们开展了第一次非正式调查，召集了对此意见不一的不同医生。因此，警察总部要求医学院的大多数人（75 人中的 45 人）投票反对酵母的使用。

意见公诸于众后，谣言在 1668 年夏天不受控制地散播，为了及时应对这一问题，在立法进行之前，法官们于 1669 年 1 月召集了有关面包的裁判庭，以便听取六位医生和六个市民的意见，对于他们的特定

---

① 原注：Decision Concerning the Operation of the Advisory Forum of the European Food Safety Authority, 21 January 2003.

召集，组成"咨询论坛"。

正如所强调的，这次会议的特别之处在于它包含了与医生在同一水平上的消费者，以及可能有史以来第一次，食物的风险以民主的方式被处理，并且是由法官完成的。

的确，本着结束上述问题争议的目的，面包房的负责人安托万（Antoine Vitre），一名81岁的退休印刷工，担心自己的责任，听取了医生的意见，针对面包师的调查也没有获得统一的意见，但是他在旅行中意识到，在其他国家，以及法国的其他地方，酵母制作的面包很普遍。他完成了他的报告，用无可辩驳的观察指出他一生都在吃那种面包的事实。因此，有关面包的裁判庭作出了如下的建议："别管它，别管它，消费者会选择。"

上述过程似乎预示了欧盟食品安全局和市民社会对话者之间的关系，这导致了2004年10月8~9日的柏林咨询论坛，正式提议建立代表利益群体的委员会。

如今，加上必要的修改，咨询论坛的成员组成由每一个国家的主管部门派遣一个代表构成，该成员国主管部门具有与欧盟食品安全局相似的职能，代表不允许参与每个国家当局的行政委员会，值得注意的是，之后指出他们代表成员国科学机构而不是成员国本身。

基本上，同样通过咨询论坛的组织和运作能力，由来自技术和政策之间的辩证法和国家和共同体层面之间的互动，再次确定欧盟食品安全局的一个特点就是多层次的维度是可能的。

此外，这一维度已经预测了"为了抵销欧盟食品安全局代表名额不足的成员国的利益，促进了欧盟食品安全局和成员国的合作，并且也促进了和具有相似功能的机构的合作"（Gabbi 2009）。

在确立欧盟食品安全局和成员国类似机构之间的体系化的进程中，咨询论坛的建立是一个转折点（Gabbi，2009），这主要是科学权威性和协调的作用。此外，其也假设，在这个方面，一个特别的关联是因为在执行主任和成员国之间缺失一个协调机构，尤其是与各国内主管部门的联络。最后，从社会和政治的角度来看，咨询论坛也有助于在特别困难或敏感的问题之间实现强而有力的整合度，尤其是借助一个具有特权且自然的对话促进各国主管部门之间的团结。

4. 结论："宇宙中没有一个中心"

如果可以从上述论证中得出一个此处尚未展开的结论，我们可以从尼古拉斯·哥白尼的七个假设的第一个开始："宇宙没有一个中心。"

我们生活在一个过渡性的新纪元，充满了不确定性、冲突（Martinengo 2006；Beck 1992）以及全球性挑战（Delmas-Marty 2004），深刻且完全地影响了人类和社会（Bauman 2007；Torresetti 2008）。在这个纪元中，"国家失去了它们单方面决定构成现有技术虚无资本主义系统平衡的能力，亦即，新的关联逐渐产生于更加自由而解放的个体，和更加强大而组织严谨的社会世界中"（Magatti 2009）。

"当下的全球化并不是历史中的第一次，而是作为第一次，全球化的特点在于技术的应用，后者不仅消除了距离，同时也使得自己成了新的边界"（Delmas-Marty 2004）。毕竟，全球化并不是彻底史无前例的，但是，正如吉多（Guido Rossi 2006）指出的那样，到目前为止"一个新的经济状况的诞生伴随着新的权利，然而现在则与之相反：先已存在规则的覆灭看起来带来的只是虚无"。

同时，除开这个现象之外，解构法律的进程所依赖的主要资源不仅仅是制度上的政策，但是"它更主要地产生于其他在全球化中相比于政治更为超前的社会系统中。经济和其他的社会范围——科学、技术、大众传媒、健康、教育、运输等——以自己独有的方式向着全球化庞大而规范的要求发展，而这是国内机构和跨国机构中尚未有救济办法的，因此其只能自行提供必要的因应之策。总而言之，在全球化纪元中，法制建设的进程正从法律的中心向着边缘移动，向着划分法律和其他全球化的社会范围的边界移动。新世界的法律是最早和最重

要的、外围的、自发的和社会的"（Teubner 2005）。

一个政治为中心的全球化中，生活的不同领域打破了它们自己当地的边界来建立一个自治自主的全球性区域（Giddens 1994；Teubner 2005），由此而来的是一个"多中心的治理，即其特点在于多层次、多维度和多参与者。同时，法律本身看起来放弃了它的本质功能，就是它规范的过程，然后接纳了不仅使全球化变为可能，而且管理统治全球化的技术"（Rossi 2006）。在一个技术时代，相同的政策"仿佛废除了在国家和社会的古老地图上游荡的君王，使它们因为不再涉及主权的真正合法性而变得无用"（Galimberti 2006）。

实质上，法律在缺乏政府和通常表明了技术和可能的行动（Galimberti 2006）导向的政策的协调下，似乎在技术的决定力下弯腰屈服，换言之，一个"科学的和技术的装置设备形成了超级大国，将政策、国家和它们的冲突抛之脑后"（Severino 2010）。

假如我们对科技在食品安全领域的地位更为深入探讨的话，显露出来的问题是全面复杂的。一个首要的表现在于，其现在发生在共同体这个层面之下，因为在一个由27个成员方构成的欧盟内，所有的技术规范都应当加以明确，以便术语变得明确清晰；因此，和食物制造有关的术语含义变得不再那么含蓄不清了，其悄无声息地涉及了科学，但是由立法者自身使其变得清晰明确"（Germano 2007）。

其次，我们总是涉及的科学评价的复杂性、不确定性和科学评估中的分歧性可能在一定程度上导致科学方法的不同，进而使得其成为市场壁垒，后者可能在第178/2002号法规中并没有相应的救济方式。

对此，第30条详细说明了欧盟食品安全局保证了快速意识到国家之间出现的争议，或者和欧盟委员会抑或同样的机构之间的分歧，来鼓舞所有这些主体去解决分歧性的问题，或者起草包含所有显现出的分歧之处的原因的对外报告（Bolognini 2003a）。此外，第60条提供了成员国在认为食品安全领域的国内措施同第178/2002号法规的规则相抵触，亦可能影响到国内市场功能时的调解程序。在这些情况下，为

第六章 欧盟食品安全局：技术、规范和冲突
Francesco Adornato

了解决这些问题，往往涉及双方成员国和欧盟委员会，对此，需要一并解决出现的分析。如果难以达成合意，欧盟委员会往往会询问欧盟食品安全局关于每一个有争议的科学问题的意见（Carmignani 2003a）。随后，问题将会被送到关于食物链和动物健康的常设委员会——欧盟食物链及动物健康常设委员会，在欧盟专家委员会的程序下，"进程经常被认为是晦涩不清和反民主的，尤其是在涉及诸如转基因等激进问题"（Finardi-Bazzana 2010）。

然而，务实地说，近些年来欧盟委员会和欧盟食品安全局正醉心于一个生动的辩证逻辑之中，甚至欧盟食品安全局、成员国或是国家机构也涉及于此。在有关转基因物质的问题中，似乎欧盟委员会尤其地同欧盟食品安全局所提出的观点背道而驰，正如在玉米杂交种案中，在2004年，相关的决策也证实了两者的分歧。随后，在2009年，德国联邦风险评估机构和法国健康安全署和欧盟食品安全局意见相左，引起了关于在科学领域不同视角和表达观点的猛烈争论。[①]

在国际舞台上，情况仍旧复杂。尽管有针对技术性贸易壁垒条约和动植物检疫措施条约的规定（Germano 2007），关于健康和公众健康话题的科学争论演变成了非关税壁垒（Moy 1999）。事实上，"正如一些案例证明的那样（例如，激素肉），用于处理贸易争端的系统存在于风险评估和科学评价的基础上（显然是客观的），不会贬损贸易战争的动机"（Finardi-Bazzana 2010）。

不但如此，在食品法典委员会内部，技术委员会相似的增长不能在欧洲消费者中产生有效的规则趋同，尽管，一般而言，都是由国际科学共同体来定义它自身的关键性。

总而言之，世界卫生组织只是一个在健康、植物检疫措施和技术贸易壁垒委员会内的观察者，其同时也是知识产权协定中的特别观察

[①] 原注：EU Food Law Weekly, 2000, *Whatever You Do, Don't Mention*, AFSSA and BFR, No. 397.

者。在这种情况下,世界卫生组织通过不参与决策性程序和决议草案的情况下,在争论中作出了自己的贡献。除此之外,值得一提的是,在一系列问题如添加剂、① 微生物风险、② 农药③ 上,欧盟食品安全局和食品法典委员会内部的机构之间也存在表达意见不同、达成结果不同的问题。例如,在欧盟食品安全局和食品添加剂与污染物联合专家委员会之间就在一定程度上存在对农药评估的不同意见,前者认为应当制定更为严格的检测。2010 年 7 月,欧盟委员会要求欧盟食品安全局就茄红素(番茄和其他蔬菜中显现的颈动脉)的安全性在两个机构的评估差异发表意见(2010Finardi-Bazzana)。

毕竟,国际贸易诉讼中的相同数据证实了这些原因。在世界贸易组织面前欧盟委员会当前涉及了 81 个贸易争议,不仅涉及食品生产,还有以科学评价为基础对自由市场承诺的违规行为。尤其是 31 个诉讼反对美国,其中仅有 4 个是处理食品问题,虽然美国提出了 19 个诉讼反对欧盟,7 个涉及食品问题。

总而言之,我们目前为止可以总结到科学受后现代科学方法的影响,所以它将不再构成"现实的解释说明,理论制定的告终或总结现实复杂的理论文集。相反地,当代高度复杂的分析科学会产生如此多的可供选择的假设和需要解释研究对象的看法,而这是因为存在多个数据,对它们的不同解读,以及统计所展现的日益重要性,等等"。

以这样的方式,我们回到一种科学无能的悖论,即其无法确保有助于社会问题解决的确定性,而社会本身则已经提出更为广泛的政治参与解决这些问题。

此外,从政治上来说,欧盟食品安全局的相同制度结构,在共同体与国家层次之间凭借其移动式(灵活的)组合,似乎是关于社会民主与自由主义间广泛论证的一个合适例子,假定"食品安全的立法是

---

① 原注:Joint Food Who Committee On Food Additives-JEFCA. See Chapter XXIV.
② 原注:Joint Food Who Meetings On Microbiological Risk Assessment-JEMRA.
③ 原注:Joint Food Who Meetings On Pesticide Residues-JMPR.

第六章　欧盟食品安全局：技术、规范和冲突
Francesco Adornato

风险规制的一个典型的例子，解释为在社会或市场进程中的政治干涉，以便控制潜在的不利后果"（Hood-Rotheste 2001 年）。

在"宪法"层面，《里斯本条约》通过对《欧盟运作条约》第 36 条违反数量限制的一般禁令与第 114 条（第 4 款、第 5 款）的克减规定的平衡，肯定了上述的辩证方式。而且，仅在这方面我们可能声称科学没构成农业与食品的唯一参数，因为评估食品风险的多样性大部分似乎取决于具有政治动机的前科学研究环节，"依赖于嵌入每个社会和民族共同体深刻的价值"（Finardi-Bazzana 2010）。

因此，我们应当明确指出：超越简单的科学的假设，争议可能有其他理由，包括社会、伦理、经济的考虑。因此，一种多学科时代出现，我们会因为专门技能、传统方式和不同的文化和宗教方式等构成的多样性而存有知识的争议，也就是说，不再仅仅只是科学的争议（Rihoney 2010）。因此，除了立法者，没有任何一个人可以解决诸如科学不确定性那样的问题，以便在既定的社会中选择一个最为适宜且及时的定义（Germano 2007）。

让我们用这种方式回到主要的问题，法律渊源的多元化是我们的时代的特征。"在经济现象中去促成统一的法律模式是不可能想象的，即便是法律本身，他们也是由于内在的动力才使得它们可以结局所提出的议题"（Merusi 1982）。在此期间，我们不能不考虑复杂化的行政管理机构的作用，毕竟变迁发生在具有差异化、专业化和多元化的社会中，且该社会存在众多私人的、集体的和政治的实体（Pastori 1982）。

这些现象，强烈的需要一个命令，诉求一个有助于法律汇编的革新技术，即处理一些权能和问题的统一的规范系统化的法律集合体。从这层意义上说，在意大利法律体系中，"环境法典"[①]（Costato-Pellizzer 2007，Germano-Rook BAsile-Bruno-Benozzo 2008）和"数据行

[①] 原注：Leg. decree 3 April 2006, No 152.

政法典"[1] 是有启迪意义的。

然而,新"法律汇编中心"已经被减缓,因为《关于"全球化"契约法的标准模范和行为规范的国际惯例和超国家规范的新实务》(Rodota 1998)对新的规范现象作出了定义。这意味着依赖于多元渊源的法律组织无法通过对同质性汇编而来的统一法获得其合理性(Rodota 1998)。

总之,我们可能确定"现代化"与"软法"或灵活的法律相关,无论这些法律渊源是成文的还是不成文的,其是通过国内的还是国际的实务获得合法性,抑或通过条约或者其他方式得以协调……共同体法律组成最小的共同特征来处理这个高度复杂的形势:它处理私人和集体生活的经济方面,但它超越了产权(Alap 2000)。

欧盟食品安全局的干预是以这一千变万化的形式以及不断发展的复杂性为背景的,但由于其所具有的"灵活性"结构,强化了克服过去僵化的和难以忍受的科层制,并确定了新的价值秩序和法律维度。

法律,就像其他的社会现象,已经经历了长时间和困难的转变的严酷情势,这一问题的解决得益于"有序的多元主义"(Delmas-Marty 2004),以及新亚特兰蒂斯的流动的现代性(Bauman 2006)。

翻译:苗苗

---

[1] 原注:Leg. decree 3 December 2010, No 235.

Chapter 7 第七章

农业法和食品法

Luigi Russo

1. 农业和营养的关系

仅仅就多数农产品用于食品和饲料的事实就说明了农业法和食品法的关系非常密切。

就用于人类消费的农产品而言，农业生产环节是食品生产环节中不可或缺的一环。

因此，针对农业生产者的农业规则在一定程度上也会影响食品生产者，即其涉及的主体不仅仅只是初级生产环节的生产者，也包括农产品的加工者和流通者。反之亦然，即就这两个领域而言，针对食品企业的规定也在一定程度上用于规制农民。

此外，农业法对于食品企业的影响远远大于食品法对于农民的影响，因为食品法只是一个新兴的体系，但即便如此，该法律也已经有了以原则为主要内容的框架以及其内部结构的一致性。

因此，有必要审视一下农业立法对初级生产环节后的食品生产环节的影响，并进一步分析影响初级生产活动的规则，因为这是食品生产供应链中的第一个环节。

2. 升序：从农业法到食品法

当根据《建立欧洲经济共同体条约》第 38～44 条规定成立了欧洲经济共同体后，农业活动的规制就有了其特殊的法律要求。这一条约的起草者提供了一个真正的共同农业政策，其特点就是强化共同体的干预力度，弱化成员国的决策权。经过几年的发展，共同农业政策成了共同体政策中最为重要、最具扩张性的政策。在干预主义极盛的黄金时期，该政策占用了共同体一半以上的财政资源。

共同农业政策实施强调了食品企业的密切关系。在这个方面，《欧共体条约》第 38 条仅适用于附件 Ⅱ（如今的附件 Ⅰ）中所列的农产品。需要指出的是，在条约几经修改的情况下，该条款内容从未变更过，其规定农产品是源于土壤、畜牧、渔业的产品，以及经初级加工但直接与条约第 39～44 条第 3 款产品相关的产品。对此，众所周知的是附件中所列的产品不仅包括农产品，也包括诸如糖、面粉这些不仅仅只是初级加工的产品。因此，用以执行共同农业政策的法律范围一直以来且将会继续覆盖非农业的食品生产行业，包括附录中所列的内容以及欧盟《通用食品法》通过"食品企业"所界定的范围。[①]

就针对农业领域的干预规则而言，有必要提及那些有关农业立法的干预，至少论述下《里斯本条约》生效前的那些干预。根据《共同体条约》第 37 条（现《欧盟运作条约》第 43 条），制定农业法律的决策程序从欧盟委员会的提案开始，需要听取欧盟议会的意见，最终，由欧盟理事会根据有效多数制进行决策。这一特殊的程序规范共同体所有意在执行共同农业政策的立法。因此，作为执行共同农业政策的法规、指令和决策如果涉及条约附录中所列的产品，则需要同时规范农民和食品企业两个主体。

如今，《里斯本条约》的实施极大弱化了法案制定程序的特殊性。

---

① 原注：参见第五章。

第七章　农业法和食品法
Luigi Russo

由此，农业领域内的法案制定只需遵循一般的立法程序即可，也就是指欧盟理事会和欧盟议会的共同决策程序（Germano 2010a, Albisinni 2010c）。但依旧保留的一项特殊规定是：根据《欧盟运作条约》第43（3）条的规定，在价格制定、征税、援助和数量限制以及确定和分配渔业机会方面，欧盟理事会对于欧盟委员会提案依旧有自行决策的权能，但需要指出的是，单一相关规定的解释尚未明确。

对于欧盟机构而言，《欧盟运作条约》第39条（原《共同体条约》第33条）有关共同农业政策目的一直在与食品生产相关的机构工作中占据主导地位。而有的时候，对于这些工作而言，食品安全也是所要实现目标中的一个有效因素。对于这一点，有必要提及1990年欧盟法院的一项判决。[①] 在这一判决中，法院对于第88/146/EEC号指令[②]的制定进行了背书，有关禁止在育肥动物中使用五类激素的指令仅是根据农业程序制定的。由于这一判决，共同体针对附录Ⅱ中的产品立法即便涉及食品安全的问题，也是根据特殊的农业立法程序制定，而不是针对法律协调制定的立法程序（Rizzioli, 2008）。

一如学者（Rizzioli 2008）所指出的，由于一些重要的变化，这一立法方式也作出了调整。一方面，随着世界贸易组织协议的签订，《实施动植物卫生检疫措施的协议》[③] 要求成员国考虑风险评估的需要，因此，不能仅仅只考虑农业需要。另一方面，在疯牛病危机后于1997年签订的《阿姆斯特丹条约》也通过在《共同体条约》中引入第152条的规定，根据这一规定，可以背离第37条的规定，就兽医和植物健康领域内的措施而言，其立法程序应当遵循共同决策程序，从而实现保护公众健康这一直接目标。

直到20世纪90年代，食品安全的保障才受到立法的重视。为了实现其所要追寻的目标，其立法程序从农业立法程序中独立了出来。

---

① 原注：ECJ, 13 November 1990, CaseC－331/88, *Fedesa*.
② 原注：Dir. 88/146/EECof 7 March 1988.
③ 原注：参见第三章。

事实上，随着《阿姆斯特丹条约》的施行，高水平的人类健康保护和消费者保护成了需要考虑的目标，但需要跨领域，因为欧盟政策的定义和执行都必须考虑《阿姆斯特丹条约》修订的原《共同体条约》第9条和《共同体条约》第153（2）条及《欧盟运作条约》第12条的规定。

在《里斯本条约》之后，农业政策中不再保留其特有的法案制定程序，因为这一程序一并整合到了一般立法程序中，而后者是农业法案制定所应遵循的规则。一如前面所述，《欧盟运作条约》第43条规定了一项特殊的程序，其赋予了欧盟理事会独立制定法案的权限（也就是排除了欧盟议会），但就上述由理事会单独制定法案的确定领域而言，它们并不涉及食品法的内容，而主要是与农业政策中经济问题密切相关的内容。

就条约中与食品行业相关的农业规定而言，还是有必要对它们作出强调说明，因为《欧盟运作条约》附录I中所包括的一些食品产品是由农业原材料加工所得。

《欧盟运作条约》第42条（原《共同体条约》第36条）指出，欧盟议会和理事会可以决定就附录I中所列的农产品，《欧盟运作条约》第101～109条针对竞争所指定的规则是否适用于上述农产品的生产与贸易，或者在多大程度上适用这些规则。

此外，附录I中所包括的食品产品，当其加工方式并不仅仅只是初级生产中的加工时，其属于食品行业，即不能定义为农业，对此，与《欧盟运作条约》第Ⅶ部分第I章一样具有等级价值的第42条规定可作为这些产品的竞争规则。

就为了执行上述条约规定而制定的法律而言，事实上，与《欧盟运作条约》第101ff条的规定相比，它们需要更多有限的豁免。尤其是，根据《欧盟运作条约》第102条禁止滥用主导地位的情形，是没有例外可言的。然而，限制反竞争条约在上述领域内却是得到允许的，但基本上只是限于农民之间的协议，但这些协议的额外限定性内容与

第七章　农业法和食品法
Luigi Russo

本研究无关。在这个方面，第 1184/2006 号法规[1]第 2 条的规定（在这规定之前，是前第 26/62/EEC 号法规[2]第 2 条的规定）是针对单一共同市场组织以外的产品，而第 1308/2013 号法规[3]第 176 条（其几乎一字不差地整合了前述的第 1184/2006 号法规的第 2 条规定）适用于所有其规制范围内的产品（Jannarelli 2007）。根据这些提及的规定，《共同体条约》第 81 条（现《欧盟运作条约》第 101 条）明确指出其并不适用于"农民、农民组织或者隶属于单一市场组织中的那些有关农产品生产或销售抑或就农产品仓储、处理或加工使用合资企业方式的组织，而且根据这一规定，没有收取同价的义务，除非欧盟委员会发现竞争被排除了或者有碍于《欧盟运作条约》第 39 条的目标"。

一如法学家（Sgarbanti 1988，Sgarbanti 1993，Jannarelli 1997）而不是欧盟法院强调的，[4] 背离竞争规则的规定并不适用于所有附录所列产品的生产商，而仅仅只是农民所落实的协议，且也是严格限制的，因此，上述法规中所使用的条文仅仅只是针对初级农业生产者而不是农产品的贸易商或加工商。

在国家援助领域，根据《共同体条约》第 36 条（现《欧盟运作条约》第 42 条）保护伞规定所采取的方式则是不同的。国家援助这一领域的特别之处在于，一方面，其有自身适用的农产品定义，借以

---

[1] 原注：Council Regulation (EC) No 1184/2006 of 24 July 2006 applying certain rules of competition to the production of, and trade in, agricultural products (Codified version).

[2] 原注：EEC Council Regulation No 26 of 4 April 1962 applying certain rules of competition to production of and trade in agricultural products.

[3] 原注：European Parliament and Council Regulation (EU) No 1308/2013 of 17 December 2013 establishing a common organisation of the markets in agricultural products and repealing Council Regulations (EEC) No 922/72, (EEC) No 234/79, (EC) No 1037/2001 and (EC) No 1234/2007.

[4] 原注：ECJ, 25 March 1981, in Case 61/80, *Coöperatieve Stremsel v Commission*; ECJ, 30 January 1985, in Case 123/83, *Bureau National Interprofessional du Cognacv Guy Clair*; ECJ, 12 December 1995, in Joined Cases C – 319/93, C – 40/94 and C – 224/94 *Hendrik Evert Dijkstra v Friesland (Frico Domo) Coöperatie BA and Cornelis van Roessel and others v De coöperatieve vereniging Zuivelcoöperatie Campina Melkunie VA and Willem de Bie and others v De Coöperatieve Zuivelcoöperatie Campina Melkunie BA*.

排除渔业类产品和水产品，并制定了具体的法律。因此，对于从事渔业和水产品的企业而言，由于其自身的特点，国家对其的援助有完全独立的立法法案，且以"双轨制"的方式运行，即通过欧盟的共同渔业政策以执行《欧盟运作条约》中第107ff条规定的一般规则。

就渔产品和水产品而言，它们由特别的立法加以规制，进而使得农产品的定义中并没有涵盖这一类产品。然而，需要注意的是，为了实现尽管有限但也受到争议的立法目的，农产品的定义没有局限于附录Ⅰ中所列的那些产品。在国家援助领域，其所涉及的农产品不仅仅只是《欧盟运作条约》附录Ⅰ中的产品（但不包括渔业类产品），也包括CN 4502，4503和4504代码下所有的软木塞产品（仅有一些被列入附录Ⅰ中）以及仿制或替代类的牛奶和奶制品。就农产品的国家援助，欧盟委员会的指南援引了这一定义从而限制了规则的适用范围。对此，通过上述产品对企业进行援助的行为就可以根据农业类的指南加以评估。

然而，国家援助领域内的一个例外是并不限于农产品的定义。这一豁免的法规和针对所谓农产品的微量援助法规并不适用于那些分配或加工农产品的企业。当在这一领域内适用这些规则时，决策的标准不仅在于考虑获得某一符合特殊定义的农产品，而且也涉及其所从事行为是否生产（和第一时间销售）这一产品。就分配某一农产品或通过处理和加工程序获得某一产品而言，它们并不包括那些因为农业领域的国家援助或者农业中微量援助的特殊规则而受益的农业企业。

不同规制领域的划分也需要制定有关农产品"流通（distribution）"和"加工（transformation）"的特殊定义，从而避免由于特殊规则适用对象的单一性而导致的不确定性。

对于条约附录Ⅰ中所列的农产品而言，这些食品是通过实质性的加工获得的，而这也使得其对跨部门组织的规制产生了影响，即将农民和加工以及市场环节的行业行为联系起来了。这些组织的成员往往不是农民，因此当第1184/2006号法规第2条，第1308/2013号法规

第七章　农业法和食品法
Luigi Russo

仅适用于农民组织时,上述的这些组织并不能从中受益。与此同时,诸如生产者组织这些跨部门的组织迄今为止也因为纳入到了条约附录Ⅰ中的产品链范围,所以也能根据《欧盟运作条约》第42条的规定而具有"保护伞"。

根据欧盟法院总结的整合原则（consilidated doctrine）,事实上,第42条涉及的农产品全部且仅仅只是列在条约附录Ⅰ中的产品。因此,我们可以总结出：欧盟针对跨部门组织的法规规定了他们的行为准则和适用有限的反垄断规则（尤其是现行《欧盟运作条约》第101（1）条的规定）。对此,这些规则只有用于执行《欧盟运作条约》第42条规定的内容才能是合法的,也就是说,对于竞争保护的领域,是否适用或者多大程度上适用条约的规定需要欧盟理事会和欧盟议会一同决定。

因此,就有争议的组织而言,其成立是否合法需要考虑其所涉及的产品是不是仅仅只是附录Ⅰ中的产品。在一个属于同一供应链但涉及多个环节的单一组织中,它们的行动会具有内在反竞争性。反之,考虑到《欧盟运作条约》第42条（对于没有列在附录Ⅰ中的产品）不适用于条约第101ff条而言,这看上去是不可能的（JannarelliId. 2000）。

最后,同样需要提到的规制领域是受保护原产地命名和有机产品。这些产品来源于农业,但是对食品行业也有一定的影响。

第1151/2012号法规是有关原产地命名、地理标志和传统特色保证,[①] 其是根据欧盟运作条约第43（2）号和该条约第118（1）条制定的。然而,尽管其为了实现共同农业政策的目标,但是该法规的适用领域与条约附录Ⅰ中所列农产品的领域非常不同。其中,第1151/2012号法规不仅适用于附录Ⅰ中所列的农产品,同时也适用于不在这一范围的食品,以及不在附录Ⅰ中但在该法规自带附录Ⅰ和Ⅱ中的一

---

① 原注：参见第二十章。

些农产品。

该法规所规定的规则，一方面，涉及农民这一从事农产品初级加工活动的主体，当期产品作为食品消费时，其可以从名称的使用获益；另一方面，这些规则也适用于食品生产者，即其食品生产供应链可以根据受保护原产地命名和受保护地理标志获益。在上述两类主体中，初级生产者需要符合产品规格的要求以及其他相关的控制，但可以从使用这些质量名称中获得经济上的比较优势或者进入以这一类质量命名所形成的供应链的比较优势。争议中的立法是自愿性而不是强制性的，因此，是否适用这一规则可由从业人员自行选择。

通过一些必要的修改，对于农民而言，其生产的农产品要符合第834/2007号法规（企业是根据《共同体条约》第37条的特殊农业立法程序制定）的意义也是如此。该法规涉及一些限制和相关的控制，但是是否遵循也是可以自由选择的。[1]

3. 降序：从食品法到农业法

根据《食品安全白皮书》[2]制定的《通用食品法》规定了食品法的基本原则和要求。[3] 这些规定都对农业领域的食品生产和销售产生了影响。作为一种降序的关系，原本仅有的经济关联也发生了变化，具有了法律性。

上述2002年制定的法规中有一个重要的创新，即在其第三条中定义了"食品企业"。通过这一定义，食品供应链中必要环节的农民和原材料的生产也是其所涵盖的内容。[4]

根据第3条第17款的规定，"初级生产"是指"初级产品的生产、饲养和种植，包括收割、挤奶、屠宰前的农场动物生产。同时也

---

[1] 原注：参加第二十一章。
[2] 原注：COM (1999) 719finalof12 January 2000.
[3] 原注：参见第一章、第二章和第五章。
[4] 原注：参见第五章。

第七章　农业法和食品法
Luigi Russo

包括针对野生产品的打猎、捕鱼和收割"。就收获、挤奶、畜牧生产之前的农业生产和渔猎及野生产品的采集而言，往往对它们作出特殊考量：直到所描述的环节完成之前，这些产品既不能直接食用也不能视为用于食品生产的原材料。与此同时，只有具有生产原材料的经营行为，才会有被加工的食品，而这与下一个环节的食品制备工作密切关联。

但这并不意味着卫生规则并不适用于农民，只是这些规则变得日益复杂和系统化。

由于《通用食品法》对于新方式的规定，农民也需要遵循这些新规定的规则，包括管理其经营的食品加工和销售。在这个方面，考虑到《通用食品法》的第4条规定是整个第二章的第一条规定，这意味着第二章的要求都应适用于所有的食品生产环节，包括农业初级生产活动。

《通用食品法》第二章的内容包括第4~21条的规定。在这些规定中，有必要提到第5条有关食品法的一般目标的规定（至少一个目标是必须实现的）。这些目标与《欧盟运作条约》中第39条有关共同农业政策的目标有所交集，但需要指出的是，第5条作为法规中的一个条款，其属于二级立法的内容，也就是说，在立法位阶上次于《欧盟运作条约》第39条的规定。第17~19条规定了所有食品从业人员的义务（还包括饲料从业人员的义务）。尤其是，根据第17条的规定，食品从业人员需要履行自我规制的责任以及符合官方控制的要求。很明确的一点是，这些要求也是适用于初级生产环节的，因此，也包括尚未成为食品的产品生产环节，但前提是其在加工后会成为食品或作为原料用于后续的加工。第19条要求生产者从市场上撤回不符合食品安全要求的食品。对此，当无后续加工的初级产品作为食品消费时，其也要符合有关撤回的要求，即便仅仅只是怀疑该产品没有符合安全的要求，因此这一义务条款也对初级生产环节的生产者具有影响。此外，第18条有关追溯任何可能成为食品或饲料成分的物质，也明确追

溯涉及初级生产环节，因此，通过该条款的规定也多了一项适用于初级生产的规则。

最后，第二章最后一个有关缺陷产品的产品责任条款也明确了该规则适用于所有的食品产品和生产者，包括初级生产者。对于这些生产者而言，其失去了自1999年以来可以豁免产品责任的可能性。在这个方面，就第85/374/EEC号指令规定的产品责任，第99/34/EC号指令豁免了初级生产者的责任。①

将规制延伸至初级生产者以便确保食品安全并没有局限于《通用食品法》的一般规定。

在《通用食品法》之后，为了完成《食品安全白皮书》中规划的立法内容，欧盟又进一步规定了一系列意在保障健康和食品卫生的规定。在这个方面，通过必要的规制形式制定了一系列的法案。

在2004年，发布了第852/2004号、第853/2004号和第854/2004号三项法规。② 其中，第一项法规是关于食品的卫生，第二项法规是关于动物源性食品的卫生，第三项法规是有关组织针对用于人类消费的动物源产品的官方控制法规。此外，第2004/41号指令③废除了一系列有关食品卫生的规则，并重点在于动物源性食品的卫生，并发布在了同一天。

上述的三项法规和第882/2004号有关饲料和动物的官方控制的法规一并构成了所谓"一揽子卫生规则"的核心内容。④

比较而言，第852/2004号、第853/2004号和第854/2004号制定的法律依据是不同的。其中，第852/2004号是根据《共同体条约》第95条有关健全单一市场的规定以及第152（4）（b）的规定制定

---

① 原注：参见第十章。
② 原注：参见第十一章。
③ 原注：Directive 2004/41/EC of the European Parliament and of the Council of 21 April 2004.
④ 原注：参见第十一章。

第七章　农业法和食品法
Luigi Russo

的。因此，该法规的制定并没有采用特别的农业程序，因为这些条约规定只用于兽药和植物卫生领域内以保护公众健康为首要目标的那些措施。第853/2004号和第854/2004号制定的法律依据是第152（4）（b），但仅仅符合了部分的要求，因为这些法规的目的主要是完成单一市场的目标。相反，第882/2004号则是根据条约第37条、第95条和第152（4）（b）的规定制定的，因此，其制定需要采用特别的农业立法程序。

上述的法规有许多对农业初级生产具有影响力的规定。尽管一如前文所述的，除了第882/2004号法规，其他的法规制定都没有采用制定农业法案需要遵循的特别程序，但这一点并不令人感到奇怪。因为有关卫生的规则符合了《通用食品法》制定的原则要求。换而言之，根据该法律第3条的相关定义，食品企业和初级生产都要符合这一法律的要求。此外，即便食品企业的定义包含了农业企业，但后者因为初级生产的特殊性，有的时候也需要由特殊的法律对待。

在"一揽子卫生规则"中，第852/2004号法规规定了一个宽泛的用于食品卫生的规制框架。事实上，就第1条有关该法规规制范围的内容而言，其第1款规定"就食品卫生方面针对食品从业者制定基本规则"，其中特别遵循一些已经列出的原则。在这些原则中，有必要提及（b）项所列的内容，即"有必要确保从初级生产开始的整个食品链的食品安全"。根据这一规定，其明显包括一体化的食品体系中的农业和渔业（以及狩猎和采集野生水果）。一如这一条款（d）项所确认的，有必要"普遍实施基于危害分析和关键控制点原则的程序，并采用良好卫生规范加强食品从业者的责任"，并通过（e）项有关良好规范的指南加以支持。最后，该条款进一步明确"本法规适用于食品生产、加工和流通的各个阶段以及出口阶段，且不影响与食品卫生相关的更具体要求的实施"。也就是说，其明确了涵盖农业生产这一内容。

一如上文的确认，第1（2）条规定排除了该法规在以下领域的适

用:"用于私人家庭目的的初级生产"和"生产者将少量初级产品直接供应给最终消费者或直接向最终消费者供货的当地零售企业"。此外,第1(3)条要求"成员国应根据国家法律制定对第2款(c)项所述活动加以规定的规则",但是"此类国家规则应确保实现本法规的目标"。

第852/2004号法规第2条混合了《通用食品法》第2条第18项的定义,并结合其他规定指明"初级产品"是指"初级生产的产品,包括土壤、畜牧养殖、狩猎和捕鱼产品";而就土壤产出的产品必须包括野生水果,一如《通用食品法》第3条第17项的规定。

所以必须意识到一点:就《通用食品法》而言,对于食品卫生的规制,欧盟在对初级生产环节进行定义时并没有完全考虑条约附录Ⅰ的内容,因为附录中包含了许多加工产品(严格意义上的农产品有如红酒和奶酪,但也有糖、面粉等这些根据《欧盟运作条约》第38条的规定也并不是严格意义上的农产品)。

在食品法中,欧盟的立法者将农业生产的定义延伸至了渔猎和野生水果的采集,以及包括收割、挤奶和屠宰前的家畜生产,并指出针对这一类行为和相关行为的规则,而对于其他食品供应链中的行为,无论其是否生产附录Ⅰ中的物品,都还只是"食品企业"这一概念下所规范的内容。

第852/2004号法规第二章中的第1条名为"食品从业者的一般义务",根据该规定,食品从业者应确保其控制下食品生产、加工和流通的各个阶段满足本法规所列相关卫生要求,然而其随后的条款对于"从事初级生产及附件Ⅰ所列相关操作的食品从业者"作出了与其他从业者完全不同的规定,即前者应符合附录Ⅰ第A部分所列一般卫生规定以及第853/2004/EC号法规规定的任何特定要求(这一法规针对动物源性食品作出了特别的卫生规范),而后者则必须符合法规附录Ⅱ中所有的一般性要求以及第853/2004号法规针对动物源性食品的特殊要求。

第七章　农业法和食品法
Luigi Russo

法规附录 I 有两个部分组成，其中 A 部分有关初级生产及相关操作的一般卫生规定，B 部分则是关于良好卫生规范指南建议，后者具有建议的性质，因为其第 1 点和第 2 点的表述方式都采用了"应当含有"或"应当包括"的措辞。

相类似，就根据 HACCP 体系设立的程序而言，第 5（1）条规定食品从业者应制定、实施并保持这些程序，而在第 5（3）条又指出第 1 款仅适用于初级生产后的食品生产、加工和流通中的任何操作阶段以及附录 I 所列相关操作的食品从业者。

前文已经指出，通过审视这些规定可以看出，就目前规制的阶段而言，很明显的一点是即便初级生产阶段中的企业符合卫生法规中对于食品企业的定义，但是对其还是采用了特殊的规则，即与食品供应链中的其他环节相比，对其的规制有所不同且有优惠待遇。

第 853/2004 号法规的作用在于完善第 852/2004 号法规的规定，即对动物源性食品的卫生规则作出了特别要求。两个法规的关系可以视为一般法和特别法的规定。因此，可以说，由《通用食品法》和第 852/2004 号法规规定的定义以及附录 I 中的规定都适用于该法规。

然而，根据该法规第 1 条的规定，该法规的规则在适用上也有一些例外情形。一如该条第 2 款、第 3 款和第 5 款的规定，其适用例外包括"满足家庭自用的初级生产"；"满足家庭自身消费的食品制备、处理或储藏"；"生产者向最终消费者直接供给少量初级产品或通过当地零售场所向最终消费者直接提供"；"生产者向最终消费者直接供给在农场进行屠宰后获得的少量禽肉和兔肉，或通过当地零售场所以鲜肉形式直接向最终消费者提供上述肉产品"。对于这些被该法规豁免的行为而言（除了满足家庭自用的生产），成员国应当制定执行规则，但任何情况下都应确保实现该法规的立法目的。

（e）猎人向最终消费者提供少量野生猎物或其肉类或通过当地零售场所直接向消费者提供。

4. 成员国应依据国家法律制定针对第 3 款第 c、d 和 e 项中所述活动和个人的规定。此类国家规定应确保实现本法规的目标。

5.（a）如未明确指出相反情况，本法规不适用于零售情况。

（b）但是，当运营的目的是向另外一家企业场所供给动物源性食品时，本法规适用于零售情况，除非：

（i）运营活动仅包括储藏或运输，但在这种情况下应遵循附件Ⅲ中的具体温度规定；或

（ii）零售场所仅向其他零售场所供给动物源性食品，且依据国家法律，供给活动是少量的、当地化的、受限的。

（c）成员国可在国家层面采取措施，对根据 a 或 b 项不属于本法规适用范围的境内零售场所实施本法规的规定。

除了业已观察到的一般性例外条款，第 853/2004 号法规对于初级生产的规定也不同于其他食品制备、流通的要求。该法规第 4（2）条的规定豁免了下列企业在注册和许可的义务：针对的动物源性产品的企业场所（其他一些特殊案例也在同一款要求中作出了明确规定）。

第 854/2004 号是有关组织用于人类消费的动物源产品的官方控制活动的具体规定的法规，其整合了第 882/2004 号与动物源性食品生产相关的规定。

根据该法规内容，其法律依旧是《共同体条约》第 37 条，对此，其针对官方控制作出了规定，以确保对食品和饲料法律以及有关动物健康和动物福利规则的合规情况。

这一法规就检查合规情况的官方控制的开展作出了一般性的规定，如检查食品安全法规的履行情况，进而确保饲料和食品贸易中的公平竞争以及对消费者权益的保护。就开展官方控制而言，其工作不得妨碍饲料和食品从业者根据《通用食品法》履行确保饲料和食品安全的法定首要责任，以及因为违反这一责任所要承担的民事或刑事责任。然而，这一官方控制并不适用于农产品符合共同市场组织规则的检查，因为一如该法规序言第 10 点所表明的，第 882/2004 号法规的立法目的不同于共同市场规则控制机制所要实现的目的。此外，序言第 9 点

第七章　农业法和食品法
Luigi Russo

也指出，本法规的规定会考虑针对有机农场以及受保护原产地命名和受保护地理标志的规则特殊性。

毋庸置疑，官方控制会对初级生产产生影响，根据第3（3）条的规定，所有生产环节都应当开展官方控制……此外，第10（2）条也规定，针对饲料和食品的官方控制应包括"初级生产者的装备"和"原材料"。

唯一需要补充的一点是，就针对种植转基因产品的初级生产者而言，农民可以使用获得欧盟许可的产品，而许可的前提是需要评估该产品不会对环境产生不利影响，而如果产品最终会用于人类消费，那么还要评估其对人类健康的影响。如果他被免除了上述的义务，但也需要承担其他的主要义务，即应当避免其转基因作物污染其邻居的作物。严格来说，对于传统作物、转基因作物以及有机作物的共存的局面，即便到2015年，欧盟法律的规制并没有完全覆盖到位，对此，其仅仅只是制定了一个建议。① 确实，欧盟于2015年3月通过了第2015/412号法规，② 其在第2001/18/EC号指令中新增了第26a、26b和26c条。根据这些新的规定，成员国可实质性地限制或者禁止在其领地内种植某一转基因物质或某一类转基因物质。而一旦获得许可，则应保证所采取的措施符合欧盟法律的要求，即是合理的、成比例的且无歧视的。此外，也需要符合上述指令所规定的强制性法律要求。

然而，传统的谨慎义务要求遵照该原则的要求，从而让那些使用转基因产品的农民避免因为污染邻家生产的潜在违法责任。共存的问题实际上更多的是经济问题而不是环境和健康规制的内容，因为后者的法律要求主要是通过设置入市前的许可对转基因产品的贸易作出规

---

① 原注：Commission Recommendation 2003/556/EC of 23 July 2003, repealed by Recommendation 2010/C200/01 of 13 July 2010, on guidelines for the development of national co-existence measures to avoid the unintended presence of GMOs in conventional and organic crops.

② 原注：Directive (EU) 2015/412 of the European Parliament and of the Council of 11 March 2015, amending Directive 2001/18/EC as regards the possibility for the Member States to restrict or prohibit the cultivation of genetically modified organisms (GMOs) in their territory.

范。一旦获得许可，转基因产品可以在欧盟内部自由流通。此外，就欧盟针对转基因产品入市许可的规制框架而言，其不仅仅在应对健康相关的问题，同时也在应对环境相关的问题。因此，就这一话题的探讨而言，尽管其也会涉及初级生产这一环节，但看上去它仅仅只是食品法的规制内容，涉及其他领域和更为宽泛的部门。

诚然，这一立法需要考虑初级生产环节的不同需求和利益，但其也无须考虑其规则对农民产生的巨大影响。

4. 结论：我们是否可以使用农业法和食品法的术语

鉴于农业法和食品法的相关性以及食品法对于食品供应链中各个利益相关方的扩张性影响，可以从法律的角度提出这样一个反思：仅仅使用农业法是否依旧合理（Costato 2003a）？

尽管意识到了与不远的过去相比，农业法和食品法的边界并不清晰，但对于上述问题还是可以作出肯定答复的，其在包括所有农业产品和其他食品产品在内的任何情况下，都足以给出答案。通过现有的观察，一方面，食品企业的定义特别具有扩张性且包括了食品生产环节中的农民；另一方面，针对食品卫生和健康的规制也明确指出了与其他环节的食品生产者相比，应对初级生产者作出不同的规制。

迄今为止，仅仅针对初级生产环节的核心规制也是显而易见的。在这个方面，主要就是为了落实共同农业政策的两个支柱性立法，包括直接救助和乡村发展。或者还涉及针对初级生产的竞争以及生产者组织的特殊规制，抑或仅仅是与国家援助的宽泛立法相关的初级生产者的特殊规制。

与此同时，食品法中也有一些规定即便没有涉及初级生产，但也并不仅仅只是适用于严格意义上的食品企业。在这些情形下，相关的规则主要来源于对有关食品产品的工业性质中暗含的假设（例如，有关新食品的立法或者针对预包装食品的标识立法）。

因此，有必要指出尽管存在"侵蚀"和频繁的混合，农业法依旧

第七章　农业法和食品法
Luigi Russo

保留着自身的识别度、原则和目标，尤其是《欧盟运作条约》中第38~44条的规定。而这些内容与作为二次立法的食品法规的识别要素都不存在重合性。尽管食品法的影响毋庸置疑且已记录在案，但还是有必要明确只有初级生产（一些少数从事条约附录Ⅰ中农产品生产的从业人员需要例外考虑）才能从欧盟农业政策的措施中获得收益，包括两个支柱性措施中的援助和在反垄断法适用后作出的豁免规定。

翻译：孙娟娟

Chapter 8
第八章

消费者保护

Sonia Carmignani

1. 消费者保护

消费者保护植根于《罗马条约》原第 2 条的规定，其目的在于为公民的生活和工作提供持续提升的环境、连续且各方面平衡的增长、不断增加的稳定性和快速提高的生活水准。在欧盟法的推进下，对以上这些目标的追求发展形成了对健康、信息及安全权利的保护和经济利益的保护（Lucifero 2008）。

在欧盟法介入这一问题之前，意大利《民法典》第 2595 条和第 1341 条规定了只在合同订立的时候提供保护。意大利《民法典》是建立在合同互相信赖的基本原则和其对于任何损害提供弥补的保护系统之上的，它向消费者提供预防劣质商品、无效因素的保护，并且确认损害赔偿。《民法典》的原始条款考虑了竞争的公平性，企业方的利益并且以确保合同双方的公平关系为目标，因此，消费者并不是权利或利益的持有方，而仅是产品生产者的对应关系方及竞争关系的裁定者。

第八章 消费者保护
Sonia Carmignani

自20世纪70年代，以《罗马条约》原第2条为基础的欧盟法的介入引发了消费者保护的进步性改变，使得其从合同信赖利益的保护成为对市场信赖的保护。市场不再只被确保公平竞争的规则管理，而且它也受确保消费者获取信息准确性及产品安全的法规规制。意大利《民法典》对于"合同"给予的保护，或者说购买"之后"的某一明确时间点，已经逐渐被欧盟法提供的保护所取代，欧盟法的保护是由普遍、广泛并且具有谨慎预防性质的措施构成，消费者不仅仅是竞争的裁定者也同时拥有完全、不容妥协的权利，例如健康权、安全权以及信息相关的权利（Rook Basile 2005）。

消费者保护的新方向，尽管在1973年由欧洲宪章的消费者权利开创，实际是由《单一欧洲法案》（1986年）首次确立，其给予消费者更高层次的保护，随后《马斯特里赫特条约》（1992年）为消费者提供了特殊的权利，并最终在《阿姆斯特丹条约》（1997年）和《里斯本条约》（2008年）中确立。

《欧盟运作条约》第169条重复了《欧盟条约》第153条的规则并且规定欧盟应当致力于对消费者健康、安全以及经济利益提供保护，同时也应提升消费者信息相关的权利、受教育和组织的权利，以保卫消费者的正当权利。这一目标是为了向消费者提供高水平保护，其实现的途径在于承认消费者对于保护诉求的普遍性，为此，欧盟有关其他政策和活动的定义及其实施都应当考虑这一消费者的保护诉求（Silvestri 2005）。

对市场围绕消费者需求的进步性的管理被视为市场自身的一大结构性要素，一方面，其融合了保护系统中对受益人的特殊要求，另一方面融合了在某些具体领域所采取的新的且具体的规制类型。

以前的一些观点认为，派生的法律将"消费者"定义为一个自然人，在第85/577/EEC号指令[①]第2条规定之后，其是在交易中不在营

[①] 原注：20 December 1985.

业场所进行谈判的,"行动目的在其行业或专业之外",① 或 "贸易"之外,② 或 "交易为了在其贸易、行业或专业之外的目标",③ 或最终 "为了在专业行为之外的目的"。④

随后的一些观点认为,根据《罗马条约》后发展而来的原则框架,很多普遍性的规则都规定了完善消费者保护的要求,例如关于误导及比较性广告⑤、消费者合同的违法条款⑥以及消费者产品担保的欧盟指令。⑦ 此外,一些针对某些具体领域的指令也完善了消费者保护的规定,比如关于不在营业场所进行谈判的合同、⑧ 关于消费者信用、⑨ 非自动称重仪器、⑩ 远距离合同、⑪ 电子贸易⑫的指令。

一个具体清晰的对某一领域的保护与某一具体市场是对应的,尽管要包括一些整体性的框架,这种具体的(保护时时刻刻、从供货到购买)组成了对消费者的整体性保护。

不仅是竞争被关注,信息在市场中也扮演了重要角色,并且是市场效率的一个驱动所在。从这一角度,信息的作用超越了私法与合同的规范,并且保证了公平竞争和对消费者利益的保护,迫使企业家给予消费者合适的信息,它在第一个购买的要约到合同签订的全过程中一直发挥着上述作用。

---

① 原注:Art. 2, Dir. 93/13/EEC.
② 原注:Art. 1, Dir. 99/44/EEC.
③ 原注:Art. 3, Italian Consumer Code, D. Leg. vo 6 September 2005, No 206.
④ 原注:Art. 18, Italian Consumer Code, modified by Art. 1, D. Lgs. 146 of 2 August 2007. Issued for implementation of Council Dir. 2005/20/EC of 11 May 1995.
⑤ 原注:Dir. 84/450/EEC of 10 September 1984, Dir. 97/55/EC of 6 October 1997.
⑥ 原注:Dir. 93/13/EEC of 5 April 1993.
⑦ 原注:Dir. 99/44/EC of 25 May 1999.
⑧ 原注:Dir. 85/577/EEC of 20 December 1985.
⑨ 原注:Dir. 87/102/EEC of 22 December 1986.
⑩ 原注:Dir. 90/384/EEC of 20 June 1990.
⑪ 原注:Dir. 97/7/EC of 20 May 1997.
⑫ 原注:Dir. 2000/31/EC of 8 June 2000.

第八章　消费者保护
Sonia Carmignani

2. 消费者保护与食品

保护系统整体上专注于消费者，在涉及保护食品的最终消费者时，这个保护系统是通过具体的条款被丰富充实的。

20世纪90年代的臭名昭著的食品丑闻揭示了《欧盟条约》第30条（现在《欧盟运作条约》第36条）及其保护条款是多么的不充足，这使得在欧盟控制下，成员国要采用限制性措施。然而，这一规定并没有与消费者的保护目的相适应，尤其是健康权利保护方面。

基于消费者安全的一般性需求，特别是食品消费者，目前的法规更加关注于作为一个自然人的消费者保护，而更少的关注消费本身的保护。在这里，消费者是利益及不容妥协和不可侵犯的权利所有者，例如健康、安全、福利以及获得自主选择的足够信息，不容妥协的权利，例如生命、信息和安全的保护，其因为食品应急的管理已经被牢固树立起来，这促成的就是一个在第178/2002号法规下的全新食品安全体系。

第178/2002号法规（也创建了欧盟食品安全局）以为消费者和健康安全食品流通实现一个更高的保护水平为目标，分析了整个食品生产链从初级生产到牲畜饲料再到消费者零售的每一个方面。该法规将食品行业描述为公共或者私人的事务，它涉及食品生产、加工和流通中每一个环节的操作，并与农业和商业都相关联。此外，该法规将食品定义为任何完全、部分或者未转换的，用于被人类摄入的物质或者产品；且该法规适用于食品消费者并且明确了食品法的基本原则。

根据第3条第18款，"最终消费者"是指"最终消费食品的人，其不会再把该食品用于食品生产经营"。一般而言，消费者被认为是不同于制造商和将产品用于其企业或专业的人的主体，尤其是，食品最终消费者是产品最后的接受者，是那些要消化食物的人。消费者因此与制造商和中间商完全不同，这些人将食品用于其他目的而不是自己摄入。那些将最终产品用于吃喝的才是"消费者"，那些将产品用

于零售的不是消费者。

消费者与食品最终消费者的更深远的区别引起了其他问题,即是否只有自然人或者个体能被认为是"最终消费者"。

欧盟法院[1]将"消费者"的定义与"自然人"连接起来;与之相反,一些学者(Tamponi 2003)强调了一种"消费者"的更广泛定义,包括餐厅、医院、食堂以及相似的团体,这就是说,尽管与自然人不同,所有最终的食品接受者都可视为消费者。从这一角度,食品消费者的一种新观点出现了,这与一般的"消费者"观念形成对比。前者局限于自然人而后者包括团体,这里的团体是超出个人或者家庭需求的满足需求物的使用者。

此外,一般的欧盟立法认为一个买电脑并将其用于其职业活动的人,即使他不从事电脑相关的工作,这个人也不被认为是一个消费者。一个在职业活动中购买并使用食品的人(例如:为客户或雇员买一些三明治),但是并没有将食品作为"任何食品生意经营或活动"的,被认为是符合第178/2002号法规中所规定的食品"最终消费者",并因此被食品法律赋予了特殊的保护。

第178/2002号法规目标是通过提供一系列保护个人生命和安全的方式来构建高水平的食品安全(Germano 2008)。

特别是,第14条强调了食品安全要求的重要性,禁止不安全食品出现在市场。第6条提到了风险分析(针对可能存在的有害因素对健康影响的评估),作为一种在现有科学信息基础上采取严格措施的方式。[2] 在这个问题上,2009年12月6日的欧盟委员会决议[3]宣布了快

---

[1] 原注:ECJ, 3 July 1997. Case C – 269/95 *Francesco Benincasa v Dentalkit Srl*.; ECJ, 22 November 2001, Joined Cases C – 541/99 and C – 542/99. *Cape Snc v Idealservice Srl* (C – 541/99) and *Idealservice MN RE Sas v OMAL Srl* (C – 542/99).

[2] 原注:Court of First Instance. 11 September 2002, T – 13/99. *Pfizer Animal Health*.

[3] 原注:Commission Decision of 16 December 2009. 2010/15/EU, laying down guidelines for the management of the Community Rapid Information System "RSAPEX" established under Article 12 and of the notification procedure established under Article 11 of Directive 2001/95/EC (the General Produce Safety Directive).

第八章　消费者保护
Sonia Carmignani

速交换信息系统（RAPEX，rapid exchange information system）的指导方针，这一系统允许成员国和欧盟委员会交换信息，这些信息包括根据低风险产品采取的措施、高风险产品及阻止其出现在市场上的限制采取的措施（Petrelli 2010）。第7条将谨慎预防原则作为食品法的基础，许可采取临时性的风险管理措施，并要求根据更多的科学信息进行更为综合的风险评估。最后，第8条为所有食品生产、加工和流通环节规定了追溯要求，对此，食品行业从业者有义务确认他们的供货商和其他接受他们食品供应的企业，并由此针对食品供应链中每一个供应和被供应食品和饲料的从业者构建追溯系统。第178/2002号法规中贯彻的通用原则，尽管对于所有成员国而言，都是其将公民作为食品消费者来进行保护的法律基础，但这些原则必须和其他法规联系起来，这些法规也是将产品的健康安全作为目标，其中一些是预防性的规定，一些则是关注损害及补偿问题。

就预防性来说，相关的法规是所谓的"食品卫生法规"，① 它们是第178/2002号法规的补充规定，包括针对食品卫生的一般性法规，针对动物源性食品的具体卫生规则，以及针对食品官方控制的规则。在这个方面，食品卫生法规意在通过有关保障食品安全的义务，如没有食品掺假掺杂或食品污染，以及在食品生产中遵守采取卫生措施的要求，来保护食品消费者的健康。

从预防性保护消费者健康的角度来说，转基因物质的规制成为了一个很有意义的话题②。第1829/2003号法规③提供了有关控制和批准的缜密系统，作为必要条件，这个系统是为了保护市场产品以及个人基础性权利。它赋予消费者介入诉讼的权利，并可以重新考虑欧盟食

---

① 原注：Reg. No 852/2004. No 853/2004 and No 854/2004 of 29 April 2004. 参见第十一章。
② 原注：参见第十九章。
③ 原注：22 September 2003.

品安全局的声明或不作为。[①] 个人的法律地位没有考虑他是否为转基因产品的购买者，这显示保护和预防系统的范围广泛性。

缺陷产品[②]在其所带来的损害中有严格的责任（Paoloni 2008），如果产品没有达到预期的安全标准，根据严格的民事侵权行为责任模式，制造者需要对损害负责；但之后的赔偿并不能提供有效的保护，即使有事后措施。实际上，第178/2002号法规的第14条要求禁止不安全的产品出现在市场，并通过风险分析原则、谨慎预防原则和追溯的适用提升认证所确保的安全性。但该规定在成员国层面，没有通过令人满意的侵权民事赔偿责任加以辅助。这种意义上的一个显著的例子就是意大利《消费者法典》的第118款，当生产者可以说明因缺少科学技术导致不能发现产品出现在市场时的缺陷时，它规定生产者免除对产品的任何发展风险责任。尽管有一系列法律致力于在事前预防和事后保护消费者，当不安全食品产品产生危害时，消费者可能会因为第118款和其对生产者在发展风险中的免责规定，发现自己没有得到任何保护。

3. 其他

消费者健康保护以及消费者有关信息的权利是紧密地联系在一起的，这两者均是基本的且具有功能性的权利（Losavio 2007）。就此，消费者保护是通过一系列有关信息义务的安排得以实现的。

第178/2002号法规的第10条强调了国家和欧盟的公共机构，政府办公机构及科学机构应共同告知大众消费者预防食品或者饲料对人或动物产生风险的信息，确认食品或饲料和其可能带来的风险，还有为了预防、减少或消除这些风险将采取的措施。

针对可能的市场风险，对消费者有关信息权利的保护是必然的，

[①] 原注：Art. 36, Reg. No 1829/2003.

[②] 原注：In Italy see Legislative Decree no. 206 of 25 September 2005.

第八章　消费者保护
Sonia Carmignani

也证明其对关注食品及饲料可能的危害方面是非常有用的。

因此，对于信息的重视是在某些危害已经发生后，在这一时期才开始出现的。

然而，法律在信息方面的规定包含了对消费者的预先保护，其目的在于，保障消费者的知情选择权，而这不仅仅只是为了健康相关的议题，同样也是出于道德原因、个人口味以及对于地域的关注。

第一，第1924/2006号法规表明了知情权和健康保护的功能性联系（Costato 2008；Petrelli 2009）。法规对"健康声明"（任何说明、建议或暗示某一类、某一种食品或者其中某一成分与健康相关的信息）加以控制，禁止在没有欧盟委员会通过或者欧盟委员会没有在特殊登记中纳入这一声明的情形下使用这类声明[1]。

从这一角度，以帮助消费者作出符合意志的选择为目标，欧盟议会于2011年7月6日采取了一项立法决议，其是针对一项新的有关向消费者提供食品信息的提案，[2] 在和欧盟理事会第一次审阅这一提案时通过的。该议案针对卡路里、脂肪、糖和盐作出特别规定，要求在食品产品上强制标注上述信息，且必须清楚显示这些信息。第二，食品质量的信息及其原产地与生产过程是最相关的。

受保护原产地命名和受保护地理标志特别地确保了使用上述标志的产品生产者之间的公平竞争，以及对消费者的保护，使得他们可以用到一系列有质量保障的产品，并对与产地和生产过程相关的质量予以保障。地理标志不仅仅保护了使用者利益，同时力求通过对食品供给、健康保护、最小环境危害和产地、生产方法认证的方式来保护集体利益。

---

[1] 原注：参见第十七章. Commission Regulation No 983/2009 of 21 October 2009 on the authorization and refusal of authorization of certain health claims made on food and referring to the reduction of disease risk and to children's development and health; Commission Regulation No 984/2009. Refusing to authorize certain health claims made on food, other than those referring to the reduction of disease risk and to children's development and health.

[2] 原注：European Parliament legislative resolution on 6 July 2011.

有机食品认证①也以为消费者提供产品的有生态友好生产方式的合适信息为目标,这样能够使消费者在有机可持续产品与传统生产方式产品中作出自己的选择。

同样的,通过规定向消费者展示转基因食品信息属于法定义务,转基因食品标签成为强制性事项,这样消费者能够借此了解产品包含的某一食品或者其中某一成分的生产方式,实现消费者更加自主明确地对产品进行选择使用。

最后,欧盟议会和欧盟理事会于2010年12月10号提出的有关农产品质量方案法规的议案②确立了改进在农民、购买者、消费者之间有关产品质量的交流,简化整体程序,借此帮助生产者与消费者充分理解和使用标签及信息。其最终结果是有关"一揽子质量"的规定,其在单一的规定下整合了具有互补性的质量标志,包括受保护原产地命名、受保护地理标志、传统特色保证标志和其他可供选择性使用的质量标志。与此同时,针对市场和商业还有另外单行的特别规定。至此,市场目标和消费者权利及健康保护的目的实际上融合在一起。实际上,这个法规提案在一方面是为了帮助农民提升其市场条件,通过采取更加有效的交流产品特征及质量的方式,在由全球化和在零售领域集中议价能力带来的竞争压力下为农民提供支持;在另一方面,它以向消费者提供更简单和更有效的产品信息及选择方式为目标,保护着他们作为个人与消费者两方面的基本权利。

第一眼看来,该法规提案像是有关公平连接交易主体规定的市场工具,但实际上它基于的社会考量是打造品牌的基础。这一社会考量,它所保护的并不仅仅只是商业的利益,同时,其所更为关注的是从诸多不同的视角提高品牌在保护集体利益方面的作用,这些角度包括健

---

① 原注:Regulation No 834/2007. 参见第二十一章。
② 原注:European Commission. Proposal for a Regulaiton of the European Parliament and of the Council on agricultural product quality schemes, Brussels, 10 December 2010, COM(2010) 733 final.

康、环境和生活质量的保护。

就意大利的经验而言，2006年12月27号的第296条法规是针对直接从农民到消费者的短链销售的规定，该规定非常有意义。所谓的"短链农业"允许农民直接销售其产品以获得更多的多余的利益，去除了中间人，这种方式对于消费者保护很有作用。直接销售使得消费者获得以地域为基础的质量保证、土地和生产之间更近的联系以及更少的花费。

从消费者保护的角度来看，法律指令要求通过一些符号，例如质量标志、标签、信息义务来建立交流系统。这种系统强调了消费者地位并且允许他们维护自己自由选择的权利，这种权利与健康保护、新的消费习惯假设相关，同时这些新的消费习惯反过来与个人的个性、生活方式、道德以及环境敏感度相联系。

4. 消费者保护与环境

保护健康和信息权的规定毫无疑问地对与有关食品的法规施加了影响；对此，环境问题与健康保护的需求互相影响，并且反过来影响生产活动和安全观念本身。

实际上，环境问题和农业、食品生产已经与食品安全息息相关。

特别是依据第178/2002号法规的第5条，其规定食品法的基本目标在于保障人的生命与健康，并且提到了"保护动物健康和福利，植物的健康与环境"。第5条规定一并提及了健康和环境保护，并且指出，如有必要，应当对消费者健康和环境作出共同安排。

对此，有关更为有效地保护消费者生命和健康的目标已经纳入到参考框架中且与其他的价值相整合，包括环境保护这一价值。

这意味着，第5条中阐述的保护的基本目标不能从先验的观点被实现；其中涉及的价值在环境保护成为保护个人生命和健康的基础时，必须加以明确、罗列，并着重强调。

在欧盟看来，第5条构建的消费者和环境保护之间的关系必须在

整合原则的发展中一并加以考虑（Izzo 2006）。

整合原则将环境作为对企业模式有影响的一种价值，而发展的概念一定不能仅仅依赖于市场增长的指标，而要与更高生活质量的目标一同发挥作用。整合原则将环境保护看作是经济可持续发展的措施和界限，其中，可持续性与对环境的影响、个人及其生活质量相联系。从这一角度，一般的企业和食品这一特殊企业成了生产、消费、个人以及环境保护的集合点和重心所在。环境保护不再是生产行为的外部限制，而是成为生产行为的一个重要部分，通过利用生产环节满足了对当代和后代的保护需求。

食品安全的要求与个人生命和健康保护紧密地联系在一起，且与环境保护的目标伴随而言，而这些都与保障基本权利相关。

就产品安全领域而言，生产技术需要与环境保护的要求相适应。第178/2002号法规第18条建构了一个从食品、饲料、用于食物的动物到生产、加工、分配各个环节的可追溯制度，它也要求识别食品供应商的身份，确认供应物以及与其相关的标签和每一个文件或信息。追溯制度可以找到导致产品的缺陷，同时通过确认所使用的原材料、原产地、是否使用了人工物质、是否采用了影响食物的低劣生产技术，来保证食品质量。追溯制度成为追寻食品整个生产过程的方式，它有助于明确缺陷产品所造成的损害的赔偿责任，也同时有助于确认产品的环境影响，例如整体农业和有机产品、诸如受保护原产地命名和受保护地理标志等地域质量标志以及整体的环境质量。

第178/2002号法规创建了包含安全和环境保护的体系，并且将消费者保护定义为一种保护个人健康、信息、生活质量的，不可与环境保护分离的基本权利的体系。

5. 结论

通过《罗马条约》，欧盟承认了欧盟条约中第6（1）条中的权利、自由和原则，这些都在2000年12月7日的《欧盟基本权利宪章》得

第八章　消费者保护
Sonia Carmignani

以确认，后者与条约一样，具有司法价值。

宪章的序言将联盟建立在人类尊严、自由、平等和团结这些不可分割、普遍的价值之上，并且将单独的人作为机构行为的中心。《欧盟条约》第6条阐述了欧盟对于《欧洲人权公约》的支持。在条约中整合基本权利宪章的内容以及对欧盟公约的支持彰显了欧盟在发展中的一个根本性的阶段，即要求其作为基本权利的守护者，而这一目标并不仅仅限于本土市场，同样的，基于自治的初衷，还应与公开市场的保证需求相结合。

《里斯本条约》标志着消费者形象发展的终极阶段，至此，消费者的角色从单一市场竞争的评判者演化到作为一个个人的地位，过程中也伴随着欧洲统一市场的发展。这个富有活力的市场现在既不互相分离也不被认为与团结性原则有所不同。正如第6条所指出的，对个人及其权利的尊重现在是欧盟价值的新立足点。

作为结果，消费者保护不仅趋向于作为个人权利的健康保护，同时也涉及信息保护这一作为保证个人自由选择权利的工具，并且注重对与当代和后代消费者都有关系的环境保护。

除去各种各样的举措与意义（Rook Basile 2005），《里斯本条约》描绘的愿景包括了消费者这一概念，尽管这一概念根植于市场且实际上与消费紧密相关，但目前这一概念将消费者定义为个人。至此，保护不仅只是一句宣言，而且还是对权利的提升，它是维护自由竞争利益的工具。尽管个人权利需要从单独的个人社会行为角度，比如说个人对消费的态度来考虑，但最重要的是，消费者保护必须为个人权利的实现而努力。

翻译：王君羽

Chapter 9
第九章

食品行业从业者的责任

Antonio Sciaudone

1. 前提

尽管针对食品和饲料生产者责任的欧盟规制仍有需要改进的地方,但在长期的立法和司法演变中,其已被认为是最为成熟的发展。而这一发展的动力主要是因为诸如疯牛病危机这样的事件严重损害了公众对于食品安全的信任。

所有旨在保护整体利益,影响食品生产和贸易的,有关刑事和行政法律的规则都或多或少地直接促进了一个制度的产生,即意在保障每一个欧盟成员国家的食品安全制度。然而,与食品生产者责任(以及所有的生产者)最相关的方面都已被民法中的有关条款所规定,并受到建立在过错原则上的损害责任规则的影响。

就传统的针对商业活动中的任何损害赔偿的归责学说而言,产业的发展、大众生产和分配的增长使得有必要对上述的传统学说进行现代化。众所周知,针对大众生产以及商品大范围流通情形下的生产者的损

第九章 食品行业从业者的责任
Antonio Sciaudone

害赔偿，原"无过错无责任"原则不足以保障上述的损害赔偿是在盎格鲁—撒克逊人的世界里最早被证明的。

尤其在美国，一个严格的，以绝对责任的归责标准为基础的责任原则的界限，被更为精确地规定下来。

引入无过错责任制度，似乎是一个解决消费者权益保护问题的妥善方法，尤其是在一个以巨大的技术进步为特征的社会和时代中。因此，我们见证了损害方式的转变，这种转变恰好也被视为是"损害"概念的改变。虽然损害之前被认为是一种个人责任的结果，即违反法律执行行为的后果，但后来它被认为是一种由对社会而言具有效益的经济活动所可能导致的或多或少应当避免的影响。

从这个角度来看，损害与连接每个活动的风险相关。损害，就像风险一样，也被认为是活动所固有的。一方面，它认可公众和私人预防策略的执行实施；另一方面，它也认可对各种赔偿成本进行社会化的形式，例如保险，以此使得企业负面影响的成本分散到所有消费者中。因此，无论是否存在过错，责任都归责于生产者，但其成本有助于确定产品的价格，并由此转嫁到消费者身上。

以上简要概述的处罚制度的效用，是建立在具有对损害进行预知、限定和精确量化的科学能力，以及充分的、可得到的，能够确保足额赔偿的经济资源之上的。

上述是第85/374/ EEC 号指令序言第2项的推理，其指出："生产者的部分无过错责任是充分解决问题的唯一方式，尤其是在技术不断革新的时代，它也是一种对现代科技生产中固有风险的公平分配。"

该指令旨在协调与缺陷产品造成的损害责任相关的法律、法规和行政规定。此主题在本书的另一部分有详细阐述。[①] 尽管如此，在这里提及立法者的意图，并描述这些规定的背后逻辑还是很有必要的。为了与欧盟法规旨在协调各成员国之间不同的有效准则的目标相一致，

[①] 原注：参见第十章。

该指令认为有必要去协调那些与产品缺陷造成的生产者损害责任相关的国家法律。因为分歧的存在"可能会扭曲竞争并影响商品在共同市场里的流通，并且使得保护消费者免受产品缺陷造成的人身或财产损害的保护水平不相一致"。

除了已提到的经济角度，1985年的指令还表述了另一个有趣的方面：该规制的核心要素之一应当是"公平分配受害者和生产者之间的风险"。就缺失有关针对预防损害的条款内容也证实了立法者在回应对已造成的损害进行修正的方面具有了专门构想。

在通过第1999/34/EC号指令进行修订之前，基于基本的那些农产品不会使消费者的健康遭受损害的假定，欧盟规制允许成员国在缺陷产品造成损害进行赔偿的规则适用范围中排除了"自然"农产品的损害赔偿要求。

针对上述修订的理由说明证实了一种变化中的敏感认识。尽管该指令"会对内部市场的运转产生影响，即使得农产品贸易不会再受生产者责任规则差异的影响"，该变化意在强调社会需求和消费者权益保护才是产品安全的重点。在第85/374/EEC号指令的范围中纳入基本农产品的考量，不仅包含着恢复消费者对农产品安全信心的目的，同时也源于保障高水平的人类健康保护的需要。

在涉及农业和食品生产的全新发展阶段（不仅是经济），其特点包括由一个互动日益密切的市场所构建的单一全球市场的形成，通信和交通速度的加快，那些原本仅在狭窄地域范围内流通的食品和饮食习惯的全球性流通。由此，"食品系统"的不同环节（生产、加工、分配、销售），似乎已经发展出了一种潜在的危险，即产生带有不可预测后果的大规模损害。对众多消费者造成损害的可能性使得传统的赔偿方法统统失效。而且，这些传统方法不足以对所谓的"存在"利益（身体完整、健康、生命）的保护需求提供充分的回应，对于"存在"利益不能简单到纯粹的经济评价，只有依据法律规定的量化才能予以认可。

第九章　食品行业从业者的责任
Antonio Sciaudone

此外，基于对损害不可逆性的恐惧，而试图去达到生产风险与责任归责标准之间的平衡，并不是一个妥当的解决方法。因此，完善预防损害机制变得愈加重要。尽管风险只是潜在或假定的，为了集中预防损害，执行一种谨慎预防途径为基础的预防措施就变得更为急迫。

对于责任的评估，有必要从损害发生之后的这一评估时刻转向事前的阶段，即生产具有潜在危害的产品的时期，生产具有潜在危害性的商品。这并不会排除有关损害赔偿的传统规则的适用，但是它拓宽了责任概念的范围。

2.《通用食品法》(第 178/2002 号法规)

第 178/2002 号法规规定了有关食品法律的一般原则和要求，它不仅是对偶发性危机的立法回应，同时也是对食品生产中业已发生的变化的立法回应。

为了促进内部市场的正常运作和保障人类的健康，有必要采取确保不安全食品不得进入市场的措施，并建立旨在识别和回应食品安全问题的机制。

防止不安全食品进入市场会使企业的自由受到限制。弃用纯粹的赔偿逻辑去评估食品引起的损害，剥夺了企业在采取更安全的生产方法和自愿为造成的损害承担赔偿支付风险之间进行选择的权利。

因此，在构成食品最终的市场价格的部分中，安全成本能够合法地包含在内，赔偿成本却不能。刑事和行政规定，甚至之前的规章制度都逼迫企业采取旨在保证食品安全的规则，企业不能选择自己想要的安全标准。企业在自己的商业组织内是有追求法律确定的标准的义务的。

从这一方面来说，食品生产是被假设有道德内涵的。

为了确定这些标准，欧盟立法不能忽略的事实是：食品生产者在建立食品供应以及确保食品供应安全的制度方面，是比任何人都能做得更好的。因此，保障食品安全的法律责任，食品生产者必须被考虑进去。

这些表述，出现在第 178/2002 号法规的序言第 30 项说明中，它

规定了食品和饲料生产者的一般义务,即确保在由他们控制的企业内部,食品或饲料在生产、加工和分配的全部阶段都要符合食品法的有关规定,并确认所有的监管要求得到满足(第17条)。

事实上该规则,在意大利的版本中被称作"obblighi"(义务),在德国版本中(可能更准确)称作"zustandigkeiten"(责任)(Albisinni 2003),分配着生产者和国家机关之间有关食品安全规定执行的"权力"。

成员国实施并确保生产者遵守食品法(第17条第2款),同时被要求组织一个官方控制系统,以确定适用于违反食品和饲料法规行为的措施和处罚。该措施和处罚必须是有效的、合乎比例的以及劝诫式的。

任何公共或者私人的食品企业,营利的或者非营利的组织,实施任何与食品生产、加工和分配相关的活动(《通用食品法》第3条),都要受到超越纯私人利益范围的义务的影响。

与过去不同的是,这些规则并不仅仅在于确认最高的保护水平,同时强调保护公众健康这一与公众和社会密切相关的价值。在制定规则和形成规制框架的长期历史进程中,"食品安全本身即具有价值"这一观点才是重点所在。食品安全是法律保护的目的,因为仅感觉到"不安全"就有可能造成损害,并有可能不利于贸易的发展。

立法者把更多的注意力集中在了产品销售前的阶段,并要求生产者使用旨在避免损害的商业组织模式,生产者应在确定有关建立安全食品体系的规制过程中发挥更为积极的作用。法律制定了一般原则并要求生产者追求安全,但没有明确应当被遵守的行为,也没有确立适宜的技术标准,这就使得预防措施只能在实践经验的基础上发挥效用。

从这个角度来看,在食品生产到购买,再到消费的全过程中,除了损害赔偿责任,也是有可能针对食品企业直接确定其应当承担的一系列责任。

这些规则影响了商业组织。在第178/2002号法规第二章"食品法的一般要求"标题下的第四部分,从"不安全食品不得入市销售"的原则开始(第14条),建立了所有用于流通的食品必须安全的一般需求,并对食品企业实行精确的运作模式。

在第178/2002号法规设计的系统里,第17条起到了极其重要的作用,其规定:生产者应当确保食品生产是可控的,且满足有关食品或饲料生产、加工以及流通的所有法律需求,并核实合规情况。

在那些主要的规制要求中,有关谨慎预防原则的应用(第7条)以及安全追溯系统(第8条)的实施都必须得到验证。原本在自愿基础上被激活的生产控制机制,也因此成为强制性的。

而且,第17条不仅要求成员国确定能适用于违反食品和饲料立法行为的措施及处罚,还要求这些措施及处罚必须是有效的、比例性的以及劝诫式的。

因此,食品企业在组织他们的活动时,不得不考虑为了应对风险情形,由欧盟和国家立法所确立的规则。他们不只生产或销售安全的且符合所有质量标准的产品,还必须把自己置于能够为预防危险情况提供一切必要援助的位置上,即使他们自身的活动并未导致危险的发生。

责任的界限已经超越了传统责任的限制,并附加了积极的行为义务,且它们独立于过错和损害的要求。参与生产链是自身责任的一个来源,它也被反映在直接干预义务的假设和与官方合作的责任中。

3. 撤回(withdraw)义务

第19条提供了这种责任的详细定义。如果食品企业从业者认为或者有理由相信其进口、生产、加工、制造或者分销的食品不符合食品安全的要求,对于已经不在其控制范内的问题食品,他应该立即启动程序从市场上撤回并且通告相关的主管部门。如果产品已经在消费者手中,从业者应有效、精确地告知消费者其撤回的原因,如果有必要,在其他措施无法有效实现高水平的健康保护时,应该从消费者手中召回问题食品(第1款要求)。

此外，启动撤回程序的义务会延伸到那些不影响食品的包装、标识、安全或者完整性的零售或分销活动中，因此，其无法用于确定产品的缺陷问题。

在任何情况下，当有理由认为一种食品可能对人体健康造成损害时，都必须通知主管部门。在第19条的最后一款中，一种更为通用的，对合作责任的详细叙述被专门提及，其根据是："食品生产者应当和主管部门合作采取行动，以避免或者减少正生产或已生产的食品所造成的风险。"

食品生产责任轮廓的更新是很明显的，可以看到，欧盟立法的重点是食品被呈现在消费者面前的形式，包括那些有关食品质量、特性以及成分的信息，都必须让消费者获知。

从这个角度来看，将16条中旨在明确合同责任的要素的规定，和第14条中提供风险食品定义的信息的重要性加以区分是合适的。

根据第16条："在不违背食品法的某些具体规定的情况下，食品或者饲料的标识、广告和说明，包括他们的形状、外形、包装、包装材料、包装方式和陈列地方，以及其他媒介传达的信息都不得误导消费者。"

对订约消费者的保护延伸至合同订立之前，所有引导消费决策的因素，甚至仅是简单的建议，都会对其产生影响。通过加强对后者的保护，平衡专业的销售者和购买者之间不对等的关系。

在不谈具体问题的情况下，为了对有关风险食品的概念[①]进行合理的评估，我们不仅要考虑食品的一般应用，还要考虑消费者可利用的信息，包括标签，或其他容易得到的，有关如何防止食品或者食品类别给健康造成不利影响的信息。生产者的责任也因此从生产阶段及对产品物理特征的控制，延伸到产品流通。这不只是对消费者契约自由的保护。从对可能发生缺陷的简单考虑，到公众所知的潜在危险方

---

① 原注：参见第五章、第八章。

式，产品"危险（dangerousness）"的概念得到了扩大。如果一个食品，容易使特定消费者的健康受到损害（例如过敏症患者），并且可能被这类人使用，那么即使该食品符合一般规定且经卫生检测是无害的，也不足以证明它们没有危险。如果食品从业者不遵守提供精确和完整信息的义务，由于消费者对食品组成物质中的某一种成分敏感，因异常的摄入或消耗造成的消极后果将归责于食品从业者。

这样说来，销售食品的标签信息是构成产品的要素之一。

该条款简单提及了如何建立一个食品安全系统，欧盟立法者不仅要关注制造商与个别购买者之间关系的维持，还要关注他们与广大消费者，以及更为普遍层次上的与整个社会关系的维持。在不断变化的全球背景下，传统的赔偿机制不足以制止，也不能够预防不合理的农业实践的采用，其可能造成广泛的、不可阻挡的、难以估量的损害。

出于这样的原因，责任衡量不仅体现在产品质量，生产过程中卫生条件的验证方面，还体现在由食品企业、产品链的所有参与者、大众消费者及公共机构结合的复杂网络中，而在一个恒定的关系里，信息的流通是最相关的因素之一。

4. 社会责任

无论产品缺陷是否归因于他们的活动，所有的食品生产者，都是一个通过协同工作来维护系统效益的整体，并确保食品安全最终作为一种价值去加以保护和维持。

对此，食品企业也应当承担一种社会责任，他们既追求经济效益，又有助于提升整个社会的生活质量。

在这种情况下，帮助义务不是假定自愿的，而是法律规定。违反法律意味着严重的后果。

那些强制执行食品法并监督遵守的成员国，确定了在违反食品安全规则情况下，应实施的措施和制裁。该措施和制裁必须是有效、成比例的以及劝诫性的（第17条）。

而且，对食品安全规则的违反与民事责任制度下的规定也具有相关性。

根据第21条，食品一般立法的规定"应与理事会1985年7月25日第85/374/EEC号关于协调成员国缺陷产品责任的法律、规章和行政规定的指令相一致"。

因此，没有任何一种情况可以使得第178/2002号法规中的规定被理解为对有关缺陷产品责任的隐含式废除。

如果我们注意到第21条的标题包含了"liability"这一明确术语，那么上述的规定含义就会变得更清晰。然而，第7条、第19条和第20条中规定的标题，均指一种更广泛的合作责任，该责任并未明确生产者与消费者间的关系，它们通常被称为"责任（responsibilities）。"

这些监管措施在不同层次进行运作，尽管如此，责任制度仍然深深地影响了由第178/2002号法规引入的新规则。

为此，一开始就必须注意到，第85/374/EEC号指令中的规定不是一种代替，而是对不同成员国现行责任制度的补充。

类似地，食品安全规则也不能代替不同国家现行的有关民事赔偿责任的规定。

因此，我们可以得出结论，责任更广泛的概念是指除法律责任的一般责任以外的，注定要相互结合成整体的两种规制复合体。食品法中的规定对责任形式的建立具有重大影响。

那些不遵守食品安全规则的主体可能会承担法律责任，随之而来的是补偿义务，因为每次违反规则的行为对个体消费者的权益也会造成损害。

为了认定第85/374/EEC后指令下的责任，需要对产品缺陷进行评估，该评估不能忽略第178/2002号法规中的要求和旨在确保安全而强加在生产者身上的义务。

翻译：石冰冰

Chapter 10 第十章

缺陷食品产品的损害赔偿责任

Marianna Giuffrida

1. 介于预防和补偿之间的食品安全：总论

第178/2002号法规规定了食品法的基本准则和要求，为保障与食品相关的更高水平的人类健康和消费者利益提供了法律基础。这一法规将包括传统食品在内的食品供应中的各类食品考虑在内，同时保证了其在内部市场能有效地发挥作用。因此，在追求避免任何损害这一特定的立法政策时，它选择了建立在谨慎预防原则（Giuffrida 2008）和风险分析基础上的预防体系。

这一体系的效率取决于食品生产的各个层面涉及的各方主体的职责的执行情况，这些主体包括：公权力机关、个体食品贸易商、各食品部门的从业者及食品的归宿——最终的消费者。

但是，这样一个体系本身不足以保证对食品消费者的所有保护。欧盟立法者没有放弃补偿保护，在各种解决方法（没有放弃其中任何一种解决办法）中优先选择了民事赔偿的形式，即我们所熟知的缺陷产品

的无过错责任（Gorassini 1990；Giuffrida 2009），其是第 85/374/EEC 号指令①所定义的一项目标，而第 178/2002 号法规第 21 条（Albisinni 2003a）则明确了其含义。

以上已经提及的共存规定要求这两组法律规定之间的衔接，以此避免在法律解释及适用冲突中的不确定性。

作为第 85/374/EEC 号指令第 1 条的结果，该法律确定的损害赔偿责任对于那些制造的食品有缺陷，且引起损害的主体是适用的。这其中最基础的"生产者"和"缺陷产品"的定义由第 85/374/EEC 号指令第 3 条和第 4 条予以规定。

1985 指令的最初的文本在"产品"这一概念中排除了一些包括食品产品在内的产品，包括基础农产品和猎物，且进一步明确"基础农产品是指来源于土地、畜牧业、渔业的产品，但不包括经过了原始加工的产品"。它将这一概念的内涵留给了各欧盟成员国去解释，各成员国可通过对第 2 条规定的减损规定其国内的适用要求（Costato 1990）。

在这一指令的执行中，一些成员国（希腊、法国、卢森堡、芬兰、瑞典，奥地利仅在转基因食品领域）使用了上述权能。这取决于国内法律和指令②的主要目的的契合程度。这同时也决定了不同的国内法律体系在生产者的损害赔偿责任方面的差别规定。

将初级农产品排除出"产品"的概念是根据 1985 指令的前言指引的，它规定了"无过错责任只在工业化生产的可移动的商品时才能适用"，但作出这一限制的真实原因也许可以在一个广为流传的观点

---

① 原注：Dir. 85/374/EEC of 25 July 1985, amended by Dir. 99/34/EC of 10 May 1999, executed in Italy by D. P. R. 24 May 1988, n. 224, and by D. Lgs. 2 February 2001, n. 25. See Recital3 of Dir. 85/374/EEC and Recital 8 of Dir. 99/34/EC. However, recently, the Italian Supreme Court has correctly defined it as "alleged liability": Cass. it., 19 February 2016, No 3258; Cass. it., 28 July 2015, No 15851; Cass. it., 29 May 2013, No 13458.

② 原注：ECJ, 25 April 2002, Case C-52/00；ECJ 25 April 2002, Case C-183/00；ECJ 25 April 2002, Case C-154/00；ECJ 10 January 2006, Case C-402/03；ECJ 5 July 2007, Case C-327/05.

第十章　缺陷食品产品的损害赔偿责任

Marianna Giuffrida

中窥见一斑。这一观点是天然的农产品不会造成任何损害，因此其本身是安全的：一种无条件的信任被加诸在大自然的产品身上。

这一结论被第99/34/CE号指令①证实。这一指令对第85/374/CEE号指令中上述的例外规定进行了修订。该指令的制定者意识到由于各国具有可以减损的权能，通过第85/374/EEC号指令对成员国法律所进行的协调并没确定实现目标，尤其是有关适用范围的内容，因为在这方面排除了未经处理的农产品的适用要求。为此，第99/34/CE指令制定者还认为将初级农产品包含在第85/374/EEC号指令的范围之中有助于恢复消费者对农产品安全的信心，而这样的措施可以达到在更高的水平上保护消费者的要求。因此将这一措施逐渐演进进而实现体系的协调以付诸实施。②

2. 食品和缺陷产品的定义

作为以上引用的修正的结果，产品的定义（不包含"服务"，Bellisario 2005）是广泛的并且内涵丰富的，因此其涉及每一个可以移动的物品，甚至只要是其他物品的一部分，无论是可移动的还是不可移动的，而且还包括电。

因此，要追溯到食品，根据第178/2002号法规第2条，那就是"供人类食用或者根据合理预期用以食用的任何加工、半加工或未加工的物质或产品"。③

这个结论也得到了第99/34/EC号指令的认同，其很清楚地表明了欧盟立法者的目的就是将第85/374/EEC号指令所确立的特定违法责任扩大至任何产品，而且没有任何例外。同样，根据第178/2002号法规第21条的规定，其也明确地保留了第85/374/EEC号指令的规定，因而承认它的适用范围包括食品产品和饲料（Costato 2007），且

---

① 原注：Dir. 99/34/EC of 10 May 1999, executed in Italy by D. Lgs. 2 February 2001, n. 25.
② 原注：ECJ, 25 April 2002, Case C-52/00.
③ 原注：参见第五章。

加强了两个规定之间的协调（Albisinni 2003）。

针对缺陷产品的违法责任系统是在合同责任之外构建的。合同外责任具有客观的性质，即使它不是绝对的。为了取得赔偿而提供证明主观错误的证据不是必要的，但是生产者可以通过提供免责事由的存在避免承担违法责任（Alpa 1988）。①

事实上，这一体系是建立在举证责任倒置的基础上的。受害人被要求证明缺陷、损害以及缺陷和损害之间的因果关系，比如后者是前者即刻和直接的结果，然而损害和产品之间的因果关系只靠简单的证据是不够的。②

因此，"缺陷"这个概念对于这个体系的有效性来说是极其相关的。它源自第85/374/EEC号指令第6条所述的缺陷产品的概念，其包括在大量的消费者，而非单个消费者可以在法律上预见的安全的缺失中（Ielo 2006）。将所有的情况考虑其中，包括：产品流通的方式，产品的说明，产品明显的特点，提供的说明书和警告，产品可以合理被指定的用途，可以被合理地预见的会与其发生关联的行为以及产品流通的日期。

关于这个问题，意大利最高法院（Corte di Cassazione）曾经阐述如果受害人无法证明产品所导致的与正常预期或大众预期不相符的不正常结果是其在一般使用情况下所致，那么就不存在可以证明产品缺陷的证据。第85/374/EEC号指令第7条第2款具体说明了一种产品不能仅因为在其之后一种更好的产品投入流通就被视为是有缺陷的。换句话说，一种产品只有在其不能提供同类样品所能达到的安全性时才能被视为是有缺陷的。

提及缺乏安全性，这就是缺陷的同义词（Bianca 1993；Bellisario 2005；Germano 2008b），欧盟法律中有关于缺陷产品的责任，特别是

---

① 原注：Cass. it., 15 March 2007, n. 6007.
② 原注：Cf., in this sense, Art. 120 of the Italian Consumer Code, D. lgs.. 6 September 2005, n. 206.

第十章　缺陷食品产品的损害赔偿责任
Marianna Giuffrida

那些关于所有产品的安全事项和食品这一特别产品的安全事项的规定的规则，但要实现这些规则的协调还需要更多详细的信息。

第178/2002号法规第14条有关"安全食品要求"的条款明确禁止将不安全的食品进入市场，其中，不安全食品是指：（1）对健康有害的；（2）不适合人类食用的，并且详细说明："在决定食品是否是不安全的时，需要考虑：（1）消费者使用该食品是在食品的生产、处理和经销的环节处于正常情况下使用的，（2）提供给消费者的包括商标上的信息，或者其他的对消费者来说可以获取的关于特定的食品或食品种类可避免的对健康的负面影响。提供给最终消费者的信息假设了确定引起损害的缺陷的关联性，因为这些信息，特别是在标签上的信息，是食品产品不可或缺的一部分，包含着通常使用的情况，而这正是对这些产品与安全性相关联的评估。"

第6条阐述："在考虑一种食物是否对健康产生危害时，需要注意的有：（1）食物对食用的人来说不仅可能有即刻的和/或短期的和/或长期对健康的影响，而且还会对接下来的几代人有影响；（2）可能有积聚的有毒的影响；（3）针对特定类别的消费者的健康问题。"在考虑任何种类的食物是否对人类消费来说是不适当的，需要根据其所设定的用途考虑：其对于人类食用是不是不能接受的、是否有污染，其是否有额外的事由或正相反，或者有腐败、恶化或腐烂的问题。

结果若是食物与第14条不相符合，缺乏安全性要求，那么在任何情况下，都是有缺陷的。而相反的，一种食物产品，尽管与第14条确立的安全要求相符合，被视为"安全"的，当其随后被放置在市场中时，却也可能变为有缺陷的。

换句话说，一种食品产品的作为产品的缺陷性只有在其被放置在市场中时才能确定。它才能与第178/2002号法规第14条的要求相吻合。

还有一点必须考虑，对于一种食品的不安全性或其他产品的安全性时，仅仅只能根据它们对人类健康可能造成的危害性加以评估。按

照第 85/374/EEC 号指令的规定，同种产品的缺陷使得生产者承担责任时，其评估甚至可以根据不同于缺陷产品的其他物体的破坏或腐败中所产生的损害加以评估。

这些想法得出了这样一个结论，就第 85/374/EEC 号指令第 6 条所确立的定义缺陷产品的标准，以及第 178/2002 号法规第 14 条确立的标准而言，它们的法律解释应当与确保在更高水平上保护人类健康的目标相一致。

根据第 85/374/EEC 号指令第 7 条的规定，生产者有义务证明可以免除其违法责任的事实。

3. 主观方面的要件

根据第 85/374/EEC 号指令的规定，生产者对于其产品的缺陷所引起的损害承担赔偿责任。

说到"生产者"，指令意指任何一个终产产品、任意原材料或者其组成部分的制造商，以及任何将其自己的名称、商标或者其他有区别意义的特征置于产品之上且用于代表他自己是生产者的人。至于农业、土地、农场、捕鱼和捕获猎物，生产者则是指农民、饲养员、渔民和猎人。

因此，在有缺陷的食品产品出现时，要确定承担责任的人，有必要核实缺陷是直接与终极产品相关还是与其所含有的某一配料相关，因为配料的生产者可能与终极产品的生产者不同。

另一种严格的辅助方式，[①] 或者只有当生产者没有被确认或无法被确认时，依据第 85/374/EEC 号指令第 3 条，如果商品供应商在合理的书面请求的时间内，不能够向受害人告知提供给自己产品的生产者的身份和地址，同样的违法责任将由供应商承担上。一些成员国

---

① 原注：ECJ, 5 July 2007, Case C - 327/05；ECJ, 10 January 2006, Case C - 402/03；ECJ, 25 April 2002, Case C - 52/00.

第十章　缺陷食品产品的损害赔偿责任
Marianna Giuffrida

（丹麦和法国）试图通过适用其国内规定，将生产者的责任不加限制地延伸至缺陷产品的供应商这一更大范围的保护来保证受害者的利益。但是欧盟法院尽管承认这一延伸能够便利受害者采取法律行动，其仍强调这样的国内规则会有过多的财政压力，因为这一延伸将使得所有的供应商负有保证自己不会负违法责任的义务，这样一来会导致产品价格的相对提升和法律案件的成倍增加，供应商还会在法庭上反驳他自己的供应商，最终追溯到生产者。将这些都考虑在内，总体上，只有生产者有可能影响产品的质量，而供应商只是将自己买到的东西转售而已，将缺陷产品造成的损害、产生的违法责任集中由生产者承担是合适的。[1]

确定为产品的最终缺陷承担责任的主体这一问题在欧盟领土的进口产品中越来越显著。事实上，根据第 85/374/EEC 号指令第 3 条规定，进口商为进口至欧盟的产品承担责任，当进口商不能确定时，即使可以确认生产者是非欧盟的某一主体，但由该商品的所有供应商承担违法责任。因此，当我们提到从非欧盟国家进口产品至欧盟时，进口商是第一责任者，而生产商只处于第三人的位置。

作出这些规定的原因[2]在于立法者想要确保在最大程度上保护消费者的这一意图，他们为消费者省去了必须经过的漫长的和复杂的找寻最终有可能在遥远的国度的生产者的麻烦。因此，对于那些意图将客观的责任延伸，将欧盟一国生产的缺陷产品进口至另一国的法律学者来说，要和他们分享前述观点是很困难的。特例是，进口商的违法责任成为规则，而生产者承担责任这一规则则会屈居第二位。面对着试图说明以上提及的进口商的违法责任的规定是合理的理由，似乎将这些规定的影响限制在从非欧盟国家进口的产品的是更正确的。[3]

---

[1]　原注：ECJ, 10 January 2006, Case C - 402/03.
[2]　原注：Confirmed in the Italian experience by the Supreme Court; see Cass. 14 June 2005, n. 12750.
[3]　原注：ECJ, 10 January 2006, Case C - 402/03, para 29.

最后，需要强调过失这一概念，其假定评估受害人的行为是具有特别的关联性的。一般来说，其不会在无过错责任的体系的背景下考虑，因为上述的评估会影响整个系统的效率。

4. 受害人行为的关联性

根据第 85/374/EEC 号指令第 8 条的规定，受害人的过错可能降低甚至排除生产者的责任。

一以贯之，《意大利消费法典》第 122 条撤销了《意大利民法典》第 1227 条有关受害人所造成的损害情形下承担责任的损害赔偿数量。鉴于共同过失中的角色和后果的整体性，赔偿将有所降低，并且不包括受害者只要尽正常注意义务即可避免伤害的情况（Bellisario 2005）。同样被排除的情形还包括在假定的事件中，受害者自愿承担风险，或自愿将自己暴露在风险中的情形，这不同于共同过失。这一假定在食品部门中具有很大的关联性，即有关产品标签的义务意味着其已经推定消费者意识到了潜在的风险和损害。

如同所预料的，过失的标准不是完全排除在无过错责任系统之外，立法者经常提及这一内容，而这可以由以下这一占据主导地位的观点所证实，即这一体系很大程度上有赖于与证据相关的规则。

5. 例外条款的豁免和无效性的原因

客观的违法责任无法被完全地定义，因为生产者可以根据第 85/374/EEC 号指令第 7 条的规定证明排除其违法责任的情况存在。

根据受限的法律解释，通过强制性清单规定廓清那些可以免除生产者承担的由缺陷产品[①]导致的损害赔偿责任决定了举证责任导致的必要性，对此，上文已经作出论述（Bin 1989）。

生产者如果没有将产品置于流通中，则无须承担责任。将产品置

---

① 原注：ECJ, 10 May 2001, Case C-203/99.

第十章　缺陷食品产品的损害赔偿责任
Marianna Giuffrida

于流通中意味着它将被流转至购买者、使用者或者两者的助理人员，即便他们只是看看或者尝试，或者由承运者或承运者代理人流转至购买者或使用者（Bellisario 2005）。如果置于流通中依靠强制拍卖，违法责任无法排除，除非债务人已经通过下列方式特别指出了损害问题，包括在被没收时向执行官作出了说明或通过适宜的程序以契据的方式告知了债权人以及在没收之日起的 15 日内到负责该判决执行的法院书记员的办公室缴纳保证金。

在正常情况下，当第三者在生产过程中提取了其产品，或违背其意图使用其产品，抑或基于私人目的时，生产者可以提出豁免违法责任的请求。

当产品被用于其设定的专业的产品展示时，[①] 或在生产者的管控下从生产过程中获取，进入营销环节被提供给公众使用或消费，且生产者无法举证产品是由生产者直接销售给使用者或消费者这一情形，或者该销售是在有限流通中发生，即意味着该过程中仅有一个或两个从业者出现，[②] 如同公司百分之百由生产者控制，在上述的各类情形中，生产者的责任是不能豁免的。欧盟法院已经清楚地表明，在这种情况下，有必要说明上述的联系表明了公司牵涉进了问题产品的制造过程中。尤其为了评估关系，涉案人员之间的差异性应当与生产制造行为不相关。相关的问题不是确认涉及的公司是不是独立的法人，而是确认他们是不是开展了制造活动，或者正相反只是作为母公司的经销商或产品的保管人。[③]

如果在生产者将产品投入流通时造成损害的缺陷仍不存在，那么违法责任也没有。为了实现这一目的，第 85/374/EEC 号指令第 7 条规定，涉及这种情况，提供基于可能性的证据（Patti 1990）证明产品在投入流通时缺陷即不存在就足够了。这样的规定，也许在采用之时

---

① 原注：ECJ, 10 May 2001, Case C-203/99.
② 原注：ECJ, 9 February 2006, Case C-127/04.
③ 原注：ECJ, 9 February 2006, Case C-127/04.

是合适的，但今天似乎与置于生产者身上的精准的责任是相反的，无论是根据整体产品安全的法律，还是根据食品安全的法律规定。此外，"投入流通"这一概念，在第85/374/EEC号指令第7条有规定，对此，欧盟法院的解释也认为其与第178/2002号法规第3条第8款有关食品产品的"投放市场"的规定实质性等同。

上述的结论在另外一个有关责任豁免的案例中得到了确认，而且这个案例与该结论也是有所关联的，因为就缺陷存在与否，只有一个评估程序。根据这个方面的条款规定，当生产者将产品投入流通时，其所处时代的最新科学和技术知识无法发现缺陷的存在，即所谓的风险发展原则（risk of development）（Germano 2008）。在这个问题上，欧盟法院[①]阐明，"科学和技术知识"的参考不应该局限于生产者商业部门的程序和安全标准，而是应不加局限地包括投入流通的问题产品所在时代的最高水平的知识。不仅如此，知识的客观状态，而不是生产者个人的知识状态，在生产者无法接触到时应当考虑在内。那些已知的但不能完全排除的缺陷，仍然被排除在发展的风险之外，因此，其不在可以免责的辩护范围之内。在有机会考虑保留该案件所确认的责任免除时，欧盟委员会得出了一个结论，既然它极大地平衡了保护鼓励创新和消费者的权益，它不应当被改革。[②]

此外，当其没有制造用于销售或基于与受益价值相等的回报的任意种类的销售的产品，或在其商业发展过程中没有制造或销售产品，其也不承担损害赔偿责任。

如果缺陷是因为产品与政府当局发布的强制性法规是一致而产生的，损害赔偿责任也是排除的。同样值得注意的是（Belisario 2005），这些条款并不涉及产品与最低标准的一致性，这并不足以豁免责任。同样的，考虑到通常情况下批准生产活动这一行为本身不必然意味着

---

① 原注：ECJ, 29 May 1997, inCase C – 300/95.

② 原注：COM（2006）496 final 7.

第十章　缺陷食品产品的损害赔偿责任

Marianna Giuffrida

生产活动的结果与管制其的规定一致，行政许可这一问题不足以排除损害赔偿责任。

至于食品产品，第 178/2002 号法规第 14 条第 7 款、第 8 款详细说明了与监管食品安全的特定的部门法规定相一致的食品应当被视为在这一部门法的规范范围内是安全的，尽管这样的一致无法阻止主管当局采取合适的措施对于产品投入市场加诸限制，也无法阻止当局尽管有着一致性，如果有理由怀疑食品是不安全的，要求食品撤出市场。若欧盟没有精确的规定，食品在符合其销售地所在成员国的国内食品立法的具体规定时也可以被认为是合法的，但前提是这些成员国法律的制定和适用是与欧盟条约的规定相一致的，尤其是第 28 条和第 30 条的规定。

鉴于这些更为具体的规定，可以认为即便针对缺陷产品的无过错责任在所谓的合法情况下也可以被排除，然而，由认为安全的产品所造成的损害根据针对损害赔偿的民事责任的一般规定也应当予以赔偿。

在复合物产品的情况下，产品的某一组成部分或原材料的生产者或供应商在缺陷要归因于产品中含有这一成分的设计或制造商利用的说明时，不承担损害赔偿责任。也就是说，在食品生产者生产的是没有缺陷的食品成分时，食品组合后的缺陷结果不归因于这种成分，这与损害赔偿责任的分析中所提到的原则是一致的。

然而，此处所审视的作为正当化理由之一的证据所排除的仅仅只是符合上述条款规定的损害赔偿责任，对此，其不能阻止受害人根据合同外责任的一般性规定提出损害赔偿的请求。

除了上述提及的假说，其他的正当化理由都没有得到认可。与之相似，任何排除或限制生产者（或供应商）对于受害人所应承担的损害赔偿责任都是不予认可的。与这种规定相违背的合同条款是无效的，但合同的剩余条款仍然是有效的。[①] 因此，它是在有利于受害人

[①] 原注：Cf. Art. 36, Italian Consumer Code.

层面上予以落实的,并且法官可以依职权考虑。

6. 客观限制

第85/374/EEC号指令第9条[①]明确了应当赔偿的损害,并在赔偿缺陷产品所致的损害规则的适用中确立了另一个限制要求。尤其是,赔偿限于由死亡或身体受害所导致的损害,以及对除了缺陷产品以为的其他物品或财产损失所造成的损害,但前提是该产品的使用是按照其用途用于私人使用或消费以及受害人使用这一产品也主要是基于其用途。即使损害的概念没有明确地加以说明,但被认可的损害种类已经明朗化。这些被接受的条件,只要其为缺陷产品的受害者提供足够和完整的赔偿,[②] 那么它们在欧盟境内的统一适用就能够得到保障。[③] 这些可以偿还的损害的经济价值,必须高于387欧元,这也作出了具体规定。然而,如果损害赔偿的总额低于这一数值而不能给予偿还,所导致的一个问题就是当损害赔偿高于这一数值时,这一笔387欧元是否应当从赔偿总额中予以扣除。在这个方面,该指令的序言中已经明确规定赔偿中应当扣除作为相对较低的阈值的固定金额。[④]然而,意大利条款在执行方面留下了一些不确定性。对于损害赔偿的数额在等同或高于细化的最低偿还价值时可以全部予以偿还这一解释,[⑤] 其还是合理的,因为指令的序言规定为这一规定提供了依据。

对于非财产损害的偿还问题被认为是各成员国的国内规制权限,[⑥]且占据主流地位的司法解释也认可了这一观点。[⑦]

---

① 原注:In Italy see Art. 123 Italian Consumer Code.
② 原注:ECJ, 10 May 2001, Case C-203/99.
③ 原注:ECJ, 10 May 2001, Case C-203/99.
④ 原注:ECJ, 14 March 2006, Case C-177/04; ECJ, 25 April 2002, Case C-154/00; ECJ, 25 April 2002, Case C-52/00.
⑤ 原注:ECJ, 10 May 2001, Case C-203/99.
⑥ 原注:ECJ, 10 May 2001, Case C-203/99.
⑦ 原注:In Italy see Cass. 27 October 2004, n.20814.

7. 权利的丧失及时效性

权利的丧失和时效性的同时存在限制了缺陷产品损害赔偿责任的适用。

第85/374/EEC号指令第11条规定了权利的丧失。[①] 受害人所被授予的权利自生产者或供应商将缺陷产品投入之日起超过10年就会灭失，除非受害人在此期间针对生产者提起了诉讼程序。

通过在司法程序中的应用的记录和违法一方承认法律权利都可以避免权利的丧失。在多个违法主体存在的情况下，对其中一人的权利丧失进行阻碍的行为，对其他人不生效。因此，为了避免连带责任规定所给予的权利保障，对所有的人提起损害赔偿的做法是合理的（Bellisario 2005）。

第85/374/EEC号指令第11条规定了权利的时效性。[②] 时效期开始于受害人知道自己的损害、缺陷和生产者的身份，或者有足够的理由知道前述内容。从这些用词上似乎看到开始的日期只在受害人知道或应当知道所有要素的时刻才成立。时效期起算后，如果损害更加严重，时效期在受害者知道或应当知道损害如此严重以至于可以证明该诉讼是正当时再起算。有一点现在是认可的，新的诉讼的引入并不排除其他形式的法律责任，可适用更长的诉讼期限。[③] 然而，这也意味着受害人提出的证明缺陷产品处罚的证据所依据的特定的法条无法在实践中适用。

时效期的中止和中断是由国内规则规定的。

证明时效期已经到期和权利已经丧失的义务由有利害关系的一方承担。

---

① 原注：In Italy see Art. 126 of the Italian Consumer Code.
② 原注：In Italy see Art. 125 of the Italian Consumer Code.
③ 原注：Italian Cass. pen. 19 June 2008, n. 30818.

8. 多元责任体系的共存及结语

此处所审视的针对客观责任的特别规制并不影响其他保护形式所提供的救济。根据意大利的经验,其消费者法典第 127 条再次确认了这样的规定没有排除或限制受害人经由其他法律承认的权利,且也不会妨碍因为核事故受到损害的赔偿诉求以及由于 1988 年 7 月 30 日前就进入流通的产品所导致的损害赔偿诉求。

对于这些责任规定的有效性和效果的承认并不妨碍或改变由第 85/374/EEC 号指令所推进的国内立法的协调进程,该协调主要针对的是各国在这一客观责任体系中所规定的不同条件和标准。[①] 对于后者而言,如果没有同一个指令所许可的限制和强制性规定,则无法予以修订或适用。

一方面,尽管客观的违法责任同样适用于缺陷产品引起的损害,而缺陷产品的规定更严格,也许比欧盟的规制更具保护性(Palmieri-Pardolesi 2002),但上述的情况也确认了这一系统的独一无二性。

另一方面,它意味着这一系统与其他不同性质的系统共同存在,但是受害人也同样能借助其他系统来维护自己的权利(contra Galgano 1986)。只有受害人本人,才能为他的权利的监管选择最合适工具。提出的解决方案支持了法学家的观点,即他们总是将这种处罚视为其他规制规章的补充而非可以替代规制(Pardolesi 1989;Gorassini 1990;Carnevali 1998)。

关于消费者保护的不同规定的共存,一方面,第 85/374/EEC 号指令规定的规则适用了超过 25 年,另一方面,有关整个体系的有效性也引起了反思,例如如下的结论性考虑。

起初,其被视为是实现较高消费者保护水平方面的一个相关进程

[①] 原注:ECJ, 10 January 2006, Case C - 402/03;ECJ, 25 April 2002, Case C - 52/00;ECJ, 25 April 2002, Case C - 183/00.

第十章　缺陷食品产品的损害赔偿责任
Marianna Giuffrida

(Stoppa 1998; Palmieri-Pardolesi 2002),但这一新的规制并没有发挥预期的作用。而这种想法的幻灭是因为指令对其有效性所施加的限制,比如对术语诉讼和权利丧失的限制,对以偿还的损害的措施和种类的限制,对豁免的必要性的限制,对排除责任的案例的限制,最终造成了司法案例的数量的大幅下降,即所谓的"诉讼不足"(Bellisario 2005)。

事实上,后一个现象似乎并不是这个系统不具备有效性的原因,而是将涉及的欧盟机构纳入考虑之中,对此,欧盟立法者认为这是将卓越选择付诸实践的主张,以便不改变涉及的以下冲突利益间的艰难的平衡:消费者、生产者、保险公司、负责正确地运转市场的,同时也除去了潜在的竞争的扭曲。

另一方面,在指令超过25年的适用中,欧盟立法者也通过适用其他的项目来达成保证更高水平的保护消费者的目标,包括欧盟条约第153条的规定,而这使得上述目标成为欧盟机构所要实现的基本目标之一。在其他的基本目标中,以上提及的基本的产品安全的指令和食品安全的规定,都有助于实现上述的目标。

在谨慎预防和后续保护行动的选择之间,欧盟立法者选择了前者,将对人类基本的健康权利的保护作为原则。[1] 上述的谨慎预防原则使得临时性的措施具有了正当性,以便避免可能的损害。这些措施是在科学数据的基础上建立的,即使这些数据尚在讨论阶段,对此,其认可了损害赔偿的方式在保护诸如人类健康这些基本的且无法替代的人权方面的不足之处(Giuffrida 2007)。

这一由第85/374/EEC号指令所确认的系统所独有的特点使得这一规制具有了优势,特别是在司法证据方面,无须阻止或限制国内规则提供的其他赔偿工具。

---

[1] 原注:ECJ, 12 March 1987, Case C-178/84; ECJ, 14 July 1994, Case C-17/93; ECJ, 13 November 1990, Case C-331/88; ECJ, 24 November 1993, Case C-405/92.

在欧盟委员会看来，指令中的一些要点缺乏清晰的阐释，特别是证据负担、缺陷的概念、发展风险适用的例外、最低限度的特权、合规的例外、创新性的产品、说明书中的计划和遗漏中的缺陷，因此，当意识到后续所导致的不同法律解释将会影响所诉求的协调水平时，这预示着这一系统，在监管欧盟法律正确适用的机关看来，是可进一步完善的。即便如此，这些年里对于观点保守的主管部门以及利益相关方和成员国专家而言，他们认为有理由认为如果在其发挥作用的过程中用放大镜的方式去评价，那么要对其作出重大修订将会非常困难。

翻译：唐珊

Chapter 11 第十一章

追溯和"一揽子卫生法规"

Laura Salvi[①]

1. 追溯的概念

追溯这一概念的发展已经有几十年了。其最初应用于健康、航空、武器等诸多不同的领域,但目前其已经扩展到工业领域,包括食品工业,尤其是有关质量体系这一问题上。

有关追溯的第一个概念是由国际标准化组织的1987年ISO 8402标准规定的(随后是ISO 8402:1994版本)。其定义是指通过记录标识的方法回溯某个实体来历、用途和位置的能力(例如,某项活动、某一过程、某一产品、某一组织或某一人员)。随后,追溯的概念进一步融入到ISO 9000这一系列的质量保证体系中,其作用是作为任意一个质量管理产品的关键要素。根据ISO 9000:2005(目前的ISO 9000:

---

① 译注:本章为第二版中更新的章节内容,与第一版标题相同,但内容有所差异。

2015），①追溯意味着"回溯某一考虑因素的历史、应用或位置的能力"。就某一产品而言，这一概念主要是指"材料和部分的来源、加工的历史，以及流通和最终的位置"。在这之后，ISO 22005：2007②明确规定了这一概念与饲料和食品供应链的关系，且将其定义为"能够维护关于产品及其成分在整个或部分生产与使用链上所期望获取信息的全部数据和作业"。

相类似，食品法典委员会将追溯（或产品追溯）定义为"追踪食品在生产、加工和流通的特定阶段内的流通路径能力"。③

追溯，作为国际组织规定的非强制性规则和标准框架中的内容，其使得可以追溯某一产品从而可以实现从原材料到销售以及到最终消费者的全程踪迹的跟踪（Ene 2013）。

在欧盟，有关追溯的讨论最初是围绕诸多特别领域内的立法展开的。只是到了后期，追溯发展成为了食品法的一项基本原则，并成为整个欧盟食品安全框架的基石。这一理念是为了在发现某一食品或食品配料的安全问题或隐患时，应该通过识别和记录系统从所有的生产、加工和流通环节中快速定位受到影响的产品，而这也需要借助从业人员之间的交流。

2. 欧盟法律中的食品追溯

根据欧盟法律，有关食品追溯的要求最早是于20世纪80年代和90年代针对若干产品制定的，例如活体双壳类软体动物、④ 食物源性

---

① 原注：International Organization for Standardization, ISO 9000:2005 and ISO 900:2015, *Quality Management Systems-Fundamentals and Vocabulary*.

② 原注：International Organization for Standardization, ISO 22005:2007, *Traceability in the feed and food chain-General principles and basic requirements for system design and implementation*.

③ 原注：Codex Alimentarius Commission, *Principles for traceability/product tracing as a tool within a food inspection and certification system*, CAC/GL 60 – 2006. See also Codex Alimentarius Commission, *Procedural Manual*, Twenty-first Edition, 2013.

④ 原注：Directive 91/492/EC.

第十一章 追溯和"一揽子卫生法规"
Laura Salvi

动物、① 有机农产品。②

诸多的食品丑闻,尤其是疯牛病和二噁英的危机及其对于欧盟多国的影响,极大地增加了对于食品追溯的兴趣。疯牛病危机作为一个拐点,其有以下的表现:该危机表明了欧盟存在着一个严重的政治败笔,并促使了在生产环节建立一个有关牛类动物识别和注册的更为有效的体系,以及针对牛肉领域的特别的欧盟标识体系。该目标在于重建市场的稳定性和消费者对于公共机构、行业和科学的信心(Ansell & Vogel 2006, Vos 2000)。

在疯牛病危机之后,欧盟采取了更为一般性的举措,即决定在促进一个更为全面和整合的食品供应链(从农田到餐桌)方面制订一个行动计划。在1997年的有关通用食品法原则的绿皮书中,③ 欧盟委员会就是否将追溯作为具有法定约束力的工具抑或作为自愿性的措施展开了讨论。随后,在2000年有关食品安全的白皮书中,④ 针对饲料和食品的追溯被认为是欧盟食品安全政策的基石。为此,欧盟委员会提议通过食品和饲料企业的一项基本义务,确保落实充分的程序以便在消费者健康遭遇风险时能够从市场上撤回具有危害的饲料和食品。

基于上述的认识,以及考虑到追溯在若干领域内已经落实了数年,且在食品领域内的生产和流通环节中也有私人落实追溯的空间,《通用食品法》(第178/2002号法规)明确了追溯对于欧盟内的所有食品企业从业者而言,其都是强制性的。

3. 第178/2002号法规中的食品和饲料追溯

第178/2002号法规针对饲料和食品企业的从业者规定了一项新的

---

① 原注:Directives 90/425/EEC, 91/496/EEC, 92/102/EEC.
② 原注:Council Regulation (EEC) No 2092/1991.
③ 原注:European Commission, *The General Principles of Food Law in the European Union*, COM (97)176 final.
④ 原注:European Commission, *White Paper on Food Safety*, COM(1999)917 final.

基本义务，即要求其从 2005 年 1 月 1 日开始确保所有的食品和食品配料，以及饲料的全程可追溯性。作为一项风险管理工具，追溯的目的在于确保食品安全的高水平，并借此落实食品安全白皮书中所要求的从"农场到餐桌"方法（MacMaoláin 2015）。

第 178/2002 号法规第 3（15）条将追溯定义为"针在生产、加工和流通的任何阶段对食品、饲料、食源性动物或任何供人类食用或者根据合理预期用以食用的任何物质进行追踪和跟踪"。

根据第 178/2002 号法规第 18 条的规定，食品和饲料企业从业者必须能够追溯生产、加工和流通的所有环节内的任意食品、饲料、食物源性动物和任何意图用于或预期用于食品或饲料的物质。食品企业必须明确任意一个向他们提供食品和配料的供应商抑或收到他们产品的生产经营商。因此，他们有义务落实能够根据主管部门要求提供这一类信息的管理体系。[①] 但如何落实追溯的方式则由相关企业自主决定。然而，确保某一食品或饲料可追溯的最佳方式是根据更为具体的相关要求使用标识和信息记录系统。[②]

强制性追溯体系的主要目标是为了确保在源头以及整个食品供应链中发现食品安全问题，进而可以将受到影响的产品从市场中撤回出来。然而，为了便于产品的识别，追溯有助于向消费者提供可靠的信息，以及确保从业者之间的公平竞争。为此，追溯的重要性也可以便利责任的分配，并核实有关标识的申诉（Van der Meulen, 2014; Alemanno, 2007）。

值得注意的是，追溯被视为一个逐步过程：信息的要求并不针对整个生产和流通链以及销售，但是，其主要是针对相关的某一具体的生产环节。强制性追溯并不必然要求向消费者提供其所购买产品的信息，而这使得追溯和原产地信息的标识有所区别。

---

① 原注：Art.18（1-4）, Reg. 178/2002.
② 原注：Art.18（5）, Reg. 178/2002.

第十一章　追溯和"一揽子卫生法规"
Laura Salvi

常设食品供应链和动物健康委员会针对第 18 条的解释以及第 178/2002 法规中的关键规定发布了一份指南。[①] 该指南指出追溯制度有赖于"向后一步——向前一步"的方法：针对供应链的过程，追溯可以通过向前和向后分别确定"供应商及产品"和"消费者及产品"的链条。[②] 然而，欧盟法律并没有要求食品企业确保"内部"追溯，即针对组织内的来源和取向建立联系。也就是说，一个从业者必须知道其配料的来源和其产品的去向，但是不必要清楚某一原料用在了哪一产品中（Van der Meulen，2014）。但这由食品企业从业者根据其活动的性质决定是否以及如何构建这一内部追溯体系。

指南也明确了第 18 条涉及所有食品供应链环节中的食品企业从业者，包括从初级生产（养殖和种植）到食品/饲料的加工和流通。因此，运输人员和贮存的从业者也有义务符合追溯的要求。此外，该要求还涉及一些慈善机构，但兽药和农业投入品的生产者并不需要承担这一义务。[③] 同样的，在具有贸易关系的国家中的出口商也无须完全符合这一追溯的要求，因为这一法规的规定并没有将其约束力扩展到欧盟的领域外。具有追溯义务的食品从业者必须保留诸如供应商和消费者名称、地址、供应或者配送产品的识别、日期，以及必要的交易/配送的时间，乃至重量和必要时的数量信息。

尽管追溯对于保障食品安全的重要性已经得到广泛的认识，但仍值得指出的是追溯制度的有效落实还与活动的执行和每一个相关产品的内在特点相关，因此，也与行业所能承受的成本相关（Borghi 2003）。[④]

[①] 原注：See Guidance on the Implementation of Articles 11, 12, 16, 17, 18, 19 and 20 of Regulation (EC) n. 178/2002 on General Food Law, Conclusions of the Standing Committee on the Food Chain and Animal Health (SCFCAH), lastly issued in 2010.

[②] 原注：See SCFCAH Guidance document, p. 9.

[③] 原注：See SCFCAH Guidance document, pp. 10 – 11.

[④] 原注：An analysis about the implementation of traceability requirements and their impact on Food and feed business operators has been carried under the so called "Fitness Check" of Reg. 178/2002, in the framework of the Commission REFIT Programme, as part of the EU Better Regulation policy.

4. 欧盟具体部门立法中的追溯：特别是牛肉和转基因食品与饲料领域

根据欧盟的法律，除了第 178/2002 号法规针对追溯的横向要求，还有其他规范性的法案针对食品规定了具体的程序和义务，其中，追溯也是重要的规范内容。

针对牛肉领域的追溯是由第 820/97 号法规规定的，其是鉴于疯牛病这一传染病的教训，要求就牛类动物的识别和追溯执行欧盟的规则。至此，为了提高牛肉生产和销售的透明性，进而保持和强化消费者的信心，第 1760/2005 号法规①针对牛类动物的强制识别和注册体系规定了一个更为全面和有效的系统，其所倚仗的是诸如耳号、电脑数据、动物护照和每一个持有者的单独注册这样的工具。同时，该法规针对牛肉和牛肉产品也规定了一个具体的标识系统，其既有强制性的，也有自愿性的措施。对此，第 1825/2000 号欧盟委员会法规进一步细化了规则。

最近，第 1760/2000 号法规已由第 653/2014 号法规在牛类动物的电子识别和牛肉的标识方面作出了修订。② 根据这一新的规定，从业者可用电子识别码为内容的电子识别系统（诸如电子耳号、瘤胃丸只（ruminal bolus），注射式芯片耳标）替代传统的诸如耳号识别系统，前者应当是可见的，且有一个识别代码。就 2019 年 7 月 18 日而言，成员国应当就强制使用电子识别码制定国内的规定。此外，识别的要求即针对在欧盟出生的动物，同时也适用于从第三国进口到欧盟的活体动物，除了直接运往成员国内屠宰场的动物。

就针对牛肉和牛肉产品的强制识别系统而言，需要更多的信息，包括成员国或出生第三国，以及育肥或屠宰所在的所有成员国或第三

---

① 原注：Regulation (EC) No 1760/2000 of the European Parliament and of the Council of 17 July 2000, repealing Council Regulation (EC) No 820/97.

② 原注：Regulation (EU) No 653/2014 of the European Parliament and of the Council of 15 May 2014.

第十一章　追溯和"一揽子卫生法规"
Laura Salvi

国家。就进口到欧盟内的牛肉而言，当上述的内容并不完备时，标注"原产地：非欧盟"和"在某某第三国屠宰"的信息就足够了。至于自愿标注在标签上的信息而言，他们必须符合第1169/2011号有关向消费者提供食品信息的法规要求。①

针对转基因物质和转基因食品及饲料，也有相应的追溯规则。②第1830/2003号法规③就含有转基因物质的产品（食品和饲料）确立了一个业已协调一致的追溯框架，其目的在于便于标识、监测它们对于环境和健康的影响以及执行适宜的风险管理措施，必要时，包括撤回产品。④ 法规要求食品或饲料中含有转基因物质的信息应从一个从业者传递到另一个接受其原材料或产品的从业者那里，包括该转基因物质所使用的独一无二的识别代码。⑤ 在随后的阶段中，相同的信息必须随附在其所包含的每一个配料或添加剂中。借此，针对转基因物质的制度确保了内部追溯（Van der Meulen，2014）。成员国必须通过欧盟委员会相关技术指南⑥中所规定的控制措施确保上述要求的合规性。

第1830/2003号法规也同时针对含有转基因物质的产品规定了标识要求。然而，产品因为偶然因素或技术不可避免的原因而追溯到已经许可的转基因物质时，可以免除标识的要求，且可以不适用一些追溯的要求。也就是说，产品中转基因物质的痕迹在没有超过第2001/18号指令以及第1829/2003号法规（也解释0.9%）所规定的阈值时，其可以不用符合追溯和标识IDE要求，但前提是这些转基因物质的痕迹是因为偶然因素或技术不可避免的原因才存在的（Rosso

---

① 原注：See Chapter XVII.
② 原注：See Chapter XX.
③ 原注：Regulation (EC) No 1830/2003 of the European Parliament and of the Council.
④ 原注：The introduction of traceability requirements for GMOs was firstly envisaged in a Working document of the Commission Services on Traceability and labelling of GMOs and products derived from GMOs, 2000.
⑤ 原注：See Commission Regulation 65/2004 of 14 January 2004.
⑥ 原注：Cf. Commission Recommendation of 4 October 2004.

Grossman，2005）。

此外，针对绵羊和山羊（第21/2004号法规）、鸡蛋（第2295/2003号法规）、鱼和水产品（第2065/2001号法规和第2006/88号指令），动物源性食品（第931/2011号法规）、用于豆芽制品的豆芽和种子也都有具体的追溯要求（第208/2013号法规）。

5. 欧盟食品卫生立法和"一揽子卫生规范"：概要

欧盟针对食品生产和销售的卫生规则主要有三个主要的法规，分别是第852/2004号法规、第853/2004号法规、第854/2004号法规。[①] 这些法规与第882/2004号有关官方控制的法规[②]，一并成为"一揽子卫生法规"。作为欧盟一个系列的法规，它们的规则不仅针对食品从业者，同时也针对欧盟的机构，尤其是欧盟委员会和食品链和动物健康常设委员会以及成员国。此外，还包括消费者组织和国家层面的主管部门。

欧盟在20世纪60年代就通过纵向的指令设立针对食品卫生的规定。这些指令的要求主要是规范一些动物源性食品的生产和进入共同体市场销售的食品卫生和健康条件。例如，针对鲜肉和鲜猪肉制品、牛奶、渔产品、鸡蛋等。

多年后，第93/43/EC号指令就食品的卫生和核查生产者的合规情况规定了通用性的规则。该理念是要求食品企业从业者明确其活动中的每一个关键的步骤，从而通过明确、执行、保持和检查安全程序来保障食品安全。该要求的前提是基于常设的危害分析和关键控制点体系。

---

① 原注：Regulation (EC) No 852/2004 on the hygiene of foodstuffs; Regulation (EC) No 853/2004, laying down specific hygiene rules for food of animal origin; Regulation (EC) No 854/2004, laying down specific rules for the organisation of official controls on products of animal origin intended for human consumption.

② 原注：See Chapter XVI.

第十一章　追溯和"一揽子卫生法规"
Laura Salvi

由于上述碎片式的发展，欧盟委员会倡议通过一个协调且整合的方式保障食品卫生，从而实现食品生产供应链的一致性和明确性。[①] 为此，欧盟于2004年通过了针对食品卫生的综合性立法。

第852/2004号法规确立了一项针对卫生的基本要求，其可适用于所有的食品企业从业者。此外，第853/2004号法规针对动物源性食品的食品企业从业者细化了规则，而第854/2004号法规则是针对上述的从业者增加了明确的食品检查要求。此外，第882/2004号法规规定了官方检查的内容，其目的在于预防、消除或处理危害人类和动物的风险，借以确保饲料和食品贸易内的公平竞争并进而保护消费者。

同时，第2004/41/EC号指令的目的是为了废除大多数业已过时的有关某一类具体产品的卫生指令。但这一指令已经在2006年1月1日被上述的"一揽子卫生规则"所取代。

这些年以来，欧盟委员会也制定了一些实施法规，以便就卫生规则提供更为具体的规定和细化要求，[②] 包括一些指南性文件。欧盟委员会的工作由食品链和动物健康常设委员会协助开展，且就第852/2004号法规、第853/2004号法规、第854/2004号法规内涉及对公众健康具有重要影响力的事项，欧盟委员会有义务向欧盟食品安全局进行咨询，尤其是在建议或修订上述三个法规内的标准、要求、目标以及技术性规则时。

6. 第852/2004号有关食品卫生的法规：范围和程度

根据第852/2004号法规（食品卫生法规），食品卫生是指"为防

---

① 原注：See White Paper on Food Safety, p. 25.

② 原注：Commission Regulation (EC) No 2073/2005 on microbiological criteria for foodstuffs; Commission Regulation (EC) 2074/2005 laying down implementing measures for certain products under Regulation 853/2004; Commission Regulation (EC) 2075/2005 laying down specific rules on official controls for *Trichinella* in meat; Commission Regulation (EC) No 2076/2005 laying down transitional arrangements for the implementation of Regulations 853/2004, 854/2004 and 882/2004.

控危害并确保用于既定用途的食品适宜人类消费所必要的措施和条件"。① 该法规适用于食品生产、加工和流通的各个阶段以及出口，且不影响与食品卫生相关的更具体要求的实施。② 作为针对食品安全的整合性规制方法，该法规的目的在于全面覆盖整个食品供应链，即从初级生产环节直到入市销售和出口环节。③

第852/2004号法规规定食品企业从业者必须符合该法规附录Ⅰ（初级生产）和附录Ⅱ（其他从业者）规定的要求，其内容涉及实质性的技术性卫生规则。此外，食品企业从业者应当制定更为具体的卫生措施和程序，以便确保符合针对食品的微生物标准和温度控制要求，以及保持冷链和开展抽样分析的要求。

就第852/2004号法规规定的所有针对食品企业从业者的义务来说，它们都与建立和执行以危害分析和关键点控制体系为基础的程序有关，且与之相关的官方控制、注册和许可都作出了具体规定。④ 就后者而言，该法规要求每一个食品企业从业者都应就其控制且对开展食品生产、加工和流通的场所进行登记。

对于食品企业从业者而言，他们必须通过告知相关活动的实质性变化以及关停某一场所的信息，确保主管部门掌握他们管辖场所的最新信息。此外，他们也要保障其开展活动的场所通过了主管部门的许可，为此，需要进行现场核查，而这些往往都是由场地所在的成员国国家法律规定的，抑或根据第853/2004号法规的相内容开展。

无论如何，一些食品企业从业者并没有在食品卫生法规的规制范围内，这是因为"一揽子卫生法规"中设立弹性规则⑤（Lawless

---

① 原注：Art.2(1)(a), Reg. 852/2004.
② 原注：Art.1(1), Reg. 852/2004.
③ 原注：Recital 8, Reg. 852/2004.
④ 原注：Art.5 and Art.6, Reg. 852/2004.
⑤ 原注：See also Commission Staff Working Document on the *Understanding of certain provisions on Flexibility provided in the Hygiene Package*: *Guidelines for the competent authorities*, SEC(2010) 986 final.

2012)。就第852/2004号法规的范围而言，其中一项不在其规制范围内的商业活动就是直销，即由生产者直接向消费者或向本地的且直接供应给消费者的零售场所提供少量的初级产品。在这个方面，由成员国在其国内的立法中，对上述的活动规定规则。①

第852/2004号法规的规定并没有适用于所谓的"用于私人家庭目的的初级生产""用于私人家庭消费的家庭食品制备、处理或储藏"，以及"用于私人家庭消费的家庭食品制备、处理或储藏"。②

6.1 针对初级生产的食品卫生要求

第852/2004号法规明确指出了有必要保障食品供应链全程中的食品安全，且应从初级生产环节开始。③

为此，初级生产中的食品企业从业者和附件Ⅰ中所列出的相关操作都应当符合附录Ⅰ中A部分的通用卫生规定，以及第853/2004号法规中的具体要求。④根据第852/2004号法规附录Ⅰ的A部分要求，初级生产规定也适用于所有的运输，包括活体动物的运输，以及初级产品的仓储和处理，但前提是这一处理不会实质性地改变产品的性质。

食品企业从业者必须尽可能地确保他们的产品免于污染，包括来源于空气、土壤、水、饲料、化肥、兽药、植物保护产品和杀菌剂及仓储的污染。而且，他们还必须采取措施处理废弃物，以及与人类健康相关的动物健康和福利以及植物健康。例如，有关人畜共患病和该类疾病致病菌的监测和控制项目。而针对食品企业从业者饲养、收获或打猎，抑或生产动物源性产品，以及种植或收获的植物产品也有进一步的要求。此外，食品从业者根据食品企业的性质和规模以适宜的方式和时期采取控制危害的措施时，也要符合有关记录的严格义务要求。

---

① 原注：Art.1(2), lett. c) and (3) Reg. 852/2004.
② 原注：Article 1(2) (a) (b)(d), Reg. 852/2004.
③ 原注：Article 1(1) (b), Reg. 852/2004.
④ 原注：Article 4(1), Reg. 852/2004.

最后，需要指出的是，根据第852/2004号法规，初级产品不仅包括新鲜的水果蔬菜，还包括源于土壤、畜牧养殖、狩猎和捕鱼的产品。[①] 因此，条约附录Ⅰ中所列出的其他农产品（如红酒、糖、小麦）并不是适用该法规有关卫生的规则（Costato 2015）。

6.2 针对其他食品企业从业者的食品卫生要求

附录Ⅱ列出了针对初级生产之外的所有食品企业从业者的主要要求，且这些要求必须适用于食品的任一生产、加工和流通环节。附录Ⅱ总共有12个章节。

其中，第一章就食品企业规定了通用的卫生要求，即应保持清洁且处于良好维修状态。食品生产场所的布局、设计、建造、位置和规模应得以对其进行足够的维护、清洁和/或消毒，避免或尽量减少空气携带的污染，提供卫生地开展各项操作所需的足够工作空间。且食品生产场所应有效防止灰尘累积、与有毒材料的接触、颗粒脱落进入食品以及在表面形成凝结物或不利霉菌。此外，针对抽水马桶、洗手盆以及通风、光照、排水、清洁剂和消毒剂都有相应的要求。

第二章的要求是针对食品制备、处理或加工房间，但不含用餐区。根据这一规定，这些房间的设计和布局应得以实施良好食品卫生规范，包括加以保护防止操作之间以及操作过程中的污染。

第三章是针对可移动和/或临时场所（如帐篷、市场摊位、可移动售卖车）、主要作为私人住宅但定期制备食品以投放市场的场所以及自动售货机的要求。

第四章是关于食品的运输。就具体规定而言，运输食品的传送带和/或容器应保持清洁，完好无损，防止食品污染并在必要时其设计和建造应便于充分清洁和/或消毒。

第五章针对所有与食品接触的物品、装置和设备作出了规定，它们应被有效清洁并在必要时消毒。且其建造、所用材料、秩序、维修

---

① 原注：Article 2(1)(b), Reg. 852/2004.

第十一章 追溯和"一揽子卫生法规"
Laura Salvi

和保养状态应尽可能地降低任何污染风险,从而使得安装方法可对设备和周边区域进行充分清洁。

第六章是关于分离和处理食品废弃物。根据该规定,食品废弃物、不可食用的副产品及其他垃圾应置于可闭容器中,且这些容器应建造合理,状况良好,方便清洗以及必要时消毒。

第七章和第八章分别关于供水和食品处理区域内工人的个人卫生要求。

第九章是针对食品制备、包装和处理的卫生情况作出了具体要求。食品从业者不应接受除鲜活动物以外的原材料或成分,或者其已知或可能合理预期用于加工产品的受寄生虫、病原微生物或有毒、腐烂或异物污染程度较重,即使采取卫生的正常分拣和/或准备或加工程序,最终产品仍不适于人类消费的其他材料。同样的,在生产、加工和流通的各个阶段,应保护食品免于任何可能导致其不适于人类消费,有害健康,或使其在合理预期内不适于食用的任何污染。根据第十章的类似规定,用于食品内部和外部包装的材料不应为污染源。最后,第十一章和第十二章就热处理和员工培训作出了规定。

值得一提的是,成员国可以就附录Ⅱ中的要求制定国家措施,诸如意在鼓励食品生产、加工或流通的任意环节中使用"传统方法"的措施。在这一情形下,成员国应告知欧盟委员会和其他成员国,以便他们了解拟制定要求的具体内容和调整情况的性质,以及相关食品和场所的简要概括。此外,还包括该项调整的依据和其他相关的信息。[①]

同样的,根据第2074/2005号法规,成员国可单一或通用性地授权场所背离卫生法规附录Ⅱ中的要求,以便生产"具有传统特色的食品"。根据第2074/2005号法规的规定,具有传统特色的食品是指成员国内的具有传统特点的食品,其传统的制作工艺使产品历来被认为是传统产品。而且,该制作方法是根据业已汇编或注册的传统过程的

---

① 原注:Art.13 (3)(4)(5), Reg. 852/2004.

技术要求，或根据共同体、国家、地区和本地法律的传统生产方法或受到保护的传统产品。① 因此，这一分类也被认为包含了通过"传统方法"生产而来的食品，但并不仅限于此。

6.3 危害分析和关键控制点体系（HACCP）

就所谓的危害分析和关键控制点而言，其是第852/2004号法规规定的一项非常重要的措施。

基于危害分析和关键控制点的方法最初是由美国航空航天管理局采取的食品生产方法，以便在生产过程中消除所有可能的危害。随后，国际层面将其作为有效提供食品供应链中食品安全的措施进行了推广。② 至此，欧盟立法也对其作出了规定，最初是第93/43号指令，随后则是第852/2004号法规。

根据第852/2004号法规，所有的食品企业从业者，应在初级生产后的所有生产、加工和流通环节确立和保持意在识别危害的体系，以便通过监测那些需要采取行动最大可能减少危害的关键点来预防或者减少危害。为此，需要在这些关键控制点上设置和执行有效的监测程序，相应的，安排纠正措施以及确保该系统有效运作的核查程序。最后，他们也需要做好记录和文档工作，以确保上述的措施都得以应用。而且，文档工作应及时更新，并根据主管部门的要求，向其提供这些内容。③

由于适用上述的程序是食品从业者的责任所在，因此，危害分析和关键点控制体系经常被视为是"强制性的自我规制"。事实上，当

---

① 原注：Art. 7, Reg. 2074/2005.
② 原注：See CAC/RCP 1 – 1969, General Principles on Food Hygiene, last reviewed in 2003. This text, as well as further standards related to food hygiene in the food chain have been published in Codex Alimentarius, *Basic texts on Food Hygiene*, 4rd edition, FAO, Rome, Italy, 2009.
③ 原注：Art. 5 (1) (2) (4), Reg. 852/2004. See also DG Sanco, Guidance *Document Implementation of procedures based on the HACCP principles, and facilitation of the implementation of the HACCP principles in certain food businesses* the hygiene of foodstuffs, Brussels, 16 November 2005.

立法者明确表明由食品企业从业者自省决定意在确保食品卫生的程序工作时，后者在实务中并没有太多的裁量自由，因为他们有义务按照法律要求进行（Van der Meulen，2014）。

一如第852/2004号法规所规定的，国家和欧盟应当制定有关良好操作的指南，以便协助食品从业者统一落实危害分析和关键点控制程序以及卫生原则和实务。因此，食品企业从业者可自愿使用这些指南。①

最后，需要指出的是，欧盟法律对于危害分析和关键点控制体系的强制性汇编通常会整合私人的标准，即食品企业可以根据目的加以适用，以便提高他们自身的商业美誉度。对此，不足为奇的是，即便是初级生产环节的食品从业者，也细化了诸如危害分析和关键点控制这些私人项目，即便第852/2004号法规对他们进行了义务豁免。

7. 第853/2004号有关动物源性产品卫生的法规

第853/2004号法规针对源于动物的食品产品规定了具体的卫生规则。该法规对于第852/2004号法规而言，是有效的补充。明确来说，前者明确的卫生义务是那些处理动物源性未加工和加工产品的食品从业者必须履行的，例如鸡蛋、乳、肉和鱼，此外，还有诸如蜜蜂和含有血液的食品产品。

第853/2004号法规规定的要求并不适用于以下的活动或人员：满足家庭自用的初级生产；满足家庭自身消费的食品制备、处理或储藏；生产者向最终消费者直接供给少量初级产品或通过当地零售场所向最终消费者直接提供；生产者向最终消费者直接供给在农场进行屠宰后获得的少量禽肉和兔肉，或通过当地零售场所以鲜肉形式直接向最终消费者提供上述肉产品；猎人向最终消费者提供少量野生猎物或其肉类或通过当地零售场所直接向消费者提供。此外，第853/2004号法规

---

① 原注：Articles 7, 8, 9, Reg. 852/2004.

189

的规则也不适用于混合类产品,例如,食品产品中既含有植物源性产品也含有动物源性产品的。针对上述活动和人员的规制规则需要成员国进一步落实。①

根据这一法规,处理动物源性食品的食品企业从业者只有在他们的制备和处理活动仅开展于根据第852/2004号法规进行注册并获得许可的场所内时,才可以将他们的产品流通至欧盟的市场。具体来说,就是符合第852/2004号法规附录Ⅲ和附录Ⅲ以及食品法②其他相关的要求。对于处理动物源性食品的场所而言,第853/2004号法规附录Ⅲ规定了具体的要求,即这些场所只有在主管部门根据第854/2004号法规③对其许可后才能开工。

就第853/2004号法规针对食品从业者的具体义务要求而言,值得指出的是需要关注动物源性食品的健康和识别记号,且这些产品必须根据该法规以及进行注册并获得许可的场所内进行生产。记号的使用应符合第852/2004号法规的要求,如有可能,还应符合第853/2004号法规附录Ⅱ第Ⅰ部分的要求。④

附录Ⅱ也要求那些运营屠宰场的食品企业必须符合第852/2004号法规有关危害分析和关键点控制的要求。对于他们非野生的动物的食品供应链信息,在它们送往或意在送往屠宰场时,上述的食品企业应当要求、接受、检查这些信息并采取相应的行动。此外,附录Ⅲ还针对不同的产品类型作出了细化的要求,例如针对家养蹄类动物的肉、源于禽类和兔类的肉、野生动物的肉等。

8. 第854/2004号有关动物源性产品官方控制的法规

第854/2004号法规规定了针对用于消费的动物源性产品的官方控

---

① 原注:Art.1, Reg. 853/2004.
② 原注:Art.4(1), Reg. 853/2004.
③ 原注:Art.4 (2)(3), Reg. 853/2004.
④ 原注:Art.5, Reg. 853/2004.

第十一章　追溯和"一揽子卫生法规"
Laura Salvi

制及其组织内容。该法规与其他两项卫生法规一起，明确了成员国如何落实这些法规规定的内容。

第854/2004号法规就如何许可那些处理入市动物源性食品的场所作出了规定。在这个方面，主管部门应当进行现场检查，以便对这些场所进行评估，确保其符合第852/2004号和853/2004号法规的所有要求。对于获得许可的场所，其将获得一个许可编码，该编码的内容可以表明该场所处理动物源性产品的类型。对于附条件的许可也可以如此适用，即基础设施和设备在第一个环节的检查中符合要求，且在随后的第二次现场检查，场所的检查也表明其符合了相关规定的要求，便对其进行许可。①

对于成员国主管部门开展的官方控制，其应当符合成员国根据第882/2004号法规制定的程序进行。在最初的环节中，成员国应当确保食品企业从业者为其提供了所有的协助，以便确保由主管部门开展的官方控制可以有效开展。这包括使其可以进入食品生产场所、厂房、检查装备和其他基础设施，以及可以查看相关的文档和记录。②

官方控制的目的在于核实食品企业从业者履行第852/2004号法规、第853/2004号法规以及第1774/02号有关非用于人类消费的动物副产品的健康规则法规的要求情况。③这些检查包括审计良好卫生规范和基于危害分析和关键点控制的程序落实情况，针对动物源性食品（如鲜肉、活体双壳类软体动物渔产品、鲜奶和乳制品）的具体官方控制内容，以及法规附录中具体规定的特别审计工作。④此外，针对进口的动物源性食品也有明确的检查程序。⑤

---

① 原注：Art. 3, Reg. 854/2004.
② 原注：Art. 4(1), Reg. 854/2004.
③ 原注：Art. 4(1), Reg. 854/2004.
④ 原注：Art. 4(1), Reg. 854/2004.
⑤ 原注：Artt. 11-15, Reg. 854/2004.

9. 第183/2005号有关饲料卫生的法规

论及欧盟有关食品卫生的立法时，有必要提及第183/2005号法规，即便其并不是"一揽子卫生法规"中的一项内容。

该法规规定了饲料卫生的一般性要求和规则，确保饲料追溯的条件和安排，以及场所注册和许可的条件要求。其适用于所有环节中饲料企业从业者开展的活动，包括从饲料的初级生产开始指导饲料的入市销售，以及食源性动物的喂养和第三国之间的饲料进出口。相反，该法规并不适用于以下的活动，例如私人家庭内部的饲料生产；满足私人家庭消费的动物饲养喂食；针对非用于食品生产的动物饲养喂食；由本地的生产者直接向本地农场提供少量的初级生产而来的饲料，且其使用仅限于该本地农场。

翻译：孙娟娟

Chapter 12 第十二章

快速预警体系

Mariarita D'Addezio, Gioia Maccioni

1. 食品和饲料的快速预警体系：法律渊源，框架和作用

在欧盟法律中，适用于所有消费品（包括食品和非食品）的快速预警体系在第178/2002号法规出台前就存在，但该法规针对食品和饲料确立了一个特别的横向系统，但与其他针对类似产品的共同体立法并不冲突。①

第178/2002号法规为食品和饲料建立了快速预警体系（以下称为"RASFF"）。该体系由欧盟委员会负责管理，期间涉及成员国、欧盟委员会和欧盟食品安全局，其目的在于向官方控制机构就针对源于食品或饲料的危害人类健康的风险预警提供有效的工具。成员国、欧盟委员会和欧盟食品安全局都应当确立一个联络点，作为该工作网络的构成成员。

---

① 原注：ECJ,9 June 2005,joined cases C – 211/03,C – 299/03,C – 316,317,318/03.

根据共同体与其他国家、国际组织所签订的协议以及协议中所确定的程序，参与快速预警体系的资质可向申请国、第三国家或者国际组织开放。协议中的相关内容应建立在互惠的基础上，包含一些保密措施，后者应当与共同体内适用的相关机制等同。

第178/2002号法规的第50～52条与欧盟食品和饲料快速预警体系的框架和程序有关，这一法规的第53～57条、第35条和第10条表述了欧盟食品和饲料快速预警体系的功能。就这些功能而言，新的食品法典的范围要求必须包括所有针对食品和饲料卫生的监管，对此，已经由2006年起实施的欧盟法律作出了相关规定。[①]

第50条罗列了欧盟食品和饲料快速预警体系的操作范围和要求。第51条要求欧盟委员会建立有关第50条的执行措施，特别是关于适用于通告传达和补充信息的具体条件和程序。第53～57条是关于紧急情况和危机管理的。最后，需要指出的是，第58条规定了协助欧盟工作的食物链和动物健康常务委员会的作用（Costato 2007）。

随后，欧盟议会和欧盟理事会制定的第183/2005号法规[②]将欧盟食品和饲料快速预警体系的范围拓展到了与动物健康和环境相关的严重风险。欧盟议会和欧盟理事会制定的第1935/2004号法规也启用了与食品接触材料有关的风险快速预警体系[③]（Capelli 2011）。

所以，提到"风险"这个术语就意味着与食品、食品接触材料或者饲料相关的直接或间接危害人类健康的风险，抑或与饲料有关的危害人类健康、动物健康或者环境的严重风险。

鉴于《欧盟运作条约》和第178/2002号法规的规定，欧盟委员会制定的第16/2011号法规确立了执行欧盟食品和饲料快速预警体系的具体措施，其中，第178/2002号第51条的规定是上述执行法规的

[①] 原注：Reg. No 852/2004, No 853/2004, No 854/2004, No 882/2004 of the European Parliament and of the Council, i. e. "hygiene package". See Chapter XI.

[②] 原注：Art. 29.

[③] 原注：Recital 4, Reg. No 16/2011.

第十二章　快速预警体系

Mariarita D'Addezio，Gioia Maccioni

法律渊源。为了确保欧盟食品和饲料快速预警体系的有效运行，第16/2011号法规制定了不同类型的通知的送达程序要求；① 为了确保成员国之间的网络系统正确有效地发挥作用，这一法规不仅建立了关于联络点责任的一般规则，也规定了欧盟委员会通过核实通告所能发挥的协调作用。

此外，在2006年，② 欧盟委员会建立了"ARGUS"作为通用的快速预警体系。ARGUS是一个信息网络，主要由欧盟委员会的一些行政机构——总司③参与该网络，此外还有一些别的主体。该应急体系在欧盟层面④遭遇严重的跨部门性质的危机时予以启动。一种建立在欧洲委员会和其他部门的一些总局的参加的基础上的信息网络，并且在欧洲共同体水平上的一系列多部门性质的严重危机中得到启用。

针对食品和饲料建立了快速预警体系，作为一个工作网络，其在共同汇编的程序基础上搜集并传送一些信息（Petrelli 2011），目的在于保证网络上的各个类型的通知（强制性的或者非强制性的）的快速流通，包括相关的开展行动和采取的措施。⑤

食品和饲料的快速预警体系是欧盟在若干个领域内所逐步建立的一些联络系统内的组成部分，这些工作激活了欧盟网络的运作，后者是为了实现合作信条、活动协调、信息交换、通用项目的细化等（例如：网络性质2000，农村发展网络）。值得一提的是，该系统要求再次考虑协同的行政模式，该体系参见了第178/2002号法规中第53、54条的规定，似乎是构建在"反向的辅助"原则之上（Albisinni 2003；Germano-Rook Basile 2006）。

与信息交换有关的完整且统一的法律框架促进了与食品和饲料建

---

① 原注：Art 1，Reg. No 16/2011.
② 原注：Art 1，Commission Decision No 2006/25/EC，Euratom.
③ 原注：包括环境总司、健康和消费者保护总司。
④ 原注：Art 2，Commission Decision No 2006/25/EC，Euratom.
⑤ 原注：Artt. 50(5)，53(2)，54(1)，Reg. No 178/2002.

立的快速预警体系相连的国家预警体系的正常化和合理化进程。

食品和饲料的快速预警体系被认为是一种可以用来评估人类健康的直接或者间接风险、人类健康、动物健康或者环境的严重风险的基本工具。它们需要网络成员通过建立在预防途径基础上的全面的风险评估、管理和交流来处理风险分析以保持较高的效率（Petrelli 2011）。①

食品和饲料的快速预警体系的主要目标是食品安全。监测，控制，依照一定的保密规则②所采取的信息工具，快速反应，可追溯性，协同行政有助于通过一个可以对突发事件进行干预，目的在于预防或者限制任何可能由食品或者饲料引起的风险的组织来达到目的（Costato 2007），在欧盟这样做是为了确保食品安全标准的高水平（Petrelli 2011）。

主要相关的原则包括透明（通过公共咨询和信息渠道③），谨慎预防（管理针对潜在且动态风险的标准（Francario 2007）），比例性（支持商品的自由流通），辅助性，统一性（紧急措施，Capelli 2011），责任性和互惠。

在欧盟有关食品安全的法律框架中，违法责任原则是处在任何个人和公共责任之上。就食品和饲料建立了快速预警体系而言，承担预防、控制、监测和紧急情况管理工作是由公共的法律实体承担的，包括欧盟委员会、成员国、欧盟食品安全局。

然而，更重要的角色由以下主体执行：

——私人从业者，通过可追溯的要求，其有通知欧盟食品安全局的义务，核实和报告存在的风险，并从市场上召回产品；

——消费者，通过监视和控制市场上的产品；

——公众意见，通过对人类和环境存在的潜在暴露的风险施加压力（Petrelli2011）。

---

① 原注：See Art. 7,14,15,Reg. No 178/2002.
② 原注：Artt. 52 and 50(6),Reg. No 178/2002.
③ 原注：Artt 52(1),55(2),and 57(3),Reg,No 178/2002;Art. 11,Reg. No 16/2011.

第十二章　快速预警体系
Mariarita D'Addezio, Gioia Maccioni

欧盟、申请国、第三国、国际组织之间的协议建立在互惠的基础上，是为了给非欧盟实体奠定快速预警体系的参与基础。①

2. 确保工作网络功能准确且有效运作的规则、条件和程序

欧盟议会和欧盟理事会2002年1月28日制定的第178/2002号法规规定了食品法的一般原则和要求，成立了欧盟食品安全局，并且规定了关于快速预警"体系"中的与食品安全有关的过程（D'Addezio 2011；Petrelli 2010；IDAIC 2003；Costato 2007；Cardwell 2004）。

这个体系在欧盟法律框架中已经存在，例如1992年6月29日第92/59/EEC号针对有关一般产品安全的指令；该指令包括了一个基于"君子协定"形式的快速预警体系（1978–1979）。

但是第92/59/EEC号指令中的体系只覆盖了食品和工业产品，不包括饲料。

正如第178/2002号法规所强调的，最近的食品危机证明了有必要改进和扩大快速预警体系，进而使其同时覆盖饲料和食品（该法规序言第59项）。

大多数人认为有必要制定适宜的处理紧急情况的体系，确保任何类型和来源的所有食品和饲料在遇到有害人类健康、动物健康或环境的严重风险时可以采取通用的措施。这种全面的方法有助于在应对与食品或者饲料有关的严重风险时采取有效的行动，并防止人为所导致的差异（第178/2002号法规序言第60号）。

最近的食品危机也表明了欧盟委员会采用更多的快速危机管理程序的益处，欧盟委员会的目的是在科学信息最优化的基础上协调工作和决定最有效的措施（第178/2002号法规序言第61号）。

因此，欧盟食品安全局应当在其履职过程中重视修订后的程序，并在食品危机发生时以建议的形式提供科学和技术协助。

---

① 原注：Art 50(6), Reg. No 178/2002.

为了确保食品供应链管理的更加有效且全面的方法，应当成立食物链和动物健康委员会来替代兽医常设委员会，食品常设委员会和饲料常设委员会。为此，欧盟理事会也应当废除第68/361/EEC号决定、第69/414/EEC号决定和第70/372/EEC号决定。食物链和动物健康委员会也应当替代植物健康常设委员会所具有的与植物保护产品和设定最大残留水平相关联的权限（第178/2002号法规序言第62号）。

第178/2002号法规的第50条制定了运行食品和饲料建立的快速预警体系的目标和要求。[1]

一个关于"体系"的完整视角是有必要的（Costato 2003a；Petrelli 2003；Albisinni 2003；Adornato 2004；Bolognini 2003；Lattanzi 2004）。[2]

为了获得一般的总体视角，考虑其他的重要法规是必要的。包括：第852/2004号法规，第853/2004号法规，第854/2004号法规制定了卫生规则；[3] 欧盟委员会2005年11月15日的第2073/2005号法制定了食品的微生物学标准；欧盟议会和欧盟理事会2005年1月12日的第183/2005号法规制定了饲料的要求；欧盟议会和欧盟理事会2003年9月22日的第1829/2003号法规制定了转基因食品和饲料的标准。[4]

欧盟议会和欧盟理事会2005年1月12日的第183/2005号法规第29条制定了饲料卫生要求，将食品和饲料建立快速预警体系的目标延伸到了抵御危害动物健康和环境的严重风险。[5]

欧盟委员会2011年1月10日的第16/2011号法规制定了食品和饲料的快速预警体系的实施措施，执行第178/2002号法规的第51条，

---

[1] 原注：Art. 50(Rapid alert system), Reg. No 178/2002.
[2] 原注：See para 1, D'Addezio; Reg. No 178/2002, Articles：35 (Rapid alert system); in Chapter Ⅳ (Rapid alert system, crisis management and emergencies)：Section Ⅰ (Rapid alert system), Articles 50 – 52; Section 2 (Emergencies), Articles 53 – 54; Section 3 (Crisis management), Articles 55 – 56.
[3] 原注：See Chapter Ⅺ.
[4] 原注：See Chapter ⅪⅩ.
[5] 原注：Art. 29(Rapid Alert System), Reg. No 183/2005.

第十二章　快速预警体系

Mariarita D'Addezio, Gioia Maccioni

需要欧盟委员会确立这个法规的第 50 条的实施措施，包括成员国和欧盟食品安全局，由欧盟委员会管理，特别是与通知传达和补充信息有关的特定条件和程序。[1]

第 16/2011 号法规给成员国提供了一个由食品或者饲料引起的对人类健康的风险通知的有效的控制工具。这个法规列举了通报的特定种类（预警通报、信息通报、后续通报和其他通报），以及通报进程的应用和核实（D'Addezio，para. 1，Capelli 2011）。

第 16/2011 号法规的第 1 条中包含了"定义"。[2] 但是第 16/2006 号法规也撤销了欧盟议会和欧盟理事会 2005 年 1 月 12 日的第 183/2005 号法规的第 29 条，制定了饲料卫生要求，将食品和饲料建立的快速预警体系的范围延伸到了对动物健康和环境的严重风险。因此，将"风险"这个术语用在这个法规中，可以根据第 178/2002 号法规中针对与食品、食品接触材料或饲料相关的危害人类健康的直接或间接的风险来理解，抑或根据第 183/2005 号法规把它作为与饲料有关的危害人类健康、动物健康或环境的严重风险来理解。

因此，这个"体系"不能只局限在第 178/2002 号法规的第 50 ~ 52 条内（Echols 2001；Adornato 2004；Jannarelli 2009）。

这个"体系"和第 178/2002 号法规，其他法规、程序、条件密切相关，阐明许多学科之间的复杂的相互作用，不仅仅是欧盟委员会的责任，同样也是不同的公共主体和私人主体的责任（D'Addezio，para. 1，Albisinni 2010；Maccioni 2010）。

翻译：周先翔

---

[1] 原注：Art. 51 (Implementing measures), Reg. No 183/2005.
[2] 原注：Art. 1 (Definitions), Reg. No 16/2011.

Chapter 13
第十三章

技术规则和国家法规

Domenico Viti

1. 欧盟在世界食品市场中的"标准制定者"角色

欧盟已经成为世界食品市场中推动自愿性标准发展的主要参与者。欧洲食品标准之所以取得如此瞩目的成绩是基于欧洲法律文化在标准上与美国食品链控制体系之间的巨大差异。

美国对企业标准一向采取宽松政策。即使是在美国食品药品监督管理局的统一管控之下,食品行业联盟长期以来仍然在庞大的美国市场适用他们自己的标准。

在欧洲,企业、食品行业界与政治行政系统的相互关系在结构上与美国大不相同。在美国食品市场管理中适用"无罪推定"是可以理解的,然而由于欧盟各成员国之间食品企业的商业文化差异使得其很难在欧盟得以适用。而美国市场受宪法贸易条款的保护,很早之前(至少是在南北战争之后)就接受了联邦政府的角色,即在一个没有内部壁垒的市场上施行宽松

第十三章　技术规则和国家法规
Domenico Viti

的规则，而欧共同体却必须利用其政治力量建立一个内部市场。

在同质性标准设立之前，欧洲食品体系是建立在既有的国家法律规则之上：即使对于像欧洲这样一个高度发达的官僚体制来说，这也是一个噩梦般的任务。所谓的"欧盟委员会体系"使这种架构变得更为复杂，这一体系从未在其他类型的联邦体制中出现过（例如，美国各州在中央政府中没有发言权，不同商业团体之间的联系是通过一个高度成熟的游说体制来实现的）。欧盟委员会体系还意味着各国政府对欧盟委员会决议的直接干预，因为各委员会的专家大多来自于各成员国的技术机构，并且他们经常因太过于关注其所代表的选区的利益而被指责。

标准的制定可能已经成为各国政治争执的一个主要来源，特别是对于那些具有大型农业食品企业的国家而言。欧共体没有采用通过商业联盟自治的美国模式，仅仅是因为，在欧洲的食品企业中不存在那样一种组织化的行为，尤其是在一开始的时候。

食品企业的兼并和收购过程，在某种程度上，为同质性标准体系的设立铺平了道路。对此，其方式主要是自愿接受欧共体层面的标准，而不再是依赖于国家层面的标准。这一路径不仅为食品行业所遵循，而且也为所有需要共同规则的商业部门所遵循。兼并和收购已经在市场上创造了多品牌的农业食品巨头，其工厂遍布整个欧洲。最后，商业界和欧洲机构之间的利益融合使得欧共体（之后是欧盟）理解了技术规则作用，并日益认识到在一个由高度技术问题主导的行业中实施法治的必要性，否则就会出现一个不受管控的市场。

2. 自愿性标准体系

自愿性标准正在取代欧盟农业食品链治理中的财政政策。无论是欧盟委员会还是成员国政府都不具有设定标准的专业技术，因此需要创立一个单一的规则体系。欧盟委员会主导这个过程，但总体而言这是一种由利益相关者自我治理的形式。在这个方面，欧洲标准化委员

会（European Committee for Standardization，CEN）的设立为利益相关者参与制定标准和技术规则提供了平台。它与欧洲电信标准化协会和欧洲电工标准化委员会一同被公认为欧洲标准化组织。

这些组织与国际标准化组织紧密相连，实际上创建了欧洲和国际两套平行标准，且可以由国际贸易中的所有主要参与者执行。

欧盟机构和各成员国对食品安全和其他公共利益负责。这些公共渊源的法律设定了目标，但却是由利益相关者来寻找实现这些目标的途径，并且为此制定标准。标准化是对自治模式达成共识的方式。

当利害相关的各方在自愿的基础上对标准达成共识时，他们可以用于政府采购，同时可以促进市场参与者之间的互动，提升竞争力。欧共体找到了一种在授权制定标准的同时控制程序合法性的方法。

欧洲标准化机构也因此得到了推广，并在世界性组织这一更为广阔的背景下运作，在所谓的"技术外交"领域扮演欧盟非正式代表的角色，但是严格地说，他们并不是欧盟机构的一部分。他们对市场进行日常管理。

世界贸易组织在参与市场管理时，常常援引标准，而这进一步肯定了欧盟的上述政策[①]。在制定法律和政策时参照标准和技术规定已经成为一种常规的做法，而与治理互动的大多数领域则留给了经济主体。

欧盟、成员国和标准化机构之间的密切合作，也使得行业论坛和联盟发挥了重要的作用（但不同于美国经验），其工作是为一些行业组织的成员设定规则。而在美国的体系中，论坛和联盟在市场的直接治理中发挥了主要作用，但在欧洲，论坛和联盟的影响一直都是间接的，因为在欧盟，正式的标准化是基于机构的授权。

3. 维也纳协定

将欧洲标准整合纳入到一个更广泛的架构中的必要性导致了欧洲

[①] 原注：参见第三章。

第十三章 技术规则和国家法规
Domenico Viti

标准委员会和国际标准化组织（ISO）之间的密切合作。国际标准化组织是一个非政府组织，其总部设在瑞士，但在世界各国都设有分支机构。即使是欠发达的国家也有标准化机构，经常是通过国际合作的形式对其进行资助。

国际标准化组织和欧洲标准委员会之间的关系是由欧洲标准委员会行政委员会和国际标准化组织执行委员会在1991年批准通过的《维也纳协定》①来进行调整的。该协定的目的是优化完善标准制定的组织。协定涉及各种技术标准，但制定食品标准似乎是其中最具有的挑战性的任务之一。欧盟的标准化规则完全融入到全球化的背景之中，并且在某种程度上，趋向于引领食品管理政策。采取国际标准必须符合欧洲单一市场的要求。

这两个组织都可以领导欧洲标准委员会和国际标准化组织之间的合作。合作的开展基本上是通过采用既有的国际标准作为欧洲标准，并发布并行的程序来定义标准。为了实现监测目的，成立了联合协调小组（A joint Co-ordination Group）。

《食品法典》②由联合国粮农组织和世界卫生组织在自愿接受原则的基础上制定，也受到了标准一体化的影响。食品法典委员会秘书处负责有关信息交换的维持工作。食品法典委员会联络点（Codex Contact Points）的设立有助于尽可能地减少重复工作，并加强与国际标准化组织和欧洲标准委员会的协调。ISO22000在确立食品安全管理体系的要求方面起到了至关重要的作用。在此背景下，两个组织之间一个引人注目的合作就是有关三聚氰胺的，即食品法典委员会正式认可了由国际标准化组织制定的技术规格。

国际标准化组织在食品法典委员会拥有观察员的身份，并协调与食品相关的标准。

---

① 原注：Agreement on technical co-operation between ISO and CEN, 27 June 1991.
② 原注：参见第三章。

4. 标准化政策

由于市场太过复杂，不可能仅凭公共规则来加以规制，因此，标准化是必要的。传统政策类型的法律渊源无法跟上技术的快速发展。此外，市场和产业技术知识必须以某种方式转化为公认的行业准则。自愿性标准的使用是通过在食品链参与者中寻求共识的过程来确定的，它降低了成本并使企业的市场行为更具有可预测性。由于已制定好的标准化条款的成本很容易计算，官僚主义已被缩减至一个可以接受的水平。同质且公认的规则使员工的专业培训变得更容易并且也更便宜。买家和供应商，尤其是在商业链的内部，能够共同地无障碍交流。统一的市场通道提高了质量，降低了技术错误发生的频率并且促进了技术错误的识别。标准化以外部机构的管控取代了商业交易中的人际信任，这既有助于规则的建立又能控制系统的平稳运行。

因此可以说，标准化是实现优质食品目标的一种有效途径，但也会出现关于支持典型产品的问题。

5. 透明度指令

在欧盟的标准制定过程中，欧盟委员会起到保障效率、问责和透明度的作用。

第98/34/EC号指令（被称为"透明度指令"）[①] 规定成员国必须向委员会报告其任何产品的技术法规，以避免技术性贸易壁垒。因此，各国立法者无法采用没有经过欧盟委员会核查的技术法规。技术规则应当符合欧洲立法的要求。也就是说，欧洲标准的制定需要获得成员国和欧洲标准组织的认可是以该指令为法律依据的。

[①] 原注：Directive 98/34/EC of the European Parliament and of the Council of 22 June 1998 laying down a procedure for the provision of information in the field of technical standards and regulations.

第十三章　技术规则和国家法规

Domenico Viti

　　几年前，在《技术协调和标准的新方法》被批准前①，政策框架就明确表示：为了保障产品在成员国内的流通，应设定极其有限的要求。为了实现这个目标，决议声明立法不应该作详细规定。

　　法律可以规定产品的性能，以统一的适用来推动单一市场。在这种情况下，标准化实际是由指定机构来适用的，但前提是要遵循经协调一致的标准程序。在这个方面，第73/23/EEC号指令②规定了"符合推定"的原则，根据该原则统一的产品应被视为符合法律标准。因此，在没有将自愿性标准转化为强制性标准的情况下，欧洲立法既实现了协调各国法律规定的目标，又将要求转化为有效规则的目标。立法上广义的安全要求必须能让行业从技术层面得以理解。

　　由于欧盟委员会的授权，无论是认可的机构还是行业和技术共同体都有机会提供制定标准所需的一切知识。通过欧盟委员会的授权，按照自愿性标准解释指令的要求成为一般规则。相反，标准不一定成为公认的规则，因为他们由产业界制定，以便理顺行业关系。

6. "新方法"和"规则的产生"

　　新的规则有公共和私人两种渊源，其中，越来越多的私人机构受公众委托制定这种新型的法律框架。

　　在确立私人标准和规则并被认可的"私人规则"产生后，标准化是这个规则制定过程的目标。认可已经成了一项重要的业务，由私人企业依据他们自己的程序准则来操作。这引发了一个严重的问题，即涉及在法院的诉权，以获得基本的欧洲和国家权利的保护。

　　每个成员国都有自己的认可机构，以确保标准得到食品供应链中各企业的遵守。欧洲标准化机构自1961以来一直为欧共体成员国和欧洲自由贸易联盟效力，其工作必须由欧盟委员会批准。

---

① 原注：Council Resolution of 7 May 1985.
② 原注：Council Directive 73/23/EEC of 19 February 1973.

欧共体第 98/34/EC 号指令①附件 I 认可了自愿性标准，以便制定整个食品生产体系的标准，从而以可以理解的技术规则、通用的技术术语和共同的职责权限来提升单一欧洲市场的竞争力。

从 2010 年 1 月 1 日开始，每个成员国必须按照第 765/2008 号法规②的规定指定一个唯一的国家认可机构。

7. 国家代表团原则

确定标准的程序是建立在数以千计的专家根据技术的发展来定义标准工作的基础之上。国家代表团原则确保各国标准可以整合到欧盟标准中，并进一步整合到范围更广的国际标准中。国家机构参与到标准的制定中，一旦标准获得通过，每一个机构都必须要遵守。国家参与制定欧盟标准机构的标准是通过一个有利于技术最发达国家的加权投票制度来予以平衡。利益相关者参与起草的标准和规则是在国家层面上予以贯彻执行的，任何危及欧洲规则实施的国家标准都要被撤销。第 768/2008/EC 号决议③制定了关于技术标准和统一标准广泛定义的部门指令。

8. 欧盟委员会对欧洲标准委员会的授权

指令授权是基于欧洲公共当局和认可的标准化机构之间的密切合作。因此，技术规格是由符合要求的规范来决定的。规制规定必须体现标准化机构应承认且不予以修改的政治选择。该授权阐明了当局的期望，其内容是建立标准的框架。

标准化机构可以要求更改授权的定义，一旦它被接受就是具有约

---

① 原注：Dir. 98/34/EC.
② 原注：参见第十四章。Reg. No 765/2008 of 9 July 2008 setting out the requirements for accreditation and market surveillance relating to the marketing of products and repealing Regulation (EEC) No 339/93.
③ 原注：Dec. No 768/2008/EC 9 July 2008 on a common framework for the marketing of products, and repealing Council Decision 93/465/EEC.

束力的。在执行公共当局的授权事项有困难的情况下，标准化机构必须通过常务委员会通知欧盟委员会或各成员国。一旦接受授权，有关各方就会签署一份协议。

有三方面的授权：研究、规划和标准化。

第一项的目的在于了解在特定情况下标准化的需求：例如，新部门需要一项有关标准化的影响的研究。

规划授权涉及计划的编制、时间的设定以及应适用标准化的领域。

标准化授权是起草标准。

授权通常是开放性的，也就是说，欧洲标准化机构可以在特定领域合法地变更标准的主体。在依法提供标准后，授权不会就此终止，因为它总是可以适用于新的程序中。鉴于这些原则仍然相同，程序可以在最初的授权下被激活，可以根据申请予以修改。

立法或政策决策为授权提供了法律依据，但在第98/34/EC号指令[1]之后不再需要这种具体的法律依据了，而只需要授权指明标准的基本要求。

欧盟理事会1999年10月28号的决议[2]要求欧盟委员会准确、高效地授权。标准化应予以监测和跟踪。欧洲标准化机构有责任确保统一的标准符合授权的要求。授权应该包含允许采取后续行动的内容。为了确保内容的透明度，其被公布在一个由欧盟委员会管理的数据库中。

9. 发布标准

标准化机构的工作方法不受欧盟委员会和政府的干涉。欧盟委员会和各国政府不干预标准化机构的工作，但授权的履行必须采取与执行欧洲项目相同的方式，必须制定详细的监测和评估计划并具体说明

---

[1] 原注：Dir. 98/34/EC.
[2] 原注：Council Resolution of 28 October 1999 on the role of standardization in Europe.

标准化的对象。确保监测的主要依据是一套方案，在该方案中应该指明标准化的对象。每一标准应被看作是一个项目，并且有一个总体规划，保证标准化机构的自主权。

自 2002 年以来欧盟已经使用了三种官方语言：英语、法语和德语，而早期的工作只用英语。根据 1999 年 10 月 28 日的决议①，监测必须由欧盟委员会和标准化机构密切协调。

10. ISO 22000：2005 标准

由欧洲标准委员会和国际标准化组织 ISO 联合批准的规则已经成为确保在食品安全管理方面达成共识的重要一步。它将取代危害分析和关键控制点（HACCP）成为公认的食品安全标准（HACCP 并不是一种标准，因为它是一种基于个案分析的控制体系）。实际上，HACCP 已经嵌入到标准中，成为标准的一部分。

EN ISO 22000：2005 是由技术委员会 ISO/TC 34 "食用农产品"和欧洲标准委员会技术委员会 CEN/SS C01 "食品产品"制定的。国际标准化组织的文本由欧洲标准委员会批准，且没有做任何的修改。各成员国与之冲突的标准已经被撤销。

标准的正式名称是《食品安全管理体系－食品链中各类组织的要求》。标准的总体战略是通过促进食品链中所有参与方的共同努力，以减少和查明食源性危害。食品安全管理体系内在要求的标准包括互动交流、系统管理、前提方案、危害分析和关键控制点原则。

该标准旨在统一对食品安全的要求；标准中的技术要求往往超出法律的规定范围。这些要求是通用的，以便涵盖所有类型的食品管理：农民、收获者、饲料生产者、食品制造商、零售商、餐饮服务、提供清洁和卫生服务的企业，交通运输，仓储和配送服务。

食品安全是指在食品制备和（或）食用的时候，不会对消费者造

---

① 原注：Council Resolution of 28 October 1999.

成伤害，而食品安全危害是指食品中所含有的对健康有潜在不良影响的生物、化学或物理的因素或食品状况。危害不是风险，风险是一种对健康产生不良影响的概率函数[①]。

食品安全的前提方案（PRP）是在整个食品链中为保持卫生环境所必需的基本条件，而操作性前提方案是为了防止食品安全危害的引入而采取的控制措施。食品管理体系应当按照要求确保食品安全危害以这样的方式被识别、评价和控制，以避免伤害到消费者。定期评价和更新是必要的。

应明确各项职责和权限，建立有效运行的食品安全管理体系并保持外部和内部交流。

安全产品需要策划和开发过程，所策划的活动必须包括前提方案、操作性前提方案和危害分析与关键控制点。危害分析的目的在于确定所要求的控制程度和其组合。所有的食品安全危害必须被识别并记录。识别是基于数据的收集、经验和信息。针对每个识别的危害，都有必要确定可接受的安全水平。危害评估是确定危害的消除或减少是否可以接受。控制措施可以通过操作性前提方案或 HACCP 来进行管理。ISO22000 与 ISO 9001：2000 在文件要求、文件和记录控制方面有着密切的联系。

11. 审计

审计是食品安全验证的通用体系。内部和外部审计的目的都在于控制体系的整体性能。审计有助于完善管理体系和识别潜在的不安全状况。基于审计一套持续改进体系的结果，2003 年 2 月 UNI EN ISO19011 确定了与质量管理相关的审计模式，但是 ISO9000 和 ISO14000 以规则的发布者与被控制的行业之间的合作为基础，将审计作为控制的主要手段。ISO9000 的悠久历史表明，审计是保证标准控制的最有效的体

[①] 原注：参见第十一章和第十二章。

系。审计可以是内部的也可是外部的。前者是由受控企业承担，而后者是由一个独立的机构承担。

第882/2004号法规①确定了一套食品和饲料的官方控制体系来保障食品安全。欧盟委员会2006年9月29日N. 677号决议②确立了明确引用欧洲标准委员会和国际标准化组织ISO标准的指导方针。它将审计与食品安全的总体目标链接起来；决议第5条将"一套系统方法"运用到审核计划中，其必须体现透明度并指明优先顺序。

所谓的"回应型规制"是从盎格鲁-撒克逊法律理论中发展出来的，似乎是这种法律环境的文化框架。控制活动的所有参与者都应该有着共同的目标，因为标准是被自愿接受和适用的，并且应该采用协调一致的程序，这样就可以限制可能的独断决策。它不是一个基于个案分析的解决问题的方法，而是一个了解食品链的正确管理的工具。审计应该成为一种控制的客观手段，而不是一种表达意见的方法。

将前提方案与已公布的目标相连接匹配使得这种方法不只是拘泥于严格遵照法律法规的"纸上谈兵"，在审计中，规则适用的矫正过程应当旨在实现有效的食品安全目标。

翻译：周明

---

① 原注：Reg. No 882/2004 of 29 April 2004 on official controls performed to ensure the verification of compliance with feed and food law, animal health and animal welfare rules. 参见第十一章。

② 原注：Dec. No 2006/677/EC of 29 September 2006 setting out the guidelines laying down criteria for the conduct of audits under Regulation (EC) No 882/2004 of the European Parliament and of the Council on official controls to verify compliance with feed and food law, animal health and animal welfare rules.

Chapter 14
第十四章

公共和私人的官方监管标准

Eloisa Cristiani-Giuliana Strambi

1. 公共和私人标准：概念、类型、作用

在过去的20年里，世界以及欧盟的食用农产品市场已然形成这样一种特征，即出现大量有关食品安全、质量的标准。多种因素共同导致了这一现象的出现，而主要的原因则是为了应对在20世纪90年代末发生的臭名昭著的食品丑闻以及公众对于食品安全的担忧。一方面，这些标准作为竞争工具，满足了区域和全球贸易的需要；另一方面，政府可以用它来克服不必要的贸易壁垒。第一，建立各种食品标准的原因在于，这些标准往往关系诸多焦点问题，比如健康保护、环境保护、工作环境的改善。第二，他们与建立在自由贸易基础上的欧洲市场有密切联系。第三，是为了保持契约义务的一致性。第四，这些标准的建立是为了促进食用农产品工业的发展。

以制定主体不同为基准，可以将这些食品安全、质量标准划分为公共标准和私人标准。公共标准一般由政府制定，以法律为基础，具有强制性，而当没有

遵循法律要求时将承担违法责任。私人标准一般由行业、非政府组织以及专门的标准制定组织制定。

这些标准也可以被划分为产品标准和过程标准。食品产品标准列明了最终产品所应满足的指标，比如成品的外形、尺寸、重量、安全性、营养成分以及感官特征等。食品过程标准规定了食品生产过程所需满足的要求，即为了获得成品，食品生产者必须遵循每一项被要求的生产步骤，这些标准可以针对某一生产步骤作出要求，也可以针对从原材料到成品的整个食品生产链条进行规定。

这些标准可以是强制性的（在法律上负有义务）或者自愿的（潜在的用户可以选择是否适用）。例如，针对检测、标识等的要求，作为公共标准可以是强制性的，而诸如受保护地理标志（PGI）、受保护原产地命名（PDO）、传统特色获得保证（TSG）这些公共标准则是自愿遵守的，而私人标准则显然是非强制性的（Smith 2009）。事实上，强制性与非强制性之间的边界是可以变通的，因为他们总是从一种类型转变为另一种类型。比如，许多强制性的公共标准都是从非强制性的私人标准演化而来；为了能够进入和待在一个特定的市场里，很多公司会经常选择性地遵守一些私人标准。

此外，这种分类尽管从理论上看很实用，但是在当下的实践运用中仍存有一定的偏差，并且在经济和司法传统中常常有不同的含义。这种偏差在认证体系中会变得很清楚。

在曾经过去的很长一段时间里，技术标准都是由这部法律加以规定，即欧盟议会和欧盟理事会1998年6月22日第98/34/EC号有关制定技术标准领域内的信息提供程序和信息社会服务的法规及规则的指令（其前身为欧盟理事会1983年3月28日第83/189/EEC号指令）。该法规对标准、技术法规、技术规格作出了明确的定义。[①]

由于存在大量私人制定的标准（这些标准由获得认可的标准制定

---

① 原注：参见第七章。

第十四章 公共和私人的官方监管标准
Eloisa Cristiani-Giuliana Strambi

主体进行制定）以及各种技术法规，遵守统一的法律程序以避免贸易壁垒之出现就显得很有必要了。更重要的是，确保欧盟成员国之间保持对新制定的技术规格的信息畅通是十分关键的。此外，该法案赋予了由欧盟制定的（所谓的协调）技术标准和法规以一种特殊地位，因为该法案希望当欧盟委员会或者欧盟标准化组织（其根据诸如第83/189/EEC号指令获得认可）在制定技术规格（称为不变条款）时，成员国不会各位为营，分别立法（Smorto 2003）。

尽管欧盟一直致力于协调食品相关标准和法律，以消除成员国之间的贸易壁垒，并且在食品供应方面确保最小的安全风险，以及防止各种消费诈骗和质量欺诈，然而，欧盟成员国之间的系统差别仍然存在。此外，各种私营企业标准的存在，常常会使消费者陷入困惑。

以前，由私人组织制定的食品标准是非强制性的，但是，这些标准一旦为跨国机构所承认，它们在国际法上就会变得几乎完全具有强制执行力了，因为这些标准要么被编入国内法，要么就成为在解决世界贸易组织争端问题时的重要援引（Will-Guenther 2007）。[1]

这些标准制定组织可以是跨国的或全球性的，也可以是区域性的（例如欧盟内部），还可以是国家的。

自第83/189/EEC号指令（以及之后的第98/34/EC号指令）颁布之后，欧洲标准一体化进程不断加快，欧盟委员会已官方认可以下一些"欧洲标准制定组织"：欧洲标准制定委员会（简称"CEN"）、欧洲电子技术标准制定委员会以及欧洲信息标准制定机构；同时，欧盟也认可国家标准制定组织，正如前面在第一部分所列举的那些（比如说意大利国家标准化机构（UNI））。

欧洲标准制定委员会的成员包括欧盟27个国家的国家标准组织，还有克罗地亚、冰岛、挪威和瑞士（欧洲自由贸易协定的成员国）。这意味着欧盟系统是建立在其成员国系统之上的，进而，各利益相关

---

[1] 原注：参见第三章。

方只有通过国家实体才能参与到欧盟标准制定的发展进程。每个标准实体在接受和认可由欧洲标准制定委员会制定的标准之后，会将其为本国所用，并取消一切与新标准相抵触的本国标准。这意味着，当一条欧盟标准被制定出来以后，它将自动成为欧洲标准制定委员会所有成员国的国内标准（比如在意大利，标准号为 UNI CEN 或者 EN）(CEN-COMPASS 2010)。

国家标准制定实体通常代表了所有利益相关者的经济利益（公司、供应商、政府规制者、消费者、协会、研究机构等）。这些标准大都含有技术因素且需要通过一致同意的方式被采纳。

在"一国一机构"原则①的指导下，国家标准机构也都成为国际标准组织的成员（简称"ISO"）。"国际化标准组织 ISO"对标准的定义（ISO/IEC 2：2004 指南，标准化即相关活动 - 通用词汇）是：建立在一致同意之上并且经被认可机构批准的，载明可供对活动或者结果之通常或者重复使用的法条、规则及特点的，在一个给定背景下，旨在获得最适宜之秩序价值的条款。同时，国际化标准组织 ISO 规则也指明：这些标准应当是建立在对科学、技术、经验之整合基础之上，并且以获得最优集体利益为目标。

ISO 标准是非强制性的，然而，一些国家已经将这样一些标准引入本国的立法，以便使其具有强制性，并因此成为事实上的技术法规。在其他一些情况下，ISO 标准虽然不具强制性，却会成为进入某种特定市场的先决条件。需要指出的是，国际化标准组织 ISO 并不实施任何有关检验、认证或者认可其自建标准或任何其他标准的活动。

2. 基本标准和质量增值计划

通常情况下，为了保护消费者免遭欺诈，政府强制标准大都力求确保最低限度的食品卫生。随着有关食品安全风险的科学技术不断往

---

① 原注：参见第八章。

第十四章 公共和私人的官方监管标准
Eloisa Cristiani-Giuliana Strambi

前发展,以及为了满足消费者和社会的需求,这些技术标准也在不断发展(Smith 2009)。

公共强制标准为食品和农产品制定了市场规则。这些规则列明了产品类型、最低标准、标识要求等。制定以上这些标准的首要目的是增强市场透明度和降低市场信息的不对称性。由此,消费者们可以在那些由法律①所确认的产品种类之间进行价格比较。此外,这些公共标准也力图通过协调不同的技术标准,减少食品贸易壁垒。在欧盟,很多市场标准都带有强制性(以取代国内法),然而,在一些重要的大宗商品市场(比如种子交易市场),这些规则则以国际法②的形式加以规制。

制定公共标准是产品商业化的先决条件,并且被纳入到质量的广泛定义中,即与"满足消费者期望"③相关。事实上,它们的目标是满足消费者对有关食品卫生、安全以及其他一些客观特性等方面的期望(Germano 2009,Albisinni 2009)。欧盟立法者把这类标准称作"基本标准",而消费者则通过认证以及标识④对它们加以了解。

2008年发布的农产品质量绿皮书反思了广大农户们如何表明其最大限度地遵守欧盟基本要求,比如环境法规、动物福利标准以及严格限制使用的杀虫剂和动物健康产品。其中,一种建议认为,即应当将所有达到欧盟最低生产标准的区域内产品以及进口产品,都贴上"达到欧盟要求"的标签和标记。然而,作为一种回应,大多数消费者、农户、加工商、零售商等都反对这项标签策划。另一方面,许多与会者都支持,将农产品原产地标识作为一种有效体现农产品基本信息的方式而扩大使用。

---

① 原注:Green paper on agricultural product quality:product standards,farming requirements and quality schemes,COM(2008),641 fin.,para 2.1.
② 原注:On marketing standards. 参见第十五章。
③ 原注:Introduction of Green paper on agricultural product quality,quoted above.
④ 原注:Communication on agricultural product quality policy,COM(2009),234 fin.,para 2.

除了基本标准，还有一些"表明质量增值的标准"，这些标准既可以是和公共的，也可以是和私人的。为了使自己的产品区别于他人的，许多企业会选择遵守这些标准。这些更高质量的标准包括，要么是最终产品具有某些特征（减少消费者最终获得的不安全和不健康因素），或者是生产技术（比如生态技术或者考虑污染、动物和工作环境等因素的技术），或者环境在整个农产品供应链中的影响，抑或者是符合在消费者看来值得保护的社会价值（比如生长在由黑手党控制地区的农产品）。

从经济学角度看，这些质量要求可以被认为是"信任产品"，因为消费者无法在购买前或者购买后对它们进行检验，消费者只能凭借食品标签上的信息进行辨别。如果这些标准经过被认可机构的认证，那么，这些信息就会变得值得信赖。

欧盟农产品质量计划已经成为欧洲层面的公共非强制性质量标准，这些标准包括：如受保护地理标志、受保护原产地命名、传统特色获得保证[1]和有机产品[2]。在这种情形下，这些产品/过程的合规性是根据欧盟立法者制定的细化规则加以认证的，这样可以统一不同国家法规之间的差异性，以使得消费者和生产者免遭虚假和错误信息的欺诈。

私人标准（也可说是非强制性的）关系食品安全，可以成为产品间相互区分的一个因素，或者是消费者所关心的质量标准（信任品）。私人标准常常在农产品领域获得发展，并且具有这样一个特征，即当公共标准不足或者缺乏时，其发展越是突出，原因在于，公共机构往往需要花费很长的时间以适应科技更新，相反，私人标准更具有变通性，并且可以根据发展与时俱进。然而，必须记住的是，私人标准在国际食品市场也扮演着相关角色，因为它试图协调各种产品和产品特点中间的差异。

---

[1] 原注：Reg. No 510/2006, and Reg. No 509/2010/EC. 参见第二十章。
[2] 原注：Reg. No 834/2007. 参见第二十一章。

第十四章　公共和私人的官方监管标准
Eloisa Cristiani-Giuliana Strambi

私人制定的食品安全和质量标准可以由许多标准制定机构进行制定，像国际标准组织 ISO 和国际食品法典委员会或者商业组织（私人公司、零售团体、商业协会等），由商业组织制定的标准正在不断增多。经济学家总是试图对商业主体制定的标准进行一些分类。

首先，根据来源的不同，可以把这些标准分为"单一公司标准"和"集体标准"。

前一种标准由私人企业制定，其主体主要是一些大的食品零售商，并在供应链中被采用；它们经常被作为以自有/私有标签产品呈现的子品牌推销给消费者（例如家乐福推广的 Carrefor's Filières Qualité）。

后一种标准由这样一些在单个国家或者国际组织中的集体组织制定，包括工业协会和非政府组织。这些组织代表了一些像食品零售商、加工商以及生产商等商业实体的利益，或者，他们也许是非政府组织。不管是商业协会或者是非政府组织，他们可以自由选择要不要遵守集体标准（例如，良好农业规范的 GlobalGAP）（Spiller-Shulze 2008）。

其次，根据其自身功能进行划分，可以将私人标准分为"风险管理标准"（主要目的是确保产品符合最低生产要求）和"产品区分标准"（主要目的是能够从消费者角度对商家及其产品进行区分）。

再次，私人标准可以根据对消费者的可视与否进行划分。若合规认证单独运用于公司和商品供应链，这些标准被称作"企业—企业标准"，若合规认证以标签的形式传递消费者，就被称为"企业—消费者标准"（Henson-Humpry，2008）。

最后，以地理范围为标准进行划分，可以将私人标准分为国家和国际标准。

就食品的国际私人标准而言，有必要加以区分的是：有的标准遵循由世界贸易组织协议制定的国际标准之原则（也就是所谓的前国际标准），比如 ISO 标准，以及有的标准不遵循这些原则及其规制。

在食用农产品方面，世界贸易组织作为一个国际标准裁定机构，致力于减少国际上以及国内的歧视和不良影响，尤其是通过《技术性

贸易壁垒协议》和《组织实施卫生与植物卫生措施协定》① 这两个协议的规定。世界贸易组织以上的两个协议都认识到了将协调国际化标准作为监管措施基础的重要性（Will-Guenther 2007）。前一种需要使用相关国际标准（或者部分使用），这些国际标准应符合《技术性贸易壁垒协议》委员会制定的原则和过程，而无论该标准是否由国际政府组织、国际非政府组织抑或是私人组织制定。这些原则包括：透明、公开、公正、共识、高效和适当、一致，以及考虑解决发展中国家所关切的问题。②

世界贸易组织《卫生与植物卫生措施协定》在食品安全方面要求，所有的国际标准均应由指定的标准制定机构予以制定，包括食品法典委员会③，由此，这些标准在客观上被认为是科学的，并且符合该协议的要求。"前国际标准"虽然在法律上并不具有强制性，但在解决世界贸易组织争端和仲裁案件中，经常被用作重要参考（Will-Guenther 2007）。相应的，欧盟各国都愿意将世界贸易组织规则引入本国法律之中，以使得其更具有影响力。

尽管常常表现为高效，且与公共利益保持一致，但是，由商业实体制定的"私人食品标准"并不遵守上述的约束和原则。由于这些标准的重要性越来越强，特别是在商业实践中，它们的强制性趋势也日益凸显的情况下（因为在合同条款中，购买者往往寻求与他们保持一致性），许多发展中国家担心，过多的要求可能会造成贸易壁垒。这也是为什么世界贸易组织（特别是《卫生与植物卫生措施协定》委员会）、国际标准组织 ISO 和食品法典委员会一直在探讨私人标准对贸易影响的原因，其目的是协调并且促进私人标准制定者和前国际标准体系之间的合作（ISO 2010，CAC 2010，Russo 2007）。

---

① 原注：参见第三章。
② 原注：*Code of Good Price for preparation. adoption and application of standards*, Annex 3 of WTO TBT Agreement,（ISO,2010）。
③ 原注：参见第三章。

3. 《通用食品法》中的标准

《通用食品法》的实施以及随后的"一揽子的卫生法规"加重了相关主体在食品方面的由欧盟立法者加以确立的责任（Costato 2004），特别是在有关核查食品和饲料是否符合食品法立法要求方面的责任（第17条），以及追溯（第18条）、① 食品企业新责任②以及食品供应商在确保质量合规方面的需求。

农产品公司使用了一些业已制定或者刚刚制定的有关产品和过程的标准，对此，它们作用在于作为瑕疵产品的抗辩理由，以及作为品牌保护工具。

由于认证标准的合规性，以上这些需求部分得到了满足。这类标准要么由标准化组织制定（比如国际标准 ISO 9000：2001，其设定方便建立质量审计系统的底线；意大利标准 UNI 10939：2001，其亦设定了相关底线，目的是计划和实施农产品公司里面的追溯；意大利标准 UNI 11020：2002，其设定了在农产品公司中对追溯系统进行计划和执行的原则及基本要求），要么由商业组织制定（比如，有关欧盟 EUROGAP 2004 的协议，其由欧盟 GDO 推广并针对农产品公司；该协议要求一种产品在所有种植和工作阶段都具有认证和追溯理念）。

总体而言，这些标准力求确保与食品安全法规保持一致性（Grazia-Green-Hammoudi 2008）。

尽管欧盟进行食品贸易，并且与世界上几乎所有的国家存在食品贸易关系，并且在这方面是一个主要的国际贸易方（《通用食品法》序言第3条），食品安全绝不能被简单地视为一种内部政策问题，或者一个与国际经济和法律有关的欧盟食品法规之总体目标。相反，随着某些国际组织发挥越来越重要的作用（比如食品法典委员会、世界动

---

① 原注：参见第十一章。
② 原注：参见第十章和第十一章。

物卫生组织、世界卫生组织、联合国粮农组织)[①], 在以上国际组织的培育下, 这些标准获得了显著发展。

欧盟立法者规定, 欧盟所有机构 (包括其成员国), 在涉及这个问题时必须与国际标准化制定组织以及国际标准裁决机构保持合作, 以上这些措施对促进食品市场的商业贸易, 以便提高国际市场食品质量和安全大有裨益。由此, 建立一些宗旨和原则, 以便允许欧盟加入国际标准的发展是有必要的 (《通用食品法》序言第 25 条)。

因此, 通过对食品立法总体目标的说明,《通用食品法》认可了欧盟立法者提出的上述必要性, 即欧盟立法者在发展和适用食品法方面, 将已经存在或者即将制定的国际标准纳入自身考虑范围, "除了以下几种情况: 即这些标准或者相关部分将会对食品法法定宗旨之践行产生低效或者不适的作用, 或者存在一种科学理由, 或者它将实现的保护水平不同于共同体所确认的适宜的保护水平"(第 5.3 条)。尽管世界贸易组织并未提及, 但是很显然, 这一规定与世界贸易组织《卫生与植物卫生措施协定》第 3 条所规定的协调原则以及该协议第 5 条所规定的风险评估原则以及确定适宜的动植物卫生保护水平的要求相一致。从这个角度看, 这些术语的采用是必然的。同时, 这导致了在解释和适用方面的严重质疑, 特别是涉及当支持科学合理的措施与国际标准不一致时, 后者并不与欧盟保护水平相一致[②] (Borghi 2003; Id. 2008)。

一方面, 欧盟立法者声明, 欧盟立法需要将国际标准 (至少作为一种原则) 纳入参考范围; 另一方面,《通用食品法》要求欧盟及其成员国积极参与以下两项活动: 一是积极参与在食品、饲料、卫生以及植物检疫方面的国际标准的发展, 二是积极推动国际间政府和非政府组织针对食品和饲料的协调工作 (《通用食品法》第 13 条 (a) 和

---

① 原注:*White Paper On Food Safety*, COM(1999) 719 final, paragraphs 108 e 109.
② 原注:参见第三章。

第十四章 公共和私人的官方监管标准
Eloisa Cristiani-Giuliana Strambi

(b)项的规定)。尽管,为了做到这些他们必须对特殊领域的发展、发展中国家的金融和贸易需求给予格外关注,但是,仍有一种观点认为,应当确保国际标准不对来自发展中国家的出口产品造成不必要的障碍。[1]

此外,在确保(欧盟)所采取的高水平保护措施不减损的同时,欧盟(及其成员国)必须推动国际技术标准和食品法之间的一致性[2](Valletta 2003)。

在这一背景下,欧盟食品安全局在以下方面发挥了基础性的作用:就有关食品和饲料供给链的安全和其他方面,提供独立的科学建议、信息以及开展风险交流。[3] 通过对科学问题提供支持,上述机关应当对欧盟及其成员国在国际食品安全标准和贸易协定的发展和建立起到积极推动作用。作为对欧盟食品安全署关于提供科学和技术帮助任务的详细说明,第23条将这些内容规定在了"当局的任务"中:当欧盟委员会提出要求时,该局应提供科学和技术的帮助,目的是在该任务的领域内改善共同体、申请国、国际组织以及第三国之间的合作(Benozzo 2003)。

尽管国际食品标准和国际食品标准制定组织经常被援引,但是,《通用食品法》并未提及一些在食品和饲料领域对标准定义已经变得越来越重要的组织,比如国际标准化组织 ISO、食品法典委员会以及其他一些国际实体。也尽管这些组织并未被提及,但他们却成为欧盟立法机关、欧盟食品安全局以及其成员国援引的首要内容,并且在世界贸易组织的《卫生与植物卫生措施协定》和《技术性贸易壁垒协议》中扮演重要角色。

正如在《食品安全白皮书》中有关"食品安全的基本原则"一章中所确认的那样,欧盟立法者在涉及国际标准方面给予了食品法典委

---

[1] 原注:Art. 13, letter *d*), Reg. No 178/2002.
[2] 原注:Art. 13, letter *e*), Reg. No 178/2002.
[3] 原注:Recital 35, Reg. No 178/2002. 参见第六章。

员会标准以特别相关性。①

通过忽略一些重要国际制定组织，比如对世界贸易组织和食品法典委员会，以及在《通用食品法》中对法规第178/2002中一些程序规则的引入，欧盟立法机关试图表明其就是该安全决定的唯一决策者，以便保证消费者享受最高级别的保护。绝非偶然的是，条款在最后申明：在保证共同体对消费者高级别的保护未减损的情况下，推动国际技术标准和食品法之间的一致性是十分关键的。

4. 标准、认证计划和认可系统

在农产品领域对产品（或者过程、系统、服务、实体）规范要求的合格评定可以被分成以下三个种类：（1）甲方评估，即评估是由供应方机构自己实施的（自我评估）；（2）乙方评估，即评估由使用方实施（通常是由供应方机构的一个消费者）；（3）第三方评估，即评估由独立于供应方和消费者之外的第三方实施（认证）（Altili 2008）。

建立一个符合产品/过程技术标准的评估系统之需要，起因于最近出现大量各类标准，也有企业方面的原因（为支持商品贸易），以及与遵守保护公益法律的需求有关（Smorto 2003）。

分析各类认证系统是一件非常有趣的事情，因为它们代表了对农产品进行检验符合质量标准的一种最常用的验证途径。

从传统意义上讲，根据产品合格的认证标准，可以将资格认证分成三大主要类别：

强制性的：指确保与技术法规、强制性的法律或者事实（当下，尤指由欧盟立法机关制定，旨在保护公众利益，比如公众健康安全、工作场所健康安全、消费者权益、环境、安保等）保持一致性。

管理性的：指确保与那些由本国或者欧盟制定的公共非强制性标准保持一致。

---

① 原注：COM (1999) 719 final, para 15.

第十四章　公共和私人的官方监管标准
Eloisa Cristiani-Giuliana Strambi

非强制性的：指确保与那些自愿自发制定的私人标准保持一致。

从系统角度讲，对上述认证的区分是十分有用的：

强制性的标准通常与符合技术法规的产品合格认证有关（比如，CE 这个标志是符合第 765/2008 号法规要求的认证标志）。

管理性质和非强制性质的标准通常被定义为质量认证计划，① 其中的"质量"常常指的是"特别的"，或者比由立法者②制定的最低要求标准质量更高。

认证机构扮演着核心角色：他们是进行技术操作的第三方，该第三方需要配备特殊的员工和工具。

对于为了通过认定而必不可少的合格评估，其通常包括检测、分析和计算，以及需要以产品和生产过程评估的相关技术知识为先决条件（Masini 2011，Bivona 2006，Strukul 2009）。

为了保证合格评估是值得信赖且高效的，欧盟内部成员国都建立了自己的认可系统，以便确定实施合格评定的机构。由于成员国之间在认可过程中的严格程度不一致，其随之而来的结果就是认可的差异化和不明确化。

为了统一欧洲有关合格评定的立法，第 765/2008 号法规规定了产品销售的认可和市场监测要求，并废除了原第 339/93/EEC 号法规，③ 后者对实施认可活动的机构设立了一个有关规则和原则的整体框架。其目的是确保在欧盟范围内，一个认可机构的认证就能够在整个欧盟内使用，以避免出现不同的认可，因为这样只会提高成本而不创造任何价值。这种认可可以被如此定义：一个国家认证机构所作出的证明，

---

① 原注：COM（2009）234 final, on agricultural product quality policy; Articles 32 etseq. of Reg. No 1698/2005 on support to rural development, and Articles 22 etseq. Of Regulation No 1974/2006 laying down detailed rules for the application of Reg. No 1698/2005.

② 原注：参见第十三章和第二十五章。

③ 原注：Regulation of the European Parliament and of the Council of 9 July 2008.

以确认合格评定机构符合了协调标准的要求[①]，在适用时，任何额外的要求包括业已在相关的部门项目中作出的要求，以便开展具体的合格评定活动。特别地，在法规里的那些规则也同样适用于既可以是强制性的也可以是自愿的认可。而就与其相关的合格评估活动而言，不论该评估是否有强制性，它们也应当应用于所有实施合格评估的机构，且不论是否属于有法律规定的领域。

由此，该种认可被认为是对合格评估链的最后一级控制。

为了防止其重要作用遭受由于国家内部认可机构之间的不当竞争而产生的消极影响，该法规规定，每个成员国均应委任一个属于本国的认可主体，以使其成为欧洲认可机构（欧盟认可合作组织（EA））的一员。

具体来说，该法规规定，当一个合格评定组织对某国认可机构提出要求时，该国应当对该合格认证组织能否胜任具体的评估活动进行鉴定。当发现该组织有能力胜任时，该国认可机构应当对其作用颁发一种认可证书。该国认可主体应当对自己提供认可证书的合格评定组织进行监督。

此外，成员国应当对他们本国的认可机构进行持续监管，目的是保证国内机构履行第 8 条所规定的那些义务，包括：不受那些他们已经认为不符合标准的合格评定组织之影响，并且不屈服于商业压力；对自己实施的活动保持客观公正；信息保密；确保员工的胜任能力；有效经营和组织；有责任心。

因此，该法规强化了互认原则（mutual recognition），力图增强成员国对合格评定组织之能力以及由该组织发行的证书和检测报告的信心。出于此种考虑，由欧盟认可合作组织组织的一个同等评估系统应运而生，每个成员国内部的认可机构必须时常遵守这个系统。

---

① 原注：A standard adopted by one of the European standardisation bodies listed in Annex I to Dir. 98/34/EC.

第十四章　公共和私人的官方监管标准
Eloisa Cristiani-Giuliana Strambi

本法自 2010 年 1 月 1 日起实施。

意大利经济发展部门在 2009[①] 年 12 月 22 日颁行一部法令，委任意大利国家认可委员会（Accredia），作为该国唯一的国家认可主体实施认可活动。意大利国家认可委员会是由两个组织合并组成，这两个组织分别是认证认可和检查机构（SINCERT）和检测实验室认可机构（SINAL）（检测实验认可）。他们在欧洲认可合作组织签订的国际共识协议中，被现在的国家认可委员会取代。现在的意大利认可委员会仍然可以使用 SINCERT 和 SINAL 的品牌和标记。

5. 官方监管和制裁

第 765/2008 号法规是欧盟立法机关在针对官方的（强制性的或者由法律规定）或自愿的合格评估机构规定技术能力和要求的最后一步。

该过程从第 882/2004 号法规开始，对核查符合饲料和食品法以及动物健康和福利规则[②]的官方控制作出了规定。该法规将符合欧洲标准的认可，并作为成员国国家将主管部门有关食品和饲料的官方控制授予相关控制机构[③]和官方实验室[④]的不可或缺的先决条件。

如今，针对认可/控制机构的认可必须符合《欧盟官方公报》中 C 系列里刊登的最新通告版本的标准，包括欧盟标准 EN 45011 或者国际标准 ISO 65 指南（ISO GUIDE 65）（针对执行产品认证体系机构的一般要求）。

以上经历了这样一个逐步扩张的进程：从符合食品和饲料法的系

[①] 原注：G. U. R. I. 26 of January 2010, No 20, Italy.

[②] 原注：参见第十一章。

[③] 原注：EN 45004《General criteria for the operation of various types of bodies performing inspection》– Arts. 5 Reg. No 882/2004.

[④] 原注：EN ISO/IEC 17025 on《General requirements for competence of testing and calibration laboratories》; b) EN ISO/IEC 17011 on《General requirements for accreditation bodies accrediting conformity assessment bodies》– Art. 5 Reg. No 882/2004.

统性官方控制,到与受保护地理标志、受保护原产地命名、传统特色获得保证标准相一致的控制,最终再到与受保护原产地命名和受保护地理标志红酒的控制的一致性,以下面的数据为例:

2009年1月1日,有机产品;①

2010年5月1日,受保护地理标志、受保护原产地命名、传统特色获得保证②;

2010年5月1日,优质葡萄酒的独特特征。③

在2004年,对欧盟立法的此种发展进程是不可能预见的。

第882/2004法规中的条款1(2)声明,本法规不适用于旨在核查是否符合农产品共同市场组织相关规定的官方控制活动,因为,针对农产品共同市场组织的合规情况,已建立完善的具体控制体系,而本法规的目的与农产品市场共同组织控制机制的目的不同(序言第10条)。

欧共体有关保护地理标志、受保护原产地命名和传统特色获得保证的法规(它们并没有对共同市场组织进行法律规定)起初甚至为不同要求的合格验证制定了具体的实施细则,由此,在实施第882/2004号法规时,排除了符合保护地理标志、受保护原产地命名,传统特色获得保证细则的核查。但是,在2006年实施的新法规中,④将原第882/2004号法规中的控制系统扩展到了对保护地理标志、受保护原产地命名和传统特色获得保证的质量控制。

因此,两年之后,在第882/2004号法规中制定的控制系统被扩展到第479/2008号法规中的红酒共同市场组织就不足为奇了。

统一对食品官方监管的趋势于2010年12月10日,⑤ 在针对欧盟

---

① Reg. No 834/2007. 参见第二十一章。
② Reg. No 509/2006 and No 510/2006. 参见第二十章. 译注:目前该类法规已经再次修订,现为第1151/2012号法规。
③ Reg. No 479/2008. 参见第二十五章。
④ Reg. No 509/2006 and Reg. No 510/2006.
⑤ 原注:(COM (2010) 733 final)。

第十四章　公共和私人的官方监管标准
Eloisa Cristiani-Giuliana Strambi

议会和欧盟理事会有关农产品质量方案的进行规范立法的提议中得到了确认，该提案明确指出：第882/2004法规中的程序和要求将被部分应用于核查是否符合与保护地理标志、受保护原产地命名、传统特色获得保证质量方案相关的法律要求的官方监管。此外，该官方控制将包括如下内容：验证产品是否符合相应产品细则，以及对在市场中用以描述产品之注册名称的使用情况进行监督……

统一控制系统将简化对农产品监管领域的行政管理（Albisinni 2008），但是，忽视质量上的要求意味着风险的产生，比如信任危机等方面，具有代表性的是保护地理标志、受保护原产地命名、传统特色获得保证产品。由第882/2004号法规制定的卫生控制系统之要求，不同于由商业质量管控之所要求，比如核查食品质量规格的合规性。这也是为什么这种概括的系统导致了建立在最基本标准之上的评估同质化并因而降低了质量标准的原因。

从这个新的视角观察，有关卫生和商业质量所必须的官方控制系统是建立在一种公私兼备的金字塔型组织结构之上的，在该模型中，能够胜任管控任务的成员国主管当局处在这个金字塔的最顶端。这些主管当局有权将具体任务委任于一家或者多家由有资质的国家机构根据第765/2008号法规认可的官方的或私人的控制机构（或者官方实验室）。这些机构可以作为受保护地理标志、受保护原产地命名、传统特色获得保证的认证机构。由欧盟立法机关所列出的系统，从原则和规则上讲，是建立在公共和私人机构不同层级和不同责任基础之上的，但是，为了使工作更加有效，每个相关机构都应有效且清晰地发挥其每一个功能（比如控制、认证、监管）。这一复杂的系统是建立在私人主体广泛参与实施公共职能基础之上的，比如对受保护原产地命名和受保护地理标志产品的监管、质量认证。有种观点担心，这将影响有些国家（比如意大利）已经习惯的公共/私人之间的区分，因为这种区分被广泛认为是在辨别各自角色和义务方面的公平保证。但

是也有担心认为这将对自由竞争产生障碍。[1]

为了防止那些不遵守食品安全技术法规的产品出现,很有必要指出一点的是《通用食品法》作出如下规定:对于那些敢于违反食品和饲料法的行为,成员国对于应对上述违法行为的措施和处罚制定相应的规则。这些措施和制裁应该注意有效性、比例性和劝诫性(第17条)。

用这种方法,欧盟立法机关通过对标准和要求的制定及确认,试图在各国内部立法的基础上统一行动、方案和制裁的强制性。它也展示了一些当局可以采取的措施,[2] 以防止违反食品卫生和安全法的情况发生。欧盟立法并不包括具体的制裁规定(行政或刑事处罚),因为每个成员国都有权限制定各种制裁措施(Capelli-Silano 2006)。

由此我们可以总结,由欧盟法规列明的官方监管系统使得确认不同主体的责任成为可能,这些主体被要求在不同的层级实施官方监管。

翻译:张超

---

[1] 原注:the opinion of the Autorita Garante della concorrenza e del mercato of 1 March 2011 – AS812 *Organismi privati di controllo della qualita sui prodotti DOP e IGP*.

[2] 原注:Art. 54 Reg. NO 882/2004 and Annexes.

Chapter 15
第十五章

农产品市场的共同组织

Silvia Bolognini

1.《欧盟运作条约》与农产品市场共同组织

根据之前生效的条约，农产品市场共同组织（CMO）是《欧盟运作条约》（TFEU）实现第39条（多年来该条款的用语未曾改变过）中共同农业政策（CAP）目标的一个主要工具。

《欧盟运作条约》并未涉及农产品市场共同组织（CMO）的定义，但是该条约提供了理解这个概念的所有必要的信息：如农产品市场共同组织的形式、执行措施及实施限制。

然而，欧盟法院的一些判例中将农产品市场共同组织（CMO）定义为：一种法律制度和措施的组合，有关当局在此基础上试图控制和调节一种或者一系列产品的市场。①

---

① 原注：ECJ, 13 November 1964, Joined Cases 90/63 and 91/63. Commission of the European Economic Community v. Grand Duchy of Luxembourg and Kingdom of Belgium.

1.1 农产品市场共同组织：形式、工具和限制

《欧盟运作条约》中第 40（1）条规定农产品市场共同组织可根据涉及的产品采取下列形式之一：共同竞争规则，各国或者欧盟市场组织的强制协调。在这些形式中，欧盟立法者支持采用有效的欧盟市场组织的形式。

根据《欧盟运作条约》中的第 40（2）条，在实施共同市场组织的过程中，共同组织可采用实现《欧盟运作条约》第 39 条中设立的目标需要的所有措施，尤其是价格调控、多种产品的生产和销售援助、存储和结转安排、稳定进出口的通用机制。该条还规定，任何一般价格政策都应当建立在通用标准和统一计算方法之上。

《欧盟运作条约》中的第 40（2）条中的列举并不详尽。事实上，第 2 款的开头语不仅特别提到了要实现《欧盟运作条约》第 39 条中设立的目标的所有办法，还"特别"提到了可用于实施农产品市场共同组织的措施。

然而，在这方面，必须注意第 2 款中列举的办法是如此宽泛以至于很难想到哪个办法没有在清单上提及。

相比于已采取的措施，关键点似乎更在于第 39 条中设置的目标的兼容性。

从这个角度来看，一些评论家认为，第 1782/2003 号法规[①]有关生产援助的规定似乎与《欧盟运作条约》第 39 条（Costato 2007）并不兼容。

《欧盟运作条约》第 40（2）条中也规定了欧盟立法者在实施农产品市场共同组织过程中必须遵守的限制。事实上，它预测到共同组织需受限于第 39 条中设置的目标，而且要排除共同体内部生产者或者消费者间的任何歧视。

---

① 原注：Afterwards repealed and replaced by Regulation No 73/2009, which was in turn repealed by Regulation No 1307/2013. 译注：需要强调的是，该法规已经被第 1307/2013 号法规所废除并由其取代。

第十五章　农产品市场的共同组织
Silvia Bolognini

在这方面，首先，澄清第39条中所设目标的范围和可能的矛盾是最有必要的。一方面，这些目标将欧盟机构在实施共同农业政策中的广泛自由裁量权予以合法化；同时在另一方面，这些目标可能不会同时完全充分实现，即使欧盟机构必须保证它们之间的永久性平衡。欧盟法院确实承认了在追求条约第39条所设的多种目标的过程中，欧盟机构有调节单个目标的永久性责任以克服目标间的冲突。虽然这项调节的责任意味着没有哪个目标能够以其他目标不能实现为代价来单独实现，但是鉴于现有的决定，欧盟机构仍然可以将某个目标设为阶段性的首要目标以满足经济需要或者其他条件。[①]

其次，关于第40（2）条第二小段中包含的禁止歧视令，需注意到欧盟法院的若干判例已宣布它仅仅是一个在农业法领域关于一般平等原则的具体阐述。平等原则是欧盟法的基本原则之一，意味着相同情形不应该不同对待，但是在实施农产品市场共同组织的过程中，相似问题可采用不同的方法对待，不同问题也可用相同办法解决，只要这种差别对待对于实现《欧盟运作条约》第39条中的目标是客观合理的。[②]

最后，由于欧盟是世界贸易组织（WTO）的一员，农产品市场共同组织的实施必须考虑到该条约未提及的其他限制。欧盟机构的决定受到世界贸易组织的农业协定的约束，该协定的谈判在1986年至1994年的乌拉圭回合中进行，并于1994年在马拉喀什签订了《马拉喀什协定》。世界贸易组织农业协定是迈向更加公平竞争，更少扭曲贸易的重要第一步。世界贸易组织成员方政府同意改善市场准入的规制并减少扭曲贸易的农业补贴。正如下文将进一步阐述的，为遵守欧

[①] 原注：ECJ, 11 March 1987, Case 265/85 *Van den Bergh en Jurgens BV et Van Dijk Food Products (Lopik) BV v. Commission of the European Communities*; ECJ, 13 March 1968, Case 5/67 *W. Beus GmbH &Co. v. Hauptzollamt München*.

[②] 原注：ECJ, 12 April 1984, Case 281/82 *Société à responsabilité limitée Unifrex v. Commission and Council of the European Communities*.

盟在国际舞台所做的承诺，一些针对共同市场组织的传统措施不得不予以放弃，并代之以其他措施。

《欧盟运作条约》第 40 条最后一条是关于共同农业政策的财政支持。第三款写到"为了使第一段提及的共同组织实现它的目标，应该设立一个或者多个农业指导和保证基金"。

在实施这一规定过程中，欧盟农业指导与保证基金（EAGGF）和渔业指导财政工具（FIFG）分别根据第 25/1962 和第 2052/1988 号法规相继成立。

欧盟农业指导与保证基金由两个部分组成：基金保证部分，其专门为农业市场组织方面的支出提供资金，目的在于稳定市场和农产品的价格；基金指导部分，负责为其他农村发展支出提供资金（不由基金保证部分提供资金），以便支持欧盟农业结构的改进。

20 世纪 90 年代中后期，第 1263/1999 号法规为渔业指导财政工具引入了新的架构。

根据 2005 年关于为共同农业政策提供资金的第 1290/2005 号法规，欧盟农业指导与保证基金于 2007 年 1 月 1 日由欧盟农业保证基金（EAGF）和欧盟农村发展农业基金（EAFRD）所替代。

因此，目前农业支出主要由两种基金提供，这两种基金也成了欧盟预算的一部分。一个是欧盟农业保证基金，其财政支持包括针对农民的直接支付和用于农产品市场的规制措施，后者是指干预或者出口退税等措施；另一个是欧盟农村发展农业基金，为成员国农村发展项目提供资金。

2. 农产品市场共同组织的实施

一开始，第 43 条就预料到，在《欧洲经济共同体条约》（EEC Treaty）生效后，为了定义未来共同农业政策指南，欧盟委员会应召开成员国会议，以比较它们的农业政策，尤其是通过陈述了解他们各自的资源和需求。

第十五章　农产品市场的共同组织
Silvia Bolognini

根据上述规则，欧盟委员会也承担就制定和执行共同农业政策提供议案的工作，包括用条约提及的共同组织的一种形式代替国家组织。此外，还需要就落实农业相关的条约章节（Title）中明确的措施提出议案。考虑到该会议的成果和与经济和社会委员会咨询的时间，这项任务将在《欧洲经济共同体条约》生效后的两年内完成。

目前，这一规则仅有最后一部分的原有措辞仍然存在。《欧盟运作条约》第43（1）条规定欧盟委员会应当为制定和实施共同农业政策提交议案，包括用《欧盟运作条约》第40（1）条中提供的共同组织的形式之一代替国家组织。此外，还要就农业（现为渔业）议题规定的措施提交议案。它重申了这些建议应该考虑到条约章节中提到的农业问题之间的相互依存性。

实施共同农业政策的筹备阶段开始于1958年7月3日到12日召开的斯特雷萨会议（Stresa Conference），该会议最终形成了一项决议，其内容是参会国所一致通过的一些原则清单。需注意的是，该决议对农产品市场最有利的那部分，强调了实施农产品市场共同组织（CMO）的需要，而且对物价的逐步接近作出提议。该决议也认为价格政策，即使规定为确保农业社区公平的生活标准，也应该避免过量生产并能使得欧盟农业以有竞争力的价格从事生产（Costato 2009）。

谨记着该决议的内容，在1959年12月（在两年限制内），欧盟委员会通过提交给欧盟理事会一个叫作曼斯霍尔特（Mansholt）计划（后来为区别于第二个将其重命名第一曼斯霍尔特计划）的规划文件，其阐述了关于共同农业政策的发展提议。与此同时，欧盟委员会咨询了经济社会委员会，欧盟理事会也决定了向欧盟议会征求意见。

牢记着这两个机构的意见，委员会在1960年6月末改变了原有的计划并将其重新提交给欧盟理事会。后来，理事会进行审议，经历一系列不同的步骤后，在1960年11月，理事会对关于共同农业政策（CAP）基本原则的讨论得出结论。在12月20日，理事会采取了一项关于基本原则的决议，这些基本原则是决定一系列产品的撤销系统的

基础。

这项决议，就像结论一样，并没有约束力，但是它加速了《欧洲经济共同体条约》目标的实现，形成了建立欧盟农业指导与保证基金和第一个农产品市场组织的基础（Castro1994）。

在这项决议的基础上，如下法规也相继被采纳：1962 年 4 月 4 号有关治理谷物、水果、蔬菜、猪肉、蛋和家禽等市场组织的法规；1964 年 2 月 5 号关于牛奶、乳制品、牛肉、小牛肉和稻米的法规。

自从采用了共同农业政策，欧盟理事会以产品或产品组为分类标准建立了 21 个共同组织。除了这些已经提到的，下列产品也被分到某个单独的共同组织中：干饲料、活体植物和花、生烟草、香蕉、加工的水果和蔬菜、亚麻和大麻、红酒、绵羊肉和山羊肉、橄榄油和餐用橄榄油、种子、啤酒花、糖类和第 827/68 号法规里的其他产品。

不同行业的共同组织由所谓的欧盟理事会基本法规规制，该法规经由《欧洲经济共同体条约》第 43（2）条和《欧共体条约》（EC Treaty）第37（2）条（现由《欧盟运作条约》第 43（2）条中的普通立法程序替代）设置的咨询程序后被采纳，也授权了后续法规进行执行方面的规定。

欧盟理事会和欧盟委员会可以根据基本法规中的程序采用执行规定，这也决定了制定这些规定的技能。因此，它们既可以被欧盟理事会以咨询程序予以采用，也可以由欧盟委员会制定，在一些情形中，欧盟委员会还需要经过管理委员会的程序通过（management committee procedure）。根据这个程序，欧盟委员会的工作需要咨询委员会的协助，后者由成员国代表组成，且由欧盟委员会代表主持。欧盟委员会应将措施草案提交给该咨询委员会，并由其提出意见。

此外，基本法规也直接规定了成员国运行单个共同组织时的一些必要的职责（Castato ed. 2003, D'Addezio 1988, Snyder1990）。

除了针对具体部门的规则，还有针对全部或者大部分设有共同组织的部门的横向规则，如进出口许可证法规和进口加工安排（Snyder

1990)。

该法律框架通过欧盟法院形成的一些基本原则和某些概念的官方解释加以完善。比如不可抗力，基本法规和单独共同组织实施规则都有特别提及。

最后，几乎所有基本法规都包含之前提到的管理委员会程序。

在实施共同组织的第一阶段，欧盟立法者将它的干预主要建立在单个生产部门的特殊需要上。但是，明确所有组织的共同的关键特征也是可能的。

干预的第一种类型是关于产品的价格。当一种产品的价格降到欧洲最低水平以下，即所谓的干预价格。共同体通过国家干预机构介入市场，以干预价格购买多余的产品。

此外，为保证从第三国家进口的产品的价格不低于欧洲的干预价格，可变征税和关税应用在欧盟边境进口上。

与此同时，当相同产品的世界市场价格低于欧盟市场价格，欧盟农业生产者将被官方所称的"出口退税"鼓励出口，出口退税将弥补世界价格和欧盟价格之间的差距。反之，当世界市场价格高于欧洲市场价格，出口将通过征税被抑制（Snyder 1990）。

因此，实施农产品市场共同组织的第一阶段创建了一个人工的被保护的市场。该市场被诸如国家干预机构等官方买家保护着。这些干预机构保证了欧洲生产者的最低价格，当生产者不能找到市场上的更好的解决方法的时候出现在他们面前。说这个市场是人工的是因为欧盟市场价格已经越来越远离于世界市场价格（Castota 2008）。

3. 关税与贸易总协定（1994）下马拉喀什议定书中农业协定对农产品市场共同组织（CMO）的改变

共同农业政策在 20 世纪 60 年代设立后引起了欧盟和第三国家们的一系列矛盾，因为该政策扭曲了市场规则。事实上，进口关税，变得极其繁重，限制了第三国家产品进入欧盟市场，甚至成了真正的保

障措施。与此同时，减少向同时存在的第三国家的出口退税，也使得欧盟占据更大的市场份额（Castato 2003a，Id. 2003b，Id. 1995，Borghi1994，Id. 2003，Germano-Rook Basile2006，Id. 2008）。

受共同农业政策影响，与第三国家的争议带来了欧盟的外部问题，这些问题表明了在乌拉圭回合谈判（关贸总协定第八多边贸易谈判）中包含了农业产品的迫切需要。乌拉圭回合的结果在部长级会议政治层面得到批准，该会议于1994年4月15日在马拉喀什举行，118个国家的部长在会上签署了建立世界贸易组织的协议。该协议包括在乌拉圭回合谈判中的关税减让协定以及包含农业协定在内的其他单独的协议（Castato 1995）。

农业协定是多边国际协定的框架内真正的新事物。农业协定附件一中确定了该协定是第一个大范围地覆盖了农业产品及其衍生物的横向的多边国际协定。（这个附件在很多方面都让人想起《欧盟运作条约》中的附件一，除了农业协定中未规定的鱼类和鱼制品。）

农业协定的目标是改革贸易部门并且使政策更具市场导向。新的规则和承诺适用于国内支持（补贴和其他方案，包括增加或担保出场价格和农民收入的方案）；市场准入（多种进口交易限制）；出口补贴和其他人为地使出口有竞争力的方式。

该协定允许政府支持他们的农村经济，尤其是通过可以减少市场扭曲的政策。

农业协定区分了直接刺激生产的支持方案和对生产和交易无直接影响的方案。

尤其是，农业协定区分了三种国内支持措施，谈判人员以三种不同颜色的"箱子"表示这三种措施：黄色、绿色和蓝色。

黄箱包含了直接影响生产和交易的国内政策，它不得不被削减。

绿箱包含了对交易影响最小的政策，可以自由采用，例如研究支持，防止疾病、寄生虫之类的支持计划，粮食安全政府债券支持计划，国内粮食援助，不直接影响产品价格的对农民的直接支付，也可以采

第十五章　农产品市场的共同组织
Silvia Bolognini

用固定的收入支持的方式,以及作为环保计划一部分或者区域援助的支出(正如农业协定附件二列举的那样)。

蓝箱包含支持计划,不直接刺激生产但是能直接影响生产和交易,因为它们的计算是基于生产的历史数据以及用于生产土地的数量。由于上述原因,这些计划已经被允许。但世界贸易组织成员方仍在通过悬而未决的谈判继续质疑它们。

关于市场准入,农业协定已经预测到了世界贸易组织成员方的贸易中关税和非关税壁垒的减少和"关税化"的过程,关税化意味着任何形式的壁垒转化为具体的关税等值(即固定关税)。

最后,农业协定也强行使得世界贸易组织成员方减少了出口补贴。

自从签署了《马拉喀什协定》,欧盟委员会经历了很长时间的协商和制定提案以使欧盟理事会在1994年12月22日通过第3290/94号法规。该法规是关于实施乌拉圭回合多边贸易谈判中达成的协议中农业部分所必要的一些调整和过渡性安排。

第3290/94号法规,虽然考虑了一些横向措施,如那些可以应用于共同组织所有部门的措施,但是它有一个明确以部门为导向的方式。尽管如此,通过对其附件的详细审查,可以确认最重要的改革的指导原则,特别是在与第三国的关系体系中。这些改革本质上涵盖了进口和出口认证制度,用基本固定关税代替多种进口征税,关税配额即特定条件下的进口产品数量和出口退税的减少(Castato 2003)。

从这个角度看,2003年的共同农业政策改革与此高度相关,因为该改革继续了这些改变,至少部分地引进了与支持计划系统的完全脱钩。在多数情况下,这些计划会根据前些年的支持量而不是根据种植量被给予农业生产经营单位。签署《马拉喀什协议》和附属的农业协定带来的对国内支持措施的审查,使得欧盟开始了政策改革的过程。这也导致了逐步的始于部门领域内的支持计划与生产的脱钩。一方面,第1782/2003号法规引入了单一支付计划,一个新的直接支付系统,在这个系统下支持不再与生产相关(脱钩);另一方面,"交叉遵守"

制度，其所遵循的原则为：当农民不符合有关公共健康、动植物健康环境保护和动物福利保护这些方面的要求时，其所获得直接支持将有所减少抑或被免除。

4. 第1234/2007号法规和向单一农产品的共同市场组织的过渡

仅仅从数量来说，第1234/2007号法规减少了规定的数量。与此同时，制定这样一个单一的针对共同市场组织的法规也有助于简化共同农业政策的法律框架。事实上，从制定这一针对共同市场组织的单一法规开始，共同农业政策的法律框架就主要由四个法规构成，它们分别是单一的共同市场组织、单一的支付项目、农村发展和针对共同农业政策的财政支持（Gaboriau Sorin 2007）。

更为具体地说，在2013年最新的共同农业政策改革后，从2014年到2020年针对共同农业政策的法规包括：第1307/2013号有关在共同农业政策框架下的支持项目中建立针对直接支付的规则；第1308/2013号建立针对农产品的共同市场组织的法规，该法规废除并代替了原第1234/2007号法规；第1305/2013号有关通过欧盟农村发展农业基金支持农村发展的法规；第1306/2013号有关针对共同农业政策的财政支持、管理和监测的法规。除了上述的四个法规，第五个必须提及的法规是第1310/2013号法规，该法规作出了通过欧盟农村发展农业基金（EAFRD）支持农村发展的一些过渡性规定，其是指从原有的共同农业政策向新的共同农业政策转变期间的过渡规则，其内容同时针对单一支付项目和农村发展。①

随着单一支付计划的引入，不同部门提供的大多数支持已从农产

---

① 译注：上述两段都是根据最新的立法在第二版中新增的内容。就共同农业政策和共同市场组织而言，最新的立法是第1308/2013号法规，其废除并代替了原第一版中作为主要内容予以介绍的第1234/2007号法规。本文此处的内容主要是第一版中针对第1234/2007号规定的分析。

第十五章 农产品市场的共同组织
Silvia Bolognini

品市场共同组织转变为了直接支付的新系统（Bianchi 2007）。

因此，采用第1782/2003号法规之后，对单一的农产品市场共同组织的保护受到了质疑，因为大多数基本法规结构相同而且有许多相同的规定。同样的情况也存在于与第三国的交易规则。基本法规对某个或者相似的问题经常包含不同的解决办法。

因此，随着第1234/2007号法规确立了一个共同组织的农业市场和某个包含横向法规的具体农产品的专门条文（单一农产品市场共同组织法规）（Jannarelli 2008），欧盟立法者已决定替换大量存在的法规，即在几十年中通过一个部门一个部门规定所逐步构建针对不同农产品市场的框架和构造的那些法规（可以将它们视为一个链式结构，从基本生产到最终流通，在食品的领域也是如此）。在这种情况下，欧盟采用第1234/2007号法规以简化共同农业政策的监管框架。事实上，看起来单一的农产品市场共同组织法规和欧盟立法者已采用的持续简化共同农业政策[①]的法规有着明显的关系（Albisinni 2009b，Bolognini 2009）。

这不仅能从在第1234/2007号法规实施之前的工作文件中看出来，而且也能从法规的内容中看出来。法规内容清楚地反映了2003年共同农业政策改革带来的改变，尤其是在农业收入的支持政策方面。

根据欧盟立法者，起初农产品市场共同组织法规的简化不是为了讨论近几年共同农业政策背景下采取的政策决定中所存在的问题。单一农产品市场共同组织法规仅仅被认为是一项技术简化。因此，它不应该废除或者改变现有的法律文件，除非这些文件已被废除或冗余；从本质上说，它也不应该在欧盟理事会层面上受到处理，更不应该提供新的法律文件或者办法。

然而，单一农产品市场共同组织规定的技术简化是致力于使共同

[①] 原注：从2000年开始，欧盟立法者就在追求简化共同农业政策的规制环境的目标，为此，其制定了第1782/2003号有关直接支持项目的共同规则的法规，第1698/2005号有关支持乡村发展的法规和第1290/2005号有关共同农业政策支持的法规。

农业政策更加广泛的政治管理的大项目的一部分。因此它不可避免地要建立在政治简化的基础上（Costato 2009，Bolognini 2009）。

单一农产品市场共同组织的创建，用横向的方式代替了纵向的部门的方式，把单个基本法规中的规定集合到了一个单一的法律框架内。可能会用横向部署代替部门的规定。

但是，在第1234/2007号法规中也有部门的规定，以考虑到某个部门的具体需求。

此外，起初第1234/2007号法规在实施的时候并未有包含农产品市场共同组织中那些由政策改革决定的部门，如水果、蔬菜、加工水果和蔬菜部门（其最后的分离的共同市场组织是第1182/2007号法规）和红酒部门。

除此之外，理事会在内部开展关于单一农产品市场共同组织法规的适用谈判的同时，也谈判并适用了一系列部门（糖类、种子、奶和奶制品）的政策性决定，如第1260/2007号、第1247/2007号、和第1152/2007号法规，这些部分地修正了原始的基本法规。然而，这些政策性决定与第1234/2007号法规相比同时或者稍早于它施行，并不能和它很好地结合。

相同的事情也发生在第700/2007号有关小于12个月的牛类肉品市场的法规上，该法规引入了这些产品的新的市场标准，但是却由于时间问题没有融入到第1234/2007号法规里。

后来，欧盟立法者又认定这些修正需要被纳入到单一农产品市场共同组织法规中，以使这些政策性决定在单一农产品市场共同组织法规的应用范围内，与此同时也保证系统的一致性。

因此，欧盟立法者通过第361/2008号法规修正了第1234/2007号法规。该条例引入了关于糖类、种子、奶和奶制品的修正条款和关于水果、蔬菜和牛肉的市场共同组织的政策性决定。

红酒部门市场的共同组织通过第469/2009号法规融入到第1234/2007号法规中，即使某些具体的条款仍然继续应用在某些领域。

第十五章　农产品市场的共同组织
Silvia Bolognini

源于农产品的乙醇、蜂产品、桑蚕业也被包含进单一农产品市场共同组织法规中，尽管这些产品此前并没有共同市场组织。

渔业的共同组织仍然不在单一农产品市场共同组织法规之中，事实上，它仍然由第104/2000号法规规制着。

单纯地从数量上看，第1234/2007号法规减少了条款的数量。多亏有了这次简化，整个共同农业政策法律框架现主要有4个主要法规组成，除了单一农产品市场共同组织法规，还有上面提及的关于单一支付计划的第73/2009号法规、关于农村发展的第1698/2005号法规、关于共同农业政策的财政的第1290/2005号法规（Gaboriau-Sorin 2007）。

4.1　单一农产品市场共同组织法规的准则

单一农产品市场共同组织法规规制了21个部门，这些部门直到2007年才被整合到单一共同市场组织中。该法规构建了一个管理内部市场、第三国交易、竞争规则等的单一的法律框架。

关于内部市场的规则涉及市场干预、特殊干预措施、配额和援助计划、市场销售和生产。第1234/2007号法规治理了农产品市场的公共干预，尤其是包含了参考价格的定义和确定固定干预价格的方法，后者与固定干预价格和参考价格、开放买入时间、最大限量都有关系。该法规也制定了谷物、水稻、白砂糖和原糖、牛肉和小牛肉、奶、黄油、脱脂奶粉、猪肉这些产品的价格。

这些措施的采用必须保证市场稳定，获取产品的平等性以及对待买家的平等性。

此外，对某些产品（如某种黄油和奶酪）也规定了私人存储援助，其他产品（如成年牛类动物的鲜肉或冷藏肉、猪肉、绵羊肉和山羊肉、白砂糖等）也有可能获得该援助。

然而，在某些情况下欧盟可能会采取特殊干预措施。这些措施可能是一般性质的，包含如在发生动物疾病的情况下抑或消费者信心受损的情况下，就各成员国承担的开支提供一半的资金支持。某些部门

（谷物、大米、糖类）也受益于这些具体措施。在某些部门（尤其是活体植物、牛肉和小牛肉、猪肉、绵羊肉和山羊肉、蛋和家禽），欧盟可能通过采取措施鼓励对市场需求供应的调整。

对于某类产品来说，如糖类和牛奶，成员国在生产者之间分配了固定国内生产配额。

对于某类活动会提供一些支持计划（如与干饲料、种植亚麻纤维、养蚕等有关部门的加工处理）。

第1234/2007号法规也涉及生产者组织和跨部门间组织。生产者组织可能设立于啤酒花，橄榄油和餐用橄榄油行业。跨部门组织是将生产、商业、产品处理相关的经济活动代表聚在一起，这可能形成于橄榄油、餐用橄榄油和烟草行业。这些组织的形成须符合一定的条件。

然而，考虑到与第三国交易，任何与关税有相同作用的费用征收、数量限制和措施都被禁止。

欧盟委员会可以要求某些领域的产品出示进口许可证，如谷物、大米、糖类、种子、橄榄油、餐用橄榄油、亚麻和大麻、香蕉、活体植物、牛肉和小牛肉、猪肉、绵羊肉和山羊肉、禽类肉、牛奶和奶制品、蛋和农业乙醇。

共同关税中的进口关税应用于这些产品上，尽管有一些特殊条款仅用于它们中的一部分。此外，在某些情况下，这些税务可能暂停，也有可能会适用其他税收。

进口关税配额由欧盟委员会管理以避免任何歧视。

一些特殊条款适用于谷类、大米或者谷类和大米的混合物，进口关税的确立考虑到了该混合物的组成。除此之外，也为糖类设置了优惠措施，对于亚麻和大麻的某些进口条件也进行了设定。

欧盟委员会也可以采取有关进口的保障措施。在某些情况下，它也可以暂停对下列产品的进口加工安排的求助，如谷物、大米、糖类、橄榄油、餐用橄榄油、牛肉和小牛肉、牛奶和奶制品、猪肉、绵羊肉和山羊肉、鸡蛋、肉和农业乙醇。

与此同时，欧盟委员会也会要求与下列领域相关的产品出示出口证：谷物、大米、糖类、橄榄油、餐用橄榄油、牛肉和小牛肉、牛奶和奶制品、猪肉、绵羊肉和山羊肉、蛋、禽肉和农业乙醇。

某些产品的出口有出口退税的支持，该退税填补了全球市场和欧盟市场间的差价。这些会根据目的地的不同而有所差异，而且由欧盟委员会考虑到共同体和全球市场发展后进行定期的调整。麦芽存储、谷物、牛肉和小牛肉的出口退税由具体规定管理。

共同体关于竞争和国内补助的程序的适用是通用的。然而，针对一些生产者已经制定了一些特殊的竞争规则。同样，关于牛奶和奶制品部门的国内补助也有一些特别规则。

最后，值得指出的是，在执行第1234/2007号法规中确立的任务时，欧盟委员会一直是在农产品市场共同组织管理委员会的协助之下开展该项工作的。

5. 市场标准

第1234/2007号法规不仅针对不同的共同市场组织的规定提供了一个正式且系统的重组和统一，而在这之前上述的规定都散见在不同的法规中，而且实质性地重塑了欧盟整体的监管模式和食用农产品部门的治理（Albisinni 2009a，Id. 2009b）。

第1234/2007号法规确实给欧盟委员会分配了针对某些产品确立市场标准的任务，既有新鲜的又有加工的，多数都是之前分别由不同法规治理的食品产品。

此外，单一农产品市场共同组织法规多数都和食品相关，既有新鲜的也有加工的，这意味着，第1234/2007号法规不是传统意义上的农业立法，而应被视为食用农产品的立法，或者仅仅只是食品立法（Albisinni 2009a，Id. 2009b）。实践中，同样的结论也被纳入了第1308/2013号法规，其肯定了随着欧盟委员会2009年5月28日有关农产品质量政策的通讯和随后的争议，认为保持部门内的或者产品的

市场标准是适宜的，以便考虑消费者的期待和提高农产品的生产和销售以及它们的质量。

这个观点似乎可以通过欧盟立法者用于"市场标准"的这一表达的定义来证实，立法者通过它说明了大量关于产品特点、名称、标签的条款，并特别强调了沟通。

因此，市场标准就是关于整个从生产到最后消费的食品链的条款，因此市场标准也可被认为是食品立法（Albisinni 2009a；Id. 2009b）。

根据原第1234/2007号法规以及更新后的第1308/2013号法规，可对一个或多个以下领域的产品制定关于市场标准的规定："橄榄油和餐用橄榄油，附件一第七部分（a）点中提及的产品；水果和蔬菜；加工水果和蔬菜；香蕉；活体植物。"具体的市场标准也被引入到以下部门：牛奶和奶制品、油和脂肪、蛋和禽肉、酒花、橄榄油和橄榄果渣油、奶酪和乙醇。该条例定义了这些市场标准的采用实施和减损方法。

这些标准的制定考虑了以下因素：相关产品的具体情况，保证在市场上顺畅处理产品的条件的必要性；获得足够和透明的产品信息的消费者利益，这些产品包括水果和蔬菜，加工水果和蔬菜领域；原产国、种类、产品的多样性（或者商品类型）；上述这些市场标准，可能尤其与质量相关，包括种类等级、重量、型号、包装、包裹、储存、运输、图像、市场、来源和标识等。

至于附件一第七部分（a）点中提到的橄榄油，市场标准也可能通过考虑用以判断它们物理、化学、感官特征的方法的变化而确立。

关于水果和蔬菜和加工过的水果蔬菜部门，市场标准也可以通过考虑联合国欧洲经济委员会（EU/ECE）的建议标准。

除非欧盟委员会根据第1234/2007号法规中的标准另有规定，市场标准已经确定的产品仅可以在市场以这些为标准而销售。

从第1234/2007号法规到目前第1308/2013号法规的规定，欧盟委员会有规范市场标准的一般权力。如此一来，作出上述决策的机构与部长理事会（该理事会的决策特点是通过跨国家的谈判达成的）相比，其政治性比较弱，因为该机构不直接对选民作出回应（Albisinni 2009a；Id. 2009b）。

如果欧盟委员会起到的是核心作用，那么成员国起到的则是边缘的作用，因为它们只能执行检查与制裁。一些法规的任何例外和豁免都专属于欧盟委员会，因为欧盟委员会被授权处理涉及定义和规制市场标准的任何事务。

就此而言，应注意到我们不仅仅是在进行一个简单的农业和食品市场规制的统一过程，而是一个真正的统一过程，这就给欧盟尤其是欧盟委员会赋予了核心功能。

在单一农产品市场共同组织的法律框架内，针对单一产品的市场标准还是有着显著的差别，尤其是新鲜和加工过的水果和蔬菜、小于等于 12 个月的牛类动物的肉、葡萄酒产品、牛奶和奶制品、油脂、蛋类和禽肉类、酒花、橄榄油和橄榄果渣油。

最后，第 491/2009 号法规确立了一整节关于葡萄酒行业原产地命名、地理标志和传统术语的内容。

翻译：徐双

Chapter 16
第十六章

标签、名称和商标

Alessandra Di Lauro

1. 食品标识、展示和广告立法：第一步定义

食品行业中的标识立法和针对贸易名称的规则是欧盟立法和司法判决中引以为豪的领域。

针对标识的指令（第112/79号指令）制定于1979年，[①] 但随后又修订了几次。目前，该指令已经由第2000/13号指令所取代，[②] 但后者也会随着欧盟不久后出台的一项新立法而被废除，目前该工作已经有所进展（COM 2008/0040 def）。现如今，这方面的新立法是第1169/2011号法规，[③] 其废除并取代了上

[①] 原注：Directive 79/112/EEC of 18 December 1978 on the approximation of the laws of the Member States relating to the labelling, presentation and advertising of foodstuffs for sale to the ultimate consumer.

[②] 原注：Directive 2000/13/EC of the European Parliament and of the Council of 20 March 2000 on the approximation of the laws of the Member States relating to the labelling, presentation and advertising of foodstuffs. In Italy, it has been implemented by D. Lgs. 27 January 1992 No 109.

[③] 原注：Regulation (EU) n. 1169/2011 of the European Parliament and the Council of 25 October 2011 on the provision of food information to consumers. 译注：第二版中更新了这方面的最新立法动态，即这一最新的第1169/2011号法规。

第十六章 标签、名称和商标
Alessandra Di Lauro

述的第2000/13号指令。

事实上,其他针对某一或某一类具体产品的规制立法中也有食品标识的规则。此外,针对某一产品的具体质量内容也有涉及食品标识的规则。如果要全面了解这一规制领域,有必要先行阐述下具体产品(如巧克力产品、防腐剂、牛肉、红酒、烈酒等)的标识规则,以及针对具体农业工艺(如有机生产和含有转基因物质的食品)和所谓的质量标志(如受保护的原产地命名标志、受保护的地理标志、传统特色认证、名称等)的标识规则。

第1169/2011号法规为标识立法提供了一个通用的、横向的和强制性框架,其内容也同时涉及了基于产品类型的规制要求(即所谓的纵向标识立法)和/或针对特定产品的要求,后者可能是强制性的(如针对肉类或者其他特殊产品的标签要求),也可能是自愿性的(如上述的质量标志这一标识)。就标识规制的回顾而言,也应当包括有关技术规则和规制的信息的程序要求(Costato 2003;Id 2007)。[①]

对于上述的规制框架,也应提及《通用食品法》(第178/2002号法规)中相关的规定,尤其是第16条的规定,以及欧盟针对广告的通用规则(第450/1984号指令[②]以及执行指令第29/2005号和第114/2006号[③])。

第1169/2011号法规是关于保障向消费者提供食品信息的规定。一如其法律名称所表明的,其范围比第2000/13号法规来得广泛。其目的在于广泛规制与消费者相关的信息(第1条)(Albisinni 2003,Di Lauro 2005,Di Lauro 2012)。根据这一法规,"标识"是指任何与食品

[①] 原注:Directive (EU) 1535/2015 of the European Parliament and of the Council of 9 September 2015 laying down a procedure for the provision of information in the field of technical standards and regulations.

[②] 原注:Council Directive 84/450/EEC of 10 September 1984 relating to the approximation of the laws, regulations and administrative provisions of the Member States concerning misleading advertising.

[③] 原注:Directive 2006/114/EC of the European Parliament and of the Council of 12 December 2006 concerning misleading and comparative advertising.

有关的，在食品的或相关的包装、文件、通知、标签、环或套圈上出现的词、详情、商标、品牌名称、图案或符号；"展示"是指食品的呈现方式，尤其是其形状、外观或包装，包装材料，排列方式，展示背景（第1条和第2条）。对于广告的定义可以参见第114/2006号指令。[①]

很重要的一点是，标识法规明确规定：标识和所用的方式不能在产品的质量、配料、数量、原产地、性质、产品识别、制造工艺和效果等方面欺骗消费者。该规定同时指出禁止暗示食品具有特殊性质，但事实上所有类似的食品都具有这样的特性。而且，也不得宣传某产品具有的特点使其适宜预防、治疗和治愈某一疾病。这些规定在整个标识体系中都应当被视为限制性条款（Di Lauro 2005）。事实上，这一规定是强制性要求，即便有些规则在适用时存在盲从的问题，但其对于标识制度的整体正确性而言，具有补充说明或质疑的作用。正因为如此，在一些有关产品名称使用的诉讼中，也会援引这一规定，包括在使用"营养说明"和健康声明时将其作为规制的依据。

2. 强制声明、产品名称和语言要求

标识法规列出了标签中应当标注的事项，包括产品名称，配料表，部分配料或某类配料的数量，任何附录Ⅱ中所列的用于食品生产且最终存在于终极产品中的会导致过敏或不耐症的配料或加工助剂抑或从这些附Ⅱ的物质或产品中衍生而来的配料或加工助剂（即便它们改变了形式），名称和企业名称或食品企业从业者的地址，原产国或产地，净重量，限用期限或最短货架期，贮存和使用条件，酒精含量（关于

---

① 原注：Art. 2(1)(g) of Reg. 1169/2011. See also Directive 2005/29/EC of the European Parliament and of the Council of 11 May 2005 concerning unfair business-to-consumer commercial practices in the internal market and amending Council Directive 84/450/EEC, Directives 97/7/EC, 98/27/EC and 2002/65/EC of the European Parliament and of the Council and Regulation (EC) No 2006/2004 of the European Parliament and of the Council.

第十六章　标签、名称和商标
Alessandra Di Lauro

按容积计含有多于 1.2% 的酒精的饮料，其按容积计实际的酒精强度），营养声明。针对每一项说明，第 1169/2011 号法规都明确了其条件和适用范围。

这些年以来，针对产品名称的使用，有许多非常有趣的司法判决（Costato 2003, Sgarbanti 2003, Germano 2007）。对此，各国的立场都不相同。例如，符合一国对于"法定产品名称"的要求可能在另一国仅仅被认为只是"通用名称"，这对于法律适用而言具有实质性的影响。当"法定产品名称"的使用仅用于说明某一产品符合了法律针对该命名提出的要求时，"通用名称"意味着该名称的使用可用于描述某一类产品，即便它们没有同意的特性。在这个方面，最著名的那些案例就是关于"醋（vinegar）""啤酒（beer）""意大利面食（pasta）""酸奶（yogurt）""鹅肝（foie gras）""面包（bread）""荷兰酱（hollandaise sauce）""巧克力（chocolate）""奶酪（cheese）"，对于上述的产品，一些国家对它们的成分作出了严格的法定要求，但另外一些国家则将它们视为普通的或通用类别。①

对于上述名称的使用及国家规定，欧盟法院的观点是按照严格的法定条件使用这些名称应基于互认原则（Mattera 1992, Id 1998, Jannarelli 1997, Costatao 1998, Di Lauro 2005, Albisinni 2009）。自第戎案（Cassis de Dijon）的判决开始，法院就认为国家对于上述产品名称的限制使用违反了条约有关禁止对进出口进行数量或质量限制以及禁止具有等同效果的措施的规定（欧盟条约 TEEC 第 30 条）。换而言之，法院认为除非有具体的要求以及合理的措施，否则任一成员国都

---

① 原注：ECJ, 26 June 1980, Case C-788/79, *Gilli*; 9 December 1981, Case 193/80, *Commission/Italy*; 12 March 1987, Joint Cases 176/84 and 178/84; 14 July 1988, Case C-407/85 and Case C-90/86; 14 July 1988, Case C-298/87, *Smanor*; 22 October 1998, Case C-184/96, *Commission/Republic of France*; 26 October 1995, Case C-51/94, *Commission/Federal Republic of Germany*; 16 January 2003, Case C-12/00, *Commission/Kingdom of Spain*; 16 January 2003, Case C-14/00, *Commission/Republic of Italy*; 16 December 1999, Case C-101/98, *Union Deutsche Lebensmittelwerke GmbH/Schutzverband gegen Unwesen in der Wirtschaft*; 9 February 1999, Case C-383/97, *Amtsgericht Nordhorn/Germany*.

不能在其领域内拒绝已经在其他成员国依法生产和销售的产品的自由流通。在有关互认原则的释义性的通讯中,① 欧盟委员会也解释了:在一些案例中,某一成员国在其领土范围内拒绝了一些产品的自由流通,因为该产品的命名在其国内具有同名称的产品,但国外同名产品并不具有其本国产品的特点。对此,在这些案例中,有必要对这些产品进行差异化的命名,以便使得它们归属于不同的产品类别。

这些相关的释义性通讯中也指出了如何完善现有针对产品名称使用的规定。根据标识的规定,食品的名称应是其法定名称。如果欧盟没有这一名称的规定,那么向最终使用者或社区销售这一产品的成员国所适用的法律、行政规定有对该产品名称作出的规定的,可使用这一名称。如果成员国也没有这一规定,那么该产品的名称就是向最终使用者或社区销售该产品的成员国内惯用的名称或该国内用于描述该食品且达成共识的名称,必要时,也可以是描述该食品使用情况的名称,但前提是该称谓足以使得购买者明确知晓其所购产品的真实特性,并能够与易于混淆的产品相区别。相似的,就作为产品销售地的成员国而言,产品名称是其在制造该产品的成员国内依法生产和销售时,就可以使用。然而,如果存在可以适用标识指令其他规定的情况时,尤其是该指令的第 3 条规定,即无法确保购买者意识到产品的真实特性以及将其与其他易于混淆的产品相区分时,使用产品名称还应当附随补充性的描述信息。在一些例外的情形中,某一产品名称在生产该产品的成员国内使用,但在销售该产品的成员国内不能使用,这是因为该产品的名称内涵使其所表述的成分或生产具有很大的差异性,以至于无法使得销售所在成员国内的消费者充分了解该产品。

其他一些针对产品名称的诉讼则使得欧盟的许多成员国持续性地制定了一些有关产品识别的定义,包括针对巧克力、牛奶和橄榄油的

---

① 原注:the Commission Communication on the consequences of the Cassis de Dijon ruling (in ECOJ C 256 1980); the Commission Communication on free movement of foods (in ECOJ C 271 1989), and the interpretative Communication on food names (in ECOJ C270 1991).

定义。

此外，标识法规也明确了语言使用要求，为此，标签上的事项必须符合这一规定。尤其是，根据第15条的规定，成员国在其国内可以禁止那些没有用易于消费者了解的语言提供强制性声明的产品，除非已经在标签说明中采用其他适宜的信息告知措施。对此，欧盟法院已经作出了许多裁决，以便明确成员国在该领域内具有多大程度的回旋余地（Di Lauro 2003）。[①]

3. 配料和致敏物质

第1169/2011号法规规定配料是指在食品生产或制备中使用并最终呈现在最终产品中的任何物质或产品，包括香精、食品添加剂和食品酶，以及任何作为成分的复合成分，即便其改变了原有的形式也属于这一定义，但不包括残留物。

对于标签中针对致敏成分的清单，有必要加以更为仔细地审查。配料表中涉及致敏问题的物质名单越来越长，一些新的突破会使得这一清单落后于实际的研究成果。如果使用一种致敏的成分，针对标识的法规会越来越严格，为此有必要在一般性规定的基础上作出更多的例外要求。标签上必须列出所有用于生产该食品的配料和任一物质或衍生品，即便它们改变了存在形式，只要存在于食品中，就应当列出。即便对一些配料而言，最终标注的是它们的类别名称而不是它们自己的具体名称。例如，植物或动物油、植物或动物脂肪、淀粉。然而，对于致敏物质而言，无法采用这样类别名称的方式予以标注，对此，原料的名称是必须加以说明的，如大豆油或小麦淀粉。此外，对于一些以类别名称加以说明的配料而言，它们的标注可能采用根据其自身的功效（乳化、增稠、着色）所对应的具体名称或者欧盟针对添加剂

---

① 原注：ECJ, 18 June 1991, Case C – 369/89, *Piageme and a. /Peeters*,; 12 October 1995, Case C – 85/94, *Piageme and a. /Peeters*.

的 E 代码。同样的，一旦涉及致敏物质的标识，其原料的名称是必须说明的，例如，针对乳化剂，标注为大豆卵磷脂、含蛋防腐剂。水果和蔬菜也应当作出如下说明：水果或蔬菜或蘑菇的不同比例，每一成分都要加以说明，或者表述为不同成分比例的罐装水果（如柠檬、橘子）。如果产品的名称本来就反映了致敏物质的信息，就无须再列出其他名称，一如"硬质小面面食"（durum wheat pasta）这一案例。然而，如果产品本身没有成分清单，仍是有必要通过"其含有"这一信息表明其可能含有的致敏物质。添加剂、加工助剂、添加剂助剂、含有致敏物质或源于致敏物质的香精都被认为是食品的成分，因此，它们都应当标注在标签上，并加载致敏物质的信息。相似的，针对"复合成分"的列表或"药草、香精、香料"规定了如果该复合成分或者混合物在终极产品中的含量不超过2%，则其标注就不是强制性的，但该规定不适用于致敏物质。也就是说，如果含有致敏物质的成分，其必须列在成分列表中，即便其成分低于2%的含量（Rubino 2004，Di Lauro 2007，Masini 2007，Petrelli 2009）。

4. 营养标识和健康声明

第2000/13号指令没有规定针对产品的所谓的营养标识是强制性的（Rubino 2004，Masini 2007，Petrelli 2009，Di Lauro 2010）。

第90/496号[①]指令针对标签上的营养信息作出了规定。

目前，第1169/2011号法规规定自2016年开始，营养声明应是强制性的，因为其考虑到了营养标识对于消费者了解食品的成分而言是非常重要的，且也能帮助他们作出知情的选择。强制标识的营养声明内容包括：（1）能量值；（2）脂肪、饱和脂肪、碳水化合物、糖、蛋白质和盐的含量。在适宜的情况下，如果盐含量仅仅是因为自然存在

---

① 原注：Directive 90/496/EEC of 24 September 1990 on nutrition labelling for foodstuffs, implemented in Italy by D. Lgs. 16 February 1993, No 77.

第十六章　标签、名称和商标
Alessandra Di Lauro

的钠含量所致，则针对这一情况的说明可以标示在营养声明的附近。第1款规定的强制性营养声明的内容可有以下一种或多种物质含量的说明相补充：（1）单不饱和脂肪；（2）多不饱和脂肪；（3）多元醇；（4）淀粉；（5）纤维；（6）附录 XIII 第 A 部分第 1 点所列的任何维生素或矿物质，以及附录 XIII 第 A 部分第 2 点定义的维生素和矿物质在其含量具有一定意义时。

此外，欧盟还针对特殊膳食（Paoloni-Colaneri 2011），[①]新食品[②]和膳食补充剂[③]制定了相关的法律要求。

由上述规制所引发的问题是非常复杂的，且不易解决。其中一个最具争议的问题就是在上述的这些法规之中，有针对特殊食品或食品要求其额外标注信息的，即便要求是自愿且通用的，即所谓的横向立法。根据通用的标识指令，如果食品被宣称具有预防、治疗和治愈疾病的特征，那么这一食品就是不可信的。对此，欧盟法院在处理这一问题时就健康和疾病的差别作出了解释。法院认为，标识中提及条件的信息和提及健康的信息是不同的。其中，前者一般来说是应当禁止的，但后者则是可以的。在针对营养和健康声明的具体法规中，"疾病"这一术语是指"使人类器官和生命过程无法适宜且稳定地发挥功效的情形"，而"健康"则是指"不缺乏物理或者可能的心理条件"。

其他的一些观点[④]对健康和疾病的关系会有不同的见解，而这也使得欧盟主管当局保持了开放的立场，即听取质疑观点的意愿。

事实上，很难在食品和药品之间划清明晰的界限。药品的定义主要是基于以下两个基本要素：一是说明，即指"任何意在说明其可以

---

① 原注：Dir. 2009/39/EC of the European Parliament and of the Council of 6 May 2009 on foodstuffs intended for particular nutritional uses.

② 原注：参见第二十三章。

③ 原注：Dir. 2002/46/EC of the European Parliament and of the Council of 10 June 2002 on the approximation of the laws of the Member States relating to food supplements.

④ 原注：Cf. the International Conference on Primary Health Care, Alma Ata, 1978. The Bioethics Committee's position on the purposes, limits and risks of medicine, 2001.

治疗或预防人类某一条件的物品或者准备";二是功效,其中一些最为显著的特点就是以下典型的"通过药理学、免疫学、代谢效应或明确医学诊断,用于人类的任何物质或者准备以便恢复、修复或改变人类的生理功能"。当不能确认某一产品属于何种类别时且是否适用药品的相关规定时,需要指出的是,药品的规定仅仅在该产品在实际中被归类为药品时才能适用。尤其是,其必须遵循比例原则的要求,而且,产品的功效也要彻底地加以评估。产品的说明或者其所具有的某一有助于健康的普遍性收益效果并不足以使得某一产品成为药品。对此,欧盟法院所裁决的一些案例例如,有关大蒜素(lyophilisedgarlic caps)和发酵红米(fermented red rice)有助于说明上述的法律观点(Di Lauro 2010)。

5. 针对不公平行为的立法(概要)

对于标识立法而言,欧盟针对不公平行为的打击也对其产生了深远的影响(Rossi 2005, Meli 2005, De Cristofaro 2007, Di Lauro 2009, Id 2011)。本部分内容并不打算对这一规制领域做深入的分析,但是,值得指出的是,这一系列法规[1]的目的是为了打击"不公平的行为",后者是指欺骗的行为或者遗漏以及激进行为。此外,针对广告的立法也对这些措施的修订提出了要求。概括来说,上述一系列的法规明确了那些可以被视为不公平的行为,并且将它们列入了一项清单中。例如,错误声明某一产品可以治疗疾病、功能障碍或畸形可以被视为是不公平的行为。除此之外,就什么是不公平的行为,还有具体的和通用的定义。毋庸置疑,食品的标识、说明和广告需要考虑到这些法律

---

[1] 原注:Dir. 2005/29/EC of the European Parliament and of the Council of 11 May 2005 concerning unfair business-to-consumer commercial practices in the internal market and amending Council Directive 84/450/EEC, Directives 97/7/EC, 98/27/EC and 2002/65/EC of the European Parliament and of the Council and Regulation (EC) No 2006/2004 of the European Parliament and of the Council; Directive 2006/114/EC of the European Parliament and of the Council of 12 December 2006 concerning misleading and comparative advertising.

的要求,以及与此相关的其他规制,例如,针对使用原产地命名的法规或者所有有关促销用语和信息的法规。

6. 品牌

通常来说,名称在食品行业中是需要注册的。对于将符号(术语、包括人的名称、图案、字母、数字、形状、声音、颜色等)作为商标来使用的规则会在多个层面予以立法,包括国家层面、欧盟层面和国际层面。[1]

欧盟理事会1988年12月21日第89/104/EEC号关于协调成员国有关商标法律的指令被欧盟议会和理事会2008年10月22日第2008/95/EC号指令废除且由其取代,后者的目的在于协调各国的商标法。目前,第2015/2436/EU号指令又取代了第2008/95/EC号指令,也协调了各国针对商标的立法。[2]

欧盟理事会1993年12月20日第40/94号有关共同体商标法律的指令被理事会2009年2月26日第207/2009号法规所废除并由其取代,这促成了欧盟层面商标法的制定和实施。目前,第2015/2424/EU号法规对第207/2009号法规进行了修订。对此,每一个注册的商标都是有效的,且在欧盟境内受到保护。[3]

即便成员国和欧盟之间的法律有所差别,商标的信誉一般而言也都主要是由其自身的独特性所保障,其是在类似的产品中,由一家企

---

[1] 原注:the Paris Convention, 20 March 1883, and the Madrid *Arrangement*, 1891.

[2] 原注:Council Directive 89/104/EEC of 21 December 1988 to approximate the laws of the Member States relating to trade marks, as repealed and replaced by Parliament and Council Directive 22 October 2008, No 95/2008, and repealed and replaced by Directive (EU) 2015/2436 of the European Parliament and of the council of 16 December 2015. In Italy, corporate brand legislation is implemented, as to the latest references, by Decreto legislativo 10 February 2005, No 30 "Codice della proprietà industriale" (*Industrial Property Code*) and in some Articles of the Civil Code (Artt. 2569-73 and Art. 2598).

[3] 原注:Reg. No 40/94 of 20 December 1993 on the Community trade mark, as repealed and replaced by Reg. No.207/2009 of 26 February 2009, amended by Reg. No 2015/2424 of 16 December 2015 on European Union trade mark.

业所使用,且其使用这一符号的权利受到法律保护。这意味着该企业有权阻止其他企业使用这一被注册了的符号,而这一符号的作用有助于明确某一产品来自于可以其所代表的企业。

商标是一种符号,其主要的作用在于使得某一产品可以与指定的生产商相关联,且使得该产品与其他类似产品相区别(Ricolfi 1999,Sena 2001, Bertrand A. 2005, Schmidt-Szalewski J. – Pierre J. L. 2007)。然而,商标能否发挥作用,很大程度上有赖于"符号意义化的过程(process of signification)"。

某一商标,或更确切地说,某一作为商标使用的符号,其可能无法迅速地表达任何信息。这在所谓的"强商标(strong trade mark)"中尤为容易发生,也就是说,该类商标无法显而易见地表明其和产品种类、属性或者产品名称含义的关联。这类符号通常具有特别显著的独特之处,这与所谓的"弱商标"既然相反,后者是通过词汇或者地域的沟通信息表明其所代表产品的信息,即符号和产品之间的关联非常明显,但其效果也更为普通。此外,尽管商标能否发挥作用很大程度上有赖于该符号的独特性,但同时与相适用的规则也是相关的。

对于食品或者其他所有的产品而言,商标的法规是一样的,正因为如此,本文并不打算详述以下内容,包括规定商标有效性的要求(独特性、唯一性、创新性、合法性),如何传播这些商标(许可、特许经营),有关所有权的规则,保护性内容和限制要求,包括时间限制的要求。然而,非常有必要考虑的一点是关于使用作为商标的符号的规制演变,这与所谓的特殊性标准以及针对仿冒的救济有关。其中,特殊性是指限制同类产品的符号保护或者在某一产品的商标注册申请提交时限制商业相似性的。自从第一款有关商标指令出台后,有关针对产品"相似性"和符号"关联性"进行精确评估的必要性日益变得重要,从而测试可能混淆使用商标的问题。当使用符号的产品具有相似性,且这一使用也会使得符号和产品具有彼此的关联性时,应禁止

第十六章　标签、名称和商标
Alessandra Di Lauro

使用竞争对手已经注册的商标，从而为符号的使用提供更为宽泛的保护。这一保护企及了所涉及产品的相关市场内的最高保护水平，而且即便在适用符号可能并不会导致混淆问题时也能适用，即根据语言、语言和图表进行严格的评估，后者表明该产品在审查后与适用所涉及的商标的产品具有关联性。

值得提醒的是，"著名品牌"已经享有了与商标一样的保护力度。在笔者看来，鉴于欧盟最近针对品牌运动的立法以及撤销一些限制的做法，例如，企业限制和品牌独家使用许可的限制，对于符号使用的展望似乎是应当更为重视商标的作用，对此，它们的目标不仅在于展示产品来源于某一企业或者是该产品在市场上显得与众不同。毋庸置疑，在现有的规制框架下，目前商标所具有的可信度与过去通过注册一个符号所赋予的可信度还是有差别的（Franzosi 1996，Vanzetti 1998，Di Lauro 2010）。商标的持有者可能在实践中会扩大其注册符号的使用范围，以至于其不仅仅限于所关联的产品，例如在用于广告时，不再仅仅只是代表其所在的那个领域，而这一广告和投资形象无疑又会影响这一符号的意义。

当下立法对于商标的保护范围比过去更为广泛。对于可信度高的商标而言，其所能实现的目的也比一些国家法律（意大利）所规定的目的来得更为复杂，这与在转让企业或企业分支机构时的商标转让有关。

然而，目前的规则是许可商标更为广泛地流通，而且也通过打击混淆或者关联符号的使用对其加以保护。对此，有必要一并考虑那些意在制定或保持禁令的规则，例如，仅在保障不会导致商品或服务方面的属性欺诈时才许可转让或租用。

有关禁止欺诈性使用符号的禁令规则在实际中显得并不仅仅只是为了说明看似合法或不合法的转让，而是为了发挥商标的一个功能，即其反映了符合市场预期的作用（至少是在产品原产地方面，即便无关质量）。

如果关注食品行业内的商标使用情况，上述的考量似乎更具说服力。在这一行业中，产品的特点，例如有关原产地和质量的，往往通过独一无二的方式加以表述，因此，对商标的流通进行更为严格的限制就更具适宜性。

7. 集体和地理命名

无论是通过协调成员国有关商标立法发展而来的欧盟法律，还是在欧盟层面成立的针对商标的法律，但凡欧盟这一类立法都禁止将地理名称注册为商标。

地理名称以及通用的或者描述性的名称都不能由一个持有者所垄断，且这一类名称也没有独特之处。事实上，在一些情况下地理名称也是可以获得注册的，而且也有一些国家层面的案例是涉及这类注册的许可和保留情况的。例如，在意大利，一些名称的使用已经具有合法性：那些已经不再使用的地理名称（例如，作为红酒品牌的"芳婷金达（Fontana Candida）"），或者仅仅只是代表某一个地域且在该地域内不会再进行其他活动（品牌特姆迪萨图尼亚（Terme di Saturnia））；一些慢慢具有地理名称意义的名字，即便它们本身是虚构的（品牌萨地那岛（Costa Smeralda）；一些由于其特点而与某一些地理名称相对应的符号，且已经变成完全独立的地理标志，并代表着与产品相关联的质量特征（已注册的纸品牌法比亚诺（Fabriano），当该品牌并不真正与地理原产地相关，而是代表了质量）（Vanzetti-Di Cataldo 2000）。[1]

尽管将地理名称用于商标是法律所禁止的，但其使用也是具有可能性的，即如果将该地理名称注册为集体商标。根据法律规定，集体商标作为符号，其保障的是某一产品或服务的原产地、特点或质量。当注册这一名称时，申请者应当一并提交针对使用者的规则，包括针

---

[1] 原注：ECJ, 9 May 1999, Joint Cases C – 108/97 and C – 109/97, *Windsurfing Chiemsee Produktions/Boots und Segelzubehor Huber*; 7 November 2000, Case C – 312/98, *Schutzverband/Warsteiner*.

第十六章　标签、名称和商标
Alessandra Di Lauro

对符号使用情况的检查和收费信息。注册的持有人有权通过诉讼来保护自己的商标。一些标志可以作为集体商标进行注册。然而，集体商标的保护是受到限制的。实践中，商标持有人不能阻止任意的第三方使用这一地理名称，但前提是这一使用是公平的且能够反映其地理原产地的真实情况。

在食品行业中，集体的地理商标使用现象是非常普遍的（Rook Basile 2010），即便与其他的有关的个人商标相比，集体商标的保护非常的薄弱。然而，当公共机构（省、自治区、地市）试图采用注册集体地理商标时，总是会产生一些问题。例如，欧盟的委员会认为注册一项集体的地理商标与商品的自由流通原则相冲突，且也与欧盟将地理名称作为欧盟有关受保护的地理命名和受保护的地理标志的一部分的要求相冲突。对此，有疑虑认为将地理名称注册为一项公共的集体商标可能成为保护主义的借口，且使得在保护地方生产者的同时损害其他地区的生产者利益，因为在上述的情况下，有关受保护原产地命名和受保护地理标志的立法所要求的严格规定和条件将被规避。

以意大利为例，欧盟委员会在一些场合（有关商标 Paniere Veneto[①]）已经指出其有意愿在上述领域采取一些诉讼。正因为如此，意大利地区试图在注册公共的集体商标时避免该商标与地理的关联性。这方面的案例有艾米利亚-罗马涅（Emilia Romagna）[②] 地区的商标（Qualita Controllata）案例和托斯卡纳（Toscana）[③] 地区的商标（Agriqualita）案例。在这些案例中，就有条件的符合具体法规和生产工艺而言，对于这一内容的使用和注册可以授予本地区以外的生产者。在笔者看来，如果这些案例中的商标都没有违反欧盟的法律，那么它们的使用和注册都具有欺诈性（Di Lauro 2005），因为在消费者看来，这些与区域地理产地（有的时候，注册的符号可能含有这一产地的信息）相关的信

[①] 原注：Regional law, Veneto 8 March 1988, No 11.
[②] 原注：Regional law, Emilia Romagna 28 October 1999, No 28.
[③] 原注：Regional law, Toscana 15 April 1999, No 25.

息可能使得他们认为产品的原料或者生产过程是在该符号所表示的地区进行的。考虑到这些情况，就"Agriqualita"这一注册的商标中就显示了代表产地托斯卡纳的象征符号，且有以下的文字内容：获得托斯卡纳地区的许可。

翻译：孙娟娟

Chapter 17
第十七章

健康食品和健康及营养声明

Luca Petrelli

1. 促进健康食品具体类别定义发展的欧盟立法演变

几个世纪以来,人们都知道食品中天然含有对健康有益的物质,但直到过去的几十年间,科技创新才使得大规模生产具有特定健康功能的食品成为可能。

尽管尚未完全协调立法,欧盟还是专门针对因其天然含有或人为添加的成分而影响健康的一些食品作出了分类并对其生产和销售作出规定。

最初,欧盟立法通过第77/94/EEC号指令[①]规制了为实现特殊营养目的的食品(具有"膳食"特征或者供给健康的婴幼儿)(Paoloni-Colaneri 2011)。第2009/39/EC号指令将它们定义为"由于其特殊成分

[①] 原注:Dir 77/94/EEC of 21 December 1976 on the approximation of the laws of the Member States relating to foodstuffs for particular nutritional uses repealed by Council Directive 89/398/EEC of 3 May 1989 on the approximation of the laws of the Member States relating to foodstuffs intended for particular nutritional uses, which was in turn recast in Directive 2009/39/EC of the European Parliament and of the Council of 6 May 2009 on foodstuffs intended for particular nutritional uses.

或加工过程而使其与供正常消费的食品明显区别开来，而这一特殊性与其声称的营养目的相符，并且，在市场销售时也是如此声明上述适宜性的。"而所谓的"为特殊营养使用的食品"概念则已被2016年第609/2013/EU号有关针对以下食品规定其组成和信息要求的法规所废除，上述法规涉及的食品有：一段和二段婴儿配方奶粉；加工的谷物类食品和婴儿食品；特殊医用食品；为控制体重的替代全部膳食的食品。[①] 而后，欧盟立法通过第80/777/EEC号指令[②]规制了天然矿泉水，目前该指令已被第2000/54/EC号指令所废除。

再往后，第2002/46/EC号指令旨在部分协调有关膳食补充剂的欧盟法规，并将其定义为"补充正常饮食的食品，是营养物质或其他物质的浓缩，单独或混合食用具有营养或生理作用，市场销售中有一定剂量形式，即胶囊、晶粒、片状、丸状以及其他类似形式如袋装粉末、安瓿液体、瓶装点滴及其他类似形式的可以小剂量计量的液体或粉末"。

最后，第1925/2006号法规的规制内容是在具有某种营养或生理作用的食品（营养强化食品或者强化食品）中添加维生素和矿物质以及其他某种物质。

在过去的三十年间，科学界和食品行业越来越关注一种新型的有益健康的食品，即功能食品。这种食品的目标人群是想保持个体健康的那些人。1996年，欧盟委员会负责了一个与功能食品相关的一致行

---

① 原注：Regulation (EU) No 609/2013 of the European Parliament and of the Council of 12 June 2013 on food intended for infants and young children, food for special medical purposes, and total diet replacement for weight control and repealing Council Directive 92/52/EEC, Commission Directives 96/8/EC, 1999/21/EC, 2006/125/EC and 2006/141/EC, Directive 2009/39/EC of the European Parliament and of the Council and Commission Regulations (EC) No 41/2009 and (EC) No 953/2009. 译注：此处为根据立法动态新增加的内容。

② 原注：Council Directive 80/777/EEC of 15 July 1980 on the approximation of the laws of the Member States relating to the exploitation and marketing of natural mineral waters, repealed by Directive 2009/54/EC of the European Parliament and of the Council of 18 June 2009 on the exploitation and marketing of natural mineral waters.

动，即 FUFOSE（欧洲功能食品科学）。这一行动在 1998 年完结时通过了一个文件，其针对功能食品采用了一个有助于开展工作的定义，而不是不能加以变更的定义（Diplock et al. 1999）。文件强调功能食品不是药丸或者胶囊，而是传统意义上的食品："如果除了足够的营养作用外，某一食品通过改善健康状况和/或降低疾病风险的方式，能为身体提供一项或多项令人满意的有益功能，则可以称为具有'功能性'。"功能食品可以是天然食品、人工添加了成分的食品或者通过科技或生物技术手段移除了某一成分的食品，也可以是一种或多种成分性质经过改良的食品，或者一种或多种成分的生物利用率经过改良的食品，或者上述这些可能性的结合产物。功能食品可能对所有人或只对特定人群有效，其安全性必须经过官方认证予以确认，食用效果必须在正常的日常营养摄取条件下评价。

只有少数成员国或者国际组织对功能食品作出了法律定义。欧盟的法律框架尚未对上述食品作出法律分类，只将其一部分归入了营养强化食品中。

通过第 1924/2006 号法规，欧盟明确了食品经营者提供的非强制性营养和健康声明的适用条件。欧盟法规建立在食品治理指令的基础之上，内容包括特殊营养食品，天然矿泉水的开采和销售，人类饮用水质量和膳食补充剂，除此之外，欧盟委员会还规制了在不公然作出宣称的同时，可以采取的意在向消费者声明功能产品具有健康益处的方法。

2. 健康食品分类

尽管规制各类食品的具体法规有所不同，上述所有类型的食品（即天然矿泉水，特殊膳食用食品，膳食补充剂，营养强化或强化食品以及功能食品）的一个共同点是都能产生积极的生理作用，该作用可因其天然存在的特征而产生或因生产者复制其特征而产生。这些产品的特性旨在满足消费者的特定健康需求。为了依据其内在特性将某

一特殊食品类别定义为健康食品，这类食品必须有一个共同的作用，即对人体健康产生积极作用。健康功能（理解为食品因营养性和/或生理性效能而对正常条件下的人体产生积极作用的能力）构成了对食品质量的要求，不再是与一个特定食品相关，而是对某一类食品的共同特征进行定义，这些特征通过标签上的适当声明，向最终的消费者宣称其特性，并且能够左右消费者的购买选择。

欧盟法律框架中仍未清楚定义健康食品的完整分类，因此只能通过解释来具体化。认可分类有助于解决与有益人体健康食品的生产和销售相关的问题，确保其符合保护人体健康的高标准以及货物在自由市场内的高效流通。

欧洲立法传统上采用专门的指令来规制多样的健康食品的产品描述、组成、生产、控制、许可以及标识/广告，但一旦食品中包含有未在欧盟层面上统一认可的对健康有益的物质则有可能阻碍其在欧盟市场的自由流通。壁垒可以保护消费者健康为名，要求在引入市场前需获得成员国授权的形式存在，也可因成员国对健康食品的不同分类，将产品划归为食品或者药品。

将这些单类健康食品的众多立法整合成一个完整的体系分类，可以使得这些法律更加有意且更为互补，并借此来克服药品和食品界限模糊的不确定性。此外，这样的体系有助于通过间接协调找出克服欧盟内部货物流通僵局的机制。这样的协调方式支持新的标准化过程，即私人领域（例如：早在第1924/2006号法规中规定的通过的非强制性营养和健康信息）或者欧盟委员会自身和成员国（例如：通过第1925/2006号法规第8条规定的程序）能够实施的标准化过程。

3. 药品和食品的界限

提到药品和食品的界限，首先要指出的是《通用食品法》（第178/2002号法规）的第2条如此定义："指供人类食用或者根据合理

第十七章 健康食品和健康及营养声明

Luca Petrelli

预期用以食用的任何加工、半加工或未加工的物质或产品。"[1] 这一条款将药品排除在食品之外。依据第 2001/83/EC 号指令，药品可以根据其呈现的性状或其功能定义。现行的第 2001/83/EC 号指令第 1 条第 2 款，规定"药品"的定义是：具有治疗或者预防人类疾病的特征的物质或物质的结合（根据展现的性状定义的药品）；或者用于或开具给人的，以恢复、调整或矫正生理功能为目的的，通过发挥药理、免疫或代谢功能，或作出医疗诊断的物质或物质的结合（根据功能定义的药品）。初步审视，根据功能给出的药品定义可能适用于同样具有产生生理作用的健康食品。要强调的是，第 2081/83/EC 号指令第 2 条第 2 款规定，在存疑的情况下，如果考虑到产品所有特性，其归属于药品的定义范围并同时归属于其他欧盟法律规定的产品范围，则规制药品的指令优先适用于该产品［所谓的"存疑法则（rule of doubt）"］。众所周知，为保护人类健康，药品必须符合欧盟或国家授权。

在欧盟层面缺乏健康食品生产和销售统一立法规制的情况下，一些产品可能因其特性而归划至食品和药品之间的灰色地带。由于根据功能定义的食品概念和第 2081/83 号指令第 2 条第 2 款中规定的原则，健康食品因此将承受被归为药品的风险。事实上，虽然列出了能够在多种健康食品中安全使用的维生素和矿物质（无论最初是否由欧盟立法提出）[2]，但欧盟目前尚未有针对使用其他具有生理作用[3]物质（例

---

[1] 原注：参见第五章。

[2] 原注：Reg. No 1170/2009 of 30 November 2009 amending Directive 2002/46/EC of the European Parliament and of Council and Regulation (EC) No 1925/2006 of the European Parliament and of the Council as regards the lists of vitamin and minerals and their forms that can be added to foods, including food supplements.

[3] 原注：Cf. Reg. No 953/2009 of 13 October 2009 on substances that may be added for specific nutritional purposes ins foods for particular nutritional uses; Dir. 2006/14/EC of 22 December 2006 on infant formulae and follow-on formulae and amending Directive 1999/21/EC; Reg. No 1243/2008 of 12 December 2008 amending Annexes III and VI to Directive 2006/141/EC as regard compositional requirements for certain infant formulae; Dir. 2006/125/EC of 5 December 2006 on processed cereal-bases foods and baby foods for infants and young children.

如：其他营养素、植物及其衍生物）的通用规则。由于没有一般性的清晰的标准，这些物质的使用在一些情况下受到了限制，而在其他一些情况下需要授权批准或根据不统一的国家标准而被禁止使用。

考虑到这一情形，欧盟法院重复声明统一健康保护的必要性措施尚未完成，因此要防止成员国在（使用非统一物质作为药品或者食品产品）分类上的差异是不易的，此种情形必然导致成员国之间形成贸易壁垒。此时，最重要的问题似乎是欧盟法院面对药品定义问题和"存疑法则"问题时会给出何种解释。

关于根据功能而被定义为药品的产品，欧盟法院一贯判决要求成员国在法官的指导下，依据个案标准，"考虑产品的所有特征，尤其是其组成、药理、免疫或代谢特性，其能被现代科学所证明的程度，使用方法，分布程度，消费者熟悉度以及适用风险。"[1] 欧盟法院倾向于对根据功能定义的药品作限缩性解释。具体来说，依照法院的解释，"除了为医疗诊断目的而使用的物质或物质的组合以外，在考虑其组成，包括活性物质及其使用目的，不得将不能发挥药理、免疫或代谢功能而显著恢复、调整或矫正生理功能的其他产品依据此条款定义为药品。"[2] 法院也声明，一个产品具有对身体有益的泛泛特征并不是其具备药品资格的充分条件，但具有治疗和预防疾病[3]的功能却是其必要条件。产生生理作用并不是药品类别的充分标志，因为这一标志也是定义膳食补充剂[4]的标准之一。

欧盟法院确认适用第 2081/83 号指令第 2 条第 2 款所谓的"存疑法则"时确认了这一对"根据功能定义的药品"的限制性类别划归，并得出这一处理方式"不适用于尚未经科学确认其功能性药品性质并

---

[1] 原注：ECJ, 15 January 2009, in Case C – 140/07, para 39.
[2] 原注：ECJ, 15 January 2009, in Case C – 140/07, para 45.
[3] 原注：ECJ, 15 November 2007, in Case C – 319/05, para 64.
[4] 原注：ECJ, 15 January 2009, in Case C – 140/07, para 34.

第十七章　健康食品和健康及营养声明
Luca Petrelli

无法排除其非药品可能性的产品"① 的结论。

对于"根据展现的性状定义的药品",司法立场有所不同。欧盟法院倾向于对此法规作宽松性解释,旨在保护消费者免受并不具有消费者合法预期功效的产品的侵害。

在应用这一司法原则时,要统一分类似乎极为复杂。某一特定物质或产品经由人体消化吸收,在一般情况下具有对人体健康有益的特性,在不同成员国内就其向公众展现的特征来看,对于产品的分类情况并不一致。

这一风险通过适用第 1924/2006 号法规而避免了。该法规规制了生产者自愿为食品提供的营养和健康声明的使用,使其符合欧盟的预先授权。授权既是基于对人体的一般性健康的营养和(或)生理有益的严格科学证据,也确保依照交流的准确规则保证声明对普通消费者来说清楚易懂。

声明的授权根据的是第 1924/2006 号法规确立的程序,该法规得益于声明所指向的产品划归为食品一类这一前提假设。由于上述提到的欧盟法院使用的,提及药品定义的分类标准,这一假设不易推翻。得益于成员国间的互惠互认,上述声明将在很大程度上避免对同一产品分类产生冲突带来的风险。

因此,在欧盟立法作出如下规定的情况下,可以推断将有益健康的物质或产品划归为药品或食品(健康食品)的不同分类不可能出现:

(1) 所指产品明确划归为食品;

(2) 解释其对人体的积极效用是食品标签强制性(或非强制性)声明以及广告的一部分;

(3) 可以预见产品中产生生理作用的物质是符合欧盟层面正面清单所包含的使用条件的(例如:划归为特殊营养食品种类的特殊医疗用途食品)。

---

① 原注:ECJ, 15 January 2009, in Case C-140/07, summary of the judgment No.1.

以下情况是一个问题性假设：某生产商不想依据欧盟法规第1924/2006号法规的条款生产、销售对健康有益的食品或健康食品，利用未在欧盟层面统一但由某一成员国授权，归入正面清单，会有关于实际效用的强制性声明的物质。这通常会发生于使用维生素和矿物质之外的物质（添加维生素和矿物质基本已在欧盟层面统一）的健康食品。使用除了维生素和矿物质之外的物质，仅由国家层面的法规授权，会引发安全问题。无论该产品是否被划归为药品，上述提及的安全问题可使得依据《欧盟运作条约》第36条的欧盟内部壁垒合理化。事实上，"在未统一、不确定性持续存在的情况下，对人类健康和生命的保护程度以及食品进入市场是否需要事前授权的决定权在于各成员国，他们总是会考虑欧盟内部货物自由流动的要求"[①]，采取的措施必须符合比例原则。然而，根据欧盟法院"因《欧洲共同体条约》第30条[②]规定了欧盟内部货物自由流动的一个例外条款，援引此条款的成员国应根据国内营养习惯以及国际上的科学研究结果，在个案中说明其规则对有效保护该条款中所提及利益的必要性，尤其是该产品进入市场会对公共健康带来的实际性风险。"[③] 做到这一点似乎很困难，只有在依据风险评估，存在很大程度的科学与实践上的不确定性时，欧盟法院才接受"成员国可以根据风险预防原则，采取保护性措施，而不用等到风险的严重性显而易见之时，但风险评估不能仅建立在假设性想法之上"[④]。

4. 针对健康食品中使用维生素和矿物质以外的物质的欧盟立法协调

就有关许可在食品中使用除维生素和矿物质之外的其他对人体产

---

① 原注：ECJ, 15 November 2007, Case C-319/05. para 86.
② 原注：Now Art. 36 TFEU.
③ 原注：ECJ, 15 November 2007, Case C-319/05. para 88.
④ 原注：ECJ, 2 December 2004, Case C 11/02, paras 51~52.

第十七章　健康食品和健康及营养声明
Luca Petrelli

生积极作用的物质①的指令或者法规而言，可以通过正面清单的方式规制这些物质，但欧盟的干预迟迟未决（似乎是不合适的）是现有协调的原因所在。因为在此期间，针对生产和销售健康食品的规制系统可以通过创新的协调模式实现对上述物质的规制。

来看下面这个例子：第 1925/2006 号法规第 8 条设置的程序通过预先的禁止、限制和监督将食品中除维生素和矿物质之外的物质的使用常态化，包括膳食补充剂。这是欧盟层面基于欧盟委员会收集或成员国提供的具体信息而作出对该问题的管理。另一个例子是第 258/97 号法规设置的复杂的授权程序，该程序适用于产生某一具有有益性食品的技术创新所创造而来的新食品或新食品成分，后者是指截至 1997 年 5 月 15 日前未被大量消费的食品。我们还应当考虑第 1924/2006 号法规设置的法规体系因实施所衍生出的后果，即其成了物质统一的一个间接因素。这些物质对人体健康的作用必须有科学证明，通过官方授权的声明清楚地标示，并在欧盟清单上适当注册。

比较而言，需指出的是意大利的趋势是考虑把第 1924/2006 号法规的条款应用于特殊营养食品，添加维生素和矿物质的食品和膳食补充剂。这导致了现阶段对上述产品营养声明的审查和有限的改动，国内立法要求将声明标示在产品标签上。意大利卫生部在其通告中给出的关于法律框架的解释似乎可以运用于更广泛的情形，必须通过未来的措施加以证实。这一解释声明，这些等同于第 1924/2006 号法规规定的，用于评估除维生素与矿物质外的非统一性物质有益性声明是否科学有效的法规（欧盟食品安全局给出了更详细的定义），将在未来得到应用。这从国家层面上肯定了：如果这些趋势也被其他成员国采用，即使欧盟层面没有在总体上对人体有益的物质进行统一，其也（并不理所当然地）会促进欧洲市场内健康食品自由流通的一体化。

---

① 原注：the Report from the Commission to the Council and European Parliament on the use of substances other than vitamins and minerals in food supplements, 5 December 2008. COM(2008) final.

5. 食品营养和健康声明——欧盟第 1924/2006 号法规

在没有欧盟立法时，一些成员国采用国内条款来规制健康食品的标识和广告中营养和健康的声明，还有一些成员国允许在没有任何类型规制的情况下使用上述声明。

2006 年，欧盟通过适用第 1924/2006 号法规统一了可应用的规则，于 2007 年 7 月 1 日生效，并根据第 28 条适用过渡性措施。

第 1924/2006 号法规包含了在商业交流中使用的所有营养和健康声明的相关规则，既有食品标识也有说明或广告，针对终端消费者或供饭店、医院、学校、餐厅及类似大众餐饮机构。法规认可了对食品法典准则①设置的定义和条件给予的适当考虑。

该法规整合了第 2000/13/CE 号指令中的关于标识的一般条款，在欧盟内平等适用有关特殊营养食品、矿泉水使用与销售、人类饮用水质量、膳食补充剂的条款。

依据第 1924/2006 号法规的声明是自愿性的，其定义为"在欧盟或国家立法中声明、表明或暗示食品具有特定特征的非强制性信息或表现，包括图片、图表或象征性呈现等任何形式。"②

声明的定义包括两类：营养声明和健康声明。

第 2 条第 2 款的第 4 项将营养声明定义为"任何声明、表明或暗示食品因（1）其提供的能量；或者降低或提高能量提供效率或不提供能量；并且/或者（2）其具有的营养或其他物质；其降低或增加了营养成分比例；或不具有营养而具有特定有益健康的营养特性的声明"。

根据第 2 条第 2 款的第 5 项，健康声明是"任何声明、表明或暗示某种食品种类，某个食品或其中一项成分与健康之间存在联系。"

---

① 原注：参见第三章。
② 原注：Art. 2(1), Reg. No 1924/2006.

第十七章　健康食品和健康及营养声明
Luca Petrelli

有三种健康声明的分类：降低疾病风险的声明，依据本法规第13条所列种类的声明（"功能声明或一般性功能声明"－欧盟食品安全局），以及关于儿童成长与健康的声明。

在健康声明的范围内，第1924/2006号法规根据以下内容作了区分：声明、表明或暗示的生理效用，以及消费者类型。

5.1　根据声明、表明或暗示的生理效用区别："降低疾病风险的声明"和"功能声明"

第2条第2款的第4项将"降低疾病风险的声明"定义为"任何声明、表明或暗示消费某种食品种类，某个食品或其中一项成分能大幅降低某种人类疾病产生的风险因子的健康声明"。

第13条第1款的（a）、（b）和（c）项规定"功能声称"描述的是或指的是下述内容："一种营养素或其他物质在身体生长、发育和功能上的作用；或生理和行为功能；或在不违反第96/78/EC指令的前提下，瘦身或控制体重或减少饥饿感或增加饱腹感或减少饮食中可供应的能量。"

区别"降低疾病风险的声明"和"功能声明"的一个因素是对因消费食品而产生的降低疾病风险生理功能的具体化。这是前者才具有的特征。根据"食品链和动物健康常设委员会"设立的区分二者重叠案件的标准，如果一个健康声明指的是人体正常的功能，以及疾病风险因子而不声明、表明或暗示降低疾病风险，则其是"功能声明"，例如："维持正常肝功能。"反之，如果一个健康声明特指降低某种疾病的风险因子，无论其是否提及疾病名称，则其是"降低疾病风险的声明"。例如："欧米伽3脂肪酸有助降低血液中胆固醇水品，而胆固醇是冠心病的风险因子"，或"有助降低胆固醇"。

5.2　消费者类型的区别："关于儿童成长与健康的声明"

关于儿童成长与健康的声明与其他健康声明不同。法规没有定义"儿童"一词，但可以将该词合理理解为从出生到生长后期（从0岁到18岁）的个体。"食品链和动物健康常设委员会"（Meisterernst-Ballke 2008）认为以适用第1924/2006号法规中的相关规则为目的，将此类健康声明与其他种类区别开来的因素如下：此声明指与儿童的成长与健康有关；使用的科学证据只针对儿童有效，并不针对其他更广泛人群。举个此类声明的例子："钙对儿童生长很重要。"

6. 使用营养和健康声明的条件

营养和健康声明可以使用于欧盟市场内食品的标识、说明和广告，只要其符合第1924/2006号法规[①]的规定。该法规规定了使用所有声明的一般性原则和条件，还规定了上述两种情况的特别要求。

6.1 误导性声明

第三条规定"在不违反第2000/13/EC号指令和第84/450/EEC号指令的前提下，使用营养和健康声明不应：

（1）虚假，模糊或具有误导性；

（2）使人对其他食品的安全性和/或营养充足性产生怀疑；

（3）鼓励或放任该食品的过度消费；

（4）声明、表明或暗示平衡、多样的饮食一般不能提供适量营养；

（5）通过文字或图片、图表或象征性表现，暗指身体功能的变化，引起消费者恐慌。

6.2 食品或某些食品种类与营养的具体要求之间的对应关系

第4条第1款称营养与健康声明只能置于与具体的营养表（nutrition profiles）相对应的食品或某些食品种类，而营养表是依据有关饮食与营养以及两者与健康之间关系的科学知识制定的。营养表，包括例外情形，由欧盟委员会在咨询欧盟食品安全局之后确定。

然而，第4条第2款背离了上述规则，规定"营养声明：在有关减少脂肪、饱和脂肪酸、反式脂肪酸、糖类和盐类/钠时，应当准许声

[①] 原注：Art. 3(1). Reg. No 1924/2006.

明不参照具体营养表，只要其符合本法规规定的条件即可；[①] 应当准许使用超过营养表规定含量的某一营养元素，只要作出与声明相差无几、同样或接近的陈述。陈述应写明：'高……含量'。"

根据第4条第3款，任何酒精含量超过1.2%的饮料都不能带有健康声明。

6.3 声明适用条件

根据第1924/2006号法规第5条，有关营养或物质营养和健康声明的使用只有在满足以下条件时才能获准：

（1）声明所及物质已表现出了有益的营养或生理作用；（2）声明所指物质在终端产品中以相当量存在，量的大小以欧盟立法为准，或者在没有相关规则的情况下，量的大小达到能产生一般可接受的科学数据所要求的营养或生理作用的程度；（3）在合理预期下能被食用的产品量可提供足够的营养或其他物质含量，以产生声明所称的营养或生理作用。在任何情况下，只有当普通消费者可以理解声明中所称的有益作用时，才能允许使用营养和健康声明[②]，并要符合比例原则。

6.4 科学信息的证实（substantiation）

第6条规定了以下原则（在第1924/2006号法规的其他部分也有提及）：声明的科学信息必须经过证实，规定营养和健康声明必须建立在被普遍接受的、可合理解释使用声明的科学证据之上（Povel-Van der Meulen 2007）。

食品企业从业者，或者产品的生产者，有义务应成员国主管机关的要求，遵守本法规，提交所有相关要素与数据。

6.5 提供营养信息的义务

这些一般性原则也包括在作出营养声明或健康声明的同时，提供营养信息的义务，一般广告除外。

[①] 原注：Art. 4(2). Reg. No 1924/2006.
[②] 原注：Art. 5(2), Reg. No 1924/2006.

7. 营养声明和健康声明的具体要求

营养声明只有被列入第 1924/2006 号法规的附录，并与该法规所设条件相符时才能获准。①

对健康声明的具体要求如下所示。

7.1 必要的补充信息

第 10 条第 2 款预见到需要在标签（或在没有标签的情况下，在说明与广告上）上整合健康声明和补充信息。补充信息如下：

（1）表明多样、平衡膳食和健康生活方式重要性的声明；

（2）达到声明的有益作用所需要的食品数量和食用模式；

（3）在适当情况下，针对不宜食用该食品的人群的声明；

（4）对过量食用可能引起健康风险的产品作出适当警示。

7.2 使用某些健康声明的限制

第 12 条规定，"禁止以下健康声明：

（1）暗示不食用该食品会影响健康的声明；

（2）涉及减重速率或重量的声明；

（3）使得其关联个体医生或健康组织，其他除国家级医药协会、营养或饮食专家，以及与健康有关的慈善组织之外的机构的专业建议。

7.3 健康声明以及其具体使用条件列入第 13、14 条授权声明清单的欧盟授权

"降低疾病风险的声明"和"关于儿童成长与健康的声明"要遵守第 15、16、17、19 条规定的个例授权程序，要求列在第 14 条清单内。功能声明应当遵循许可程序，对此，应当具体案例具体分析，可一并（第 13 条第 3 款）也可以单独处理（第 13 条第 5 款），并且要列入第 13 条第 3 款的清单。欧盟的授权由欧盟委员会在程序结束时批

---

① 原注：As modified by Reg. No 116/2010, which also establishes the conditions for application.

第十七章　健康食品和健康及营养声明
Luca Petrelli

准，其中欧盟食品安全局的意见至关重要。在第 19 条具体规定的一些条件下，授权可以修改、吊销或撤回。授权列入第 13 条和 14 条清单中的所有声明及其适用的相关条件都被列入了欧盟清单中，公众可查询。上述清单中列入的健康声明，根据适用条件，可供任何食品经营者使用，但前提是第 21 条（数据保护）为对其使用作出限制。

8. 结论

我们因此可以认为健康食品的一个被广泛接受的定义是：若带有目的性食用，其对人体健康产生积极作用，但不能通过发挥药理、免疫或代谢作用显著地恢复、调整或矫正生理功能，也不具有治疗或预防疾病地功能。

健康食品可以通过食用声明进入市场，可由国家或欧盟立法规定，或由食品企业从业者定义并由欧盟委员会根据第 1924/2006 号法规设置的条款授权。

在没有总体统一欧盟层面立法来规制健康食品声明的情况下，遵照第 1924/2006 号法规对于使用食品营养和健康声明的要求，成员国立法的自愿性结盟以作担保，会促使欧盟内部市场减少贸易壁垒。

翻译：蒋一玮

第十八章

专利和植物发明

Francesco Bruno

1. 食品领域的专有权和国际专利

食品领域的专有权涉及三种不同的情形:(1) 由于新工艺的应用而使食品已经完全或部分地发生改变的专利（所谓的"新食品"）①(2)关于植物品种的专有权以及最后(3)关于食品或生物技术播种专利。

关于新品种的食品（新食品）的专利是按照对新工业发明给予保护的一般规则和法规来进行规制的。

从国际和欧盟的角度来看，上述的规则和法规可以概括如下。

在国际层面，所谓的"国际专利"是通过1970年的一项国际条约即《专利合作条约》来予以保护的。专利合作条约引进了一套统一的专利程序，从而使得在众多的国家同时提出相同的申请成为可能。专利合作条约设定的程序分为两个阶段：国际阶段（阶段Ⅰ）和国家阶段（阶段Ⅱ）。国际申请应向规定的

---

① 原注:参见第二十三章。

受理局提出（在意大利是意大利专利商标局），该受理局将对国际申请进行检查和处理。国际申请一份由受理局保存（"受理本"），一份（"登记本"）送交国际局，另一份（"检索本"）送交专利合作条约第16条所述的主管国际检索单位。

在请求书中，申请人应当指定一个或几个缔约国，要求其对发明给予保护（所谓的"指定国"）。一旦国际申请和国际检索报告——由国际检索单位发布用以发现有关的现有技术——一经公布，该程序将会在指定国内的国家层面进行。

因此，尽管专利合作条约程序引入了一套标准的专利申请，但它却是由各国有关部门根据本国相应的法律最终来授予专利。例如，在意大利，并没有一个明确的国家阶段；因此，国际申请应当指定欧洲专利，且在欧盟区域阶段意大利将被作为指定国家。

换言之，专利合作条约申请的结果并不是"国际专利"的发布，因为根据现行的知识产权国际规则和法规，并没有这样一种专利。

除了"国际的"程序以外，发明人还有机会就他们的发明获得欧洲层面的保护。欧洲专利事实上已经由1973年的慕尼黑《欧洲专利公约》予以批准。

针对一项欧洲专利的申请（应当指明在《欧洲专利公约》的缔约方中，发明人希望获得其保护的国家）是向罗马商会以及意大利专利商标局提出，或者在对意大利的在先申请主张优先权的情况下，向位于慕尼黑的欧洲专利局提出。

对于所述申请的肯定性意见的发布应当通过发明可专利性评估。

根据《欧洲专利公约》第52条，为获得欧洲专利，该发明应当是新发明，具有创造性并且能在产业上应用。上述要求体现了发明的可专利性的基本规则。要想使发明属于"可取得专利权的"，必须还要符合由《欧洲专利公约》本身所规定的所有其他的要求。

一旦获得欧洲专利局的授权，欧洲专利就会作为一个"国家专利束"而有效存在，因为该专有授权的内容是由各国的国家法律来进行

规制的，而根据其有效性认定程序，欧洲专利是有效的。

2. 欧盟立法和《国际植物新品种保护公约》对植物新品种的保护

食品领域的专有权问题主要是与改良现有植物品种的目标密切相关，以确保食品消费者拥有规模更大以及更为有利的产品。这些活动包括改进传统的生物技术和遗传工程中的筛选和杂交的传统工艺，其成果受到保护。

欧盟立法是以第 2100/94 号关于植物发明专有权法规（被称为基本法规）[①] 和第 98/44 号关于生物技术专利指令的规定为基础的。上述规定建立了一套植物"发明"的二元保护机制，它认为专有权（ius excludendi alios）在不同程度上取决于保护的对象，以保护通过人为干预所获得的每一种植物类型（Germano 2002）。植物发明是以两种不同的特定方式来加以保护的，而这取决于他们是基于杂交还是基因操作。尤其是植物发明的专有权只考虑一个特定的植物品种，其特征在于它的识别度和存在能力区别于那些已经存在的植物品种，如果对上述品种进行改良并因此而使之不同于受保护的品种，即使仅就一个特征而言，它也将会失去保护。而生物技术专利不仅关注产品本身，还关注产品使用的不同方式和目的以及获得它的过程。

根据第 2100/94 号法规，欧共体已经允许对通过一个"基本上属于生物的"过程所获得的新植物予以保护，这里的"发明"在于新品种的整个基因组的可区分性和个体性相对于其他品种而言，即使预设一个特定的名称，仍然可以通过它来加以识别。根据第 98/44 号指令[②]，欧盟已经许可了"非本质上生物的"过程以及相关结果可专利

[①] 原注：Regulation No 2100/94 of 27 July 1994, as amended by Regulations No 2506/95 of 25 October 1995, No 807/2003 of 14 April 2003, No 1650/2003 of 18 June 2003, and No 873/2004 of 29 April 2004.

[②] 原注：Dir. 98/44/EC of 6 July 1998.

第十八章 专利和植物发明
Francesco Bruno

性,即通过利用微生物材料的过程所获得的生物制品,这意味着对微生物材料的干预或者它产生出一种微生物材料。然而,这并非是一个植物新品种,而是一种可以应用于多种植物品种的基因改造。

第 2100/94 号法规是国际植物新品种保护联盟以及相关的《植物新品种保护公约》的工作成果。

国际植物新品种保护联盟是一个政府间组织,总部设在日内瓦。它的任务是推动新国家的加入,并确保《公约》得以适当和正确地适用。这项倡议源于 1957 年和 1961 年的两次巴黎外交会议,是八个参加国(比利时、丹麦、法国、意大利、荷兰、英国、德意志联邦共和国及瑞士)共同努力推动的结果,促成了《植物新品种保护公约》的起草。

3. 第 2100/94 号法规

《国际植物新品种保护公约》在不同的成员国并不是协调统一的;不同国家的法律体系有着迥然不同的机构,同时由于它们是在不同的时期加入的《国际植物新品种保护公约》,因此虽然采用了有效的文本却并未在其后更新相关的法律规定,同时也由于在允许采用公约文本方面拥有广泛的自由裁量权。

为了矫正这种局面,欧盟当局在 1992 年版本《公约》的基础上通过采用第 2100/94 号法规统一了存有争议的法律规定;由此建立了作为欧洲工业产权中关于植物品种唯一类型的欧盟植物发明专利制度(Van Der Kooji 1997)。

欧盟关于专有权的立法授予植物新品种(这些植物新品种必须是"独特的"、"同质的"、"稳定的"、"新颖的"以及由"原有名目"指定的)的"发明者"(或其提名人)在"被发明的"生物多样性上一项 25 年的专有权,它包括生产、为繁殖而进行的调整、提供销售、销售、出口、进口以及用于上述目的的存储(Mayr 2000)。

特别是,专有权可以被授予所有植物品种的种和属,包括但不限

于，属和种之间的杂交种在基因型方面显然"有别于"已知的品种，他们独特的特性充分地"同质化"，这些特性又是"稳定的"，包括在随后的几代中，并且是"新的"，也就是说，未在欧洲领土上出售或以其他方式转让超过一年（对于树木和藤本种是四年）。

"原有名目"意味着植物品种相对于其他已知的品种必须界定自己的身份。名称不应导致误解，或在品种特性和/或发明者身份方面造成混淆且名称必须异于国际植物新品种保护联盟的成员国内与该植物品种相同种或近似种的任何名称。

授予专有权及处理任何与之相关的问题是欧盟植物品种局的职责，其特点在于为保护的目的而设置的一种例外和限制的特殊制度。

首先，专有权（*the ius excludendi alios*）会受到施加于为实验性的目的或者植物新品系的开发计划而使用植物的限制，其无须经过基本发明持有人的授权就可以在市场上进行销售（或在有限独创性的情况下，通过向他支付一种使用"补偿金"）。更确切地说，上述例外允许竞争对手通过利用受保护植物的生物多样性而生成一个新的品种，而其后的出售也不会侵犯专有权，反而还能取得专有权，基本法规所设定的保护是基于满足法律的要件，只要它不是受保护品种。

在后一种情况中，没有绝对的禁止保护。根据基本法规第13条第6款，无论是谁从原始品种着手而"开发"出植物新品种都需要申请其发明人的授权，如果该新品种"本质上"来源于前一个植物品种，这里的"本质"是指普通的派生，即维持原始品种的基因型或基因型组合的本质特征。

此外，专有权制度不包含任何私人的非商业性活动，并且可以因公共利益的原因而受到限制。在这种情况下，并应成员国的请求，由欧盟委员会或经欧盟委员会认可的任何其他机构可以对一类人（或某些人）授予"强制许可"，准许其使用该发明而无须持有人的授权且不用支付费用。

4. 农民的权利

最后，关于上述讨论的专有权立法虑及了所谓的"农民的权利"。

这是对专有权（the ius excludendi alios）的一项例外，即专有权持有人不能阻止购买（受保护的品种的）繁殖材料的农民在自己的农场再播种从他最初购买的种子所获得的植物的后代。更准确地说，通过将从持有人那里购买的植物发明的第一次播种定义为利用以及将后续的播种定义为再利用，以保障可能会被植物品种保护制度危及的农业生产，农民被授予再利用从持有人那里购买的植物发明并在其个体农场使用的权利，而无须授权。

从这个角度来看，农民的权利目的在于协调相互冲突的利益，即保护利用生物多样性的植物新品种的个人发明者的专有权的利益与保护农业市场中的"弱势"群体即农民的利益。只有合理地平衡在各自条件的目的与他们遵守的实际效果之间抑或保持这两者之前的比例性，这些利益才能得到保障。基本法规所设想的并由第 1768/95 号法规[①]（所谓的实施条例[②]）贯彻执行的此种平衡，意味着对生产成本的控制，在"小小规模农民"（即那些在草料生产的情况下，限制种植面积不大于生产单位产量为 92 吨谷物所需的面积，或在不同种类作物的情况下，种植面积与上述标准相当的农民）的情况下，意味着取消再利用费用，而对于"非小型"农民，费用仅限于所谓的"公平的报酬"，即在计算了对受保护品种的再利用量的基础上，支付给专有权持有人的一笔补偿金。

5. 公平报酬与再利用

农民权利和公平报酬提出一个关于在未支付公平报酬的情况下行

[①] 原注：Reg. No 1768/95 of 24 July 1995.

[②] 原注：As amended by Commission Regulation No 2605/98 of 3 December 1998.

使权利的法律规定的适用问题。在这种情况下，农民权利的合法行使会受到阻碍，且农民将会对"未经授权"的种植承担责任，即违反了基本法规的第13条第2款，为此可以对他提起禁令之诉责令其中止对该发明的利用，此外还可以提起主张支付损害赔偿之诉。

事实上，欧盟法院已明确指出：未向持有人支付公平报酬而使用通过种植受保护的植物品种的繁殖材料所获得的农作物产品的农民不能援引适用第2100/94号法规的第14条第1款的规定，并因此而必须被视为未经授权而实施了前述法规第13条第2款中规定的行为之一。①

这种解释是无法共享的。对于规范农民权利的全部规定而言，上述解释似乎并没有适当考虑到农民的权利并非是一个先在的权利这样一个事实，而公平报酬也不能被视为相当于根据第13条所规定的对受保护的发明合法使用的授权。相反，第14条似乎将农民权利设定为一项直接适用的权利而背离了一般性条款，它的行使只有在偶然的情况下（即当农民不是"小型"的时候）才会产生支付公平报酬的义务［当（农民）实际上为繁殖的目的而使用农作物产品时，其支付公平报酬的个人义务才会产生：实施法规第6条］。这似乎是一种自主和独立于其来源的"衍生的"关系，也正因为如此，无法改变其进行再利用的法律性质，从行使权利到对专有权的侵犯，尽管不支付公平报酬并不会使第13条的例外制度无效，而仅仅是因违约导致独立的财产责任。

这些特殊的法律规定仅适用于某些特定种类的植物（分为四组：饲料植物、谷类植物、马铃薯植物以及油料和纤维植物），并且这项豁免的适用在农场一级没有数量的限制。

无论如何，再利用都会产生一系列由当事人履行的义务，这些义

---

① 原注：ECJ, 10 April 2003, Case C – 305/00, *Schulin v. Saatgut-Treuhandverwaltungs*, para 71.

第十八章　专利和植物发明
Francesco Bruno

务包括：（1）由农民支付特定的公平报酬；（2）提供关于对受保护品种再利用的信息；（3）保障农作物产品的身份识别受控于对加工结果的处理；以及（4）监测以确保关于适用例外的情形。最后提及的一项活动是专有权持有人的职责，他可以接触个体农民去收集必要的信息。

然而，这种专有权相对于个体农民而言不是绝对的；它与某些可以获知的线索事实有关，即为繁殖的目的在他们的农场中，农民有可能或者是在这样做的条件下，使用或再使用通过种植受保护品种的繁殖材料而获得的农作物产品（Floridia 2001）。

在这一点上，上述的schulin案件中欧盟法院指出，原则上专有权持有人不能对个体农民提出质疑，如果他有不利于他的充分的证据来证明对受保护发明的再利用。困难在于确定一种已经获得的植物是在对购买的种子进行再利用还是利用之后获得的以及保护的必要性，在任何情况下，发明人获得公平报酬合法权益需要出示此种受到损害的证据来加以证明，导致了这样一个规则的发生限于存在"适当和充分的线索"，并不是去证明实际的再利用，而是要相信这种利用是可能的。

考虑到农民权利的行使是以购买受保护品种为前提的，由农民对这一购买的证明被认为是一种"适当和充分的线索"。不管他的发明的分配链的长度，专有权持有人通过适当的组织可以很容易地收集到这样的证据，因为他能够控制其产品的分销阶段，而在其中他是被允许这么做的，根据第2100/94号法规第13条第2款第2项……要求从其授权的供应商登记那些购买任何他的植物品种的繁殖材料的农民的姓名和住所。Schulin案件判决由欧盟司法法院在随后的2004年3月11号的判决中予以共享和确认（Benozzo 2004）。[①]

因此，利用和再利用引发了对于发明人和农民一系列的权利和义

---

① 原注：ECJ, 11 March 2004, Case C – 182/01, *Saatgut-Treuhandverwaltungsv. Jäger*.

务，这些权利的行使和义务的履行又必然会导致双方相互冲突的利益的调和或冲突。因此，在开发植物品种时，农民的权利出现了，对于这种主观立场，就像一个交换所必须在各自立场的目的与他们遵守的实际效果之间建立一个平衡点。欧盟法院通过将那些有意识地与发明持有人有某种关联的农民限制为知情权对象的识别身份，并排除合同关系中并不涉及由发明人持有对抗农民的权利来建立平衡点。上述提供了一套有利于双方（发明人和农民）的保护机制，其方式为通过对一方优于另一地位的比例性限制以及赋予相关的法律规定明确的政治和经济功能，即通过允许资金不足的农业经济以节约成本并不能总是保护主体的利益。如果情况不是这样，那么保护发明人和农民之间互惠的合法权益将会超出其必要，并且农民将需要承受不合理的负担，即使他不是受保护的生物多样性开发合同案件的自愿当事人。

6. 转基因食品的可专利性

对于那些必定会流向食品市场的转基因产品的可专利性是由第98/44号指令来进行调整的，该指令受到了荷兰的反对，得到了意大利和挪威的支持，并由欧盟法院[①]判决确立其合法地位（Albisinni 2006）。上述判决结束了近十年之久的对先进的生物技术在工业规模上进行可能的实验及应用的争论。

第一个拟议的指令可以追溯到1988年。文本经多次审议和修改，在1995年进入到调解阶段，但未能获得批准，部分原因是反对填写禁止人体的可专利性，当然这只是一系列的原因之一。然而，被欧盟议会否决的文本却是一个有用的跳板，因为欧盟委员会汲取了其内容并补充了相关辩论期间由反对者所表述的不同立场的规定。新的文本被再次提交给欧盟理事会做进一步的评估；那一次，调解得到了积极地

---

① 原注：ECJ, 9 October 2001, in Case C-377/98, *Netherlands v. Council and Parliament of European Union*.

第十八章 专利和植物发明
Francesco Bruno

完成并且该指令获得最终的批准。

在第 98/44 号指令中，欧盟承认了基因工程在食品工业的未来发展中日益重要的作用。立法者不得不通过采取适当的保护措施来激励食品领域的活动，只有这样才能确保在这样一个领域的研究所需的机械、设备和人员方面的巨额投资上获得足够的回报。

然而，在试图尽可能地限制新"特许权"对行业内部法律体系的影响方面，欧盟立法者明确指出，生物技术发明并不需要一套特殊的条文和法规，但应在每一个法律制度中仅通过调整已经生效的工业发明的国家立法来予以保护。

上述指令根据发明的对象区分了生物技术专利的两种不同类型：产品专利和方法专利。当该发明是由一种生物材料所组成，其包含基因信息并且是在生物系统中自我繁殖的或者能够自我繁殖时，授予产品专利；而方法专利意在保护方法，其是指生产、加工或使用生物材料的方法。

为了使专利被授权，发明必须符合传统的专利的要件，即发明必须是：(1) 新颖的，即不属于现有技术，(2) 创造性活动的结果，(3) 合法的，以及 (4) 适于工业应用。

最后一个要件意味着专利申请必须包含对该发明的详细说明，包括具体说明所产生的蛋白质（或部分蛋白质）以及所发挥的功能，以便由专家许可其工业的可重复性。

如果发明涉及一种不向公众开放的生物材料并且无法在专利申请中以这种方式进行描述以允许其易于重复，描述必须辅以递交根据 1977 年 4 月 28 日的《布达佩斯条约》第 7 条规定的保存单位授权的生物材料；上述生物材料也必须能通过免费提供的样品来提供。

只有当发明不违反公序良俗，即伦理规范和道德准则，且不属于本法规第 6 条明确禁止的四种发明之一或第 5 条关于人体可专利性的发明（这条以前没有具体立法），才能认为满足了合法性的必要条件。

前述的禁止性规定包括:(1) 克隆过程和人体生发遗传特性的修饰

过程；（2）为工业或商业的目的而利用人类胚胎，除用于治疗或诊断目的的发明之外；以及（3）用于非医疗目的的动物遗传身份的修饰过程。

尤其是立法者已经建立了一个一般性的制度以及关于对人体的禁令的一系列例外规定。根据第5条第1款，人体及其组成部分不是并且不能成为专利的客体。然而，第5条第2款规定了一般禁止的例外情形，它规定从人体中分离出来的部分（包括基因序列，即使是部分的）如果已经脱离于它的自然环境或者通过技术流程而生成，那么它是可以成为专利发明（Pizzoferrato 2002）。这一例外允许对人体的各个组成部分授予专利而作为对一般禁止的变更。立法者一方面通过法律拟制，另一方面通过新的认知将其选择予以合法化。

更确切地说，首先，立法者已经指出，人的各个组成部分虽然是人的一部分，但也必须被认为不再是这样，而应该被认为是真正的发明，因为各个组成部分的分离是识别、纯化、鉴定和繁殖技术流程的结果，而这只有人类的智慧才能进行，自然本身是无法进行的。

其次，欧盟立法者通过阐述分离活动来证明例外制度的合理性，尽管涉及人体的组成部分，依然允许了在疾病治疗中的决定性进展，而对于此种目的，共同体应予以鼓励。

此外，正如关于人体的一般规则一样，如果发明的技术实施仅限于一个品种，则动物品种不能被授予专利（Ricolfi 1995）。

所获得的专利会授予专利权持有人使用发明的专有权，其对发明的使用在不同程度地取决于专利的类型。

如果是产品专利，则专利权人将其专有权延伸到专利的生物材料，以及用于再生或繁殖目的而从原材料中衍生的所有生物材料，只要它与原材料保持相同的特性。

如果是方法专利，则专利持有人对他的发明过程对象、通过这样一个过程产生的生物材料以及用于再生或繁殖目的而从原材料中衍生的生物材料享有专有权，只要是本发明的结果，得到的材料具有特定

第十八章　专利和植物发明
Francesco Bruno

的性能而可以将其归之于新颖性的要件。

正如植物品种专有权,关于对这两类专利发明的法律保护,受到来自于工业专利法和生物技术专利特别法的某些限制。

根据工业专利法,当转基因生物被用于试验性或私人的非商业性的目的时,它的专利权人不能阻止对他的发明的使用或要求赔偿。除了受到这些限制以外,欧盟立法者还扩展了关于植物品种的专有权方面的生物技术专利的特定例外情形以利于农民,即限制持有人对生物材料的后代的专有权(或是专利的,或是从专利的过程中产生的)。

总之,对于活体材料的专利的法律规定考虑了第2100/94号法规中通过植物新品种所保护的同样的农民权利。农民有权使用通过在其农场种植从专利持有人处购买的种子所获得的生物技术作物的产品,而无须获得后者的授权。

除农民的权利外,立法者还考虑了关于动物"发明"的育种者权利,借此农民有权为了农业用途而使用从专利持有人处购买的动物,这里所说的"农业用途"还包括在同一农业活动中使用动物的有性繁殖获得的幼崽。

翻译:周明

Chapter 19
第十九章
转基因食品和饲料

Eleonora Sirsi

1. 介绍

当前欧盟关于转基因食品和饲料的规制是十年来争论不休的产物，这场争论牵涉世界各地的政治家和生产商，并形成了完全对立的两派，这使得欧盟立法者在如何完全平衡各类涉及的利益方面，陷入了困境。对于新生物技术在脱氧核糖核酸（DNA）和其产品方面的操控性，欧盟公民既信任，又心存疑虑。这样的保留态度，在现代"风险"社会（Beck 1992）的科技创新中很常见。虽然科技创新能够帮助我们改善生活，但与此同时它存在一定程度的未知可能性和复杂性，后者使其变得陌生且被人们认为是危险的来源。

至于那些直接或间接用于人类消费的转基因产品，欧盟公众普遍抱着不信任的态度（欧盟民意调查64.3/2006），任何有关转基因技术的公众认知讨论都能证实上述的不信任态度。在这个方面，有关二噁英、疯牛病等事件的持续讨论中，转基因食品丑闻的

第十九章 转基因食品和饲料
Eleonora Sirsi

重要性一直不断地被强调。这暴露了欧盟安全保障制度的不足，并使得公众对政策制定者和监管者普遍不信任（Finucane 2002，Berg 2004，Lang-Hallman 2005）。

对于更好地理解为何人们反对转基因食品，重要的贡献来源于：一是对转基因食品特异性所进行的大量研究，包括饮食习惯、象征意义、通常还包括宗教和文化价值（Echols 2001，Rocklinsberg 2006）；二是对福特主义（Fordist）的大生产模式进行重点评估的大量研究，发现其对环境造成损害，如生物多样性和农业生物多样性的丧失，蓄水层污染，以及对气候造成影响。此外还有社会成本，包括使得小农场主被边缘化，传统知识消亡，传统食品的统治地位受到威胁；三是对新兴的"可持续性"消费模型（Front 2001）的大量研究（Moll-Bulkeley 2002，Goodman-DuPuis 2002）。

根据世界贸易组织实施卫生与动植物检疫措施协议第2.2条有关保障措施科学正当性的规定，对于转基因物质的不信任情况各成员国都不相同，且欧盟机构之间也存有异议，尤其是欧盟委员会的态度。对于确保现今的转基因物质决策是基于充分的风险评估这一目标，主要由欧盟食品安全局[①]的工作予以实现。该机构不仅对成员国单独实施的措施发表意见以及对产品的许可提出要求，而且也针对风险评估确立指导方针，最新的指导方针就是关于食品的：《来源于转基因植物的食品和饲料的风险评估》。这几年，一方面，欧盟委员会的各种观点既有对立的，也有统一的；另一方面，一些成员国的立场也导致了僵局的产生，且促进了以下这一观点的发展，即为了确认各个成员国有独立选择是否允许转基因品种在本国领土内种植的权利，有必要对现有规制框架进行干预。这样的选择会更有效地促进成品产品的销售，包括用于食品和饲料的原材料。

随着欧盟第2015/412号指令的制定，成员国具有选择在其国内停

[①] 原注：参见第六章。

止种植转基因作物的权力。①

2. 早期欧盟对转基因食品的规定

在欧盟框架下,针对转基因食品的生产和销售进行专门规制的需求开始于20世纪90年代中期。随着第219/90号和第220/90号指令文件②出台,前者针对转基因微生物限制性使用规定了通用措施,后者针对转基因物质的环境释放规定了通用措施,它们的目的在于:在实验和转基因物质产品的入市销售环节保护公众健康和环境安全。

1997年,欧盟立法者通过对新食品制定法规的方式展开了行动,新食品是专门指迄今为止在共同体内,并没有在很大程度上用于人类消费的入市食品或食品成分。此种食品和食品成分既包括第90/220/EEC号指令中所指的含有或由转基因生物组成的食品及食品成分,也包括源于转基因生物但本身不含转基因成分的食品及食品成分。

为了保护消费者健康和充分的知情权,避免国家立法权损害单一市场,第258/97号法规③针对转基因食品,对其规定了入市许可和标识的要求。连同事前许可的普通程序,该法规为产自转基因生物但本身不含转基因成分的食品和食品成分规定了一个简易程序,即要求鉴于既有的食品或食品成分,根据实质性等同原则开展风险评估,而不是开展一个新的科学评估程序。

---

① 原注:Directive (EU) 2015/412 of the European Parliament and of the Council of 11 March 2015 amending Directive 2001/18/EC as regards the possibility for the Member States to restrict or prohibit the cultivation of genetically modified organisms (GMOs) in their territory.

② 原注:Council Directive 90/219/EEC of 23 April 1990, on the contained use of genetically modified micro-organisms, and Council Directive 90/220/EEC of 23 April 1990, on the deliberate release into the environment of genetically modified organisms, amended and repealed, respectively, by the Directive 98/81/EC of 26 October 1998 – as resulting now in Dir. 2009/41/EC of 6 May 2009, and by Directive 2001/18/EC of the European Parliament and of the Council of 12 March 2001 on the deliberate release into the environment of genetically modified organisms and repealing Council Directive 90/220/EEC.

③ 原注:Regulation (EC) No 258/97 of the European Parliament and of the Council of 27 January 1991 concerning novel foods and novel food ingredients. 参见第二十四章。

第十九章　转基因食品和饲料
Eleonora Sirsi

除了当前指南中要求的任何食品产品都应当标注的信息，对食品及食品成分中含有转基因物质的，提出了额外标识的义务要求，而这也包括标明那些使得产品不同于传统产品的特征信息，因为这些特征可能会对部分消费者群体的健康产生影响或引发道德上的担忧。考虑到有些类别的产品产自转基因生物，但本身不含转基因成分，因此，此类产品只有在证明其与对应的传统产品完全不等同时，才需要对其进行强制标识。

第 258/97 号法规之后，又出台了第 1813/97 号法规，但随即又被第 1139/98 号法规废除了。[①] 这两个法规规定了下列食品的标识制度，包括全部或部分来源于已获许可的转基因材料的食品，或者由第 96/281 号决定中规定的转基因大豆生产的食品，或者由第 98/97 号决定中规定的转基因玉米生产的食品。实际上，上述这些产品不受第 90/220/EEC 号指令中关于标识制度的约束，因为该指令意在规制基于安全原因的适用（而上述的决定没有考虑这些安全原因），而且只适用于鲜活产品。此外，第 258/97 号法规的规定限用于"新"食品范围，即在欧盟正式实施该法规之前，未被人们大量消费的食品。根据上述额外要求的标识规定，该食品必须含有转基因蛋白质或者 DNA。

2000 年，欧盟立法者再次通过 2000 年 1 月 10 日第 49/2000 号法规[②]对转基因食品的监管进行了干预，其目的是将转基因蛋白质或 DNA 的少量含有情形和由于生产的某个阶段因偶然性污染而导致的情形一并纳入规制范围。在某一单一原料或者由单一原料组成的产品中，

---

① 原注：Council Regulation (EC) No 1139/98 of 26 May 1998 concerning the compulsory indication of the labelling of certain foodstuffs produced from genetically modified organisms of particulars other than those provided for in Directive 79/112/EEC.

② 原注：Commission Regulation (EC) No 49/2000 of 10 January 2000 amending Council Regulation (EC) No 1139/98 concerning the compulsory indication on the labelling of certain foodstuffs produced from genetically modified organisms of particulars other than those provided for in Directive 79/112/EEC.

针对转基因蛋白质或者 DNA 的含量确立了阈值为 1% 的规定。在上述的案例中，要标注信息说明这些产品不是来源于转基因物质是可能的，但前提是从业者能够证明其"为了避免使用转基因物质或由此而来的产品……作为生产原料，其采取了适宜的措施"。该容忍阈值规定的适用扩大到了所有的转基因产品。

添加剂、调料或者用作食品和饲料的转基因原料明确不包括在此次立法活动中。对于前者，第 50/2000 号法规已经对其规制产生了影响，至于后者，立法者决定不再干预，因为第 2001/18/EC 指令已经对它们作出了规定。

新食品法律实施以后，很快暴露出局限性和矛盾。自第 258/97 号法规实施以来，由转基因生物组成或者含有转基因成分的产品无法基于普通程序获得许可，只有那些声明实质等同的产品，才可以按照简易程序进入市场。

对上述转基因产品中的一些产品，尤其是由玉米和油菜籽制成的产品（大约分别有 13 种和 10 种投入市场），很多欧盟成员国采取了第 258/97 法规第 12 条中规定的保护措施，旨在临时阻止它们的入市和使用，欧盟法院作出了初步裁决，强调这一类规制的关键问题应集中考虑许可的特殊类型。[1]

2001 年 7 月，欧盟委员会提交了一个有关规制转基因食品和饲料的议案。[2]

3. 当前转基因食品和饲料规则以及入市销售

目前，欧盟议会和欧盟理事会制定的第 1829/2003 号法规、[3] 第

---

[1] 原注：ECJ, 9 September 2003, C-236/01.
[2] 原注：COM (2001) 425 final.
[3] 原注：Regulation (EC) No 1829/2003 of the European Parliament and of the Councilof 22 September 2003on genetically modified food and feed.

第十九章　转基因食品和饲料
Eleonora Sirsi

1830/2003 号法规①以及一些执行决定②构成了欧盟转基因食品规制的法律框架。该法律框架的设计是经过合理考虑的，一方面，考虑所有涉及转基因生物的其他法律，尤其是有关市场销售的通则和针对转基因农作物与传统的有机生产共存的规范；另一方面，考虑了第 178/2002 号法规③所规定的一般原则和规则。该法规包含食品领域的谨慎预防原则、风险分析原则以及全面综合的保障食品安全的方法，即"从农场到餐桌"的方法（IDAIC 2003）；还包括食品企业经营者责任的一般规则，以及促成欧盟食品安全局在转基因食品和饲料许可程序中根本地位的建立。

其他相关法规涉及食品的标识、展示和广告；④ 食品营养和健康声明的规范；⑤ 食品成分的说明（如针对致敏食品的指令），⑥ 通过官方控制确认其符合食品和饲料法、动物健康和动物保护法的规定，⑦

---

① 原注：Regulation (EC) No 1830/2003 of the European Parliament and of the Council of 22 September 2003 concerning the traceability and labelling of genetically modified organisms and the traceability of food and feed products produced from genetically modified organisms and amending Directive 2001/18/EC.

② 原注：Commission Regulation (EC) No 641/2004 of 6 April 2004 on detailed rules for the implementation of Regulation (EC) No 1829/2003 of the European Parliament and of the Council as regards the application for the authorisation of new genetically modified food and feed, the notification of existing products and adventitious or technically unavoidable presence of genetically modified material which has benefited from a favourable risk evaluation; Commission Regulation (EC) No 65/2004 of 14 January 2004 establishing a system for the development and assignment of unique identifiers for genetically modified organisms; Commission Implementing Regulation (EU) No 503/2013 of 3 April 2013 on applications for authorisation of genetically modified food and feed in accordance with Regulation (EC) No 1829/2003 of the European Parliament and of the Council and amending Commission Regulations (EC) No 641/2004 and (EC) No 1981/2006; Commission Implementing Regulation (EU) No 120/2014 of 7 February 2014 amending Regulation (EC) No 1981/2006 on detailed rules for the implementation of Article 32 of Regulation (EC) No 1829/2003 of the European Parliament and the Council as regards the Community reference laboratory for genetically modified organisms.

③ 原注：Reg. No 178/2002 of 28 January 2002.

④ 原注：Dir. 2000/13/CE of 20 March 2000.

⑤ 原注：Reg. No 1924/2006 of 20 December 2006.

⑥ 原注：Dir. 2003/89/CE of 10 November 2003.

⑦ 原注：Reg. No 882/2004 of 29 April 2004.

以及入市销售和饲料的使用的相关规定。[①]

第1829/2003号法规,与第641/2004号法规整合在一起,共同构成欧盟法律框架,其涉及转基因食品和饲料的许可、标识、展示和广告,内容如下:"转基因食品"是指食品含有转基因生物、由转基因生物组成或者产自转基因生物。"食用转基因生物"是指能作食品食用或者能作为生产食品原料的转基因生物。该法规不应包括"携带(with)"转基因生物的食品和饲料,即指在转基因加工帮助下生产出来的食品和饲料,包括用转基因饲料喂养的动物或者食用转基因药物的动物制成的产品。

根据第4条第2款的规定,未经许可或者符合相关许可条件,任何人不得将食用转基因生物、包含转基因生物或由转基因生物组成的食品、由转基因生物生产的原料投放市场,进行销售。食用转基因生物或者上述的食品都应当经过许可,除非申请许可人有充足证据证明其产品对人体健康、动物健康和环境没有危害,并且不会误导消费者,以及与那些提供给营养欠佳的消费者以便在一定程度上替代其正常消费的食品相比没有不同的食品。

在许可转基因产品入市销售前,必须以最高标准对任何可能影响人类和动物健康的风险进行科学评估,该案例也可能涉及环境。该评估由欧盟食品安全局负责实施。科学评估之后,应当由欧共体基于规制程序(regulatory procedure)作出风险管理决定,确保欧盟委员会与成员国之间密切合作,称其为"测试程序"。该程序为成员国提供一个控制欧盟委员会执行权力的机制,并允许考虑欧盟食品安全局的科学观点和其他的合法因素。在整个欧共体范围内,该许可的有效期为10年,并可依据第11条的规定延长有效期限。一旦食品类别获得许可,其就会被包括在第28条所提及的注册清单中。

饲料许可制度(转基因生物作饲料使用,饲料中含有或者由转基

[①] 原注:Reg. No 767/2009 of 13 July 2009.

第十九章　转基因食品和饲料
Eleonora Sirsi

因生物组成，饲料产自转基因生物）目的是防止个人将饲料投放市场进行销售，使用或者用饲料加工产品，但经许可或者符合相关许可条件的除外。饲料不得对人体健康、动物健康或环境有害；不得误导使用者；不得通过破坏动物产品的特有属性损害或者误导消费者；以及与那些提供给营养欠佳的动物或人类以便在一定程度上替代其正常消费的饲料相比，没有不同的食品饲料许可程序同食品许可程序类似。

该法规特别强调许可机构和相关主体对食品和饲料的监管。

该法规还同时考虑到了可同时作为食品和饲料使用的产品的专门案例。第5条和第17条规定"申请人应当提交单一申请，然后由欧盟食品安全局给出一个观点，欧共体给出一个决定"。星连玉米案（Star-link）是非常好的例子；1998年，在科学家无法确定转基因玉米是否有可能对人类产生危害，是否会偶尔混入其他用来制作饼皮、薄片和其他美国食物时的黄玉米中时，美国监管者许可的转基因玉米仅作为动物饲料使用。

4. 转基因食品和饲料标识的规制

有关转基因食品标识的规则，从一开始就是政策制定过程中极具争议的领域，通过比较欧盟和美国的规定即证明了这一点。美国的规则由美国食品药品管理局（FDA）执行，其规定只考虑能够使得新产品不同于市场上销售的产品的那些要素。而欧盟保护消费者对于食品加工信息的知情权，即使在加工中，该食品相比同类产品，没有实质性且可检测的区别，也要告知消费者这一信息。

第1829/2003号法规的第12～14条，第24～26条针对欧共体内提供给最终消费者和大众餐饮的食品规定了强制标识要求，包括：(1)含有或者由转基因生物组成的食品，或（2）由转基因生物生产或者成分由转基因生物生产，但产品本身不含转基因生物，也非由转基因生物组成的食品。此外，还有饲料强制标识要求，包括转基因生物

作饲料使用，含有或者由转基因生物组成的饲料，产自转基因生物的饲料。使用词汇并在标签上展示词汇取决于该食品是否由不止一种原料组成，后者是否根据分类的名称命名，是否不是预包装食品或者包装盒的表面积小于10平方厘米，这些都明确规定在第1829/2003号法规的第13条（第25条关于饲料）和第1830/2003号法规的第4条"转基因""产自转基因""含有转基因"中。

除了法规中有关标识的要求和有关许可的明确规定之外，标识中也应当标明其他不同于相对应的传统食品的特征或性质，或者可能引起伦理或宗教问题的特征或性质，包括成分，营养价值或者营养作用，用途，对部分人群健康的影响。

对于严格的食品标识要求，第1829/2003号法规规定了两种例外情况：一是借助转基因加工助剂帮助所生产的食品和饲料（序言第16条），二是传统食品和饲料发现有转基因材料的踪迹。在这个案例中，欧盟立法者必须协调好保护消费者权利和保护从业者两者之间的关系。对于后者，尽管他们并未使用转基因食品或饲料，但是，在播种、耕作、收获、运输或者加工过程中由于外来的原因或者技术上的不可避免，也会使得产品中含有转基因成分。根据第12条和第24条的规定，当某单一食品原料或由单一原料组成的食品、或饲料、或混合饲料中每一种饲料中的转基因物质含量不超过0.9%时，且其在上述的案例中，含有转基因物质是由于外来的缘故或技术上不可避免，则不适用强制标识。

类似的转基因成分临界值可以与第834/2007号法规[①]第9条关于有机标识的规定相匹配。这个临界值（针对外来原因或技术上不可避免的原因造成）仅指极少量经许可的转基因生物。临时措施曾规定可以查出的转基因物质含量不得高于0.5%，且不得许可含有0.5%的产

[①] 原注：Council Regulation (EC) No 834/2007 of 28 June 2007 on organic production and labelling of organic products and repealing Regulation (EEC) No 2092/91.

第十九章 转基因食品和饲料
Eleonora Sirsi

品,但由于利好的风险评估,该临时措施不再适用于由外来原因或技术上不可避免的原因造成的转基因物质残留。针对那些在市场流通、但含有未经许可的少量转基因成分的产品,欧盟机构正在进行分析:零容忍政策是针对饲料领域的需求所作出的回应,该领域严重依赖从种植转基因农作物的国家进口大豆。

就欧盟有关转基因食品和饲料标识的制度选择而言,其争论主要集中在针对来源于转基因生物但是本身不含转基因成分产品的强制标识方面,且排除了不含有转基因物质的产品和因偶然原因含有0.9%转基因成分的产品。反对者认为,要求对终产品并没有不同时,而对生产过程加以说明是不适宜的,且考虑到了证据难以收集,以及存在欺骗性标识的风险。而且,这样的规则是不合逻辑的:首先,假设在这两种情况下都无法追溯该产品的"外来"成分,很难区分一个产品是来自于转基因生物,还是携带转基因生物;其次,你必须告知消费者该产品何时不含转基因成分,而不是该产品何时含有转基因成分,这似乎听上去非常奇怪。而且,该规则引发了强烈的批判,并产生了国家层面和欧盟层面制度改革的议案,随后出台了由转基因饲料喂养的动物(视为加工助剂)所生产出来的产品免于标识的规则:信息路径的断裂与欧盟立法的初衷完全矛盾。此次争论最终转向了如何证明是外来原因或者不可避免的原因造成的污染问题:按照现行法规(包括有机农业法规),可以根据原材料的使用对外来原因导致的转基因物质残留进行举证以免除标识的要求,即便这是可行的,但要证明污染是不可避免的,则就困难很多。既然只有该土地上全都是非转基因生物时,才能避免污染的发生,那么争论的就是,若在转基因农作物和非转基因农作物并存的土地上,哪些情况是不可避免的,是否存在不可避免的情形,以及在什么情况下可将其称之为不含转基因的区域。对转基因和非转基因农作物并存的土地性质进行确认,成员国的作用是决定性的,但期间要考虑欧盟委员会第2010/C200/01建议中非约束性指南,该指南替代了过去的第ERC2003/556建议,这预示了一个

新的方向，就是欧盟委员会试图对转基因物质的领域进行干预。2010年7月13日[①]，欧盟委员会在综合议案中，针对转基因种植采取了灵活的新方式，并提出了全面的议案，使得成员国有可能限制或者禁止在其国内种植转基因生物。根据欧盟第2015/412号法规，成员国可以要求不种植某一转基因生物。针对在欧盟唯一获得种植许可的转基因生物，19个成员国都已经适用了选择退出的条款。

5. 非转基因自愿标识制度

针对转基因食品，立法中尚未解决的一个问题就是自愿反向标识，即声明食品不含转基因生物，或者食品是"非转基因"的。尽管在欧盟市场上，转基因食品很少，但在标签上却广泛使用这种类型的信息标识方式，而且食品供应链上各类经营者和合格的非转基因原材料的供应商对此呼声也越来越高。反向标识受第1829/2003号法规豁免规定的约束，该法规为经营者创造了一个不受规制的空间，使得他们有可能确认自己的竞争优势。

这种类型的标识方式不仅对个人有利，而且对公众和欧盟成员国也有利。根据第2000/13号指令[②]第2条通则的规定，标识和使用方法禁止在成分上误导消费者，尤其是：（1）食品特征，特别是属性、识别、特点、成分、数量、保质期、出处或起源，生产方式；（2）表明食品本身不具有的效果或特点；（3）表明该食品有特别的特性，但实际上所有类似的食品都有该特性。

可问题在于，这个通则是否足以保障消费者和生产者？由于缺乏公共的认证制度，使得没有证据支持的言论到处扩散；由于缺乏明确的立法，使得合法性难以评估的信息被人们使用。在转基因含量低于0.9%的食品案例，和用未标识为转基因、但含有极少量转基因

---

① 原注：COM（2010）375final，COM（2010）380final.
② 2000年3月20日2000/13指令。

成分的饲料喂养的动物所生产的食品案例中，上述的主要问题更加激化。

近年来，欧盟成员国颁布了国家规则。

2008年，随着针对转基因法案、欧共体转基因实施法案以及新食品和食品原料方案的修正案的出台，对于未经转基因程序申请而生产食品的标识制度，德国规定了具体情形。根据artt. 3a和3b的规定，食品上只能使用"不含转基因"的声明，且不适用于含有极少量转基因生物的食品，即使转基因的含量低于0.9%也不行，然而，对于动物源性食品而言，如果其所使用的饲料没有标识转基因信息，则可以使用"不含转基因"的声明。

2011年5月，法国起草了一部针对来源于标识为"非转基因物质"产品的食品标识法令，并进行了通告。根据第3条的规定，"非转基因"是指非转基因成分和组成该成分的原材料的转基因含量低于0.1%，而且该含量是由于外来原因或不可避免的原因造成。这个术语不用来描述尚未有转基因品种销售的植物成分。"以非转基因饲料为食（<0.1%）"和"来自非转基因饲料喂养的动物（<0.1%）"应当指专门用转基因含量低于0.1%的原材料作饲料喂养的动物所制成的成分（artt. 4~5）。"以非转基因饲料为食（<0.9%）"和"来自非转基因饲料喂养的动物（<0.9%）"是指专门用没有遵循第1829/2003号法规关于标识的规定的饲料喂养的动物制成的成分。对于有机农场里的动物制成的原料，当添加"符合法律规定"一词时，上述术语才可以使用。

意大利没有一部国家层面的法律，但它对一些区域提供了非转基因认证。对于在牛肉领域使用非转基因自愿标识的制度，一个部级法令作出了规定。

最近，欧盟各非转基因地区已经形成工作网络，并向欧盟委员会提出了反向自愿标识的问题。

6. 追溯制度

对加工过程进行标识的可行性必定要依据一个验证制度，风险管理必须有一系列相应的要求，以保证在出现危险情况下其可以有效地发挥作用。在这个方面，第 1829/2003 号法规对销售产品的追溯要求回应了上述的需求。该义务要求强化了第 178/2002 号法规第 18 条针对所有产品的追溯规定，并且为供应链上转基因产品性质中所具备的特性提供了信息。

为了确保可追溯性，第 1830/2003 号法规中的条款要求，从业者在整个市场销售的任何阶段，既要传递，又要保存好这些含有或者由转基因生物组成的产品信息。

尤其是：

——从业者必须设立制度和程序，确认供货的对象和收货的对象；

——对于作为食品或饲料，或者加工原料的转基因物质，从业者应当确认该产品中转基因成分的识别信息（有专门的识别工具）或发布一个声明：该产品只用来作为食品、饲料和加工原料，识别混合物中的转基因成分；

——对于产自转基因生物的食品和饲料，供应商有义务告知收货者该产品是来自转基因生物；

——从业者应当将该信息保存五年，并根据主管部门的要求提供该信息。[①]

为能够追溯，设定阈值[②]也是必要的。由于外来原因或者偶然原因造成食品、饲料或者加工产品含有转基因生物或转基因材料，且含量低于阈值的，不需要标识。

在产品入市销售的各个阶段，贸易商们都应当传递和储存所有相

---

① 原注：COM (2006) 197 final.

② 原注：Provided by Reg. No 1829/2003 of 22 September 2003.

第十九章　转基因食品和饲料
Eleonora Sirsi

关信息，对每一种转基因生物，都会分配唯一的识别码，其已由 OECD 针对使用生物技术产品所建立的数据库所确定，现由第 65/2004 号法规加以规范。这一唯一的识别码必须伴随转基因物质，因为销售方面有这一需要且已经载入欧盟委员会记录中。

翻译：方昕婕

Chapter 20 第二十章

受保护原产地名称、受保护地理标志和传统特色保证

Stefano Masini

1. 受保护地理标志

在20世纪90年代末，Mac Sherry改革推动了共同农业政策的创新，该政策取消基于补贴的保护形式，在保证农产品分配的情况下推动农民生产。这一新战略，不再通过价格支持来补贴而是通过直接支付来补偿减少的收入。

增强欧盟农业的竞争力意味着要提高供应的质量，将生产目标与环境保护和自然资源的可持续适用相结合，尤其是要根据消费者的需求，突出农产品的差异与特点。

生产农产品的产地，不仅指地理区域，而且涉及历史、文化和环境因素，其是一种以生态方式影响农民经济目标的生产要素；同时，随着地理区域也成为吸引消费者的驱动力，该类生产与市场的关系也有所改进。

第二十章　受保护原产地名称、受保护地理标志和传统特色保证

Stefano Masini

就农产品和食品的地理起源的信息而言，1992 年 7 月 14 号第 2081/92 号欧盟理事会法规有关"保护农产品和食品的地理标志和原产地命名"的第二项序言指出"推进特色农产品的发展有利于发展乡村经济"，并预测了日后如何借助产品和产地的关联来保持和提高农产品价值的措施。

重要的是，至少在一开始，作为成员国之间物品自由流通的原则例外，地理标志的保护产生了一定的相关影响。

甚至在欧盟层面协调地理标志的管理之前，欧盟法院（其判例法是研究欧盟产品质量和地理标志法律制度的基础）强调，如果农产品确实由于产自特定的地理区域而具备特别的品质和特性，那么地理保护体系的作用就能得到实现。[1]

根据产品的原产地、发源地和其命名所具有的声誉所实现的产品增值，对促进农村和社区的发展具有重要的战略意义。在这种情况下，农民收入的提高依赖于产品质量的提高。1992 年关于地理标志保护的法规是部长理事会在共同农业政策的法律基础上（《欧洲共同体条约》43 法案，随后《欧盟条约》第 37 条，以及现在的《欧盟运作条约》第 43 条）依法制定的。它介绍了一种建立统一的地理保护制度的一般规定，这种体系在欧盟层面协调实行，它促进产品的自由流通以保护特定区域生产者的利益。[2]

这一视角和法律基础由欧盟理事会 2006 年 3 月 16 号第 510/2006/EC 号法规最终确认，它废止了第 2081/92 号法规，使得欧盟立法与国际法律相一致，成为管理这一领域的法律。但在欧盟无止境的工作中，这些法规又再次因为欧盟委员会有关农产品质量的绿皮书[3]和随后有关农产品质量政策的草拟通讯[4]而被重新审查。其中，草拟的通讯作

---

[1] 原注：ECJ, February 20. 1975, case C – 12/74, Commission v. Federal republic of Germany.
[2] 原注：ECJ, June 9. 1993 Joined Cases C – 129/97 and C – 130/97. Chichiak and Fol.
[3] 原注：COM (2008) 641 of 15 October 2008.
[4] 原注：COM (2009) of 28 May 2009.

为一系列广泛倡议中的部分内容，其目的在于保障农民更好地针对他们产品的质量、特性和特征进行交流，进而确保消费者可以获得更多的信息。

新的规则主要涵盖在第 1151/2012/EU 号有关农产品和食品质量项目的法规中，其聚焦的是源于生产者经验和能力的农产品质量和种类，并高度关注消费者的选择，进而提出一些能够促进和识别具有特征的产品以及保护他们免受不公平竞争的措施。[①]

2. 地理标志，葡萄酒和烈酒

上述规定适用于欧盟条约（现在是《欧盟运作条约》）附件一中所列的为人食用的农产品，法规附件一中所列的食品（包括啤酒，烘焙产品等）和法规附件二中其他不为人所食用的农产品（包括软木塞，鲜花，观赏植物等）。

葡萄酒和烈酒由特殊法律管理，受到更严格的保护，并没有包括在 1992 和 2006 年的法规中。

对葡萄酒和烈酒地理标志的额外保护由《与贸易有关的知识产权协定》提供，[②] 其第 23 条呼吁所有各成员均应为利害关系人提供法律措施，以制止用地理标志去标示并非来源于该标志所指的地方的葡萄酒或白酒，即使在这种场合也同时标出了商品的真正来源地，即使该地理标志使用的是翻译文字，或即使伴有某某"种"、某某"型"、某某"式"、某某"类"，或相同的表达方式。因此，对非直接产自原产地的葡萄酒和烈酒，要禁止使用原产地的地理标志，不需要对地理名称使用的欺骗性进行调查，要给予葡萄酒和烈酒绝对的保护。

---

① 译注：这些内容以及诸如欧盟委员会授权指定第 665/2014/EU 号法规都是根据立法动态汇编在第二版中的内容。

② 原注：参见第三章。

第二十章　受保护原产地名称、受保护地理标志和传统特色保证
Stefano Masini

3. 地理标志和商标

给予保护的原产地命名和地理标志，是指一个地区，一个特定的地方，或在特殊情况下，一个国家的名称也可以被用来描述一个农产品或者食品。

地理标志主要是为了强调该产地产品的质量，特色或声誉（仅与地理标志保护有关的）仅源于该地理来源，包括特定地理环境所固有的人文因素和自然因素。

商标与地理标志有很大区别，因为商标与产品的工业来源有关，而不是为了维护与土地有关的传统生产。

作为保护知识产权的工具，商标的一个明确的功能在于保护注册者的垄断地位。

从另一方面来说，受保护的原产地命名和受保护的地理标志认证了产品的本地来源，并在贸易中使用这一著名的名称。特定区域内的所有生产者都可以把它们用在符合特性的产品上。而且，通过对它们质量和信息的控制管理，有助于消费者来作出知情的选择。

商标的保护是以对特色标志的直接使用和消费者的识别为基础的，而对地理标志的保护取决于注册。

一旦注册，对受保护原产地命名和受保护地理标志进行系统保护就是理所当然的了。这意味着对地理标志感兴趣的本地生产者会失去使用这一标志的权利，进而失去市场份额和地位。

地理标志和商标在具体应用中是不同的。因为与一个特定的地区相连，所以登记不能不考虑且必须尊重地区传统的质量标准。商标保护并不意味着在标明的区域以外的食品生产商不可以使用该商标，为了保证该地区的产品质量，他们必须保证与在该地区生产的产品质量相同。

在某些情况下，食品名称涉及的地理标志可能与受保护原产地名称和受保护地理标志中规定的不同，包括有虚幻意义或没有涉及质量

305

要素的表明产品起源于特定地点的符号，或者在某些情况下，只标明某些质量要素的符号。①

4. 注册规定

产品规格在注册程序中起着至关重要的作用，因为它代表了一种自我规范的准则或协商规则，即每一个生产商必须使用地理标志。

产品规格中必须注明欧盟法规所规定的信息。对此，无论这一地域的边界是狭窄还是宽泛，都要标明与产地相关的产品名称；产品描述中列出原材料，视情况而定，可能包括主要的物理性质、化学性质、微生物和感官特性；地理区域的划定和产品产自特定区域的证明。这些证明必须使所有的生产阶段和生产要素可追溯。例如目录（bibliographic quotations）强调需保护的传统优质产品与定义名称的地区之间的农业环境联系。

一般情况下，产地的名称隐含着该地区产品规格中提到的生产、处理和准备的各个阶段。即使原材料来源于另一个地区，只要产品在该地区加工或制备，就会使用"食品来源于该地区……"这个地理标志。②

2003年4月8日第692/2003号欧盟理事会法规对第2081/92号法规进行了修订，其规定了产品规格必须包括获取方式，根据情况还要包括真实稳定的生产链标准和包装信息。为了保护产品的典型特性，保证产品的可追溯性和可控制性，法规规定申请团体必须说明"产品必须在限定地理区域包装的理由以保障质量，保证原产地、保证生产的可控性"。

---

① 原注：ECJ,10 November 1982, Case C – 3/91, *Exportur S. A. v. LOR S. A. and Confiserie du Tech S. A.*; November 7,2000, case C – 312/98. *Schwzverband gegen Unwesen in der Wirtschaft ev v. Wursteiner Brauerei Haus Cramer GmbH*.

② 原注：ECJ,6 December 2001. Case C – 269/99, *Carl kuhne GmbH v. Jutvo Konservenfabrik GmbH*.

第二十章　受保护原产地名称、受保护地理标志和传统特色保证

Stefano Masini

欧盟法院率先采用这一监管解决方案，其在 2000 年判决了一个关于优质葡萄酒装瓶的有名案例，宣布具有产地规定的装瓶规则要与欧盟法律框架相一致。[①] 法院 2003 年的切片和包装的帕尔马火腿[②]和磨碎帕尔马干酪（Prosciutto di Parma）的案例中印证了这一结论。法院规定，即使是对贸易的一种限制措施，产品规格中有关本地包装的要求也是合理的，因为它们的目的是为了保护地理标志的声誉，并保证产品的真实性和质量。

本地生产者有特殊的技术诀窍和共同的利益来维护地理标志的声誉。因此，采用本地包装（在当地生产者的监督下）将有助于维护产品的特点，以瓶装葡萄酒为例，要考虑到在大量运输或瓶装方式将其运出命名所在地和生产者的直接控制范围时的质量风险。

产品规格中注明的其他要求包括，负责核查是否合规及其具体指标的有关部门或机构的名称和地址，以及在国家和欧盟规定的基础上具体的标识规则和其他可能适用的规定。

5. 注册程序

有必要指出的是，为了确保体系的有效运作，很重要的一点就是根据第 668/2014 号法规[③]进行操作，该法规明确了有关注册、异议、修改和取消的程序要求。

使用地理标志的权利规定在注册程序中。

只有一个组织有权申请注册，组织是指向国家主管部门申请产品注册的生产商或加工者一起组成的任何协会。要求包括产品规格以及列出主要内容的单独的文件：名称，产品描述，获取的方法，地理区

[①] 原注：ECJ, May 16. 2000, case C-383/95. *United Kingdom v. Spain*.

[②] 原注：ECJ, May 20. 2003. case C-108/01. *Consorzio del prosciutto di Parma v. Asda stores Ltd*.

[③] 原注：Commission Implementing Regulation (EU) No 668/2014 of 13 June 2014 laying down rules for the application of Regulation (EU) No 1151/2012 of the European Parliament and of the Council on quality schemes for agricultural products and foodstuffs.

域的界定，管理机构和程序。

该法规所制定的制度根据的是有关成员国及欧盟委员会的任务分配。

首先，受理注册申请的成员国，应核实申请是否符合规定的要求，在合理期限内，任何自然人或法人可就申请提出异议，之后，由成员国通过决议的方式将申请提交给欧盟委员会，对此，在成员国层面可进行申诉。

这一刻起，成员国可以对地理标志给予过渡性的国家保护。

正如欧盟法院所说，[1] 上述体系是根据有关成员国的需要来详细分析对申请的审查，并允许利益相关的私人或公共部门进行检查。

欧盟委员会将审议国家主管部门发出的申请，检查其是否合法，是否符合欧盟法规规定的条件。

欧盟委员会认为在符合规定的条件下，应当在欧盟官方杂志上公布有关产品规格的单独文档和参考。

在欧盟官方杂志上公布后的六个月内，若有任何成员国或第三方反对被提起的注册，欧盟委员会应邀请有关各方进行协商讨论。

如果没有达成协议，欧盟委员会将作出最后决定，并将结果发布在欧盟的官方杂志上。

6. 生产者的权利

一旦注册，所有遵守产品规格规定的生产者将有权使用地理标志，受保护原产地命名和受保护地理标志的使用权也将得到保护，对抗任何试图利用地理标志的声誉但不遵守产品规格的不正当使用的第三方。

他们保护地理标志，反对任何误用、模仿或仿照，即使将产品真实起源或者受保护名称写成"风格""类型""方法""如同生产"

---

[1] 原注：ECJ,6 December 2001,Case C-269/99,*Carl kuhne GmbH v. Jutvo Konservenfabrik GmbH.*

第二十章 受保护原产地名称、受保护地理标志和传统特色保证
Stefano Masini

"模仿""相似"等也不可以。

欧盟法院①让本国法官来评估 CAMBONZOLA 标志使用的起诉,包括对 gorgonzola 名称的仿照。CAMBONZOLA 和 gorgonzola 都以同样的音节结尾,都有同样的音节成分。要解决这种语音和图形的相似性,避免误导消费者。

保护还涉及产品的出处、产地、性质或特质、产品的内外包装、广告材料或文件上的虚假或误导性的指示。产品的包装容易让人对产地产生错误的印象,同时许多其他的做法也容易让消费者误解了产品的真实产地。

因为没有强制要求成员国作出有关预防和阻止依职权非法使用地理标志的行为,所以保护措施主要依靠的是管理机构的管制。

7. 地名的模糊性

受保护的地理标志不能通用。因为有益于地理产地名声的产品的某种特质,声誉和其他性质不能消失,地理标志不能用来描述一类或一种类型的产品。

根据法律学说,要明确一个地理标志通用与否,要参考法律、经济、技术、历史、文化和社会指标,包括:

——相关的欧盟法和国家法以及它们的演变;

——普通消费者对该标志的看法;

——即使没有按照传统的生产方法,产品已经用某名称在一些成员国合法出售,或者该名称已在原产地国合法使用;

——长期以来的运作所形成的影响;

——使用有争议的名称且没有按照传统方法获得产品的数量,与根据这些方法所获得的产品数量相比,或者它们各自的市场

---

① 原注:ECJ, 4 March 4, 1999, Case C – 87/97, *Consorzio per la tutela del formaggio Gorgonzola* v. *Käserei Champignon Hofmeister GmbH*.

份额相比;

——没有用传统方法制作的产品上也会标记和以传统方法制作的产品上标记一样的原产地名称的事实。

——国际协议认可的有争议的名称的保护以及明确对声称名称有所谓一般属性的成员国数量,不排除考虑进行消费者调查。[①]

以一个涉及菲达奶酪(Feta)名称使用的有争议的案例为例。这个案例涉及注册的初始撤销[②]和之后到欧共体注册体系再注册的问题。根据搜集的信息,欧盟委员会认为在欧盟范围内,贴着菲达标志的奶酪,其标志上通常都会用隐含希腊意味的短语或图片来或明或暗地提及希腊领土、传统或文化,即使它产自希腊之外的成员国。因此,生产商是故意暗示或寻求"菲达"与希腊之间的联系,因为这样可以让销售的产品的声誉与原产地产品的声誉联系起来,误导消费者。[③]

法院随后的审判[④]认为菲达这个名称让产品有了区别性,强调原产地产品的历史背景是区别性的决定性条件。

有文化传统,其产品具有特殊地理区域特性的国家与在各种的地区和社区中没有拥有类似的定性特征的产品的国家之间有明显的经济斗争。某些情况下,消费者相对地会根据地理来源来选择产品,在其他情况下,在大多数没有地域职业和特别传统的地区,产品的特性标志需要一些独立于地域的通用性特点。

---

① 原注:ECJ, 16 March 1999, Joined Cases C – 289/96, C – 293/96, C – 299/96, *Kingdom of Denmark, Federal Republic of Germany, French Republic v. Commission of the European Communities.*

② 原注:ECJ, 16 March 1999, Joined Cases C – 289/96, C – 293/96, C – 299/96, *Kingdom of Denmark, Federal Republic of Germany, French Republic, v. Commission of the European Communities.*

③ 原注:Recital 20 Reg. No 1829/2002 of 14 October 2002 *amending the Annex to Regulation (EC) No 1107/96 with regard to the name "Feta".*

④ 原注:ECJ, October 25, 2005, Joined CasesC – 465/02andC – 466/02, *Federal Republicof Germany, KingdomofDenmark v. CommissionofEuropean Communities.*

第二十章 受保护原产地名称、受保护地理标志和传统特色保证
Stefano Masini

最近其他著名的判例还有"巴马臣（Parmesan）"奶酪的出售。[1] 在某些市场上，人们只会认为这是某种类型的产品而不会认为产自于某个地区的产品必须遵循特定的生产程序。法院最终判决生产商违反了对原产地命名保护的规则，"巴马臣"这个名称的使用是不合法的。虽然法院声明，依照职权，成员国在各自的区域内并不需要采取措施惩罚侵犯注册地理标志的行为，而将司法负担转移给受保护原产地命名的生产商。

最后，必须指出的是，根据法院[2]的司法原则，关于受保护原产地名称和受保护地理标志的争议的审判应该在国家法院的管辖之中，并且呼吁国家法院应该在对事实进行详细分析的基础上来进行审判。

8. 地理标志与商标的共存

地理标志与商标的关系的规制按照预防原则进行。

如果受保护原产地命名或者受保护地理标志已经注册了，那么必须抵制其他不公平地利用已建立的声誉或者制造混乱的商标注册行为。

一致的是，如果老字号商标的名声好坏、使用的时间长短会误导消费者对产品的真实特性认知，将会导致生产商拒绝将名称或标志注册为受保护原产地命名或受保护地理标志。在这种情况下，被申请的地理标志应该与现已存在的商标相冲突，法院[3]认可了初步分析的可行性，即通过名誉好坏和商标使用时间的长短来排除在产品识别方面有误导消费者的可能性。

最后，如果某个可能在产品的真实特性上误导消费者的商标在受保护原产地命名和受保护地理标志被保护之前注册或者已经在共同体内有了良好的声誉，那么即使一个地理名称注册后，该误导性的商标

---

[1] 原注：ECJ, October 25, 2005, Joined Cases C-465/02 and C-466/02, *Federal Republic of Germany, Kingdom of Denmark v. Commission of European Communities*.

[2] 原注：ECJ, 9 June 1998, Joined Cases C-129/97 and C-130/97, *Chiciak and Fol*.

[3] 原注：ECJ, 2 July, 2009, Case C-343/07, *Bavaria NV v. Bayerischer Brauerbunde V*.

可能还会被继续使用。这种情况下，有必要进行连续地分析，允许继续使用以前已经注册的商标。

9. 传统特色保证

在 1992 年 6 月 14 日的第 2082/92 号法规中规定的有关农产品和食品的特性认证，必须在同等质量提升规划中考虑，因此欧盟开始针对本地生产的增值来推行共同农业政策改革，满足消费者对传统特色产品的需求。

最近第 509/2006 号法规[①]替代了第 2082/92 号法规，用"传统特色保证"的质量标志（TSG）替代了"特性认证"。

根据经济职能，这些符号明显地区分了受保护原产地命名标志和受保护地理标志，因为它们虽然使用了传统相关的术语，但一般适用于那些仅仅符合了标准的产品，其中，这些标准是指通过不涉及有效传统特点的产品规格要求。

在大多数情况下，有传统特色保证的食品区别性特性在于它的食品技术，而且，不同生产地区的生产周期可能会发生重新定位，这可能导致规定的农业基地发生实质性变化。

尽管制定法规的主题目标是让生产者和消费者更清楚，甚至第 509/2006 法规对于商品的规定仍有歧义，但每一个欧盟地区的生产者都可以生产并且从对传统销售名称中受益。不过随着第 1151/2012/EU 号法规的执行，就向消费者明确展示这些产品有了一些变化。

2006 年的法规中界定了"特性"的含义，它是能将产品从同类产品中明显区分出来的性质或者一系列性质，证明了一段时间内（至少 25 年），产品在市场的使用中展现出代与代之间的传承。然而，法规中有关质量理念的规定让人费解，传统特色保证的标准并不是源于当

---

① 原注：Reg. No 509/2006 of 20 March 2006 on agricultural products and foodstuffs as traditional specialities guaranteed.

第二十章 受保护原产地名称、受保护地理标志和传统特色保证
Stefano Masini

地生产者的关于自然因素和人为因素的经验,而是模仿非地域化的生产和通用名。

需要注意的是,在注册中,根据产品或食品的名称是否保留给符合产品规格的生产者,有两个列表规定了传统特色保证的使用分类。如果符合第二个列表的规定,注册的名称可继续使用在不符合产品规格的产品标签上。从注册的过程中能看出对产品和其名称的大量要求。产品的获得必须通过使用传统基本成分,或以传统的成分为特征,或符合一种加工模式且/或在加工方式中反映出传统的加工和/或处理。符合注册条件的名称本身必须有特色,名称必须是传统的并且符合国家规定或者符合风俗习惯,也可以在名称中表现出产品的特性。

第1151/2012号法规取消了上述可采用的备选方式,并对"特性"规定了新的概念。此外,也明确了"传统"的意思。产品必须是通过与传统实践或根据传统而使用的原材料或成分进行生产、加工或符合这些要求的成分组合。就其名称而言,为了成功注册,其必须是用于特性产品的传统名称或者其命名能反映传统特点或该产品的特性。

上述规定还没有被广泛适用而且很少在传统的生产配方中被注意到,比如那波利披萨。[1]

10. 简单和间接的地理标志的国家保护

上述有关欧盟的质量标志的规制并不是唯一对可能使用地理标志的指定食品的管理规定。

有些食品的标志或者名称能让人联想到特殊的地理区域,然而,标志所表示的产地和该产品的特性之间没有关系。这种标志在消费者中享有很高的声誉,而且,对于这些产地所指向的区域内的生产者而言,这些质量标志也是吸引消费者的一种重要方式。[2]

---

[1] 原注:Regulation No 97/2010 of 4 February 2010 entering a name in the register of traditional specialities guaranteed [Pizza Napoletana (TSG)].

[2] 原注:ECJ, 10 November 1992, Case C-3/91 *Exportur v. SA Confiserie du Tech SA*.

根据对法院的规定，成员国可能认为简单的地理标志可以被理解为在产品的一定质量、声誉或其他特征与地理原产地的特殊性没有直接关联的命名。① 虽然这种标志可能提醒消费者产品产自某个特殊的地方。

除了预见到地理标志会让商品得到统一的综合保护之外，产品价值的增值在国家层面上也可以依赖于标志，它能让消费者意识到这个产品是起源于某个特定的地区，根据需要保护标志和公平竞争的独特个性，而不用将产品特性与地理农业环境联系起来。②

11. 地理标志保护的国际责任

在关贸总协定更新之际，漫长的乌拉圭回合谈判在1994年4月15日达成共识，关于与产品地理位置有关的特色的证明，不同的国家在认识和规定上出现差别。

在知识产权相关的贸易协定上得出的解决方法是迫使签字国采取法律手段允许有关利害关系方去阻止"在产品上使用标志来表现出或暗示产品来自非其原产地的其他产地，误导公众"的行为。

由于欧盟对于欧盟以外的地区在其境内登记（或撤销）的准入程序有歧视，美国和澳大利亚质疑第2081/93号法规，假定欧盟违反平等交易原则，要求欧盟必须推行世界贸易组织的规定。③

要消除这种障碍，首先要允许其他国家注册传统生产标志，比如中国面食。④

真正的争议是对业已注册的商标的法律规制的担忧，以及由此给

---

① 原注：ECJ,18 November 2003, Case C-216/01, *Budejovicky Budvar v. Rudolf Ammersin GmbH*.
② 原注：ECJ, 8 September 2009, Case 478/07, *Budejovicky Budvar v. Rudolf Ammersin GmbH*.
③ 原注：WTO Panel WT/DS174/R, 15 March 2005. 参见第三章。
④ 原注：Reg. No 978/2010 of 29 October 2010, entering a name in the register of protected designations of origin and geographical indications.

第二十章　受保护原产地名称、受保护地理标志和传统特色保证
Stefano Masini

地理标志注册所带来的障碍，因为它们的使用会导致与现有商标的混淆问题。但是由于认识到这两种标志可能共存，这个问题目前已得到解决。

与产品地理标志利益关系不大的国家，和生产传统（即特定农产品质量）根深蒂固的国家之间在限制对涉及真正独特诀窍的名称的案件保护方面，强化对不符合产品技术规格的产品不正当使用地理信息行为的惩罚等方面对比仍然很明显。这也是由于在考虑地理名称的描述功能和作为专有权的对象的适当性时，不同的国家会有不同的态度。

这种对比是由不同的经济策略产生的。不同的地理区域，历史文化和社会经济特点不同，会采用不同的方式来提高竞争力，强化全球化的倾向。

当地生产商打算促进特色产品的增值并将其作为供应多元化的一个决定性因素，防范产品欺诈，提高他们的市场准入机会，获得产品流通的良好环境以满足消费者的需求。

翻译：孔倩

Chapter 21
第二十一章
有机食品

Irene Canfora

1. 有机农业的起源：从协调生产方式到欧盟标志

目前，有机农业依然由第 834/2007 号[①]法规管控。在欧盟法律中，该法规的制定可以追溯到 20 世纪 90 年代农产品质量政策制定的第一阶段。

自 20 世纪 80 年代以来，共同农业政策（the Common Agricultural Policy）就考虑将有机生产方式纳入农村发展措施框架内（Lampkin-Padel 1994）。但最早出台的涉及农产品有机生产以及农产品、食品标识的成套系统性规则是 1991 年 6 月 23 日的第 2092/91 号法规（Canfora，2002；Cristiani，2004；Michelsen et al. 1999）。有机农业的第一个法规旨在协调生产技术规则和界定管制规则，也包括使标识规则标准化以形成有机产品市场。这种规制是逐步出台的，直到 1999

[①] 原注：Reg. No 834/2007 of 28. June 2007 on organic production and labelling of organic products, and repealing Regulation No 2092/91.

第二十一章 有机食品
Irene Canfora

年,还没有规定畜产品的技术规则。①

第2092/91号法规的第一个版本包括以"中立"(neutral)的方法为相关产品的识别,即为产品的命名提供一个简单的说明。总的来说,它专注于技术规则和管控体系。同时该法规的主要目的是确保生产方法的统一,指导向消费者正确传达农业生产过程中的有机产品信息和保证符合欧盟规则认证。

尽管制定该法规的主要考量是为了增加有机农产品需求,并形成一种全新的农产品市场,但其重点不在于营销信息。采用这种监管方式是因为有机耕作方法总是与生产方法相关联,而与质量生产认证无关。

因此,该法律手段的核心是协调技术标准和界定统一的标准,在国家层面对生产者的活动进行适当管控。众所周知,由于大量不同的国家经验,在起草法规时,技术标准引起了成员国之间的争论。

在这些规则下,食品标签上使用的"有机"(organic)术语,必须符合技术标准。

此外,该法规明确将有机食品自由流动规定为基本原则。

对于有机食品市场变化的巨大兴趣,已由1991年法规的修订予以肯定。对此,有关农村发展的法规中所规定的其他措施也确认了一点。正是由于上述的趋势,欧盟立法的焦点转变到了保护消费者信息方面,其目的在于强化那些有关符号交流工具的使用的规则(Canfora,2006a)。

第331/2000号法规中规定了欧盟有机产品标志,这是欧盟立法的重要一步。这对消费者信息方面有相当大的影响,其使得市场上有机产品质量标志与欧盟法规所保障的其他质量标志具有等同的重要性,

---

① 原注:Reg. No 1804/1999 of 19 July 1999 supplementing Regulation No 2092/91 on *organic production of agricultural products and indications* referring thereto on agricultural products and foodstuffs to include livestock production.

这些质量标志包括地理标志、原产地命名①和传统特色保证。② 通过这种方式,欧盟立法不仅为有机产品提供了一个简易的命名,同时公布了一种含义丰富的标志。

总的来说,欧盟有机农业立法应考虑以市场为导向,解决有机产品的商业化问题。

在 2004 年发布 (Stolze Lampk in 2009) 的欧洲有机食品和农业行动计划 (the European Action Plan for Organic Food and Farming) 中这种趋势就非常明朗,该行动计划有助于改善欧洲有机农业政策。与针对有机农业的传统农村发展措施一起,如在共同农业政策的第二个支柱的框架内支持有机农业的农村发展措施,以及针对生产者组织参与有机生产的援助,为应用市场手段预留了很大的空间,而这也是欧盟委员会提议的行动计划中最相关的部分。

在第 834/2007 号法规中,有关有机产品标识的一般规则更是促进了上述内容的发展。

2. 欧盟食品立法框架中第 834/2007 号法规的主要创新

第 2092/91 号法规废除后,规制有机生产和有机产品标识的第 834/2007 号法规于 2009 年 1 月 1 日生效。目前,有关修订上述事项的法规的欧盟委员会提案正在审议中。该议案的目的在于提高有机生产,因为目前欧盟市场上针对有机食品的需求以及小规模有机农业的持有者都在增加。此外,全球针对有机食品的市场都在扩张。③

不同于之前的法规,第 834/2007 号法规界定了"有机生产的目标和原则"。在这些目标和原则中,强调了生产系统环境特征的重要性,

---

① 原注:Reg. No 2081/92 of l4 July 1992 on the protection of. geographical indications and designations of origin for agricultural products and foodstuffs. 参见第二十章。

② 原注:Reg. No 2082/92 of 14 July 1992 on certificates of specific character for agricultural products and foodstuffs. 参见第二十章。

③ 译注:有关该方面的立法是第二版中新增的内容。

第二十一章 有机食品
Irene Canfora

即使其与最终产品没有紧密的相关性。在第 834/2007 号法规的序言中，第一条就明确将有机农业定义为"关于农场管理与和食品生产的完整系统，其整合了最佳环境操作规范，具有高水平的生物多样性，保护自然资源，采用高标准动物福利，以及符合消费者对产品中使用天然物质和过程偏好的某些生产方法"。

从这个角度看，第 3（a）条规定了"可持续农业管理系统：（i）尊重自然系统和周期，维持和提高良好的土壤、水源、植物和动物以及它们之间的平衡；（ii）有助于保持高水平的生物多样性；（iii）负责地使用能源和自然资源，比如水、土壤、有机物质和大气；（iv）推崇高水平的动物福利标准，尤其是能够满足特殊动物物种的行为需要；（b）旨在生产高质量的产品；（c）生产各种食品和其他农产品，并使其符合消费者对产品生产提出的加工要求，包括不破坏环境、人类健康、植物健康、动物的健康和福利。"

第 834/2007 号法规以及已废除的第 2092/91 号法规规定了生产方法，制定了标识规则，界定了成员国有责任建立管控系统，并针对进入共同体市场的来源于第三国的产品制定了入市要求。

对于生产方法，该法规制定了广泛适用的规则，对此，2008 年 9 月 5 日欧盟委员会第 889/2008 号有关有机生产和有机产品标识的法规规定了具体的技术规则，其内容涉及有机生产、标识和控制。

在有关生产的通用规则中，首先禁止在有机生产的任何阶段使用转基因作物以及由转基因生物生产的产品，为此，新法规还没有设定一个与常规产品规定不同的最大残留限值，而常规产品设定了 0.9% 的阈值。这样，从消费者期望的角度来看，容忍阈值并没有改变。然而，该法规规定：如果残留量高于限值，则表明它们存在不足，并禁止类似该种产品以有机产品的身份进入市场。转基因生物可能会存在于有机产品中的唯一例外是：当食品或饲料添加剂是生产所必需的且市场上除了转基因物质以外没有其他可以利用的物质时，欧盟委员会授权了例外生产规则。因此，目前生产技术规则有了三个层次的含义：

——有机生产的目标和原则；

——通用生产规则，细分为：种植业规则，包含海藻生产规则、畜牧生产规则、水产养殖生产规则、用于农业的产品和物质及其授权标准、转换规则、饲料加工产生规则、食品的加工生产。此外，第22条设定了例外生产规则，只能适用于有限的特定情况，即可以被证明是由气候、地理或结构限制造成的异常情况，客观不存在有机生产方式，或发生了灾难性的情况（成员国之间的比较，请参阅：Moschitz-Stolze 2009）；

——详细的生产规则，包含于有关实施细则的法规中。①

第834/2007号法规在欧盟食品法的一般框架下予以落实，其实施已然为产品质量规则的解释提供了新内容，其中包括有关有机产品的追溯和供应链责任（Canfora，2007）。

上述这些要素构成了《通用食品法》的主要法律工具，同时，原第2092/91号法规中针对有机农场的规定也包含上述要素，要求产品获得相关质量认证。由此，该法规第一个认识到标识产品源于单一农场的必要性，且为了保证对生产方法的有效控制，采用农产品以及优质产品追溯系统。

上述以通用的方式整合这些特定的规则与《通用食品法》是相一致的，且与该基本法的规定相比，其在当时是一种创新。

进一步来说，第834/2007号法规修订了有机产品的标识规则，并使其纳入到了质量产品的分类中，相应的，上述法规也要根据欧盟法律进行质量认证。将有关有机食品的规则整合到通用的食品法体系中，其最为显著的一个表现就是控制体系的整合。

参照第882/2004号法规中有关的官方控制规定，其统一了所有成员国的控制体系，以确保符合饲料和食品法律、动物健康和动物福利规则："成员国应依本法规建立控制系统和指定一个或多个主管部门

---

① 原注：Reg. No 889/2008 of 5 September 2008.

第二十一章 有机食品
Irene Canfora

负责合规检查,并与欧盟第 882/2004 号法规相一致"。

就追溯制度和为落实这一制度控制体系建立必要的执行和核查机制的单一国家责任的参照而言,这一制度在于明确控制体系的目的,对此,应符合食品安全体系的原则要求,即"成员国应按照《通用食品法》的第 18 条规定确保可追溯性管控系统设置允许追溯每个产品的全部生产、制备和分销阶段,特别是,向消费者确保有机产品的生产符合本法规中所列明的要求"。

就界定经济从业者之间的关联性,其必要性是为了确保符合禁止使用转基因生物的相关条款。对此,追溯制度的作用就是加强从业者之间的信息流通义务,以便核查用于有机生产的产品特性:"根据欧盟 2001/18 号指令,欧盟议会和欧盟理事会有关转基因食品和饲料的第 1829/2003 号法规或者关于转基因生物的可追溯性和转基因生物标签,以及产于转基因生物的食品和饲料产品可追溯性的第 1830/2003 号法规,从业者可通过附带或提供产品随附的标签或其他随附凭证,以符合第 1 款中所提及的食品和饲料中转基因生物或产于基因生物的产品的禁用要求。2003 年 9 月 22 日"。

从业者可以推定其所购的食品或饲料在生产过程中没有使用转基因作物或产于转基因生物的产品,即便这些产品没有法律要求的标识或其他相伴的文件,但是,当他们获得的其他信息表明上述产品的标识存在与法律规定不符的情况时,可以不作上述推定。

"对于非食品和饲料产品或者非产于转基因生物的产品,为了实现第 1 款中提出的禁止目标,使用从第三方购买的非有机产品的运营商应要求供应商确认所提供产品为非转基因产品。"(Canfora,2006b)。

对于将有机生产纳入到欧盟食品法的框架内,欧盟委员会在其有关农产品质量的绿皮书中予以了考虑:产品标准、农业要求和质量计划的基本问题围绕下述内容进行考虑:"欧盟的有机食品市场仍然因国家界限而各自为政。尽管事实上他们都是采用欧盟的共同有机标准,但各国超市倾向于存储本国认证机构认证的产品。因此欧盟当前面临

的挑战是在不丧失或弱化有机标签声誉和信誉的前提下,创建有利于有机产品发展的运作良好的内部市场。"①

3. 有机产品标识：在消费者信息和产品增值之间

有机产品标识规则的主要目的是让消费者识别按照欧盟监管生产方法产出的产品特性,从而避免任何"有机（organic）"标志的误导性使用。

事实上,第 23 条标题为"有机生产的术语使用（use of terms referring to organic production）",包括对标签和广告中名称使用的一般规定,同时适用未加工和已加工农产品。这样规定的目的是保证信息的真实性和透明度。

如果已符合欧盟规则且从业者在官方监管之下,相关的有机生产方法则是合法的。《通用食品法》第 23 条规定："一种产品如果被认为适用有机生产方法的术语,则在标签、广告素材或商业文件中,应以术语描述的该产品成分或饲料原料来提示购买者,其产品成分或饲料原料的获得已符合本法规的规定。"

第 23 条明确规定：如果产品不符合本法规定的要求,共同体任何地方的标识、广告和商业文件以及共同体语言中不得使用有机生产这一术语,除非它们没有应用于作为食品或饲料的农产品中或同有机生产明显没有关联。此外,禁止使用任何容易误导消费者或使用者认为产品或其原料符合本法规所列之要求的术语,包括商标或实践中用于标识或广告的术语。

法规中有机产品标签分为强制性的和可选性的,前者作为消费者信息需要保证标签本身信息的透明度,后者则是为了提高产品的质量。

3.1 "有机"（bio）首字母缩略词的使用

为了保证消费者信息的透明度,已明确规定在适用欧盟生产规则

---

① 原注:Para (5) of COM/2008/0641 final, Green Paper on agricultural product quality: product standards, farming requirements and quality schemes.

的产品上保留"有机/生物"（biological）一词的简称。"为了消除对保护范围的任何潜在误解"，第 2092/91 号法规第 2 条已于 2004 年被第 392/2004 号法规修改。此后第 2（1）条规定："附件中所列术语，它们的派生词或简称，比如'有机'（bio）和'生态'（eco），单独或合并，可以在整个欧盟及欧盟语种中用于符合本法规所要求或依据本法规的产品标识和广告"。

2004 年出台的解释性规则也是为了解决问题，而该问题的解决可以通过落实第 2000/13 号指令规定的欧盟标识立法中的一般原则，这一点肯定了在协调食品标识中存在的一个固有问题，而在这个方面，成员国的经验不尽相同。

例如，德国在第 2092/91 号法规实施前，食品标识中使用"有机"这一术语应符合"17 生活用品需要法"（17 Lebensmittel Bedarfsgegenstande Gesetz, LMBG）的规定，如果完全没有化学残留则可标识为"天然（natural）"食品。

不同于德国，西班牙地区立法（还有英国和丹麦立法）规定在乳制品中使用的"有机"术语并不是指来自有机农业，这种法律规定导致了由欧盟委员会发起的抗议西班牙未能履行第 226 条义务的行动。这一法律之后，欧盟委员会开始反对西班牙不履行第 226 条义务，欧盟委员会宣称这种国家立法与第 2092/91 号法规及其标识指令的一般规则相冲突。

然而欧盟法院与 Advocat General Kokott 的意见相左，在其 2005 年 7 月 14 日的判例中，欧盟法院拒绝判定上述行为违反了欧盟法规，并驳回了起诉。[1] 法院认为，第 2 条中原有的清单包含用于标识有机产品的其他术语，如"eco"，"bio"，但这一内容并不排他，且其唯一的目的是允许成员国将这些表述方式运用到他们的国家立法中。如上判决所述："没有进一步遵循第 2 条中的术语规定，派生词'有机'

---

[1] 原注：ECJ, 14. July 2005, Case C – 135/03 Commission v Spain.

(bio)必须在所有成员国及所有语言中给予明确的保护,因其是第2条中以通常派生义被提出的,包括第2条清单中那些被提及的相关条款都与法国'有机'(biologique)[①]的表达不一致"。

实施第392/2004号法规后,在西班牙最高法院(the Spanish Tribunal Supremo)对相似问题的一个判例[②]的初步裁决中已明确表明了法院对该问题的处理方式。在这种情况下,法院对第2条解释作了不同的表述,即原始版本的规则应该被解释为"在西班牙,尽管不排除那些通过载体进行有机生产的产品,在其标识、广告材料和商业文件中使用'有机'(biologico)或其派生的'有机'(bio)说明",但第392/2004号法规修订后第2条的规定必须被解释为排除使用任意的说明。因此,在西班牙标签的使用正在改变。

法院确认了一种应用标识规则的渐进方式,建立在反映单一成员国不同传统立法标准之上。关于有机产品标识的最新规定旨在改善消费者获取产品信息的同时,实现促进有机农业发展的终极目标。

3.2 加工产品中的有机成分标识

消费者信息的透明度特别关注加工产品。法规规定如果所有产品的成分都是以有机方法获得的,如果农业原材料的有机成分含量至少达到95%,符合欧盟允许使用有机标签规定,则可以使用"有机产品"(organic product)术语。在标签上只需标识一种原材料的有机生产方法,但在这种情况下,成分清单中必须列明有机原料成分占农业原材料总量的百分比。

3.3 禁止转基因产品附带有机标签

正如上面提到的,依照生产法规中禁止使用转基因生物的规定,相关有机生产的术语"不适用于按照欧盟规定须在标识或广告中标识

---

① 原注:Para (36) of ECJ,14 July 2005. Case C-135/03 Commission v Spain.

② 原注:ECJ.1, 14 July 2005, Case C-107./04-Comite Andaluz de Agricoltura Ecologica v Administration del Estado.

含有转基因生物，转基因生物成分或产于基因生物的产品"。

3.4 控制机关的编码

强制性标识包括："当从业者所从事的生产或制备操作需要受到第27（10）条中提及的控制机关或控制机构的监控时，这些规制部门的编码应在标识中加以标注。"

上述要求保障了官方控制，并使其成为质量控制的一个追溯工具。

3.5 欧盟或非欧盟农业原料

第834/2007号法规第24（c）条的强制性标识规定："当使用欧盟标志时，构成产品的农业原料的产地信息也应当以标志的方式标注在统一的可视领域，且适宜时，应采用下列形式：

——'欧盟农业'，农业原材料在欧盟内制备，

——'非欧盟农业'，农业原料在第三国制备，

——'欧盟/非欧盟农业'，农业原材料的一部分在欧盟制备和一部分在第三国制备。"

自2010年欧盟标志成为强制性标识以来，欧盟/非欧盟农业原材料的标志也已成为标签上的强制标识。

事实上，由于第32条和第33条针对进口产品规定了等同原则，即使来自非欧盟国家，合格的有机农产品特性也应该是同质的。然而，在这种情况下，欧盟认为其他产品（比如橄榄油），在终产品的标签上特别标注出原产地的信息，是受消费者关注的信息。

3.6 欧盟标志

根据第271/2010号法规，标记应是强制性的，为此，采用了一种新的图形符号，以期实现帮助消费者识别有机产品的目的。

新标志已在比荷卢经济联盟知识产权办公室（the Benelux office for Intellectual Property）登记为有机农业集体商标，并于2010年7月1使用。但市场上使用旧标志的已有产品如果符合监管要求仍可继续销售。

3.7 国家标志和私人标志

第25（2）条在有机产品监管中首次明确确立"国家标志和私人

标志可用于符合本法规要求的产品标识、说明和广告中"。

在过去的几年里,关于有机产品的国家标志也被纳入成员国的立法。例如,德国和法国,采用了一种提供国家公共认证标签的内部规则。类似的,意大利一些地区立法规定有机产品标识由当地政府负责监管。但意大利立法并未真正规定国家标志。

在这种情况下,国家公共认证机构允许生产商采用除欧洲标志之外的标识作进一步标识(或标签)。这种国家标签则与国家检查系统相关联。

以这种方式,法规的规定最终确认了国家有机农业商标与欧盟法律的适配性。

鉴于供应的发展,有机产品的国家标志规定可以为成员国提供发展机会。然而,根据下述的原则要求,"只要这些产品符合本法规的规定,根据生产方法或有关该方法的标识或说明规定,主管部门、控制机关和控制机构可能无法禁止或限制其他成员国控制机关或控制机构监管的有机食品在其市场上销售"。本法规允许国家适用更严格的规则,不仅对牲畜,也包括目前的植物生产:"针对有机植物和牲畜生产,成员国可以在其国内适用更为严格的规则,当这些规则也同样适用于非有机生产时,它们必须符合欧盟的法律且不能禁止或限制疆外生产的有机食品在其国内市场上的销售。"

对于试图在上述方面制定更为严格规则的成员国而言,上述的规制会成为应对有关转基因物质残留的欧盟统一规则的有用工具。而且,这也与土地规划管理相联系,以保证有机农业和转基因农业的共存。

第25(2)条明确提到国家及私人标志。在这种情况下,法律规定对市场上存在有机农业经营者的登记注册商标没有任何补充说明,因为它们之间的相关性与其在消费者中的声誉息息相关。

事实上,欧盟强制性标志规定与采用国家选择性标志规定的措施,两者在方向上似乎是相反的。

实际上,欧盟标志的规定满足统一产品市场和防止国家性碎片化管理（欧盟委员会在 2008 年的绿皮书中指出这一点）的需要；另一方面，鉴于 2004 年的欧盟行动计划（the European Action Plan of 2004）中有机产品市场的增长，欧盟委员会认为国内措施是积极的。因此，以共同农业政策框架内发展可持续农业为目标，当前有机农业政策以及标识规则的演变趋势有助于扩大有机产品市场的份额。

翻译：尤猛

第二十二章
传统食品

Lorenza Paoloni

1. 意大利对传统食品的认可

传统食品，也被称为典型食品，是指一系列由手工制作的意大利特产，社会大众认为其与意大利境内的原产地和传统息息相关。

手工食品在欧洲南部地区尤为普遍。在意大利，有一个载明了许多传统食品的具体列表，由农业、食品和林业政策部制定并定期更新。

这些手工特色食品可以有力地促进当地的发展，提高农村地区的生物多样性，并增强农场的多功能性。

这些手工食品的基本特征是它们得到了国家认可，独立于欧洲对受保护原产地命名、受保护地理标志和传统特色认证食品的认可。得到国家认可的手工特色食品对产品质量的保证可能会与欧洲认可下的保证相比较。

手工食品的规制的特殊性在于它们无须符合欧盟针对所有各类食品进行立法所要求的一般卫生规则。

第二十二章 传统食品

Lorenza Paoloni

意大利法律制度中1998年4月30日第173号法令规定了对手工特色食品的特殊规则（Costato，1998）。部长令于2000年7月18日通过了关于公认的意大利传统食用农产品的列表，并每年更新以增加新产品。

2008年4月9日的部长令正式认可传统食品为意大利文化遗产。这些传统食品不仅展现了创意和聪明才智，以及整个意大利地区的社会经济发展，同时也展现了原有的传统和文化，以及整个意大利社区。这是因为这些食品值得受到意大利机构的保护。

简言之，传统食品是当地和区域特性的直接表达，是备受消费者欣赏的产品，具有独一无二的质量。它们也是手工和文化知识的代代传承，这代表了一种只有在食品有限供给中才能获得的特定质量（如市场利基产品）。

2. 欧盟的方法

欧盟共同农业政策对这一类特色食品的关注越来越高，包括对它们的认可。事实上，2009年欧盟委员会关于农产品质量的通讯[①]关注了这类传统农产品，并将它们视为优质产品。

2010年，一个关于农产品质量的欧盟议会决议[②]表明欧盟具有世界上最高的食品质量标准，且消费者的兴趣不断增加，这种兴趣不仅是关于食品安全，还关于食品的原产地和生产方式。

决议申明："欧洲的高质量产品形成了联盟的生活、文化和美食遗产，它们是欧洲许多地区经济和社会的重要组成部分。巩固这类相关活动直接关系到本地的实际情况，尤其是在农村地区。"决议还指出："关于分销链的现行政策影响着小生产者能够向广泛的目标消费群体提供食品的机会。"

---

① 原注：COM(2009) 234 final, Bruxelles, 28 May 2009.

② 原注：European Parliament Resolution of 25 March 2010 on Agricultural product quality policy.

此外，欧盟议会认为："2013年以后欧盟共同农业政策应该支持质量方针，尤其是生产者应致力于推动更多环境友好型生产方式的产生；指出区域是共同农业政策的合作伙伴，他们共同资助和管理农村的发展。此外，凭借地理临近的优势，地区是生产者的合作伙伴，尤其是传统产品和有机产品生产者的合作伙伴；还认为地区应当认可并推广附有地理标志的、传统的产品和有机产品"。

在上述文件的末尾，欧盟议会"支持工具的建立，以集体促进并宣传小型传统产品、本地产品和手工产品。这些产品带有地理名称，且与具体地区相关联，其中受保护原产地命名和受保护地理标志的获得程序还过于繁琐和昂贵"。

因此，我们可以假设，即使目前在欧盟没有关于手工食物产品的一般立法，在上述委员会通讯和2010年的欧盟议会决议中，一些重要的规则也正在制订当中。

3. 现行规制

如上预期，意大利有规制传统食用农产品的重要立法。

根据1999年9月8日部长令第350号的第1条，[①] 传统食用农产品被定义为那些加工、保存和陈化过程是长久以来的历史积淀的产品。

为了识别传统食用农产品，每个地区以及特兰托（Trento）和博尔扎诺（Bolzano）省，核实了上述过程和程序在境内以均匀的方式实施，且依据的是至少有25年历史的传统标准。

根据上述部长令的第2条，每个地区必须制定自己的关于传统食用农产品的清单，而农业政策部必须制定一个国家清单，以包括所有被意大利地区及特兰托和博尔扎诺省定义为传统的产品（第3条）。

该清单被周期性地进行整合和更新。目前该清单已经包含了4606个产品。最新的版本（11号的版本）是根据2011年6月17日的部长

---

① 原注：Enacted according to Art. 8, par. 1, Legislative Decree of 30 April 1998, n. 173.

第二十二章 传统食品
Lorenza Paoloni

令完成的。

对于列表上的每一个产品，1999年9月8日的部长令第350号要求都具备下列数据：产品名称；产品特性和制作过程，包括随着时间的推移和基于本地传统始终一致的、稳定的保存和陈化过程。本地的商务部门（Chamber of Commerce）也收集这些信息。其他重要信息包括：在产品的制备中使用的特定设备；产品的变更或包装；对保存和陈化的工作环境的描述。

同样的法令（第4条）还明确了如何规定欧盟法规有关食品卫生要求的例外。这些例外是被允许的，但同时也有必要向消费者保证产品的典型特征、卫生性和安全性。还需要根据适宜的保障活动，确保令人满意的原材料和生产场地的卫生及消毒状况。

这个问题涉及最近一个欧盟法规[①]的规制要求，就背离第882/2004号法规的要求而言，该法规第7条确立了适用于具有传统特性的食物产品的具体规则。

在欧盟层面，这种名称的相关性是根据国家规定的司法裁决所要求的。这些产品，事实上是：（1）历史公认的传统产品；（2）根据一定的技术标准生产制造的，这些技术标准是根据传统的制造程序或方法编纂或注册的；（3）由欧盟、国家、地区和本地立法作为传统食物产品来保护。

对于"具有传统特性的食物产品"，成员国可以在适用通用食品规则时，就场地和材料方面的规则予以个别的或者一般性的减损。

由于这些欧盟规则，意大利制定了一个在政府与针对国家、地区和自治区特兰托和博尔扎诺省的常设会议之间的共享指南。

这一共享指南提供了有利于生产具有传统特性的食物产品的部门经营者的减损，同样确立了他们必须安排充足的自我控制计划以维护具体的环境植物群。这将确保这些产品尤为独特的感官特性，但同时

---

① 原注：Reg. No 2074/2005 of 5 December 2005.

他们必须制定有效的临床和消毒过程。

传统的产品类别包括下列内容：非酒精饮料；蒸馏饮料；含酒精饮料；新鲜和熟肉制品；奶酪；脂肪（黄油，人造黄油，油）；新鲜的面食和烘焙制品；鱼罐头；动物产品和蔬菜产品。

所谓的"基因"产品也可能被包含在传统食品列表中。"基因"产品不是从工业公司的改良中获得的产品，而是当地或传统品种的杂交育种的结果，这是基于普遍教学和合格主体的咨询，在过去曾被遵循且在农村地区得以实施。

这些与领域和区域传统相关联的产品，不得与商业杂交相混淆。正因如此，"基因"产品被认为是从本地和/或传统品种的交叉中获得的商业产品，不同于杂交，它具有历史记录且被连接到境内。

同样地，如果存疑的类别范围可以延伸，本地蔬菜品种和一些植物都有可能被囊括在内。这些植物保存的生物多样性、独特的异质性和多变性的特点与现代品种十分不同。事实上，这些品种主要是同质的、稳定的，并由唯一且排他权利的保护。

由于它们的传统培养（兼有持续性和对通常做法的熟悉），这些物品可以被归入传统产品的类别。

使本土品种具有传统产品的资格将把这些产品从知识产权模型中包含的个别拨款逻辑中移除（受保护原产地命名、受保护地理标志、唯一和排他性的权利和专利权），并且最终承认它们是属于当地社区的产品。当地社区随着时间的推移保存并再现这些本土品种，且赋予它们完整的经济用途。

2000 年 7 月 18 日的意大利部长令[1]第 5 条中有一项致力于这个方向的条款表明："按照当前的社会和各国知识产权和工业产权的法律，每个产品的名称、这个产品可能已知的其他名称，包括它的本地名称，不能被注册"。

---

[1] 原注：National List of Traditional Agro-food Products.

4. 欧盟法规的例外

典型的或传统的产品在卫生、场所和所使用的原料方面被授予欧盟法规的特定例外。换句话说，根据法律规定，典型产品的原料和生产技术都涉及当地文化，它们必须被具体化，鉴于存疑产品是从传统程序，而不是标准程序中获得的：在特定地点（山地，内部区域经常受结构和基础设施问题困扰，水、路、交通）；用传统的容器（奶油或乳酪专用筐）和特定的场所（洞穴或类似地点）。

通过这种方式，这种产品在生产技术上的手工本质不能被传播到其他具有不同文化和传统的场所，一如其他具有特别识别标志的特定产品（如传统特色保证食品）。

领域内和当地文化产品的识别因此变成一种工具，它一方面标志着典型的产品并使得它具有不可复制性，另一方面保护它免于经费滥用。

此外，这些传统生产过程的特性元素在大多数情况下通过微链实现（由于对细节与历史生产过程的关注），不容易适于欧盟办事处用于受保护原产地命名和受保护地理标志产品的方案。

一些专家认为，这些特殊的特性及在特定部门的生产分工，阻碍了生产商的联盟，或农民之间形成一个类似的集体组织，或单独统一的立法。

这些生产规则在大部分情况下是基于个体实践和个体生产商的技能，它们创造了优秀的产品，即使它们不符合用以保障传统特色的第509/2006号法规所确立的指标（Masini，2006）。①

第509/2006法规要求欧盟委员会负责对已知产品的登记，将它们与同一类别里的其他类似食物相区分（由于传统配料和程序，但也能在其他地理位置得到复制，只要遵循生产标准）。通过这种方式，传

---

① 原注：参见第二十章。

统（或典型）食品与保证传统特色间的区分被明确了。该产品区别于其他不同产品，从而区分市场上同类的两款产品。

此外，"农产品质量方针：遵循什么战略？"必须强调的是，鼓励"农业市场直接由农民管理以作为本地季节性产品的销售点，因为这有利于保障优质产品的公平价格，同时也巩固了产品及其原产地区之间的联系，并鼓励消费者基于质量的知情选择"。

每个成员国和各地区都应支持创建有助于向消费者直接提供农产品的市场，并以这种方式缩短从"农田到餐桌"的链条。

每个国家在其地区中都可以使用农村发展计划，这是一种提高传统食品的生产、并为其开发和维护创造充分模型的工具。

翻译：叶程程

Chapter 23
第二十三章

新食品

Sebastiano Rizzioli

1. 欧盟新食品法规的立法缘由：入市前的许可程序

食品技术和全球贸易的发展使得新食品也可以像老字号食品（传统食品）一样入市销售。当传统食品在欧盟有着一定的使用历史且因此被认为是安全食品时，新食品在入市前需要特别的审批。

新食品在市场上的出现使得欧盟的立法者改变了食品法的规制方式。一方面，食品技术的发展加深了对一些食品消费的风险认识。另一方面，随着食品生产链的延长和流通的增长，具有危害性的食品也会因为在市场上的流通使得风险的波及速度变得更为迅速。[1]

有鉴于此，欧盟立法者针对成员国的法律进行了协调，以便保障一些食品在入市前是没有危害的：

---

[1] 原注：EU Advocate-General L. A. Geelhoed, 3 February 2005, Joined Cases C-211/03, C-299/03, C-316/2003, C-317/03 and C-318/2003.

"欧盟的立法者似乎是根据以下假设开展工作的，对于传统食品而言，即在欧盟有过使用传统的食品，其可以被认为是安全的，除非新的科学证据说明其有安全问题……对其他一些产品而言，即那些以人工或者新的方式生产的食品，必须证明其安全性才能许可其进入市场……这一认为传统食品是安全的假设是值得理解的，因为其是基于经验、知识和政治现实主义的认识。如果某一产品被许多人消费了很长一段时期，且没有对他们构成任何危害，那么有理由相信该产品是安全的。此外，对于某一会导致食品安全问题但又是消费者不愿放弃的食品而言（酒精和咖啡），要试图使其从市场上退出，那么立法者也可能需要逾越其民主合法性的限制。在这一情形下，主管部门除了向消费者提供相关的信息以便他们自行作出消费选择之外，别无他法（Van der Meulen-Van Der Velde，2008）。"

除了有关避免食品污染的卫生措施，欧盟食品法还包括其他措施，而这主要是针对食品的营养和毒理特点进行入市前的检查。"入市前获得许可"这一机制根据风险分析许可或者禁止某一食品的入市。在这个方面，欧盟委员会有关新食品和新食品配料入市销售的科学问题以及必要的信息说明的建议就非常有意义："食品往往是宏观或微观物质的组合，其意在提供能量和营养以及保障人体健康。一直以来，它们都被认为是自然生产，有益且不可或缺的产品，换而言之，没有必要去质疑它们的安全和营养价值。针对食品安全的规制方法反映了这一认识，并重点以食品添加剂、加工助剂和源于自然或工艺的污染物为规制对象。因此，并没有对食品系统地开展营养或毒理评估，而仅仅是在有人员发生急性中毒的情况下才对其进行这一类评估……此外，当一些动物研究或人类经验表明某一食品原材料具有不利影响时也会开展这一类评估……这并不意味着没有针对某一食品或整体膳食开展营养评估，但是这一方式并没有被用于某一食品的安全评估。另一方面，对于食品添加剂而言，只有经过全面的毒理评估，其才能被许可用于食品。"①

目前，欧盟食品法中适用入市前获得许可要求的物质范围非常广泛，包括食品添加剂、膳食补充剂、新食品、转基因食品、酶。一般来说，入市前许可的机制会针对许可食品（或产品）制定一个可以使用的正面清单，这意味着没有在这一清单上的食品就不能入市销售。在上述入市许可机制中，各物质获得许可的标准是不一样的，但通常考虑毒理安全、营养安全（与传统食品相比，该食品不会使营养变差）以及消费者保护（食品上的信息不得误导消费者）（Russo，2010）等因素。

2. 第一个新食品规制：欧盟第258/97号法规和以1997年5月15日作为确认某一食品是否需要入市许可的判断分水岭

欧盟第258/97号法规是第一部有关新食品和新食品配料的法规，其由欧盟议会和欧盟理事会于1997年1月27日制定，目的在于对新食品进行入市前的安全评估，以及对转基因食品进行规制，以便对有关的安全和涉及部分人群的道德因素进行平等的考量（Balke，2014）。

第258/97号法规于1997年2月14日发布在了欧盟官报上。根据法规第15条的规定，其于公布90天后生效，也就是1997年5月15日。强调该法规的生效日期具有很重要的意义，因为这意味着1997年5月15日之前出现在欧盟市场内的且大量使用的食品不在这一法规的规制范围内，即"1997年5月15日作为参考日期用以确定人类消费食品或配料的范围"。②

第1852/2001号法规对第258/97号法规进行了补充，进而明确了如何向公众发布信息以及保护相关的提交信息。此外，下列法规也对上述法规作出过修订：

---

① 原注：European Commission Recommendation 97/618/EC of 29 July 1997.
② 原注：ECJ, 9 June 2005, Joined Cases C－211/03，C－299/03，C－316/2003，C－317/03 and C－318/2003.

——第1829/2003号有关转基因食品和饲料的法规，其目的在于将转基因食品置于新食品法规的规制范围之外；

——第1882/2003号有关制定协助欧盟委员会落实欧共体条约第251条（现《欧盟运作条约》第293条）所规定的执行权的委员会事项的法规，其内容取代了新食品法第13条的规定；

——第1332/2008号有关食品酶的法规，通过在第2（1）条d项新增加的规定，限制了新食品法规的适用范围，即排除了该法规对于食品酶的适用；

——第596/2009号法规，就新食品规制中由《欧盟运行条约》第294条提到的程序而言，将其调整为第1999/468/EC号理事会规定的内容。

2.1 第258/97号法规中的新食品概念和许可程序

第258/97号法规的目的并不是为了确立用于所有食品的入市许可程序，而只是针对经定义明确的某一类食品。因而，对这一类食品进行入市前的安全评估是具有合理性的（Coppens，2013）。

事实上，根据这一新食品的法规，上述的食品是指：

——在法规生效（即1997年5月15日）之前，在欧盟市场中尚未有过大量人类消费的食品；

——第1（2）条中所列的某一类食品；

——新型或由于改变主要分子结构的食品和食品配料；

——包含或分离自微生物、菌类或藻类的食品或食品配料；

——食品或食品配料包含或分离自植物，食品成分分离自动物，除了通过传统繁殖或繁殖实践获得的以及作为食品已经有很长一段安全史的食品或食品配料；

——食品或食品配料采用目前尚未使用的生产过程，而这一生产过程使食品或食品成分的组合或结构产生了显著变化，从而影响到其营养价值、新陈代谢或出现了不必要的物质。

即便258/97号法规分别考虑了食品和食品配料，但这一分离似乎

第二十三章　新食品

Sebastiano Rizzioli

不太具有合理性，或许是因为第258/97号法规在《通用食品法》（第178/2002号法规）制定之前就出台了，而后者对食品进行了新的定义（Van der Meulen-Van der Velde，2008）。

欧盟法院在一些重要的案件中明确了新食品的定义。

在关联的C-211/03、C-299/03和C-316/03以及C-318/03案件中，欧盟法院裁决认为："第258/97号法规第1（2）条的规定被解释为指某一食品或某一食品配料未在欧共体内被大量的人消费，当上述所有案件都涉及这一内容时，其规定了可以通过任何一个成员国的人员在该相关日期之前的消费来确定所涉及食品或食品配料未被大量消费的情况。"

在C-387/07案件中，法院作出了一个有关欧盟内人类消费的"大量程度"的一条有趣解释［第1（2）条］。法院认为，要求某一食品的所有单独配料都符合第258/97号法规第1（2）条的规定，或所谓的安全史，这一事实要求不足以决定该法规不能适用于涉及的食品。为了确定这一相关食品是否应该是第258/97号法规所定义的新食品，各国的主管部门必须具体案件具体分析，即以一事一议的方式来处理，并考虑该食品和其生产过程中所有的特征……某一食品中含有的海藻符合了第258/97号法规第1（2）条（d）项所指的在欧盟内部具有大量人类消费的要求，但这一事实要求也不足以支持将该法规适用于这一产品。考虑到新食品所具有的"域外性"，法院支持"在第258/97号法规生效之前就将某一产品进口到圣马力诺（San Marino）的事实，并不是评估某一产品是否符合第1（2）条有关在欧盟内有大量消费这一要求的相关因素……仅在欧盟外的某一食品的安全使用经验并不足以确保其可以被视为第258/97号法规第1（2）条所确定的'具有安全使用史'的食品"。[①]

一如上文所述，原有的新食品法规在其适用范围内免除了食品添

[①] 原注：ECJ, 15 January 2009, C-383/07.

加剂、香料、萃取溶剂、酶和转基因食品,因为针对这些食品和食品配料已经制定了特别的风险管理程序(Coppens,2013)。

根据第258/97号法规入市许可程序的要求,必须对新食品加以评估,以确保这一新食品不至于:

——对消费者构成危险,

——误导消费者,

——不同于它们所要取代的食品,以至于它们的正常消费会在营养方面不利于消费者。

评估程序在两个层面进行。第一个阶段是在成员国内开展,由申请者向意在出售该新食品的市场所在国的主管部门提交一份申请要求。与此同时,申请者还应向欧盟委员会提交一份申请书的副本(第4条)。欧盟委员会将申请的副本转给其他的成员国[第6(2)条]。国家主管部门会启动科学评估。如果没有要求额外的评估,且也没有来自欧盟委员会或某一成员国的反对意见,申请所在国可以告知申请者其可以入市销售食品[第4(2)]条。但是,如果根据第6(3)条的规定要求额外的评估或者根据第6(4)条有异议,欧盟委员会需要根据该法规第13条的规定,在食品供应链和动物健康常设委员会的协助下作出是否予以许可的决定,这就是第二阶段。

根据第7条作出的许可程序需要明确该许可的范围,适宜时,确定食品使用的条件,食品或食品配料的命名,它的规格,在一般标识要求的基础上增加具体的标识要求,一如第8条对其作出的规定。许可是具体的,且仅仅是赋予申请者入市销售其申请的新食品的权利。因此,"根据第258/97号法规第7条规定作出的欧盟委员会决定……且拒绝许可某一食品或食品配料的欧盟入市许可时,该决定只对申请人具有约束力,即对其他人不具有约束力。相反,某一成员国的主管部门应当确定在其领域范围内销售的产品是否是法规第1(2)条所确定的新食品或新食品配料,其中,该产品的特性应当与欧盟委员会决定所涉及事项中的产品相一致。如有必要,他们应要求涉及人员符合这一法规的要求"。①

第一部新食品法规也针对与既有食品"实质性等同"的食品设定了负担较少的许可程序［第3（4）条］。在这一情形中，申请者根据第5条的规定告知欧盟委员会其入市销售的内容。②

最后，需要指出的是，第258/97号法规中所涉及的规制并没有发挥欧盟食品安全局的作用，这是因为该机构在那个时候尚未设立，即其是在若干年以后依据第178/2002号法规成立的。

3. 改革的必要性

欧盟立法者充分认识到了由第285/97号法规所确立的新食品规制体系的过时性。根据该法规的第14条规定，欧盟委员会应在该法规执行五年后对其进行审查，并就其实施情况向欧盟理事会和欧盟议会提交一份报告。

2002年，欧盟委员会的健康和消费者保护总司准备了一份"讨论议案"以便向利益相关者说明新食品法的整体情况以及该法规存在的主要问题。③ 鉴于上述讨论议案，欧盟委员会于2003年发布了一份简要报告，综述了由各利益相关者提交的评议。④ 最后，2004年发布了一份题为《有关第258/97号针对新食品和新食品配料法规的评估报告》。这一评估报告强调了对新食品法规进行改革的必要性。

——扩大这一法规的适用范围，增加由该法规规范的食品种类，包括在欧盟国家外自然生产且已经安全使用一段时期的所有动物、克隆动物、域外植物及其产品；

---

① 原注：ECJ, 14 April 2011, Case C-327/09.

② 原注：ECJ, 9 September 2001, Case C-236/01.

③ 原注：Directorate General Health and Consumer Protection of the EU Commission, Discussion Paper: "Implementation of the Regulation (EC) no. 258/97 of the European Parliament and of the Council of 27 January 1997 concerning Novel Foods and Novel Foods ingredients".

④ 原注：EU Commission "Summary Report" of 14 July 14 2003, concerning "*Revision of the Novel Food Regulation. Summary Report Stakeholder Submissions*".

——对新食品的许可程序进行修订,因为目前的程序过于耗时和耗钱;

——发挥欧盟食品安全局在对申请的新食品进行许可和评估中的作用。

此外,欧盟委员会的评估报告指出了该法规中有问题的内容,即有关"新食品"以及"1997年5月15日前在欧共体内有大量人类消费"的概念,和有关"实质性等同"以及"食品安全使用历史"的概念并不明确。

据观察,第258/97号法规还有与世界贸易组织规则相冲突的问题,因为该法规对于新食品的定义包括了那些在第三国家具有可验证的安全使用历史的食品(Volpato,2015),一如欧盟法院在C-383/07案件中的确认:"某一食品的安全性仅在非欧盟国家得以证实并不足以使其列入第258/97号法规第1(2)(e)规定所确定的具有'安全使用历史'的食品种类中。"①

2008年1月14日,欧盟委员会针对新食品法规向欧盟理事会和欧盟议会提交了一份议案,② 其目的在于撤销现有的基于"双重许可"(同时在成员国和欧盟层面许可)的入市审查机制,并在欧盟层面建立唯一且集中的程序。新的建议主要是基于以下这些深刻的变化:修订既有的"新食品"的概念(其目的是将新出现的诸如工程纳米技术的过程纳入到这类食品中);针对新食品的评估确立一个唯一且统一的程序;针对源于第三国家的传统食品建立一个单独的程序。

修订258/97号法规的提案在2011年被否决了,其原因主要是欧盟理事会和欧盟议会在克隆动物的问题上无法达成一致性(Balke,2014)。尤其是,欧盟议会建议禁止将克隆动物用于食品,但欧盟理事会则倾向于可以在农业和食品中根据欧盟食品安全局的意见使用克

---

① 原注:ECJ, 15 January 2009, C-383/07.
② 原注:COM(2007)872 final.

隆动物（Volpato，2015；Vaque，2014）。①

2013年12月18日，欧盟委员会又针对新食品提交了一份新的规制框架提案，② 其包括了原有议题中的许多主要元素（Bonora，2016）。根据新的提议，欧盟议会和欧盟理事会于2015年11月25日通过了针对新食品的新法规。

4. 欧盟第2015/2283号法规：针对新食品的新法律框架及其生效和范围

针对新食品的新法规已于2015年12月11日发布于欧盟的官方公报上。③ 该法规第36条规定，其将于发布后的第20天开始生效，也就是说于2015年12月31日生效。根据同一个条款，除了以下例外，其规定的适用从2018年1月1日开始：

——第4（4）条，第8条，第13条，第20条，第23（8）条，第30条，第35（3）条，这些条款从2015年12月31日开始适用；

——第4（2）条和第4（3）条应从欧盟委员会针对第4（4）条制定执行法案后予以适用；

——第5条，第31条和第32条从2015年12月31日起适用。但是，根据这些条款制定的授权法案不得在2018年1月1日前适用。

因此，一方面，该新法规的全面适用被延期至2018年1月1日，另一方面，其适用也与欧盟委员会制定相关的执行法案相关联。

该新法规将从2018年1月1日起废除第258/97号法规。因此，

---

① 原注：Scientific Opinion of the Scientific Committee on a request from the European Commission on Food Safety, Animal Health and Welfare and Environmental Impact of Animals derived from Cloning by Somatic Cell Nucleus Transfer (SCNT) and their Offspring and Products obtained from those Animals. The EFSA Journal (2008) 767, 1–49.

② 原注：COM (2013) 0894 def.

③ 译注：该法规的内容为第二版新增内容。

在新的食品法规生效后但在第 258/97 号法规废除之前，可以采取第 35 条规定的过渡措施。

新法规有 36 条规定，其是协调的成果，目的在于确保安全、卫生食品的自由流通以及较高的人类健康和消费者利益保护水平（第 1 条）。一旦某一食品根据第 2015/2283 号法规获得进入欧盟市场销售的许可，其也可以在欧盟的任意成员国内销售。

根据第 2015/2283 号法规序言第 8 项的规定，新法规的范围在原则上与第 258/97 号法规保持一致。

事实上，新法规的范围比原有法规来得更为广泛。新法规的许可程序扩展到了新的食品种类，包括新的昆虫和它们的部分；含有工程纳米材料的食品；通过源于植物、动物、微生物、菌类或藻类的细胞培养或组织培养获得的食品；含有胶束体或脂质体的食品；来源于非传统繁殖实务获得的植物的食品以至于其组成和结果发生重要变化并影响了该食品的营养价值、新陈代谢或不必要的物质。

新的法规保留了 1997 年基于入市前风险评估机制所确定的方法。无论如何，就新法律框架中的许可程序而言，其有所简化，且更为透明。此外，该程序也考虑了欧盟法律的发展（例如欧盟食品安全局）和技术的进步。根据欧盟的一项基本原则，针对违反该法规的行为而言，其处罚权依旧归于成员国（第 29 条）。

要对新法规进行评估还为时过早：因为该法规的一些内容还不明确，例如将饲料纳入到这一新法规的范围内（Finardi Derrier，2016），且其他一些内容也要求欧盟委员会进一步制定执行法案（例如对于工程材料的定义）。而且，该法规的许多重要内容都通过授权由欧盟委员会予以落实（Albisinni，2015b）。

就原有的针对新食品的法规而言，其影响是有限的，因为成员国在实务中限制了新食品程序在那些明显符合新食品法规所规定的产品中的适用（Coppens，2013）。在 1997~2014 年期间，就欧盟而言，总共有 170 项提出许可的申请，平均每年 7~10 项申请。至此，已有 90

项许可获得通过，并用于实务。[①]

就 2015/2283 号法规而言，这一新法规对于新食品的定义和入市许可程序的集中化有助于拓宽规制范围。

4.1 新食品的定义

根据新法规第 3 条的规定，可以从两个方面认定食品的新颖性，它们"可能是技术创新的结果和可以是在世界的任何一个地方上没有存在过，或者它们在其他的地方被视为食品但在欧盟却是新的（后一类的新食品往往被认为是异域食品）"（Van der Meulen-Van der Velde，2008）。

新法规的目的是为了明确第 258/97 号法规所定义的新食品，并根据第 178/2002 号法规的规定对这一定义进行完善。

根据第 3（2）（a）条所规定的新食品定义，其保留了将 1997 年 5 月 15 日作为评估食品新颖性的主要标准。据观察，将 1997 年 5 月 15 日这一天作为判断新食品的标准可能导致法律的不确定性，因为其拓宽了法规的适用范围，以至于对在市场上依法销售的当天之前的食品可能被视为新定义所确定的一类食品，进而使得新法规在适用中可溯及过往（Coppens，2013）。

第 3（2）（a）条规定"新食品"是指以下任何一种食品：

——在 1997 年 5 月 15 日之前在欧盟未被大量人消费的食品，无论成员国何时加入欧盟；

——属于以下任意一类：具有新的或者有意修饰分子结构的食品，且当这一结构没有用或用于 1997 年 5 月 15 日就在欧盟内的食品；食品含有/生产于/分离于微生物、菌类或藻类、矿物源性的材料；食品含有/生产于/分离于植物或动物（或它们的成分）；食品含有/生产于/分离于源于动物、植物、真菌、

[①] 原注：European Commission-Fact Sheet "Questions and Answers: New Regulation on Novel Food"，16 November 2015，on http://europa.eu/rapid/press-release_MEMO-15-5875_en.htm.

海藻、微生物的细胞培养或组织；食品（根据第2002/46/CE号指令和第1925/2006号法规或第609/2013/EC号法规使用的维生素和矿物质）来源于在1997年5月15日之前没有用于食品生产的生产过程；含有工程纳米材料的食品；在1997年5月15日之前仅用于膳食补充剂的食品，而如今其要进一步用于除膳食补充剂之外的食品。

第2015/2283号法规的广泛适用范围因为"通过传统过程获得的食品"［第3（2）（a）（iv）（v）条］这一概念而受到限制。

新的法规适用于进入欧盟市场且从第三国家进口的食品，只要它们被视为上述种类中的一种。不管怎样，将从第三国家进口的食品流通到欧盟的市场上，可以通过对其"传统性"［第3（2）（c）条］的认定加以简化：来源于第三国家的传统食品是来源于第178/2002号法规所述的初级生产的新食品，无论其是否加工，其在第三国家具有使用的安全史，这意味着该类食品的安全可以由以下的内容予以确认，包括成分组成的数据和至少在一个第三国有大量的人在不少于25年的时间里将其作为传统饮食而持续使用的经验。此外，在告知之前，需要提出入市销售的申请［第3（2）（b）条］。

新法规第2条规定了新食品概念所不包括的内容：转基因食品，其按照第1829/2003号法规予以规制；食品酶，其根据第1332/2008号法规予以规制；食品添加剂和香精，分别由第1333/2008号和第1334/2008号法规予以规制。

然而，是否将饲料纳入到新法规的规制范围是有异议的。一方面，新法规的文本内容仅仅提到了食品（Bourges-Vaque，2016），另一方面，第2条所规定的例外清单也表明了饲料并没有公开且明确地予以排除（Finardi-Derrien，2016）。

4.2 昆虫、克隆动物和工程纳米材料

新法规应适用于昆虫（第2015/2283号法规序言第8项）、克隆动物（第2015/2283号法规序言第14项）和含有工程纳米材料的食

第二十三章 新食品
Sebastiano Rizzioli

品（第 2015/2283 号法规序言第 10 项）。

欧盟食品安全局针对将昆虫作为食品和饲料的生产和消费提供风险概要的科学意见,[①] 且将昆虫纳入这一新法规的规制范围也引起了学者的关注（Finadi & Derrien, 2016; Paganizza, 2016; Bonora, 2016）,并成为欧盟大众媒体和公众热议话题。事实上，即便根据第 258/97 号法规，一些欧盟国家（比利时、英国）根据欧盟有关新食品立法的解释（Finardi, Derrien, 2016）已经容忍了一些昆虫物种的销售和其产品的人类消费。新法规并没有对"昆虫"进行法律定义，而这一定义的缺失可能导致法律的不确定性。例如，如果我们承认新食品规制覆盖饲料，其中一个不确定的内容就是，与昆虫相关的产品是否被认为是源于动物的产品，相应的，其中的不确定性是污染物的规制及其最大量（van der Spiegel & Noordam & van der Fels-Klerx, 2013）。

关于克隆动物的规制是此次新食品法规修订中比较具有争议的问题（Volpato, 2015）。在新法规中，唯一与克隆动物相关的内容在该法规序言的第 14 项中：克隆动物被认为是新食品规制的内容，直到针对源于克隆动物的食品的具体立法生效为止。

新法规明确规定"含有工程纳米材料的食品也应当被认为是新食品（序言第 10 项）"。在食品领域内对纳米技术进行规制是欧盟法律中颇具争议的问题（Salvi, 2015）。新的食品法规对"工程纳米材料"的定义作出了规定，即指任何有意生产的材料使其至少有一维处于纳米尺度范围（1~100nm）或小于该范围或者在内部或是表面具有独立功能的部分，其至少有一维处于纳米尺度范围（1~100nm）或，包括结构、团聚或聚集，其大小可能超过纳米尺度范围，但是其还保留纳米级内的特点。该定义对欧盟第 1169/2011 号有关向消费者提供食品信息的法规中的纳米材料定义作出了修订。此外，新法规没有包含欧盟议会在改革第 258/97 号法规期间针对纳米食品提出的"谨慎方法"

[①] 原注：EFSA Journal 2015; 13 (10): 4257, 60.

(Salvi，2015)。

4.3 新食品的欧盟清单和许可程序

新法规的主要目标是为了减少许可程序的时间（根据第258/97号法规，平均需要3年半的时间），以便提升新食品许可程序的效率。

与过去的规制相比，最新的元素是创建了一个新的集中化的许可程序（第10~13条），且该过程涉及由欧盟食品安全局针对新食品申请开展的科学性风险评估，而欧盟委员会则是对每一个申请人提交的文档进行管理并对证实为安全的新食品提出许可的建议。成员国不能单独许可或者禁止欧盟的新食品。

根据新法规第6条的规定，只有获得许可且列入欧盟清单中的新食品才可以入市销售，并根据清单中所明确的具体条件（一并包括的标识要求）予以使用。欧盟委员会根据第7条、第8条和第9条的要求汇编和更新上述清单。第7条对于列入欧盟新食品清单的根本性要求作出了规定。新食品：

——根据既有的科学证据，新食品不能对人类健康构成安全风险；

——不能误导消费者，尤其是当食品的使用目的在于替代其他食品且在营养价值方面具有重大的改变时。

——当食品的使用目的在于替代其他食品，其不能不同于它们所要取代的食品，以至于它们的正常消费会在营养方面不利于消费者。

与第258/97号法规所明确的原有规制不同，可列入欧盟清单的许可与个体申请者不相关，而具有普遍效力。这一通用许可结束了原有的实务，后者要求每一个入市销售新食品的当事人都要通过独立的许可或告知，以便证明其产品的安全性（Balke，2014）。欧盟委员会将于2018年1月1日内汇编（通过一项实施法案）欧盟的清单，该清单一开始便包括了所有已根据第258/97号法规获得许可的新食品。

入市销售新食品的许可程序由欧盟委员会主动实施或者根据申请者向欧盟委员会提交的申请开始（第10条）。根据第3（2）（d）条的规定，"申请者"是指"成员国、第三国或者利益相关方"，其可以代表多个利益相关方并已经根据第 10 条或第 16 条向欧盟委员会提交了申请，抑或根据第 14 条作出了告知。任何一方都不可期望欧盟委员会会广泛地使用这一权利以至于由其自身主动地启动这一程序：申请更多地由对入市销售新食品感兴趣的食品从业者提出（Balke，2014）。

申请需要符合一些形式要件：应当包括针对新食品使用条件和具体标识要求的提案，参见第 10（2）条的规定。该申请应直接提交给欧盟委员会，而不是根据第 258/97 号法规的要求提交给成员国的主管部门。

就对人类健康具有影响的新食品而言，在其许可过程中，欧盟食品安全局根据欧盟委员会的要求给出科学意见：由于没有任何一个可想象的案例能够从一开始就排除对人类健康的影响，所以可能存在的情况是欧盟委员会总是在参考欧盟食品安全局意见的基础上行使这一裁量权（Balke，2014）。

欧盟食品安全局不得不在收到该要求的 9 个月内提出自己基于风险评估的意见。不同于第 258/97 号法规的规定，新法规并没有要求成员国的国家机构参与这一过程（第 11 条）。

申请者有权撤回要求获得新食品许可的申请［第 10（7）条］。

欧盟委员会可许可该新食品（根据相关的规定制定实施法案）或可在任何一个阶段，在其认为许可是不合理时，终止这一程序［第 10（6）条］。这是风险管理的过程。

这一许可程序是否在很大程度上进行了简化依旧是不明朗的。通过欧盟食品安全局的准强制性审查替代成员国的入市审查可能使所有的涉及方都受益，并由此为提高效率和一致性而作出重要贡献。然而，值得疑问的是，该程序也使得操作过程减少至欧盟委员会所希望的 18 个月（Balke，2014）。

第 16~19 条则是针对从第三国进口的传统食品规定了特别的许可程序。

翻译：孙娟娟

第二十四章
食品添加剂和污染物

Ilaria Trapè, Pamela Lattanzi

1. 引言

在共同体食品政策出台的最初的几十年里,一系列影响了食品生产和贸易的政策措施纷纷出台,但这些政策只是间接地具有与食品相关的适宜目标(Borghi 2005)。

一些有关食品安全诉求的规范性规定都起源于一个认知——一些植物保护产品和农药的使用有害于消费者(第一个关于果蔬的植物保护剂的残留指令制定于1976年)。

共同体标准伴随着许许多多关于食品生产和贸易的国家规定一起运行,但一些食品并不包括在条约的附录一中。这些共同体的标准要求对其进行协调,但这是非常难实现的,因为要许可指令的协调需要一致通过的决策体系。

欧盟法院的介入打破了这一僵局,伴随着第戎案

第二十四章 食品添加剂和污染物
Ilaria Trapè, Pamela Lattanzi

例（Caisse de Dijon）的判决①，欧盟法院引入了互相认可的原则，凭借此原则，无论有什么技术特点和质量特点的产品都可以在共同体内以原产国内的命名自由流通。

伴随着这项原则的发展，欧盟委员会已经停止制定那些系统地明确每一项食品都要符合最低要求的规则，这样一来，便可以通过横向的指令对所有产品所具有的一些具体内容进行管理（Costato 2007）。

所以，为了确保商品的自由流通以及建立单一市场，根据条约原有的第100A条（也就是现在的《欧盟运作条约》第114条），几项关于协调食品添加剂和食用香精法律的指令已经通过实施（Germano 2008）。

关于食品添加剂、食用香精和食用酶的立法最近已经被简化并更新为一连串的法规。② 按照2000年《食品安全白皮书》③里宣布的那样，法规的制定需要实现以下几个目标：简化食品添加剂的立法；针对原则、程序和许可构建单一的手段；赋予欧盟委员会更新有关争议中物质清单的裁决权限；咨询欧盟食品安全局以及建立一个对于现存食品添加剂进行重新评估的项目；针对含有转基因或来源于由转基因生物组成的食品添加剂构建一个特殊的许可机制。

2. 食品添加剂、食用酶和食用香精的通用许可程序

2008年12月16日出台的第1331/2008号法规建立了一个专门针对食品添加剂、食用酶和食用香精的通用许可程序，它的目的是通过明确程序安排，以便更新针对每一类物质入市许可的目录清单。

上述程序的触发可以直接向欧盟委员会提交申请、或由欧盟委员会根据成员国或者利益相关方的请求进行，但不得由国家主管部门事

---

① 原注：ECJ, Case C-120/78, Rewe Zentral.
② 原注：Reg. No 1331/2008, No 1332/2008, No 1333/2008, and No 1334/2008, all dated 16 December 2008.
③ 原注：Bruxelles, 12 December 2000 COM (1999) 719 final.

先介入。由此，与过去相比，上述的程序安排大幅度地减少了行政负担。欧盟委员会在更新目录清单的过程中，由食物链和动物健康常设委员会协助其工作（Cristiani 2003）。

上文提及的申请应提交给欧盟食品安全局，以便对其进行风险评估。欧盟食品安全局应在9个月内给出意见（如果需要更深入的信息，这个时期限制可以被延长）。

在收到欧盟食品安全局的意见后，需要在9个月内就执行更新的物质清单制定一项法规，至此，上述程序完结。甚至在这种情况下，如果欧盟委员会额外要求一些关于风险管理的信息时，时期限制可以在申请人的同意下延长。在许可过程中，任何时间，任何情况下，欧盟委员会都可以结束该程序，但欧盟委员会需要及时告知申请人以及成员国。

3. 食品添加剂的使用规则

食品添加剂的规则框架总是在试图平衡各种利益冲突（Trape-Lattanzi 2011）：比如，通过确保合适且充分的信息保护消费者健康的需求以及食用农产品行业在长时间内保持产品供应的需求，甚至是共同体之外的食品供应诉求（Costato 2008）。

食品添加剂是"一般情况下本身不作为食品食用以及在一般情况下不作为一种食品的特定成分，无论其是否具有营养价值，因技术目的而在食品中有意添加使用，包括制造、加工、制备、处理、包装、运输或储存此类食品，或者其本身或副产品可被合理预期的，直接或间接地成为此类食品的组成部分。"[①] 在制定第1333/2008号法规之前，第178/2002号规定提出一个仅与动物饲料相关的添加剂概念，且使其定义与动物饲料相类似，即"供动物食用的任何加工、半加工或

[①] 原注：Art. 3, Reg. No 1333/2008.

第二十四章　食品添加剂和污染物
Ilaria Trapè，Pamela Lattanzi

未加工的物质和产品，包括添加剂"。① 尽管如此，食品添加剂必须被当作是食物的组成部分来考虑，并且，也因为如此，必须遵守和它一样的规制要求（Germano-Rook Basile 2003）。

为了确保内部市场的有效运作，同时确保高水准的人类健康保护和消费者保护水平，第 1333/2008 号规定囊括了对于消费者的经济利益以及食品交易公平的双重保护，并将所有种类的食品添加剂都涵盖在一个法律条文里。② 食用酶和食用香精则是被另一个法规所规范，且随后会提及。而就食品添加剂的法规而言，其规则不适用于加工助剂、用于保护植物和与植物保护相关的物质、食物中添加的营养以及用于饮用水的物质。

一种食品添加剂如果没有对消费者健康的安全担忧，如果有一些其他方式无法达成的技术需求，或者它的用途不会误导消费者的话，那么这种添加剂将会被允许使用。③

法规附录 2 包含了共同体列表中的那些被许可使用的食品添加剂并明确了他们的用途。附录 3 则包括了一个可以被用于其他食品添加剂以及食用酶中的添加剂的名单。

在把所有的食品添加剂都整合进这个清单之前，欧盟委员会必须审查现已有的许可，包括关于摄入量、技术需要以及潜在的误导消费者可能性。如若，那些用于共同体清单中的食品添加剂的生产方法或者原材料被极大改变了，那么这种添加剂将要被认为是一种完全不同的添加剂，并且因此在入市销售之前，这种新的添加剂必须提交给欧盟食品安全局。一旦获得许可，对于这种添加剂的观察也是持续的（为了达到这个目标，一个生产者或者食品添加剂的使用者必须在出

---

① 原注：Art. 3, No 4, Reg. No 178/2002.

② 原注：Annex I to the Reg. No 1333/2008, defining the different functional classes of food additives: sweeteners, colours, preservatives, antioxidants, carriers, acides, acidity regulators, anti-caking agents, anti-foaming agents, bulking agents, etc.

③ 原注：Art. 6, Reg. No 1333/2008.

现任何能影响食品安全的新信息时,立即通知欧盟委员会),并且,如果必要的,将对它进行重新评估;① 成员国可以保持或者采取更多的国家级限制规定,在采取了一个协调措施之后,依据《欧盟运作条约》的第114条(《欧盟条约》第95条)规定,通告欧盟委员会上述制定的规定以及保持或者制定这些规定的理由②(Manservisi 2003)。

如果一种食品添加剂包括或者包含转基因物质,在被纳入肯定列表前,它必须依据第1829/2003号法规的规定获得许可。③

最近,根据第257/2010号法规的规定,④ 欧盟食品安全局已经制定了一项重新评估项目,即对根据第1333/2008号法规获得许可的食品添加剂进行。

此外,还针对标识确立了具体的规定:食品添加剂只有在它们的包装袋或者包装罐头清晰标注的情况下才能投放市场,即所有能够识别食品添加剂的信息必须清晰易读且难以移除地附着在产品上,包括产地和纯度标准的描述。

4. 食用香精的使用规则

香精是一种化学物质或者能通过物理方式获得的物质,比如可通过蒸馏或者溶剂萃取获得,其目的主要在于提供风味。⑤

协调有关香料法律主要是为了限制这种物质在食品中应用的需要,借以建立专门的纯度标准和可接受的数量,从而在保护消费者的健康的同时便于食品的自由流通。

很长一段时间,第88/388/EEC号指令是针对香精的规范性文本。⑥

---

① 原注:Art. 26, Reg. No 1333/2008.
② 原注:ECJ, 20 March 2003, Case C-3/00, Denmark-Commission.
③ 原注:Reg. No 1829/2003 of 22 September 2003. 参见第十九章。
④ 原注:Reg. No 257/2010 of 25 March 2010.
⑤ 原注:Art. 3, Reg. No 1334/2008.
⑥ 原注:Dir. 88/388/EEC of 22 June 1988.

第1334/2008号法规①包括可供当下参考的法规,其源于给予规则的有机统一以及使其与新的食品安全规范框架相一致的需要,并借机赋予欧盟食品安全局针对香料的使用进行科学评估的权限。

法规规定了一个针对许可香精的共同体清单,以及可以使用的条件和标识规则。只有列入共同体清单的香精和原料才能够投放市场并且根据明确的使用条件用在食物的生产中。在2011年2月前投放市场或已贴标签的食品,不用依据这个规定,并且可以在保质期内继续销售。

在上述法规中,也有一些关于转基因食品的条文,参考第1829/2003号条文,适用转基因食品的许可程序应在食用香精符合申请条件的情况下进行。

5. 食品酶的使用规范

传统上,酶被认为是无毒的,因此在第1331/2008号法规②获得通过之前,没有共同体程序来评估它们的安全及许可要求,除了那些被视为食品添加剂的酶。只有一些成员国采用了针对强制性或自愿性许可的程序。

随着这些能对消费者健康造成风险的物质在食品中的使用逐渐增多,使用它们就不能无视事先的安全评估要求。此外,各国不同的许可程序(如果有的话)也会在不同国家引起不平等的对待,因此,为了创造公平的贸易环境同时保护消费者的健康,统一法规成为必要。

现在,食品酶的添加要遵循第1332/2008号法规的要求。③

食品酶是从植物、动物或微生物中提取出来的产品,因而包括利用微生物通过发酵获取的,具有一种或多种能催化某种特定生物化学

---

① 原注:Reg. No 1334/2008 of 16 December 2008.
② 原注:Reg. No 1331/2008 of 16 December 2008.
③ 原注:Reg. No 1332/2008 of 16 December 2008.

反应的酶。出于技术目的，食品酶被添加到食品制造的各个阶段：加工，准备，处理，包装，运输，贮藏。①

这项法规规定针对获得许可的酶及其使用条件建立一个清单，并明确有关它们标识管理的规则。

只有列入清单的食品酶才能用于市场，该清单的制定是基于向欧盟委员会提交的申请并送达给欧盟食品安全局的工作。这份清单显示了酶的名字及具体说明，包括酶的来源、纯度标准……适用添加的食物、使用条件、任何出售上的限制、明确的标识要求。要进入该清单，食品酶不得让消费者产生健康方面的担忧，且必须有合理的技术上的需要，以及其使用不得误导消费者。在标识方面则有更加细致的规范。

6. 污染物

污染物的来源及其性质非常多样，它在食物中的存在并不是故意的，并且应当保持在某个限度之下。

如果污染物超限，食品将被认为对人类健康造成威胁，且不能在市场上出售。

现行的法律主要为了减少污染物在食品中的存在，第315/93号法规②是其主要的法律规定。

这项法规旨在控制各种可能发生的情形，并确保其管理的连贯性。采用该法规是为了满足双重要求，一是确保不同的国家法律不阻碍货物在内部市场的自由流通，二是建立污染物的可接受毒性限度以确保消费者的健康。

这项法规将污染物定义为"任何无意添加到食品中的，以及在食品生产（包括在作物种植期间、动物饲养和兽药使用期间的生产）、

---

① 原注：Art. 3, Reg. No 1332/2008.
② 原注：Reg. No 315/93 of 8 February 1993.

第二十四章　食品添加剂和污染物
Ilaria Trapè，Pamela Lattanzi

制造、加工、准备、处理、包装、运输过程中产生的或由环境污染产生的物质"。

这项法规不适用于那些更加具体的共同体规定（例如，农药残留，兽药残留等等）和外来物质（例如，昆虫片段，动物毛发等等）。

结合第315/93号法规第1条规定，和第178/2002号法规的第2条规定，正如"任何在其制造、准备或交易过程中故意加入食品中的物质"，[①] 可以看出在销售过程中由于偶然的污染而进入食品的物质，法律上不被视为食物（Germano Rook Basile 2006）。因此，污染物被排除在食物的定义之外。第315/93号法规规定，出于公众健康角度，含有超限污染物的食品决不允许出现在市场上。

该法规同样规定，污染物水平在可实现的合理范围内应尽可能的低，其可以通过在所有的制造、加工、准备、交易、包装、运输、贮藏等各个阶段中落实良好规范予以实现。与源于企业活动中的残留关联及衍生来看，相关的义务要求是，就如何消除污染物的残留而言，可以通过在企业活动中使用最可能先进的技术予以实现。

在这方面看，提及食品卫生和动物饲料的规则就十分必要，这要求各个过程避免食物受水、土、化肥、兽药和农药的污染。

该法规规定欧盟委员会在针对食品污染物规定最大容忍量时应当遵守的程序，考虑到成员国可能在其领土内临时暂停或限制适用具有争议的规定。因此，应立刻通知其他成员国和欧盟委员会。欧盟委员会将审查由成员国提交的原因并给出它的意见，并将该意见提交给食物链和动物健康常设委员会，后者在所有有关污染物的事项上协助欧盟委员会的工作，包括确定许可的最大容忍量。拟订的措施可在符合该委员会的意见时予以采纳，如果该委员会没有提出意见，那么欧盟委员会应当向欧盟理事会提出议案，由后者根据有效多数的原则采取行动。

---

① 原注：可参见第五章。

就上述的例外情况而言，成员国不能禁止、限制或者阻碍把那些符合该法案规定或者根据该法规针对污染水平理由制定的具体规定的食品投放市场。在针对污染物的最大容忍量没有明确的共同体规定时，可以适用相关的国家规定，但这些规定应符合第315/93号法规实施时已经落实的条约要求或后续的规定。在这种情况下，成员国应当将其所拟定采取的措施跟欧盟委员会和其他成员国进行交流，且欧盟委员会的意见不应是反对性的。

7. 食品中某种污染物的最高水平

在实施第315/93号法规以及与第1881/2006号法规①时，针对一些污染物规定了最大容忍值：硝酸盐、霉菌毒素（黄曲霉毒素、赭曲霉毒素A、棒曲霉素、镰刀菌毒素）、重金属（铅、镉、汞），3-氯-1,2-丙二醇、二噁英和类二噁英类多氯联苯、多环芳香族碳氢化合物、无机锡。这里的最大值应当特别适用于食品的食用部分以及复合或加工的、干的、稀释的食物，可能要考虑不同的浓度。

对于儿童食品而言，最大值设定在尽可能小的范围内。

法规规定一些限制和标识的要求。

含有超过法规附录一所确定的最大残留限量的污染物的食品不得作为食品抑或是成分投入市场。此外，没有污染的食品不应和受污染的食品混在一起。而当食品中含有附录第二部分所列的污染物时，也不能通过化学作业人为的去除毒素（霉菌毒素）。

这些禁令不是绝对的，然而，针对一些产品和成员国也制定了一些例外或者临时的减损规定。

至于标识要求，针对作为产品投放市场的花生、油籽、树坚果、干水果、玉米，其在消费前经过分类或者其他物理处理时，应在它们的标识上明确标注信息并说明其使用目的。如果缺失明确的信息说

---

① 原注：Reg. No 1881/2006 of 19 December 2006.

第二十四章　食品添加剂和污染物
Ilaria Trapè，Pamela Lattanzi

明该产品不用于人类消费时，可适用相关法规中所规定的最大参量限量。

8. 动物源性食品的农药和兽药的最大残留量以及包装的迁移限制

第315/93号规定法规包含了许多控制特定种类的污染物的方法。

共同体的许可规制事实上也关注对于一些特别的且与食品相关的环境污染情况。比如，转基因物质的污染，[①] 或者核辐射污染，[②] 或者制造、加工、制备、处理、调整、包装、运输或存贮食品的过程中的污染，比如萃取溶液、[③] 农药和兽药产品的污染。

关于供人食用的食品中的农药残余——也包括供动物食用的——它们受第396/2005号法规的规制。[④]

在植物保护产品中使用的活性物质也许会使植物免受有害生物的侵害，然而，它也可能会损害消费者和动物们的健康，因为使用上述物质的植物中可能有物质残留。

为了应对这种风险并且为了避免农药残留的风险变得不可接受，立法确立了一个统一的规制方式，即在欧盟境内制定一个通用的最大残留限量——每千克0.01毫克（0.01mg/kg）——它适用于所有没有针对某一具体产品或产品类型限定最大残留限量的农药。

至于动物源性食品里的兽药残留，第470/2009号法规[⑤]对其限量作出了规定。这一法规规定了最大残留限量的制定规则和程序，其针对的是动物源性食品中所使用的获得许可的药理学活性物质（这意味着所有的药理学活性物质，无论活性物质，赋形剂还是降解产物，以

---

① 原注：Dir. 2001/18 of 12 March 2001；Reg. No 1829/2003 of 22 September 2003；Reg. No 1830/2003 of 22 September 2003. 参见第十九章。
② 原注：Euratom Reg. No 3954/87 of 22 December 1987.
③ 原注：Dir. 2009/32 of 23 April 2009.
④ 原注：Reg. No 396/2005 OF 23 February 2005.
⑤ 原注：Reg. No 470/2009 of 6 May 2009.

及它们的代谢产物依旧留在动物源性食品中,根据第479/2009号法规第2条的规定),以及在没有最大残留限量的情形下能够采取行动的参考。第37/2010号法规①规定了药理学物质以及有关动物源性食品中最大残留限量的分类情况。

由食品接触材料所导致的污染值得特别关注。有关活性食品接触材料和物质的法规②规定了包装材料中所使用的物质符合总迁移量指标(OML)和特殊迁移指标(SML)的要求,因此,迁移物的数量不会对人类健康造成威胁。

9. 控制,采样和分析方法

对食品污染的官方控制按照第882/2004号法规③进行,该法规的规定主要是关于意在核实饲料和食品法律合规情况的官方控制,以及针对动物健康和动物福利的规则。

然而,具体的规定涉及某些残留。

对第1881/2006号法规所列出的污染物数量的官方控制也有一系列的法规对其执行的方法、采样的方法以及样品分析的方法作出规定。④ 此外,还制定了一系列意在加强监测和减少污染物的建议。⑤

---

① 原注:Reg. No 372/2010 of 22 December 2009.
② 原注:由食品接触材料所导致的污染,其规制的法规主要是:Reg. No 1935/2004 of 27 December 2004, establishing a general discipline flanked by specific measures for certain types of materials, such as: plastics (Reg. No 10/2011 of 14 January 2011), recycled plastic (Reg. No 282/2008 of March 2008), regenerated celluslose (Dir. 2007/42 of 29 July 2007), ceramics (Dir. 84/500 of 15 October 1984).
③ 原注:Reg. No 882/2004 OF 29 April 2004. 参见第十一章。
④ 原注:Reg. No 333/2007 OF 28 March 2007; Reg. No 1882/2006 of 19 December 2006; Reg. No 1883/2006 OF 19 December 2006; Reg. No 401/2006 of 23 February 2006.
⑤ 原注:Recommendation No 2003/598 of 11 August 2003; Recommendation No 2006/88/EC of 6 Feburary 2006; Recommendation No 2006/583/EC of 17 August 2006; Recommendation No 2006/794/EC of 16 Novermber 2006; Recommendation No 2007/196/EC of 28 March 2007; Recommendation No 2007/331 of 3 May 2007.

第二十四章 食品添加剂和污染物
Ilaria Trapè, Pamela Lattanzi

就农药残留的控制而言,根据第 2002/63/EC 号指令[1]制定了特殊规则,其规定了共同体的采样方法。此外,针对控制活体动物中的残留以及一些在产品中具有激素效果的物质的控制,也制定了一些具体的措施。[2]

翻译:崔美晨

---

[1] 原注:Dir. 2002/63/EC of 11 July 2002.
[2] 原注:Dir. 96/23/EC of 29 April 1996.

Chapter 25 第二十五章

葡萄酒

Ferdinando Albisinni

1. 葡萄酒规制的特殊性

葡萄酒总能吸引立法委员的注意,他们能够意识到葡萄酒的特殊性,而且它与技术性、区域性、文化性的元素有着紧密联系。葡萄酒的品质源自物质元素和象征内涵之间的有机交错,它需要作用于产品规则和沟通规则的管控措施的合力作用,而且这种合力作用具有较强的特殊性。

地理标志和原产地命名的相同体制[①]最初是应用于葡萄酒领域,只是后来扩展到其他农产品和食物领域。

甚至《与贸易有关的知识产权协定》[②]在参照地理标志的管理方式后,引入了一种对商品普遍保护机制。这种商品来自于某一成员国的领域内,或者是其中的某个地区或者地点。在这里某一种品质、声誉或

---

① 原注:参见第二十章。
② 原注:参见第三章。

第二十五章　葡萄酒
Ferdinando Albisinni

者这种商品的其他特质，主要归因于它的地理起源①（Echols 2008），而且为葡萄酒和烈酒②地理标志的额外保护，确认了那些产品的特别品质。

在国际、欧盟和国家的范围内，关于葡萄酒和烈酒的规则已经引起经常性的司法纠纷和政治冲突（Germano 2011b）。葡萄酒生产商，其他葡萄酒生产链上的经营者，社会政治当局和组织，在区域内，在共同的和各自的经济利益方面激烈竞争。他们的立法就像撕扯摆钟的偏移一样，以此来支持这个或那个主要参与者。

关于商标（监管的个人主义系统的表达，支持个体倡议）与地理标志（一种合作系统的表达，支持公共品和集体倡议）的共存，关于在生产区域内或生产区域外优质葡萄酒的装瓶问题，关于认证和控制系统问题，关于酿酒技术问题，以及关于名称和标识的问题，这些长期存在的冲突，是足以写上一笔的。

数量和冲突的相关性由葡萄酒的国际条约的数量和种类证实，举例来说，欧共体和澳大利亚在1994年③和2008年④之间签订的两个条约，以及由欧共体与南非⑤、加拿大⑥、美国⑦、智利⑧订立的条约。

---

① 原注：Art. 22 TRIPs.

② 原注：Art. 23 TRIPs.

③ 原注：Agreement between the European Community and Australia on trade in wine, 26 January 1994.

④ 原注：Agreement between the European Community and Australia on trade in wine, 1 December 2008.

⑤ 原注：Agreement in the form of an Exchange of Letters between the European Community and the Republic of South Africa on trade in wine, 28 January 2002.

⑥ 原注：Agreement between the European Community and Canada on trade in wines and spirit drinks, 16 September 2003.

⑦ 原注：Agreement between the European Community and United States of America on trade in wine, 10 March 2006.

⑧ 原注：Agreement in the form of an Exchange of Letters between the European Community and the Republic of Chile concerning amendment of appendices. I. II. III and IV of the Agreement on Trade in Wines of the Association Agreement between the European Community and its Member States. of the one part, and the Republic of Chile , of the other part ,24 April 2006.

在最近几年，这种长期存在的特殊规则的模型已经经受了广泛批评和彻底的重塑。这主要是因为在经济全球化进程中，一个开放的世界市场逐步创建，以及进入葡萄酒竞争舞台的新参与者、生产商、消费者，这些人不熟悉传统的规则，他们不看重酒的原产地，他们要求一种彻底的反思和对规则的重新制定。

一个全球性的市场，和很大程度上基于创新和竞争的葡萄酒生产和贸易的经济，正在对传统的规制结构产生质疑。

已经采取的重大立法改革，像镜子一般地回应着新的市场参与者的诉求和建议，正在重塑葡萄酒市场结构。

2. 持久的规则

作为传统的葡萄酒生产国之一，意大利现正在跟法国竞争世界葡萄酒市场的领先地位，一项对葡萄酒的法律定义在1925年就已经被引入，这就是皇家法令。根据该项规定，"葡萄酒这个名称"只被用于那些由新鲜的或稍枯萎的有渣或无渣的葡萄酿制而来，且必须是酒精发酵的产物。①

在这个历史悠久的法律定义基础之上，葡萄酒这个名称只能被用作由葡萄获得的产品，而不能用于由其他水果或是通过不同技术获得的酒精产品。

在国际层面的参考机构是国际葡萄与葡萄酒组织，② 其是一个政府间的科学与技术组织，是依据2001年4月3日的协议制定的，2004年1月1日施行，它承袭创设于1924年的国际葡萄酒办公室。

现在国际葡萄与葡萄酒组织有45个成员方（欧洲和欧洲外的），而且还有12个观察国（其中有美国和欧盟）。最新的成员方是印度，它于2015年7月12日作为第45个成员国加入国际葡萄与葡萄酒

---

① 原注：Art. 13, R. D. L. 15 October 1925, No. 2033.
② 原注：www.oiv.int.

组织。

国际葡萄与葡萄酒组织采纳了有关酿酒议题的建议,这些建议在法律上并不具有约束力,但是在国内和国际规则制定者作出选择时有很大影响,而且在正式的立法中被经常提及和采纳,例如现在欧盟葡萄酒立法规定:"授权酿酒惯例时……欧盟委员会将以由葡萄与葡萄酒国际组织推荐和出版的酿酒惯例为基础。"[1]

这些定义的基本元素,在葡萄酒生产国被很大程度上接受。

欧盟立法中,数十年前[2]就引入并被后续的法规所确认的葡萄酒的定义,其规定:"葡萄酒只能是破碎或未破碎的新鲜葡萄或葡萄汁经完全或部分发酵后获得的产品。"这项定义,在2008年由葡萄酒共同市场组织的全面改革所确认[3],现在被写入单独的共同市场组织法案。[4]

欧盟法规详述:

——只有下列种类的酿酒类葡萄是可以用于葡萄酒生产目的。

"(a)相关品种属于酿酒葡萄(Vitis vinifera)或者是酿酒葡萄(Vitis vinifera)种类与其他葡萄(Vitis)种类的杂交品种;

(b)该品种不是下列之一:Noah,Othello,Isabelle,Jacquez,Clinton,Herbemont。"[5]

——而且,关于酒精浓度,葡萄酒应该:

"(a)实际酒精浓度不低于8.5%,提供的葡萄酒仅仅源自本附件中附录所列出的酿酒葡萄种植区的A区和B区收获的葡

---

[1] 原注:Art. 30. Reg. No 479/2008 of 29 April 2008(now Art. 120 – f Reg. No1234/2007 of 22 October 2007. as amended by Reg. NO. 491/2009 of May 2009)。

[2] 原注:Reg. No. 337/79 of February 1979.

[3] 原注:Regulation Not. 79/2008.

[4] 原注:Reg. 2 No. 1234/2007. Annex Xlb(1). as amended by Reg. No. 491/2009. 参见第十五章。

[5] 原注:Art. 120a(2)Reg. No. 1234/2007.

萄,而在其他酿酒葡萄种植区的葡萄酒,酒精浓度不低于9%;

(b)在背离适用的实际最低酒精浓度的规定情形中,如果产地有一个受保护的原产地命名或者一个受保护的地理标志……实际酒精浓度不低于4.5%。①"

直到最近,欧盟法律对在特定地区(QWPSR)生产的优质葡萄酒和佐餐酒之间作出了明确的区分。法律仅仅允许前者在标识和介绍中宣布佳酿的年份和一种或多种酿酒葡萄的品种名称。② 在2008年的改革中,上述的这些规则已经作出了根本的修订。

3. 欧盟法院作为法律的制定者:原产地装瓶案

在过去的几年,即在2008年全面改革之前和以后,欧盟法官和各国国内的法官经常被召集来解决关于葡萄酒的司法冲突。

最受热议的话题之一是国家立法有关把优质葡萄酒的装瓶限制在生产区运营的工厂内的规定。

在著名的1992年的裁决中③,欧盟法院审查了有关优质葡萄酒原产地装瓶的西班牙法律。

1988年的西班牙法律(第157/88号皇家命令)使优质葡萄酒在生产区装瓶成为使用"原产地命名"这一命名的一个条件,只允许在生产区以散装的形式销售和运输,而对于在生产区之外以散装形式出口的葡萄酒,则禁止其使用原产地命名。

这项新的西班牙法规引起了法律争议,这项争议跟著名的里奥哈(Rioja)葡萄酒有关。争议发生在 Ets Delhaize Freres 和成立于比利时的公司[Le Lion SA (Delhaize)]之间,以及 Promalvin SA (Promalvin) 和分别位于比利时和西班牙内的 AGE Bodegas Unidas SA (Bodegas

---

① 原注:Reg. No 1234/2007,Annex XIb(1).
② 原注:Art. 54 Reg. No 1493/1999 of 17 May 1999.
③ 原注:ECJ, 9 June 1992, Case C-47/90, *Ets. Delhaize frères v Promalvin SA*.

第二十五章　葡萄酒

Ferdinando Albisinni

Unidas）之间，焦点是有关上述 Delhaize 购买 Promalvin 葡萄酒的订单问题。

欧盟法院被要求基于共同体条约第 177 条作出初步裁决。在 1992 年，欧盟法院宣布西班牙法律与共同体条约第 34 条相抵触（现在的欧盟运作条约第 35 条），因为这项措施与非法对出口进行数量限制有同样的效果，并对货物的自由流通造成了限制。

8 年后欧盟法院就里奥哈葡萄酒再次审查了这个问题，而 2000 年的判决①推翻了之前的裁定。

第二个司法案例产生于这样的环境，即使在 1992 年的裁决之后，西班牙依然在生产区坚持它现行的关于装瓶的 1988 年皇家法令。

比利时的进口商传统上从西班牙进口散装葡萄酒然后在比利时装瓶，在他们强烈要求之下，比利时政府在 1994 年让欧盟委员会注意到了以下的事实。尽管有欧盟法院的判决，西班牙的规定依然施行，因而其要求欧盟委员会依据欧盟条约第 170 条的规定采取措施。在审阅了这个案例之后，欧盟委员会认为对西班牙法案提出反对是不适宜的。

因此在 1995 年比利时政府开始直接进行针对西班牙的违约诉讼，他们认为西班牙违背了关于货物自由流通的欧盟条约第 34 条规定（现在欧盟运作条约第 35 条）和成员国要遵守欧盟机构决定的欧盟条约第 5 条的规定。

丹麦、荷兰、芬兰和英国政府出面支持比利时政府，然而意大利和葡萄牙政府以及欧盟委员会支持西班牙，这表明在葡萄酒生产国和非生产国之间存在一个明确的矛盾。

尽管根据法院 1992 年的原有判决在有关生产区的问题上，欧盟法院认为它被赋予了重新检查国内立法合法性发布的权力，而且断定，即使限制优质葡萄酒的出口和自由流通，这样的立法凭借对工业和商业产权保护可以实现其合法化。这项立法是与条约第 36 条（现欧盟运

---

① 原注：ECJ, 16 May 2000, Case C – 388/95 *Kingdom of Belgium v Kingdom of Spain*.

作条约第36条）相关的。[1]

法院强调：

——"共同体立法表明了，在共同农业政策的框架内，致力于提高产品质量是一个总的趋势，其目的在于通过理由享有特别保护的原产地命名这一质量标志来提高这些产品的声誉。"[2]

——"原产地命名的声誉取决于他们在消费者心目中的形象。"[3]

——"认证里奥哈原产地命名的规则是设计用来维护那些产品的品质和特质的。通过确保在里奥哈地区的葡萄酒种植区的经营者，应他们的请求授予原产地命名的保护，并对装瓶也实施了控制。他们追求更好的保护产品质量的目标，借此保护这一原产地命名的声誉，而目前这已成为一项完整的集体责任。"[4]

考虑到在装瓶过程中的技术因素，欧盟法院注意到"以这个案件中产生的向法庭出示的信息为基础，我们必须假定，在最好的条件下，当葡萄酒以散装和装瓶的形式被运离，实际上葡萄酒的特性和品质是可以保持的。"[5] 然而，"就装瓶而言只有由赋有权利使用命名的地区的企业进行，并由他们控制这一过程，才能确保最好的条件。"[6]

同理，法庭认为就控制瓶装过程而言，即便红酒在生产地之外进行瓶装是可能的，但当装瓶是在同一个生产区执行时，装瓶程序的控制是深远的和系统的。其中，在生产区进行瓶装意味着"在此区域内全体生产商自身，在责任之下，有保持已经获得的声誉的根本利益。"[7]

在这个案件中，法院并没有以控制瓶装方式考虑有关质量控制的

---

[1] 原注：Para 50. ECJ judgement. Case C-388/95.
[2] 原注：Para 53. ECJ judgement. Case C-388/95.
[3] 原注：Para 56. ECJ judgement. Case C-388/95.
[4] 原注：Para 58. ECJ judgement. Case C-388/95.
[5] 原注：Para 64. ECJ judgement. Case C-388/95.
[6] 原注：Para 65. ECJ judgement. Case C-388/95.
[7] 原注：Para 73. ECJ judgement. Case C-388/95.

第二十五章 葡萄酒
Ferdinando Albisinni

物质要件和客观要件（就像1992年法院裁决一样）。但是这种紧密的联系把农产品的声誉和起源地命名以及当地生产商的集体连接起来，突出了高品质葡萄酒表达身份识别和起源地的能力。

地域（territory）这一发展模式（其法语表述为terroir）（Echols 2008）是该领域内一种特殊法律制度。地域不仅是地理要素，而且代表了一个由当地生产商、农场主和非农场主（包括当地的装瓶人）组成的共同体，宣布这种归属有助于增值所实现的经济利益分配与作为整体的地区。

根据欧盟法院判决的权威性，在这种意义上，承认地域所具有的价值表明了要求在农产品与在农村地区的本地居民的根源之间声明它们的关系［作为法语术语"农村空间（espace rural）"，欧盟有名的关于农业世界的未来的一份报告中提到了该术语[1]]。而且，在全球市场获得的价值是有明确宣称的归属的。

在随后的发展中，欧盟法院的这种卓越的判断在欧盟层面和各国国内都有深远的影响。

在欧盟的判例法中，这项判决起到了引导案例的作用。即使在葡萄酒部门之外，也给随后的两个案子Grana Padano[2]和Prosciutto di parma[3]确定了方向。那些案例承认了对受保护原产地命名产品施加地方调控规则的合法性。[4]

在国家层面上，国内法院的裁决推翻了原有的准则，并承认在生产区实施装瓶法规的合法性。[5] 而且，更为广泛地认识到了志愿联盟作为地方生产者社区的表述，并通过法律上赋予其控制功能以及公共

---

[1] 原注：European Commission, *The future of rural society*, COM（88）501 final, 29 July 1988.
[2] 原注：ECJ, 20 May 2003, Case C-446/00.
[3] 原注：ECJ, 20 May 2003, Case C-108/01.
[4] 原注：参见第二十章。
[5] 原注：In Italy see Administrative Regional Tribunal of lazio. Sez. II. I March 2003 No 1670.

机构的性质，为此其需要代表整个命名所代表地区的利益，而不是联盟中某一个企业的利益。①

4. 2008 年葡萄酒改革

2008 年欧盟有关葡萄酒部门的立法框架发生了彻底的变更。对此，相伴随的是规制领域内的深刻改革，即整个食用农产品部门内更为通行的改革进程。

在最近几年，食用农产品市场的重构，和法律法规相关的再思考，获得了强有力的刺激，在整个共同农业政策更大的改革过程之内，由于内部和外部的原因，内部主要与欧盟新成员的准入相关，外部主要与国际贸易谈判和协议相关。②

在 2006 年，欧盟委员会出版它的建议，强调了对葡萄酒市场共同组织现有规制进行根本性改革的需要。③

欧盟理事会接受了上述的说明并在新的第 478/2008 号法规④中作出了明确的确认，鉴于欧盟原有的法规并没有证明"其可以引导葡萄酒部门向着一个竞争性的和可持续性的发展"。⑤

改变应用于葡萄酒部门的共同体管理体制被视作是合适的，以期强调共同体法案的多个目标：经济上，增加共同体葡萄酒生产商竞争力；法律上，通过清晰，简单和有效规则的执行，创造一个有关葡萄酒的管理体制，平衡供应和需求；文化上，创设一个葡萄酒管理体制，保留了共同体葡萄酒生产的最好的传统；社会上，加强农村地区的社会结构；还有有关环境的，即确保所有生产尊重环境。⑥

---

① 原注：In Italy see Administrative Regional Tribunal of lazio. Sez. II – ter, 18 April 2007 No. 3415.
② 原注：参见第三章。
③ 原注：Communication from the Commission to the council and the European Parliament, Towards a sustainable European wine sector, COM/2006/319 final, 22 June 2006.
④ 原注：Reg. No 479/2008 of 29 April 2008.
⑤ 原注：Recital 3 Reg. No 479/2008.
⑥ 原注：Recital 5 Reg. No 479/2008.

第二十五章　葡萄酒
Ferdinando Albisinni

新的法规监管葡萄的生产和葡萄酒的生产和销售，以及包括：(a) 支持措施；(b) 监管措施；(c) 与第三国贸易规则；(d) 规制生产潜能的规则。[1]

关于支持举措，法规规定了整合单一支付计划[2]和乡村发展政策[3]的要求，支持通过那些已经采取符合过渡时期要求的特别措施干预葡萄酒部门（像葡萄园的重新构建和转化，蒸馏危机）。财政资源分配使用国家天花板机制，[4] 确认一般机构的过程，后者确定了21世纪头一个10年内的共同农业政策的特点，以及将有关资源分配和财政补助相关的物质决策下达到了国家本地的区域内。

采纳通过农村发展和单一支付计划引入的模型，具体再分配选择的本土化伴随着监管措施强大的集中化，这形成了2009年第478/2008号法规大部分内容。

在监管措施之内，核心相关性被分配到这样的条款上，他们与优质葡萄酒的原产地命名、地理标识和标识有关。这些条款与原有的法律惯例体制相较，有强烈的不连续性的特点。

在仅仅过了一年之后，甚至在它的全面应用之前（定于2009年8月1日，可参见规制措施的大部分要求[5]），对它进行详述是很有必要的。第479/2008号法规被第491/2009号法规[6]所废除，后者把2008年改革的规制性条款转移到了有关单一共同市场组织的法规中。[7] 而这与汇编和统一化的工作相关，其决定了最新欧盟有关食用农产品部门的特点（Albisinni 2011）。

---

[1] 原注：Art. 1 Reg. No 479/2008.

[2] 原注：Reg. No 1782/2003 of 29 September 2003, and now Reg. No 73/2009 of 19 January 2009.

[3] 原注：Reg. No 1257/1999 of 17 May 1999. and now Reg. No 1698/2005 of 20 September 2005.

[4] 原注：Annex II to Reg. No 479/2008.

[5] 原注：Reg. No 491/2009 of 25 May 2009.

[6] 原注：Art. 129 Reg. No 47/2008.

[7] 原注：Reg. No 1234/2007. 参见第十五章。

在意大利，具有地理标志的与优质葡萄酒有关的综合立法最近已经得到修正，以便符合欧盟的改革，目前由第61/2010号立法命令（Legislative DecreeNo 61/2010）① 规定。

5. 当下优质葡萄酒的监管

2008年的改革从业已宣称的目的②转到针对葡萄酒的规制采用同样的程序模式，该模式通过第510/2006号法规在非葡萄酒和烈酒的产品中适用受保护原产地命名和受保护地理标志。③

事实上，第479/2008号法规不仅根据其他受保护原产地命名和受保护地理标志的产品改革了确认优质葡萄酒的程序模式，而且彻底改革了适用于优质葡萄酒的实体规则。

程序模式的修改意味着在国家和欧盟层面机构权限分配的有关变动。

新的监管赋予欧盟委员会这样的权限确认葡萄酒的地理标志，批准产品规格及其修改，在此之前这项权限属于国家主管部门。

把自己置于总的趋势之内是一种方法，依据这个趋势，欧盟食用农产品立法越来越关注系统的概要性，这包括监管决策的集中化，定义和能力的集中化（Albisnni 2010c），这与原先求助于等效原则（Torchia 2006）和相互认可原则（Costato 2007a）的做法相比，具有创新性。而且，这与财务再分配决策的方式具有不同的逻辑性。尤其是，葡萄酒有关原产地命名和地理标识的认可程序包括一个初步的国家阶段，在这之后，欧盟委员会进行审核，欧委会是任何有关应用保护决定的最终的仲裁者。④

---

① 原注：Decr. Leg. vo 8 April 2010 No 61.
② 原注：Recital 27 of Reg. No 479/2008.
③ 原注：参见第二十章。
④ 原注：Title III, Chapter IV, Reg. No 479/2008, Now Title II, , Chapter I, Section Ia. Reg. No 1234/2007.

第二十五章 葡萄酒
Ferdinando Albisinni

鉴于规制的优点，诸如特别地区优质葡萄酒①的传统模式，在欧盟葡萄酒立法中有一个悠久的历史。然而，为了扩大葡萄酒部门受保护原产地命名和受保护地理标志模式的适用范围，上述的传统模式已经被放弃了，而在这之前这些模式只适用于非葡萄酒和烈酒的食用农产品。②

这种统一化方案和沟通标志没有被国际条约所规定。与此相反，正如已经提及的——《关贸总协定知识产权协议》分配给了葡萄酒和烈性酒一项额外的特殊保护，确认那些产品的特殊性以及制定用于适应这些特殊性的规制。

在这个问题上迥异的观点，大部分可以沿着文化、历史甚至是地理的脉络被追溯。

在大多数北欧国家，不生产葡萄酒（抑或在生产葡萄酒的数量上也绝对不能和地中海国家媲美），那里的人们更不容易受到地理识别方面的影响。而当时流行的观点坚持认为如果欧盟食品市场上存在过多的质量标志和象征符号可能导致混淆问题。

与此相反，在地中海的国家是传统的葡萄酒生产和消费国，人们更习惯将地域和产地视作是一般或特别葡萄酒的决定性质量因素。在那些国家，盛行的观点强调标志和名称的统一化会使得欧盟消费者失去导向，因为这些消费者很长时间以来熟悉葡萄酒的具体名称，而这些名称与其他食品使用的名称不同。

这个支持放弃长期存在的特殊规制的模式，支持采纳一种方法去统一优质食品的所有制度并最终获得通过。这是因为其意识到了市场全球化的重要性以及该发展对于简化交流工具的要求。

统一模式并不局限于语言和象征性概要，也不仅仅只对市场交流水平有影响，即便这个方面备受争议。此外，其对实质性的规制内容

---

① 原注：Quality wines produced in specified regions (in Italy VQPRD-Vini diqulita prodotti in regioni determinate) – Art. 54 Reg. No 1493/1999 of 17 May 1999.
② 原注：参见第二十章。

和机构框架也产生了影响。

在这种情况下：

——葡萄酒"原产地命名"意味着"一个地区的名字，一个具体的地方或者，在特殊情况下，一个国家用来描述一种产品……它遵从下面的要求：（1）它的品质和特征基本或者仅仅由于带有固有的自然和人类因素的特定地理环境；（2）葡萄仅仅来自于它被生产的地理区域；（3）它的生产发生于地理区域（4）它是从隶属于 Vitis vinfera 的酿酒葡萄种类获得的；"

——葡萄酒的地理标识意味着"一种标识提到一个地区的名字，一个具体的地方或者，在特殊情况下，一个国家用来描述一种产品……它遵照下面的要求：（1）它拥有一种具体的品质，声誉或者其他特质，这些特质可以归因于地理因素；（2）用于生产的葡萄至少85%专门来源于这片地理区域；（3）它的生产发生于此区域；（4）它是从隶属于 Vitis vinfera 的酿酒葡萄种类或者是和其他种属之间杂交获得的。"[1]

优质葡萄酒的标识和说明连同其他适用于所有葡萄酒品牌的强制性标识（包括实际酒精浓度，原产地说明，装瓶商说明，就进口葡萄酒而言进口商的说明）必须包含："（1）这样的术语'受保护的原产地命名'（PDO）或者受保护地理标识（PGI）；（2）受保护的原产地命名或者受保护地理标识的名字。"[2]

正如已经提到的，原有的立法[3]确认了特别优质地区优质葡萄酒的特征仅来源于一类葡萄酒，如特别地区优质葡萄酒。它们显著区别于佐餐酒，即使当时餐酒被允许使用一种地理标识。[4]

---

[1] 原注：Art. 34 Reg. No 479/2008. now Art. 118b. Reg. No 1234/2007.
[2] 原注：Art. 59（Ⅰ）(b)(i) No. 479/2008. now Art. 118y. Reg. No 1234/2007.
[3] 原注：No 1493/1999.
[4] 原注：Art. 51(2) Reg. No 1493/1999.

第二十五章 葡萄酒
Ferdinando Albisinni

2008年改革之后，受保护原产地命名和受保护地理标志拥有共同的类型，尽管在规制方面存在一些差异。

伴随而来的结果就是优质葡萄酒产区扩大了，包括纳入受保护的地理标志的葡萄酒。受保护地理标志葡萄酒——就像之前带有地理标识的佐餐酒——可能是用并不完全来自于指定区域的葡萄生产的，85%的葡萄来源于此就足够了。

受保护原产地命名和受保护地理标志葡萄酒的条件和要求仍然不同，但是在特别地区优质葡萄酒和带有地理标识的餐酒之间，交流元素和营销元素直到最近还说明了两者之间的不同，并使得他们（特别地区优质葡萄酒和带有地理标识的佐餐酒）被置于了两个清晰分离的类别中，但这些差别在受保护原产地命名和受保护地理标志葡萄酒之间已经被强烈削弱。

新欧盟立法所追求的，优质葡萄酒产区边界的扩大，得到了第479/2008号法规规定的另一项新的重大条款的确认。它允许没有地理标识的餐酒在标识和说明方面使用，"（1）酿造年份（2）一个或多个葡萄酒的名称"[1]。

以前的立法紧紧将上述的内容限用于带有地理标志的佐餐酒，因而将说明的要素紧密地联系在一起，而这些要素反映了消费者对于质量的认识（诸如酿酒年份，葡萄品种），以及葡萄酒原产地的地域要素。

今天那些品质的声明完全独立于起源地。

这样而来的结果就是在葡萄酒部门优质葡萄酒的边界会被重新划定，被允许使用优质标识的产品和生产商数量得到增加，而且大规模地生产和大量的生产商使用优质标识得到许可，在此之前这种优质标识主要配给到更小的生产量和生产商。

---

[1] 原注：Art.60(1)(a)(b) Reg. No 479/2008, now Art. 118z, Reg. No 1234/2007.

6. 商标和地理标识

2008年的改革对于商标和地理标识之间关系作出了创新性的规定。

第1493/1999号法规规定，如果葡萄酒商标持有者是在1985年12月31号之前注册的，则在有限制的情况下允许其继续使用含有地理标识的葡萄酒商标，但是明确表明此类商标在使用时不得违反用于描述特别地区优质葡萄酒和佐餐酒的地理单位名称的使用规则。①

相反，在拒绝对产地标识与地理标识保护的反对声中，新的葡萄酒共同市场组织采取了以下的规制：鉴于商标的名誉和声望，有必要在误导消费者以至于其无法获得葡萄酒的真实信息时采取保护。②

就不同于葡萄酒和烈酒的食用农产品的受保护原产地命名和受保护地理标志而言，有关的规定重新调整了它们的规则内容。③

第479/2008号法规的序言规定了采取新规制方式的选择理由，坚持认为有必要。

尊重"共同体的国际义务，尤其是那些源自世界贸易组织的协议"。④ 但从细节上来看，国际条约看上去并没有强迫欧盟立法者将已经实施在其他农业产品上的同样规则延伸到葡萄酒的地理标志和商标领域。

2005年3月15日的世界贸易组织的专家组审查了欧盟有关商标和地理标志的立法（Echols 2008，MacMaolain 2007）并给出结论，在尊重原有商标和地理标识并存的情况下，第2081/92号法规即使并不符合《与贸易有关的知识产权协定》第16.1条的规定，《与贸易有关

---

① 原注：Reg. No 1493/1999. Annex VII, F(2)(b).
② 原注：Art. 43(2) Reg. No 479/200, now Art. 118k(2), Reg. No 1234/2007.
③ 原注：art. 14(13) of Reg. No2081/92. and Art. 3(4) of Reg. No 510/2006.
④ 原注：Recital 45 of Reg. No479/2008.

第二十五章　葡萄酒
Ferdinando Albisinni

的知识产权协定》第17条的规定仍可证明其合理性。①

世界贸易组织专家组的结论并没有表明本质上同样的规定可供葡萄酒业引用。

根据已被提及的,《与贸易有关的知识产权协定》第22、23和24条给予了葡萄酒和烈酒额外的保护,原因是在与其他食品的比较下,葡萄酒和烈酒产品拥有公认的特殊性。

尤其,鉴于地理标识和商标并存的情形,对于大部分食品而言,根据第22条的规定,在注册一个在其信息中含有地理说明但所涉及的商品并不源于声明地域的商品,只有在商标的信息说明涉及的成员国会让公众误解其真正的原产地的时候才禁止注册商品。

至于葡萄酒,第23条规定:"对于一葡萄酒商标包含识别葡萄酒的地理标识或由此种标识构成,或如果一烈酒商标包含识别烈酒的地理标识或由此种标识构成,一成员应在其立法允许的情况下依职权或在一利害关系方请求下,对不具备此来源的此类葡萄酒或烈酒,拒绝该商标注册或宣布注册无效。"

因此,在《与贸易有关的知识产权协定》的法律制度中,对酒业地理标志的保护无须符合有关商标特有误导性证据(一如对其他食品的规定),但其自身保证了只能考虑声明所指的地域这一原产地的物质性元素。

考虑到法律制度如此不同,对酒和其他食用产品采取不同的规则看起来是可能的。第2081/92号法规的选择,将已经在其他食品中实行的规则延伸到酒业领域,并不像是自动并直接由国际义务带来的后果,更像是市场规制所采取的措施形式,此话题盛行于欧盟内部的立法辩论中。

另一方面,新规则的有效影响力可能会比显现出来的更小,由于这项关于地理标志和商标的条款中抽象的内容。第479/2008号法规第

---

① 原注:WTO Panel,WT/DS174/R,United States v European Communities.

44 条第 2 款规定①给了那些可能干预地理标志的葡萄酒商标持有者继续使用已注册商标的权利，但需要符合的条件是根据 1988 年有关协调国家针对商标的指令②或 1993 年针对共同体商标的法规的规定这些商标不是无效的或者应当注销的。③

关于 1988 年有关协调国家法律的指令，其第 3 条第 1 款规定"所有以欺骗公众为本质的商标，比如关于天然性，质量以及原产地"，不会被批准注册，如若已注册则有义务被公开无效化。

关于 1993 年有关共同体商标的法规，在 1994 年 12 月④被修改以向《与贸易有关的知识产权协定》作出妥协，第 7 条第 1 款排除了以下的注册情形："那些葡萄酒商标中包含或由地理标志组成或那些烈酒商标中包含或由地理标志组成，但是与那些并不具有原产地的葡萄酒或烈酒相关。⑤"

因此，当协调国家法律的指令要求欺诈要件，来禁止商标中有干预葡萄酒地理标志的元素的商标注册（因此采用了适用于其他已经从地理标志制度中获益的食品的通用规则），关于共同体商标的法规明确禁止葡萄酒广告标志的注册，如果广告标志里的原产地并非产品真实原产地，并且是在任何情况下，不仅仅是其标志确定是可能会误导公众的状态下。

考虑到与国家的商标相比，共同体商标的欧盟市场在不断增长，可预见将来对葡萄酒的地理标志的保护会比 2008 年进行葡萄酒改革时对规则进行一审后所实现的保护水平来得更高一些。

现今，那些规制这些问题且它们之间可能实现整合的复杂的多层性立法并没有给出问题的最后答案，并且强行进入了等待期，以便为

---

① 原注：Now Art. 118l (2) of Reg. No 1234/2007.
② 原注：Dir. 89/104/EEC of 21 December 1988.
③ 原注：Reg. No 40/94 of 20 December 1993, later repealed and substituted by Reg. No 207/2009 of 26 February 2009.
④ 原注：Reg. No 3288/94 of 22 December 2004.
⑤ 原注：now Art. 7(1) of Reg. No 207/2009, having the content.

了找出欧盟办事处在整合内部市场（商标和设计）① 方面所能采取的措施以及可以被接受的欧盟法院的原则。

7. 新控制体系和采用统一的规制方式的趋势

2008年改革带来了巨大的创新，其中包括关于控制体系的创新，即有关第882/2004号法规②中制定的标准，这个案例中甚至采用了第510/2006号法规关于受保护原产地命名和受保护地理标志的规定中的模式。

第882/2004号法规③的内容和功能严格适应于食品安全和卫生问题，它是"卫生一揽子规定"④ 的相关部分，如本法规第1条第2款明确指出：本法规不适用于旨在核查是否符合农产品共同市场组织相关规定的官方控制活动。第510/2006号法规采用了第882/2004号法规所规定的控制体系，以便核实每一个受保护的原产地命名或者受保护地理标志产品⑤的规格符合情况，但即使该规定是基于共同农业政策中涉及的欧盟条约第37条规定，第510/2006号法规也并不是有关共同市场组织的法规。因此，将第882/2004号法规所规定的标准适用于这些产品的控制体系并不与上文提及的第882/2004号法规第1条第2款的规定相冲突适用。

在第479/2008号法规的规定中，法律框架是很不一样的，该规定已经在标题中用文字阐明"关于葡萄酒市场的共同组织的规定"。

如果没有2008年改革提出的明确关联，葡萄酒属于第882/2004号法规中仅关于安全和卫生问题的控制体系，其无关符合优质葡萄酒的规格要求，因为"一揽子卫生法规"中已经指出了这一具体的限制

---

① 原注：Art. 47 – 48, Reg. No. 207/2009.
② 原注：Artt. 47 – 48, Reg. No 479/2008, now Artt. 118o – 118p, Reg. No1234/2007.
③ 原注：Reg. No 882/2004 of 24 April 2004.
④ 原注：参见第十一章。
⑤ 原注：Artt. 10 – 11. Reg. No. 510/2006.

要求。

欧盟食品控制方面的法律框架的创新是有意义和明确的。

欧盟立法向一个统一的食品控制体系发展,首先是为了安全考虑,作为对一个健康和信任危机的回应(从疯牛病到二噁英污染鸡肉,到被三聚氰胺污染的进口牛奶)[1]。这个体系很大程度建立在政府当局和私人认证机构的互动和合作基础上,为了分享共同的认证和控制方法。[2]

起初欧盟关于安全控制的法律确立了一种与国家体系平行但有差别的控制系统,其目的是核实和保证符合共同市场组织关于质量和食用农产品市场的规则。

但安全和市场问题的重合以及国家控制体系之间长期存在的差异(导致生产者付出更高的成本,它属于多重控制实体,在某些情况下重复地检查相同的内容,并且可能导致不同成员国生产者之间的竞争扭曲),这导致欧盟立法者近年来向统一控制程序和体系的方向发展,并超越了简单的协调阶段(costato 2007b)。

这种趋势和第178/2002号法规所确定的通用的系统方法相一致,根据这一规定:

"本规定为实现食品领域内的高水平保护人类健康和消费者利益提供了基础,与此同时特别考虑了包括传统食品在内的食品供应的多样性以及确保内部市场的有效运行。[3]"

人体健康的保护,消费者的利益,内部市场的有效运行,赋予食品法律承载多个共存的关联目标。这个综合的控制系统,在2008年改革之前延伸到葡萄酒部分,是演变进程的一部分,并且那似乎并没有损害葡萄酒领域。

一些有关欧盟葡萄酒管理体制未来发展的疑虑并不是因为2009年

---

[1] 原注:参见第二章。
[2] 原注:Artt. 4 – 5 Reg. No. 882/2004.
[3] 原注:Art. 1(1) Reg. No 178/2002.

将原本分散的葡萄酒共同市场组织的规制纳入到单个共同市场组织时才有的。这一变化仅仅只是对于立法的单纯简化①,并且可以肯定的是逐一的规定在未加修订且以直接字面转换的方式从第 479/2008 号法规变更到了第 1234/2007 号法规,但是法律规定的最终内容不仅由所用的法言法语和表达所决定,而且甚至(在有些情况下更加)由以下背景所决定,即规则所在的款项和执行力。

由于葡萄酒法律被置于了通用的单个共同市场组织的规定中,在不久的将来,这些法律会与针对其他食品的统一化方式一并审阅,这使得传统以来被作为食品立法的特点将会消失,进而成为平淡无奇的葡萄酒规制。

在接下来的几年里,上述的担忧是过虑了还是将成为欧盟制定葡萄酒法律的趋势还需要拭目以待。

翻译:王光耀

---

① 原注:Recitals 1–5 of Reg. No 491/2009.

Chapter 26 第二十六章

橄榄油

Monica Minelli

1. 针对油脂的第一个共同市场组织

自从 1966 年计划并落实了第一个共同市场组织开始，欧洲共同体促进橄榄油产量的政策发生了显著的变化。

第 136/66 号法规[①]在油料种子、油质水果、蔬菜油脂以及鱼油、海洋哺乳动物油领域建立了共同市场组织。

当时的意大利是共同体初创六国中唯一的橄榄油生产国，最初的政策也旨在维持橄榄油的市场价格，给予橄榄种植者特殊的补贴，促进灌装橄榄油的消费。

上述制度对可以依法获得补助的生产区作出了限制，设定最低价格，建立边境保护和公私储存机制以获取市场上过剩的产品，给予出口补贴，刺激国家进行海外贸易（参见该法规附录Ⅰ）。

---

① 原注：Reg. No 136/66 of 22 September 1966.

第二十六章　橄榄油

Monica Minelli

除了价格和补贴体系，第136/66号有关橄榄油的法规还规定了各种橄榄油的描述和定义。

根据第136/66号法规第35条规定，就附录中命名的四类橄榄油才能入市销售，它们是特级初榨橄榄油、初榨橄榄油、橄榄油和橄榄果渣油。

1987年7月2日的第1915/87条法规修正了第136/66号法规，增加了第35条附款，其内容是通过管理委员会程序，提供一个建立涵盖特定品级、包装、展示的市场标准的机会。

2. 国家橄榄油原产地的命名

1998年1月，意大利政府向议会提交一项法律草案，这项草案包含了各种类别橄榄油原产地标识的法律规定。

意大利政府提案的目的是为橄榄油原产地的命名提供新的规则。

在意大利议会立法草案的辩论中，欧盟委员会根据第83/189法案[①]要求意大利政府得到其批准且等待评议缓冲期结束后公布这项法案，因为所提及的规定将被视为技术标准。

第83/189号法案规定了在技术标准和法规领域提供信息的程序，并且采纳消除技术障碍以促进货物自由流通的规定。成员国被要求将其国家有关技术法规的草案告知欧盟委员会，并允许其他成员国和欧盟委员会评价任何技术法规与欧盟条约第28条（先《欧盟运作条约》第34条）的合规性。

由于欧盟委员会的要求，意大利政府向其转交了立法建议草案的文本，并且由欧盟委员会在1998年6月10日[②]通知了其他成员国，其中评议缓冲期的时间持续到1998年8月5日。

此外，欧盟委员会通知意大利政府它的意图，即将在意大利提议

---

① 原注：Dir. 83/189/EEC of 28 March 1983 laying down a procedure for the provision of information in the field of technical standards and regulations.

② 原注：Official Journal 10 June 1998 C 177.

所涉及的范围进行干预。因此，根据第83/189指令第9（3）条的规定，意大利立法草案应该尊重通知后长达6个月的评议缓冲期，即强制等待。

尽管欧盟委员会发出了警告，意大利第313/1998号法律还是获得了通过并公布于1998年8月29日意大利的官方公报上。

1998年8月3日的意大利法律第313号规定，任何种类的橄榄油，即使是散装的，只要其收获、生产加工和包装的整个过程发生在其境内就能够被销售或者标上意大利或者意大利制造的标签。

乍一看第1条的规定可能视为对食品经营者的授权，但是第2条直接对以下事项作出规定，即所有的橄榄油，不论是初榨、优质与否，只要是在意大利生产就应该遵守声明部分要求说明用油来源的要求，以及对源于不同国家且用于调和油的百分比以附加信息说明的要求。

因此，仔细审视意大利的法律，其制定了一系列的规则：任何一种橄榄油都应在其标识上进行强制声明（Masini 1998）。

最终意大利法律规定在意大利销售的全部或者部分原产于其他国家的橄榄油，必须标注来源于非意大利的其他国家的用油的百分比信息。

法律仅生效一个月后，两个食品公司的争端一直诉讼到了欧盟法院那里，后者是米兰法庭[①]根据第177条作出初步判决，该案争议的焦点是认为意大利的法律违反了共同体有关评议缓冲期和货物自由流通的规则。

该案件涉及合同纠纷，其申诉是针对违反合同且与执行共同体的某一权利无关。该争议是关于不同的标识要求以及哪一种要求应该被遵守。

本案涉及第83/189号指令，因为意大利推行了橄榄油原产地强制声明的标识制度。这合同争议是在米兰法院提起的关于对同一批次被

[①] 原注：ECJ, 26 September 2000, Case C-443/98, *Unilever Italia SpA v Central Food SpA*.

标注为意大利生产的特级初榨橄榄油支付价款的诉讼。被告拒绝支付价款是因为这批油的标签不符合意大利新的法律规则。原告抗辩称不能适用意大利新的法律，因为它违反了上述指令的规定。意大利法庭要求欧盟法院作出一个初步裁定，欧盟法院作出了同意原告的意见。本质上，欧盟法院认为，执行上述指令的程序性缺陷能够使得包括合同在内的国内法无效。

该判决证实了欧盟法院采取的策略，即协调横向性的直接效果而不是明确表明所适用的概念。在这种情况下，法院对私人主体在争端中适用未生效的法律的行为进行了处罚。这样，欧盟法院也含蓄地同意原告坚持的观点，法律的横向性的直接效力能够在案件中适用，就像第83/189号指令，有一个适用的程序范围即使他们没有制定任何新的规则或者规定个人的义务。

然而，应当指出的是在那期间，1998年12月22日，欧盟委员会采纳了尚未生效的关于橄榄油原产地标识规则的第2815/98号法规，该法规与意大利法律第313/98号法律有着明显的不同。

因此上述欧盟法院判决的影响也仅仅只有几个月的时间，即1998年8月29日意大利法律实施与1998年12月27日欧盟法规实施的这一期间内。

3. 第一项关于特级初榨橄榄油和初榨橄榄油原产地命名的欧盟法规

作为对意大利法律的一个回应，欧盟委员会在1998年12月实施了第2815/1998号关于橄榄油市场标准的法规。[1]

就理事会第79/112号[2]关于食品标识、展示和广告指令中所规定

---

[1] 原注：Reg. No 2815/98 of 22 December 1998, concerning marketing standards for olive oil.

[2] 原注：Dir. 79/112/EEC of 18 December 1978, on the approximation of the laws of the Member States relating to the labelling, presentation and advertising of foodstuffs for sale to the ultimate consumer.

的有关原产地命名的规则而言。[①] 上述提及的法律预测了食品贸易中只有特级初榨橄榄油和初榨橄榄油有机会选择是否标明原产地命名。

因此如果一个食品经营者选择原产地命名的标识，根据第2条的规定，这命名必须与地理区域相关，并且除了受保护原产地命名和受保护地理标志，[②] 只能标注一个成员国的名称，或欧洲共同体的名称或者第三国家的名称。

第3条表明标识上橄榄油的原产地应该识别其油磨坊所在的地理区域。

因此，根据这些规则，使从西班牙或者希腊橄榄中提取并在意大利进行压榨的特级初榨橄榄油标上意大利的标签成为可能（Albisinni 2001）。

第2815/98号法规还制定了关于特级初榨橄榄油和初榨橄榄油的调和油条款，表明如果调和油中超过75%的成分来源于同一个成员方或者同一共同体，其原产地命名的信息可作出如下的声明：选择（特级）初榨橄榄油成分中超过75%来源的国家作为原产国。

4. 意大利和欧盟委员会的争端

作为最重要的橄榄油生产商之一，意大利对于欧盟委员会制定的法律并没有表示出热烈的欢迎。

在这个方面，有必要提及意大利起诉欧盟委员会要求废除第2815/98号法规。[③]

在向法院递交的请愿书中，意大利政府认为，欧盟关于产品监管的法律几乎以建立欧盟内部市场为基础，在不影响货物自由流通的情况下，符合第79/112号法规制定的关于食品标识制度的原则，消费者

[①] 原注：可参见第十六章。
[②] 原注：可参见第二十章。
[③] 原注：ECJ, 14 December 2000, Case C-99/99, *Italian Republic v Commission of the European Communities*.

第二十六章 橄榄油

Monica Minelli

应当被告知加工食品的真实来源,缺乏标签说明可能会误导消费者。

从这个角度来看,意大利政府在其向欧盟法院提交的请愿书中声明:第 2815/98 号法案违背了合理性原则,该条法律不能将橄榄油的质量与原材料(例如橄榄)以及收获区域联系起来。

欧盟委员会反对这一立场,除了在受保护原产地命名和受保护地理标志的情形中,其他的橄榄就种植地域和他们的来源地而言并没有实质性的差别。① 除此之外,意大利的请求涉及一个特别的担忧问题:因为由于原产地相关新规则的整合和欧共体海关法典的影响,从第三国进口的橄榄或者调和油,仅在成员国进行压榨或调和以及装瓶就能够作为欧共体的特级初榨橄榄油或者初榨橄榄油合法地在市场上流通,甚至最坏的情况是作为意大利的产品在流通。

欧盟法院驳回了意大利政府的两项请求并作出了一个有趣的解释(castato 2001)。

首先,该法院驳回了意大利政府的要求,认为第 136/66 号法规第 35 条款项的规定没有限制欧盟委员会的自由裁量权,并且欧盟委员会在关于橄榄油市场标准的法律制定活动中享有广泛的裁量权。

其次,欧盟法院还驳回了关于共同体海关法典②第 24 条法律规定所提出的申诉,表述如下:结合该标准和第 24 条和第 2913/92 号法规制定的持续的、实质的程序或者工作,不可能出现意大利政府提及的滥用行为。

就有争议的第 3 条第 3 项的规定,其仅关注通过对相关地点的命名,确定从第三国进口油的原产地命名。为了销售原产于成员国或者共同体的商品,特级初榨橄榄油或者初榨橄榄油必须满足有争议的第 3(2)条的要求。③

---

① 原注:1 Cf. Recital 1 of Reg. No 2815/98.
② 原注:Reg. No 2913/92 of 12 October 1992 establishing the Community Customs Code.
③ 原注:Para 31, judgment 14 December 2000, Case C – 99/99.

5. 关于橄榄油原产地命名的一种新的双重标准

即使欧盟法院驳回了上述诉讼请求，关于橄榄油市场标准的反对浪潮促使欧盟委员对橄榄油原产地的规则进行了事后反思。

关于橄榄油市场标准的第 2815/98 号法规规定的规则应该在 2001 年 10 月 31 日失效。

2001 年 10 月 31 日，欧盟委员会采纳了带有相关创新的第 2152/2001 号法规[①]来修正先前的第 2815/86 号法规。

为了解决原产地命名的争端，新的规则指出，原产地命名的确定应该同时参照原材料（即橄榄）的收获地和油磨机的安置地。

尤其是，2001 年的改革指出在一个成员国或者第三国收获的橄榄和其橄榄油的获得不在同一个国家的情况下，原产地命名应该表明其橄榄的收获地和橄榄油的获得地，并使用以下措辞：（特级）初榨橄榄油的获得地（欧共体的名称或者相关成员国）和橄榄的收获地（欧共体的名称、成员国或者相关国家）。[②]

因此，第 2815/98 号法规的修正条款第 3 条规定了原产地命名和橄榄收获地方之间的联系。

根据原产地命名的法规，其命名必须参照要么是橄榄油的获得地，要么就是橄榄油的提炼地。

然而，当橄榄的提炼地不同于橄榄的收获地时，无论何时，这一信息都应当标注在包装或包装所附有的标识上，以防止任何误导性的信息（Martinez 2010）。

第 1019/2002 号法规[③]已经确认了这些规则。

---

① 原注：Reg. No 2152/2001 of 31 October 2001 amending Regulation (EC) No 2815/98 concerning marketing standards for olive oil.
② 原注：Art. 2(2) of Commission Regulation (EC) No 2152/2001 of 31 October 2001 amending Regulation (EC) No 2815/98 concerning marketing standards for olive oil.
③ 原注：Reg. No 1019/2002 of 13 June 2002 on marketing standards for olive oil.

最后，根据新的单一的共同市场组织规则,[①] 原产地命名的相关规定不适用于橄榄油（包括精炼橄榄油和初榨橄榄油）和果渣油。

第182/2009号法规[②]修正了第1019/2002号法规中的几个相关点，对于在欧共体境内销售的特级初榨橄榄油和初榨橄榄油首次推行了强制原产地名称标识制度。从2009年7月1日起，所有的特级初榨橄榄油和初榨橄榄油都必须标注原产国（Albisinni 2011）。

新的标识规定要求橄榄油原产于一个国家则必须标注上该成员国的名称，或者第三国的名称或者共同体的名称。此外该法律还制定了关于调和油名称的一些新的规则，调和油的名称应当表明是欧共体的调和油，还是非欧共体的调和油，是欧盟的调和油还是非欧盟的调和油或者其他相等同的信息。

上文提及的第1019/2002号法规（其已被第182/2009号法规修订）被第29/2012号法规[③]所废除，后者编纂了自第1019/2002号有关橄榄油市场标准法规实施以来的所有作出的实质性修订内容。这一法规的规则主要是针对标识要求的，以便保护消费者有关橄榄油原产地的信息权利，而这些原产地标识已由现行的法律作出规定。[④]

6. 现行法规和单一的共同市场组织

第1234/2007号法规业已被第1308/2013号法规所废除。该单一共同市场组织法规建立了一个农产品市场的共同组织，废除了大量原

[①] 原注：Reg. No 1234/2007, now repealed by Regulation No 1308/2013 of the European Parliament and of the Council of 17 December 2013, establishing a common organisation of the markets in agricultural products and repealing Council Regulations (EEC) No 922/72, (EEC) No 234/79, (EC) No 1037/2001 and (EC) No 1234/2007.

[②] 原注：Reg. No 182/2009 of 6 March 2009 amending Regulation (EC) No 1019/2002 on marketing standards for olive oil.

[③] 原注：Commission Implementing Regulation (EU) No 29/2012 of 13 January 2012, on marketing standards for olive oil.

[④] 译注：鉴于第29/2012号法规对于橄榄油标识要求的新规定,第二版著作对一些新的规定作出了说明,尤其是有关混合油的规定。

有的法规,并且包含了大多数农产品的特殊条例,包括橄榄油。[①]该农产品市场共同组织提供了一个单一的法律框架,用来规范国内市场,以及规定了与第三国家之间进行贸易和竞争的规则。[②]

根据单一共同市场组织法规,欧盟委员会可设立橄榄油和餐桌橄榄油以及其他农产品的入市和销售标准,无论其是否加工。因此该法规规定了采用、执行和减损的方法。

根据第1308/2013号法规第75条的规定,欧盟委员会已经针对若干部门制定了市场标准,包括橄榄油和餐桌橄榄油。

该市场标准应该考虑到:(1)有关产品的具体特点;(2)有必要保证产品在市场上可以顺畅销售的条件;(3)消费者有关获得充分和透明的产品信息的利益。

因此,单一共同市场组织法规第78条针对橄榄油和油橄榄果渣油规定了市场标准,该标准的定义和描述载于附录中。

根据新的法律框架,并符合第29/2012号法规的规定,单一共同市场组织法规附录7第8部分制定了一系列与橄榄油分类学相关的定义和描述。

如今,任何一种橄榄油都应该符合以下的定义:

第一,初榨橄榄油。仅仅通过机械的方法或者其他物理的方法从橄榄树的果实中提取油,在这种条件下不会导致油品的掺假掺杂,且该过程中只有洗涤、倾析、离心分离和过滤处理,以便排除了使用溶剂和化学或生物化学试剂的方法或者通过重新酯化的方法并且和其他油调和的方法提炼油。初榨橄榄油仅有以下分类且其描述如下:(1)特级初榨橄榄油(Extra virgin olive oil):其是指最大的以油酸形式存在的游离脂肪酸,可表述为其酸度为0.8。其他特征和该类油规定的特征相符。(2)优级初榨橄榄油(Virgin olive oil):其最大的以油酸形式

[①] 参见第十五章。
[②] 参见第四章。

存在的游离脂肪酸，可表述为其酸度为 2，其他特征和该类油规定的特征相符。(3) 低级初榨橄榄油（Lampante olive oil）：其以油酸形式存在的游离脂肪酸可表述为其酸度为 2，其他特征和该类油规定的特征相符。

第二，精炼橄榄油（refined olive oil）。橄榄油从优级初榨橄榄油中精炼而来，具有以油酸形式存在的游离脂肪酸，其酸度不得超过 0.3，其他特征和该类油规定的特征相符。

第三，橄榄油——含有精炼橄榄油和优级初榨橄榄油。橄榄油是由精炼橄榄油和非低级初榨橄榄油的初榨橄榄油调和而成，具有以油酸形式存在的游离脂肪酸，其酸度不得超过 1，其他特征和该类油规定的特征相符。

第四，原油——果渣油。通过使用溶剂或者其他物理方法从橄榄果渣中提炼的油或者相当于低级初榨橄榄油的橄榄油，除了某些具体的特征，并且不包括通过重新酯化和与其他油调和的方法得到的油，其他特征和该类油规定的特征相符。

第五，精炼油——果渣油。通过精炼原始果渣油的方法提取的油，具有以油酸形式存在的游离脂肪酸，其酸度不得超过 0.3，其他特征和该类油规定的特征相符。

第六，橄榄油——果渣油。通过精炼油橄榄果渣油和除了低级初榨橄榄油的初榨橄榄油调和的方法获得的油，具有以油酸形式存在的游离脂肪酸，其酸度不得超过 1，其他特征和该类油规定的特征相符。

7. 结论

在过去的十年中，我们已经见证了在原产地命名领域中有关方法的明显改变和进步，不仅仅是橄榄油，还包括一般的食品。

食品的原产地标识在欧盟已经成为一个热门话题，即便相关的定义依旧具有不确定性，但第 1169/2011 号法规[1]已经涉及了诸如"原产国（country of origin）"和"产地（place of provenance）"等相关术语。

橄榄油原产地命名的争议在某种程度上可能展现出一个机会，引发对一般农产品产地和质量的整个法律框架的更广泛的重新思考。

翻译：周梦

---

[1] 原注：Regulation (EU) No 1169/2011 of 25 October 2011 on the provision of food information to consumers. See Chapter XVII.

参考文献

Adam R. - Tizzano A.

(2010), *Lineamenti di diritto dell' Unione europea*, II ed., Torino, 2010

Adornato F.

(2004), *Sicurezza alimentare e Autorità indipendenti*, in *AIM*, 2004, 227

(2010), *Agricoltura, politiche agricole e istituzioni comunitarie nel trattato di Lisbona: un equilibrio mobile*, in *RDA*, 2010, I, 261

Albisinni F. (ed.)

(2011), *BDDA-Diritto alimentare. Mercato e Sicurezza*, Data Bank on line of articles, decisions, legislation on Food Law, Wolters Kluwer Italia, Milano, 2008 – 2011, at www.leggiditalia professionale.it

Albisinni F.

(2001), *Lavar la testa all' asino o la designazione d'origine dell'olio di oliva vergine ed extravergine*, in *RDA*, 2001, I, 77

(2003a), *Commento all' art. 21 del reg. Ce n. 178/2002*, in IDAIC (ed.) 2003, 284

(2003b), *Commento agli artt. 53, 54 del reg. Ce n. 178/2002*, in IDAIC (ed.) 2003, 439

(2003c), *Le norme sull' etichettatura dei prodotti alimentari*, in Costato (ed.) 2003, 631

(2004a), *Rintracciabilità di filiera e nuove regole per l'impresa alimentare*, in "*Atti dell' Accademia dei Georgofili*", Firenze 2004

(2004b), *Prodotti mediterranei: opportunità e vincoli nelle regole europee*, IDAIC Congress, Pisa, 14 – 15 November 2003, and in *DGAA*, 2004, 453

(2005), *L'origine dei prodotti alimentari*, in Germanò A. – Rook Basile E. (eds) 2005, 41

(2006), *Protezione brevettuale delle invenzioni biotecnologiche e potere di mercato*, in *DGAAA*, 2006, 424

(2008), *L'officina comunitaria e la OCM vino. Marchi, denominazioni e mercato*, in *RDA*, I, 423

(2009a), *Strumentario di diritto alimentare europeo*, Torino

(2009b), *Commento agli artt. 113 – 121*, in Costato L. (ed.) 2009, 114

(2009c), *Un Libro verde sulla comunicazione, verso il 2013*, in*RDAL*, n. 1 – 2009, www. rivistadidirittoalimentare. it

(2010a), *Sistema agroalimentare*, in *Digesto disc. priv., sez. civ., Aggiornam.*, Torino, 2003, 1244

(2010b), *Soggetti e oggetti della sicurezza, non solo alimentare*, in *Europa, prima e dopo Lisbona*, in *RDA*, 2010, I, 607

(2010c), *Istituzioni e regole dell' agricoltura dopo il Trattato di Lisbona*, in *RDA*, 2010, I, 206

(2011a), *Il diritto agrario europeo dopo Lisbona. I codici europei dell' agricoltura, dopo Lisbona*, in *AIM*, 2011, II

(2011b), *Olio di oliva*, in Albisinni F. (ed.) *BDDA*, 2011, www. leggidi taliaprofessionale. it

(2012a), *La comunicazione al consumatore di alimenti, le disposizioni nazionali e l'origine dei prodotti*, in *RDA*, 2012, I, 66

(2012b), *Continuiamo a farci del male: la Corte Costituzionale ed il Made in Lazio*, in DGAAA, 2012, 528

(2013a), *Sicurezza alimentare come approvvigionamento a livello UE*, in Rook-Basile E. – Carmignani S. (eds.), "Sicurezza energetica e sicurezza alimentare nel sistema UE", Milano, Giuffré ed., p. 21

(2013b), *La nuova OCM e i contratti agroalimentari*, in *RDAL*, n. 1 - 2013, p. 4.

(2014a), *Agricultural and Food Law as innovation engine of European Law: the new scenario*, in Rodriguez Fuentes V. (ed.), "From agricultural to food law: the new scenario", Wageningen Academic Publishers, 2014, p. 19

(2014b), *Reactive and proactive innovation in European agriculture and food law: the new scenario*, in AIM, vol. 2013, p. 225

(2015a), *Strumentario di diritto alimentare europeo*, II ed., Utet, Torino

(2015b), *Transparency, crisis and innovation in EU Food Law*, in *Riv. Regol. Mercati*, 1/2015, 97

(2015c), *Marchi e indicazioni geografiche: una coesistenza difficile*, in Germanò A. Rubino V. (eds.), *La tutela dell'origine dei prodotti alimentari in Italia, nell'Unione Europea e nel commercio internazionale*, Milano

(2016), *From Legislation to Food Law: the new Actors*, in Parisio V. (ed.), "Food Safety and Quality Law: a transnational perspective", Torino

Alemanno A.

(2007), *Trade in Food. Regulatory and Judicial Approaches in the EC and the WTO*, Cameron May, 2007, London

Alpa G.

(1988), *L'attuazione della direttiva comunitaria sulla responsabilità del produttore. Tecniche e modelli a confronto*, in *Contratto e impresa*, 1988, 580

(2000), *La cultura delle regole. Storia del diritto civile italiano*, Bari, 2000

Alpa G. - Rossi Carleo L. (eds)

(2005), *Codice del consumo. Commentario*, Napoli, 2005

Alpa G - Bin M. - Cendon P (eds)

(1989), *La responsabilità del produttore*, Padova, 1989

Altili P.

(2011), *Certificazione, controllo e vigilanza*, in Albisinni F. (ed.) BDDA, 2011, www.leggiditaliaprofessionale.it

Altili P. - Losavio C.

(2010), *I prodotti agroalimentari tradizionali: frammenti di una disciplina incompleta*, in *RDA*, 2010, II, 637

Amato G. - Marongiu G. (eds)

(1982), *L'amministrazione della società complessa*, Bologna, 1982

Anania G. - De Filippis F. (eds)

(1996), *L'accordo GATT in agricoltura e l'Unione europea*, Milano, 1996

Anzilotti D.

(1969), *GATT*, in *Enciclopedia del diritto*, XVIII, Milano, 1969

Babuscio T.

(2005), *Alimenti sicuri e diritto. Analisi di problemi giuridici nei sistemi amministrativi delle autorità per la sicurezza alimentare europee e statunitense*, Milano, 2005

Balcázar A. et al.

(2015), *Del proteccionismo a la apertura ¿ El camino a la modernización agropecuaria?*, e-book available at http://orton.catie.ac.cr/REPDOC/A8752E/A8752E.PDF (accessed on 9.11.2015)

Balke C.

(2014), *The New Novel Food Regulation-Reform 2.0*, in *European Food and Feed Law Review*, 5/2014, 285

Balkin, J. M.

(1993), *Understanding legal understanding: the legal subject and the problem of legal coherence*, in 103 *Yale Law Journal*, 105, pp. 10–11

Bauman Z.

(2006), *Modernità liquida*, Bari, 2006

(2007), *Dentro la globalizzazione. Le conseguenze sulle persone*, Bari, 2007

Beck U.

(1992), *Risk Society: Towards a New Modernity*. London, 1992

Bellisario E.

(2005), *Commento all'art. 117*, in Alpa G. – Rossi Carleo L. (eds.), Napoli, 2005, 753

Belvedere A.

(1977), *Il problema delle definizioni nel codice civile*, Milano, 1977, 68

Benozzo M.

(2003a), *Commento agli artt. 22 - 23 del reg. Ce n. 178/2002*, in IDAIC (ed.) 2003, 291

(2003b), *I principi generali della legislazione alimentare e la nuova Autorità (regolamento CE n. 178/2002)*, in *DGAA*, 2003, 208

(2004), *Attività agricola e privativa vegetale: la Corte di giustizia si pronuncia*, in *AIM*, 2004, 2, 197

Berg L.

(2004), *Trust in food in the age of mad cow disease: a comparative study of consumers' evaluation of food safety in Belgium, Britain and Norway*, Appetite, vol. 42, Issue 1, 2004

Bianca M. C.

(1993), *La vendita e la permuta*, in *Tratt. Vassalli*, Torino, 1993, 887

Bianchi D.

(2007), *La politica agricola comune (PAC), Tutta la PAC, nient'altro che la PAC!*, Pisa, 2007

(2009), *La PAC "camaleontica" alla luce del Trattato di Lisbona (le principali modifiche istituzionali della politica agricola comune all'indomani del suo cinquantesimo anniversario)*, in *RDA*, 2009, I, 592

Bin M.

(1989), *L'esclusione della responsabilità*, in Alpa G. - Bin M. - Cendon P. (eds), Padova, 1989, 113

Birnie P. - Boyle A.

(1992), *International Law and the Environment*, Clarendon Press, 1992

Bivona E.

(2006), *Le certificazioni di qualità: vizi del prodotto e responsabilità dell'ente certificatore*, in *Contratto e impresa*, 2006, 1331

(2011), *L'impiego di additivi nella realizzazione de prodotti alimentari trasformati*, in Costato, Germanò, Rook Basile, Utet, Torino, 2011, vol. 3

Bivona G.

(2011), *L'impiego di additivi nella realizzazione dei prodotti alimentari trasformati*, inCostato L. – Germanò A. – Rook Basile E. (eds) 2011, 103

Bobbio N.

(1950), *Scienza del diritto e analisi del linguaggio*, in *Riv. trim. dir. e proc. civ.*, 1950, 356

Bolognini S.

(2003a), *Commento all'art. 29*, in*IDAIC* (ed.) 2003, 328

(2003b), *Commento agli artt. 55 – 57*, in*IDAIC* (ed.) 2003, 443

(2009), *Note introduttive*, in Costato L. (ed.) 2009, 1

(2012), *La disciplina della comunicazione* business to consumer *nel mercato agro-alimentare europeo*, Torino

(2015), *La IGP "Aceto Balsamico di Modena" e le denominazioni "Balsamico" e "Aceto Balsamico": un legame indissolubile (anche in Germania)*, in *RDA*, II, 2015, 253 ss.

Bonora G.

(2016), *I Novel Foods nel Reg. (UE) n. 2015/2283 e gli insetti: una possibile evoluzione dei costumi alimentari?*, in *RDAL*, 1 – 2016, 42

Borghi P.

(1994), *L'agricoltura nel Trattato di Marrakech, Prodotti agricoli e alimentari nel diritto del commercio internazionale*, Milano, 1994

(2003), *Accordo agricolo di Marrakesh*, in *Digesto IV ed., Disc. priv., Sez. civ.*, Aggiornamento, Torino, 2003, I, 1

(2003a), *Commento all'art. 5 del reg. Ce n. 178/2002*, in *IDAIC*

(ed.) 2003, 191

(2003b), *Tracciabilità e precauzione: nuove (e vecchie) regole per i prodotti mediterranei nel mercato globale*, in *DGAAA*, 75

(2004a), *L'agricoltura nel trattato di Marrakech. Prodotti agricoli e alimentari nel diritto del commercio internazionale*, Milano, 2004

(2004b), *Le discutibili equazioni della Corte costituzionale sulla tutela igienica degli alimenti*, in *DGAA*, 2004, 754

(2004c), *Tracciabilità e precauzione: nuove e vecchie regole per i produttori mediterranei nel mercato globale*, in *DGAA*, 2004, 75

(2005), *Le politiche comunitarie per la sicurezza alimentare*, in M. Goldoni – E. Sirsi (eds) 2005, 83

(2007), *Valutazione e gestione del rischio e standards del Codex Alimentarius*, in *AIM*, n. 3, 2007, 33

(2011), *Il Codex alimentarius*, in Albisinni F. (ed.) *BDDA*, 2011, www.leggiditaliaprofessionale.it

Bossis G.

(2005), *La sécurité sanitaire des aliments en droit International et communautaire*, Bruxelles, 2005

Bourges L.A. - Gonzalez Vaqué L.

(2016), *El Reglamento (UE) 2015/2283 relativo a los 'Novel Foods': su potencial impacto en el sector agropecuario*, Union Europea Aranzadi, 4/2016, 31

Bourrinet J. - Snyder F. (eds)

(2003), *La sécurité alimentaire dans l'Union européenne*, Bruxelles, 2003

Bronckers M. - McNelis N.

(1999), *Rethinking the "Like Product" definition in WTO Antidumping*

Law, in *Journal of World Trade*, 1999, 73

Brüggemeier G., Falke J., Joerges C., Micklitz H-W.

(2010), *European Product Safety, Internal Market Policy and the New Approach to Technical Harmonisation and Standards-Reissued*, in Hanse Law Rev., 6, 2010

Bruno F.

(2003), *Commento all'art. 19 del reg. Ce n. 178/2002*, in IDAIC (ed.) 2003, 277

Busch L.

(2000), *The Moral Economy of Grades and Standards*, in *Journal of Rural Studies*, 2000, 16

(2004), *Grades and Standards in the Social Construction of Safe Food*, in Lien M. E. – Nerlich B. (eds), *The Politics of Food*, Oxford, 2004, 163

Busnelli F. - Sirsi E.

(2008), *Technological innovation in agriculture and legal choices (from disparity to diversity)*, in *Ethically speaking* 11/2008, 9

Calcagni L.

(2000), *Rintracciabilità delle carni bovine: garanzia per il benessere dei consumatori*, in *Nuovo diritto agrario*, 2000, 641

Cameron J.

(1994), *The Status of the Precautionary Principle in International Law*, in Cameron J. – O'Riordan T. (eds), *Interpreting the Precautionary Principle*, London, 1994, 262

Cameron J. - Abouchar J.

(1996), *The Statockwort ktus of the Precautionary Principle in*

International Law, in Freestone D. - Hey E. (eds), *The Precautionary Principle in International Law*, Kluwer, 1996, 29

Cameron J. - Campbell K. (eds)

(1998), *Dispute Resolution in the World Trade Organisation*, London, 1998

Canfora I.

(2002), *L'agricoltura biologica nel sistema agroalimentare*, Bari, 2002

(2006a), *Development of organic food labelling rules in the EU and in national legislation*, in EFFL 2006, 170

(2006b), *OGM e agricoltura biologica*, in AIM, 2006, vol. 3, 99

(2007), *Il nuovo assetto dell'agricoltura biologica nel sistema del diritto alimentare europeo*, in RDA, 2007, I, 361 - 378

(2010), *La disciplina della concorrenza nel settore agricolo dopo il Trattato di Lisbona*, in RDA, 2010, I, 689

(2016), *Alimenti, nuovi alimenti e alimenti tradizionali nel mercato dell'Unione europea dopo il Regolamento 2015/2283*, in Capelli F. - Klaus B. - Silano V. (2006), *Nuova disciplina del settore alimentare e autorità europea per la sicurezza alimentare*, Milano, 2006

Capelli F.

(2010a), *La giurisprudenza della Corte di giustizia in materia di qualità dei prodotti alimentari*, in Dir. com. e scambi int., 2010, 339

(2010b), *La Corte di giustizia, in via interpretativa, attribuisce all'Unione europea una competenza esclusiva in materia di riconoscimento delle denominazioni di origine e delle indicazioni geografiche protette*, in Dir. com. e scambi int., 2010, 401

(2010c), *Tocai Friulano. Storia di una congiura*, Cormons, 2010

(2011a), *Limiti di utilizzo del termine "puro" nelle etichetted ei prodotti di cioccolato*, in *Dir. com. e scambi int.* , 2011, 207

(2011b), *Il regolamento (UE) n. 16/2011 della Commissione europea sul "sistema di allarme rapido" in materia di prodotti alimentari e di mangimi*, in *Alimenta*, n. 4/2011

(2013), *Il Regolamento (Ue) n. 1151/2012 sui regimi di qualità dei prodotti agro-alimentari: luci ed ombre*, in *Dir. com. scambi int.* , 2013, 515 ss.

Cardwell M.

(2004), *The European Model of agriculture*, Oxford, 2004

Carmignani S.

(2003a), *Commento agli artt. 58, 59, 60 del reg. Ce n. 178/2002*, in *IDAIC* (ed.) 2003, 474

(2003b), *La tutela delle indicazioni geografiche nell'Accordo TRIPs: localizzazione geografica del prodotto e mercato globale*, in Germanò A. - Rook Basile E. (eds), 2003, 149

CarnevaliU.

(1998), *Responsabilità del produttore*, in *Enc. dir. Agg.* , II, Milano, 1998, 945

Casaburi G.

(2005), *Le biotecnologie tra diritto comunitario, Corte di giustizia e inadempimento italiano*, in *Foro it.* , 2005, IV, 408

Cassese S. (ed.)

(2002), *Per un'Autorità nazionale della sicurezza alimentare*, Milano, 2002

CastignoneS.

(2010), *Introduzione alla filosofia del diritto*, Rome-Bari, 2ed. , 2010

Castro P.

(2004), *Towards a new European agricolture: What agricultural policy in the enlarged EU ?*, Roma, 2004

CEN-Compass

(2010), *The world of European standards*, www. cen. eu, 2010

Cerruti G.

(2006), *Residui, additivi e contaminanti degli alimenti*, Tecniche nuove, Milano, 2006

Chiti E.

(2002), *Le agenzie europee. Unità e decentramento nelle amministrazioni comunitarie*, Padova, 2002

Christoforou T.

(2002), *The Origins, Contant and Role of the Precautionary Principle in European Community Law*, in Leben C. – Verhoeven J. (eds), *Le principe de precaution. Aspects de droit international e communautaire*, Paris, 2002, 205

Clerc F.

(1967), *Le Marché commun agricole*, Paris, 1967, 37

Codex Alimentarius Commission

(2006), *Principles for traceability/product tracing as a tool within a food inspection and certification system*, CAC/GL 60 – 2006

(2009), *Basic texts on Food Hygiene*, 4th ed., FAO, Rome, 2009

(2010), *Consideration of the impact of private standards*, 33rd Session (Geneve, 5 – 9 July 2010), CX/CAC 10/33/13

(2013), *Procedural Manual*, Twenty-first Edition, 2013

Cofre Cachago E. N., Yagüe Blanco J. L. & Moncayo Miño M. V.,

(2015),*Seguridad y Soberanía alimentaria: análisis comparativo de las leyes en siete países de América Latina*, Revista Española de Estudios Agrosociales y Pesqueros, n. 242, 2015, (49-88)

Collart Dutilleul F.

(2006), *Elément pour une introduction au droit agro-alimentaire* (elements for the introduction of food law), in Dallow (ed.), "Mélanges en l'honneur d'Yves Serra"

Coppens P.

(2013),*The Revision of the Novel Foods Regulation*, in European Food and Feed Law Review, 4/2013, 238

Cordini G. (ed.),

(2013), *Domestic protection of food safety and quality rights*, Giappichelli, Torino, 2013

Costato L. (ed.)

(2003),*Trattato breve di diritto agrario italiano e comunitario*, III ed., Padova, 2003

(2009), *Il Regolamento unico sull'organizzazione comune dei mercati agricoli, Commentario al reg. CE 22 ottobre 2007 n. 1234*, in*Le nuove leggi civ. comm.*, 2009, 6

Costato L.

(1990), *Prodotti agricoli ed attuazione della direttiva Cee sulla responsabilità da prodotto difettoso*, in *Giur. agr. it.*, 1990, 71

(1995a),*La protezione delle indicazioni geografiche e delle denominazioni d'origine e le attestazioni di specificità*, in *RDA*, 1995, I, 488

(1995b),*Le influenze del Trattato di Marrakesh sulla politica agricola*

comune, in *RDA*, 1995, I, 462

(1997), *Organismi biologicamente modificati e novel foods*, in *RDA*, I, 1997, 137

(1998a), *Sub. art. 8*, in*Commentario al decreto legislativo n. 173 del 1998*, in*RDA*, 1998, I, 483

(1998b), *Troppo (o troppo poco?) Cassis de Dijon*, in *RDA*, 1998, II, 3

(2001), *La Corte di giustizia e le etichette dell'olio di oliva*, in *RDA*, 2001, II, 34

(2003a), *Dal diritto agrario al diritto agroalimentare*, in Germanò A. – Rook Basile E. (eds) 2003, 324

(2003b), *Il Trattato istitutivo della Comunità europea e l'organizzazione del mercato dei prodotti agricoli*, in Costato L. (ed.) 2003, 758

(2003c), *Politica agricola comunitaria e commercio internazionale*, in Rossi L. S. (ed.), *Commercio internazionale sostenibile? Wto e Unione europea*, Bologna, 2003, 253

(2003d), *Note introduttive al Commento del reg. Ce n. 178/2002*, in *IDAIC* (ed.) 2003, 114

(2004), *L'agricoltura e il nuovo regolamento sull'igiene dei prodotti alimentari*, in *DGAA*, 2004, 735

(2007a), *Compendio di diritto alimentare*, III ed., Padova, 2007

(2007b) *il nuovo diritto agrario comunitario: diritto agrario o diritto ambientale?*, in *DGAA*, 2007, I, 577

(2008a), *Prodotti tradizionali, mercati locali e nuove forme di vendita*, in *RDAL*, 2008, n. 3, www.rivistadirittoalimentare.it, 1

(2008b), *Corso di diritto agrario italiano e comunitario*, 3 ed., with L. Russo, Milano, 2008

(2008c), *Le indicazioni nutrizionali del reg. 1924/2006*, in *RDA*., 2008, I, 299

(2009a), *Note introduttive*, in Costato L. (ed.) 2009, 6

(2009b), *Il diritto alimentare: modello dell' unificazione europea*, in *RDAL*, 2009, n. 3, www.rivistadirittoalimentare.it, 1

(2012), *Il regolamento n. 1151/2012 del Parlamento europeo e del Consiglio sui regimi di qualità dei prodotti agricoli e alimentari*, in *RDA*, 2012, I, 648 ss.

Costato L. - Germanò A. - Rook Basile E. (eds)

(2011), *Trattato di diritto agrario*, vol. III, *Il diritto agroalimentare*, Torino, 2011

Costato L. - Borghi P. - Rizzioli S.

(2011), *Compendio di diritto alimentare*, V ed., Padova

Costato L. - Borghi P. - Rizzioli S. - Paganizza V. - Salvi L.

(2015), *Compendio di diritto Alimentare*, VII ed., Milano

Costato L. - Pellizzer F. (eds)

(2007), *Commentario breve al Codice dell' ambiente*, Padova, 2007

Costato L. - Rizzoli S.

(2010), *Sicurezza alimentare*, in *Digesto Disc. Priv.*, *sez. Civ.*, 2010

Costato L. - Russo L.

(2015), *Corso di diritto agrario italiano e dell' Unione europea*, 4ed., Giuffrè, 2015

Cristiani E.

(2003), *Commento all' art. 62 del reg. Ce n. 178/2002*, in *IDAIC* (ed.) 2003, 481

(2004), *La disciplina dell' agricoltura biologica fra tutela dell' ambiente e sicurezza alimentare*, Torino, 2004

Cutrera A.

(1961), *G. A. T. T.*, in *Novissimo Digesto Italiano*, vol. VII, Torino, 1961

D'Addezio M.

(1988), *L'incidenza del diritto comunitario sul diritto agrario interno, Profili formali e sostanziali*, Pisa, 1988, 67

De Cristofaro G.

(2007), *Le pratiche commerciali sleali fra le imprese e consumatori*, Torino, 2007

Del Cont C.

Affaire Endives suite et bientôt fin: la Cour de cassation saisit la Cour de Justice de l'Union européenne-Réflexions sur l'arrêt du 8 décembre 2015, in *RDA*, 2016, I, 44.

Della Cananea G.

(2002), *La disciplina della sicurezza alimentare negli ordinamenti unitari e federali*, in S. Cassese (ed.) 2002, 65

Delmas-Marty M.

(2004), *Les forces imaginantes du droit. Le relatif et l'universel*, Paris, 2004

Demaret P.

(1995), *The Metamorphoses of the GATT: From the Havana Charter to the World Trade Organization*, in *Columbia Journal of Transnational Law*, 1995, 123

De Mestral A.

(1993), *International Law Chiefly as Interpreted and Applied in Canada*, V ed. (Emond Montgomery), 1993

(2015), *When Does the Exception Become the Rule? Conserving Regulatory Space under CETA*, in *J Int Economic Law*, 2015, 18 (3), 641

De StefanisC. - LosavioC. - Babuscio T.

(2002), *La disciplina giuridica della filiera della carne in Belgio, Irlanda e Regno Unito*, Milano, 2002

Di Lauro A.

(2003), *Commento all'art. 16 del reg. Ce 178/2002*, in *La sicurezza alimentare nell'Unione europea*, in IDAIC (ed.) 2003, 250

(2005), *Comunicazione pubblicitaria ed informazione nel settore agroalimentare*, Milano, 2005

(2007), *Il diritto alimentare: un diritto in movimento (Il caso dell'etichettatura degli allergeni)*, in *RDA*, I, 2007, 75

(2009a), *Le regole dell'etichettatura e della pubblicità degli alimenti: pratiche sleali e tutela del consumatore*, in " *Valorizzazione dei prodotti alimentari fra denominazioni d'origine e tracciabilità e fra etichettatura e pubblicità* ", Atti della Giornata di studio organizzata dall'Accademia dei Georgofili, Firenze, 22 maggio 2008, Firenze, 2009, 339

(2009b), *Un diritto complice*, in *RDAL*, www.rivistadirittoalimentare.it, 3 - 2009, 43

(2011a), *Indicazioni nutrizionali ed Healthy claims*, in Albisinni F. (ed.), *BDDA*, 2011, www.leggiditaliaprofessionale.it

(2011b), *La comunicazione e la disciplina della pubblicità dei prodotti alimentari*, in Costato L. – Germanò A. – Rook Basile E. (eds.) Torino, 2011, 547

(2012), *Nuove regole per le informazioni sui prodotti alimentari e nuovi analfabetismi. Verso la costruzione di una responsabilità del consumatore*, in *RDAL*, www.rivistadirittoalimentare.it, 2 - 2012, 4

(2013), *Nanotecnologie e nanoscienze negli alimenti: informazioni ed incertezze*, in *Legal aspects of sustainable agriculture*, The Slovak University of Agriculture in Nitra, 2013, 149-154, 456 p., ISBN 978-80-552-0973-9 2013, p. 149

(2014), *Les nanotechnologies dans l'assiette. Les règles sur les nanofoods*, in *Penser une démocratie alimentaire*, vol. 2, François Collart Dutilleul (dir.), *INIDA*2014, 251-259, 487

(2015), *La scelta consapevole del consumatore di alimenti: una chimera?*, in *NutriDialogo. Il Diritto incontra le altre Scienze su Agricoltura, Alimentazione e Ambiente*, Pisa, 2015, p. 215

Di Martino P.

(2005), *Rintracciabilità obbligatoria e rintracciabilità volontaria nel settore alimentare*, in *DGAA*, 2005, 14

Diplock A.T. - Aggett P.J. - Ashwell M. - Bornet F. - Fern E. B. - Roberfroid M. B.

(1999), *Scientific Concepts of functional food in Europe: consensus document*, in *British Journal of Nutrition*, vol. 81, suppl. 1, 1999

Distefano M.

(2001), *Soluzione delle controversie nell'OMC e diritto internazionale*, Padova, 2001

Durazzo G. - Piccinino R.

(1989), *Delle responsabilità penali attribuibili ai produttori per omesso preventivo controllo dei contaminanti nelle sostanze alimentari impiegate*, in *Rassegna di diritto e tecnica dell'alimentazione*, 1989, fasc. 1-2, 1

Echols M.A.

(2001), *Food safety and the WTO: the interplay of culture, science and technology*, Kluwer Law International, 2001

(2008), *Geographical Indications for Food Products*, Kluwer Law International, 2008

Ene C.

(2013), *The relevance of traceability in the food chain*, in *Economics of Agriculture*, 1, 287

Falke J. - Joerges C.

(2010), *The new approach to technical harmonization and standards, its preparation through ECJ case law on Articles 30, 36 EEC and the Low-Voltage Directive, and the clarification of its operating environment by the Single European Act*, in *Hanse Law Rev.*, 6, 2010, 289

Falke J. - Schepel H. (eds)

(2000a), *Legal Aspects of Standardisation in the Member States of the EC and EFTA, vol. I: Comparative Report*, Publications Office of the EU, Luxembourg, 2000

(2000b), *Legal Aspects of Standardisation in the Member States of the EC and EFTA, vol. II: Country Reports*, Publications Office of the EU, Luxembourg, 2000

Farr S.

(1996), *Harmonization of Technical Standards in the EC*, NY, USA, 1996

Ferrari M.

(2015), *La dimensione proprietaria delle indicazioni geografiche. Uno studio di diritto comparato*, Napoli, 2015

Ferrari M. - Izzo U.

(2012), *Diritto alimentare comparato*, Il Mulino, 2012

Ferrières M.

(2003), *Storia delle paure alimentari. Dal Medioevo all'alba del XX*

secolo, Roma, 2003

Finardi C. - Bazzana L.

(2010), *Valutazione del rischio alimentare, organismi scientifici indipendenti e battaglie commerciali*, in *Agriregioneeuropa*, 2010, No 23, 4

Finardi C. - Derrien C.

(2016), *Novel Food: Where are insects (and Feed...) in Regulation 2015/2283 ?* in *EFFLR*, 2/2016, 119

Finucane M.L.

(2002), *Mad cows, mad corn and mad communities: the role of socio-cultural factors in the perceived risk of genetically-modified food*, Proceedings of the Nutrition Society, 2002, 61

Fischoff B.

(1975), *Hindsight ≠ foresight: the effect of outcome knowledge on judgment under uncertainty*, in Journal of Experimental Psychology: Human Perception and Performance, 1975, Volume 1, 288

Floridia G.

(2009), *Le creazioni intellettuali a contenuto tecnologico*, in Auteri P. – Floridia G. – Mangini V. M. – Olivieri G. – Ricolfi M. – Spada P. (eds), *Diritto industriale, proprietà intellettuale e concorrenza*, Torino, III ed., 2009

Flory T.

(1968), *Le G. A. T. T. Droit international et commerce mondial*, Paris, 1968

Fonte M.

(2011), *Food Systems, Consumption Models and Risk Perception in Late Modernity*, International Journal of Sociology of Agriculture and Food, Volume No. 18, 2011

Forti A.

(2005), *Intorno alla nuova disciplina in materia di igiene degli alimenti*, in Goldoni M., Sirsi E. (eds), 2005, 325

Fortin N. D

(2009), *Food Regulation: Law, Science, Policy, and Practice*, Hobocken, 2009

Francario L.

(2007), *Il diritto alimentare*, in RDA, 2007, 525

Franzosi M.

(1996), *Sul rischio di associazione (marchi e concorrenza sleale) e sulla funzione del marchio*, in Riv. dir. ind, 1996, II, 288

Frederick D.A.

(2002), *Antitrust Status of Farmer Cooperatives: The Story of the Capper-Volstead Act*, USDA Cooperative Information Report n. 59, 2002

Fung S.T.

(2014), *Negotiating Regulatory Coherence: The Costs and Consequences of Disparate Regulatory Principles in the Transatlantic Trade and Investment Partnership Agreement Between the United States and the European Union*, in 47 Cornell Int'l L. J., 2014, 445

Gabbi S.

(2009), *L'Autorità europea per la sicurezza alimentare*, Milano, 2009

Gaboriau Sorin D.

(2007), *Le règlement OCM unique: une simple consolidation de l'existant?*, in Revue de droit rural, n. 358, 43

Gadbin D.

(1996), *La qualité de la production du produit de base en droit communautaire agricole*, in UAE (ed.), *Le produit agro-alimentaire et son cadre juridique communautaire*, Rennes, 1996, 53

Galimberti U.

(2006), *La politica nell'età della tecnica*, in Martinengo A. (ed.), *Figure del conflitto*, 2006

Galli C.

(2015), *Indicazioni geografiche e denominazioni di origine sul mercato globale*, in *Dir. com. scambi int.*, 2015, 1 ss

Galgano F.

(1986), *Responsabilità del produttore*, in *Contratto e impresa*, 1986, 1012

(2005), *La globalizzazione nello specchio del diritto*, Bologna, 2005

Gencarelli F.

(2009), *Gli aiuti di Stato in agricoltura*, in *RDA*, I, 2009, 23

Gerber D.J.

(1998), *Law and Competition in 20th Century Europe. Protecting Prometheus*, Oxford, 1998

Germanò A.

(1999), *Strutture agricole*, in *IV Digesto, Sez. priv.*, vol. XIX, Torino, 1999, 60

(2000), *Le indicazioni geografiche nell'Accordo TRIPS*, in *RDA*, 2000, I, 412

(2002a), *Biotecnologie in agricoltura*, in IV Dig. Sez. priv. Agg., Torino, 2002

(2002b), *Gli aspetti giuridici dell'agricoltura biotecnologica*, in Germanò A. (ed.), Milano, 2002

(2003), *Accordo TRIPs e i due livelli di protezione delle indicazioni geografiche*, in Rook Basile E. – Germanò A. (eds), 2003, 246

(2004), *Australia ed USA versus Unione europea: il caso delle indicazioni geografiche dei prodotti diversi dal vino e dagli alcolici*, in *AIM*, 2004, 129

(2007), *Corso di diritto agroalimentare*, Torino, 2007

(2008), *Il mercato alimentare e la sicurezza dei prodotti*, in *RDA*, 2008, 99

(2009), *La qualità dei prodotti agro-alimentari secondo la Comunità Europea*, in *RDA*, 2009, I, 359

(2010), *Manuale di Diritto Agrario*, VII ed., Torino, 2010

(2011a) *La responsabilità civile dell'impresa alimentare per danni da prodotti difettosi*, in Albisinni F. (ed.), *BDDA*, 2011, www.leggiditaliaprofessionale.it

(2011b), *Vino e controversie internazionali*, in *AIM*, 1–2011, 11

(2012), *Le indicazioni in etichetta (e la loro natura) e i segni degli alimenti*, in *RDA*, 2012, 2, 207

(2014), *Marchi e segni "territoriali" e il Made in Italy, in Tuscany, in Florence*, in *Il nuovo diritto agrario dell'Unione europea: i regolamenti 1169/2011 e 1151/2012 sull'informazione e sui regimi di qualità degli alimenti e i regolamenti del 17 dicembre 2013 sulla PAC*, Atti dei seminari (Firenze, 12 settembre 2013, 28 maggio, 6 e 13 giugno 2014), Germanò A. – Strambi G. (eds.), Milano, 2014, 73

Germanò A.(ed.)

(2001), *Il Governo del sistema agricoltura: profili di riforme istituzionali tra dimensione sovranazionale e attribuzioni regionali*, Atti del convegno, Firenze, 17–18 dicembre 1999, Milano, 2001

(2002), *La disciplina giuridica dell'agricoltura biotecnologia*, Milano, 2002

(2009), *Studio per un progetto di codice agricolo*, Milano, 2009

Germanò A. - Rook Basile E.

(2002), *La disciplina comunitaria ed internazionale del mercato dei prodotti agricoli*, Torino, 2002

(2003a), *Altre definizioni, commento all'Art. 3*, in IDAIC (ed.) 2003, 157

(2003b), *Commento all'art. 3 del reg. Ce n. 178/2002*, in IDAIC (ed.) 2003, 159

(2005), *L'informazione dei prodotti alimentari, il consumatore e il contratto*, in Germanò A. - Rook Basile E. (eds), 2005, 3

(2006), *Diritto agrario*, in Ajani G. M. - Benacchio G. A. (eds), *Trattato di diritto privato dell'Unione Europea*, Torino, 2006

(2010a), *Manuale di diritto agrario comunitario*, Torino, 2010

(2010b), *Il diritto dei mercati dei prodotti agricoli nell'ordinamento internazionale. Corso di lezioni*, Torino, 2010

(2014), *Manuale di diritto agrario comunitario*, 3 ed., Torino, 2014

Germanò A. - Rook Basile E. (eds)

(2005), *Il diritto alimentare tra comunicazione e sicurezza dei prodotti*, Torino, 2005

Germanò A. - Ragionieri M.P. - Rook Basile E.

(2014), *Diritto agroalimentare. Le regole del mercato degli alimenti e dell'informazione alimentare*, Torino, 2014

Germanò A. - Rook Basile E. - Bruno F. - Benozzo M.

(2008), *Commento al codice dell'ambiente*, Torino, 2008

Germanò A. Rubino V. (eds.)

(2015), *La tutela dell'origine dei prodotti alimentari in Italia, nell'Unione Europea e nel commercio internazionale*, Milano

Giddens A.

(1994), *Le conseguenze della modernità. Fiducia e rischio, sicurezza e pericolo*, Bologna, 1994

Giuffrida M.

(2007), *Dalla responsabilità dell'imprenditore all'imprenditore responsabile*, RDA, 2007, I, 565

(2008), *La tutela del suolo contro le contaminazioni genetiche tra principio di precauzione e responsabilità*, in *Valori della persona e modelli di tutela contro i rischi ambientali e genotossici*, Firenze, 2008, 387

(2009), *Responsabilità per danno da prodotto difettoso*, in *Digesto Disc. priv.*, Sez. civ., IV Aggiornamento, Torino, 2009, 453

(2011), *La responsabilità civile per danno da prodotto difettoso*, in Costato L. – Germanò A. – Rook Basile (eds.), *Trattato di diritto agrario*, III, Torino, 2011, 617

Goldoni M. - Sirsi E. (eds)

(2005), *Regole dell'agricoltura. Regole del cibo*, Atti del convegno Pisa 7 – 8 luglio 2005, Pisa, 2005

Goodman D. - DuPuis E. M.

(2002), *Knowing food and growing food: Beyond the production-consumption debate in the sociology of agriculture*, Sociologia Ruralis, 2002, vol. 42, Issue 1.

Gorassini A.

(1990), *Contributo per un sistema della responsabilità del produttore*, Milano, 1990

Gorny D.

(2003), *Grundlagen des europäischen Lebensmittelrechts*,

Hamburg, 2003

Gradoni L.

(2003), *Commento all'art. 7 del reg. Ce n. 178/2002*, in IDAIC (ed.) 2003, 204

Grazia C. - Green R. - Hammoudi A.

(2008), *Qualità e sicurezza degli alimenti. Una rivoluzione nel cuore del sistema agroalimentare*, Milano, 2008

Griswold D.T.

(2003), *Free Trade Agreements: Stepping stones to a More Open World*, Center for Trade Policy Studies, TBP No. 18

Gumbel P.

(2003), *Food Fight!*, in *Time*, 31 August 2003

Gündling L.

(1990), *The Status in International Law of the Precautionary Principle* (1990), in 51, 2, 3 *International Journal of Estuarine and Coastal Law*, 25

Guzmán L. M.

(2004), *Legislación sanitaria y fitosanitaria armonizada en materia de buenas prácticas de producción, manufactura e inspección alimentaria a nivel regional, Informe final*, Proyecto de Armonización de las Medidas Sanitarias y Fitosanitarias en Mesoamérica en apoyo al Comercio Regional en el marco del Plan Puebla-Panamá, Programa ATN/MT – 7957 – RG, http://www.oirsa.org/aplicaciones/subidoarchivos/BibliotecaVirtual/LegislacionsanitariaFitosanitariaAlimentaria.pdf

Guzmán L. M. & Muñoz Ureña, H. A.

(2012), *Proposition de réglementation spécifique de la production et de la commercialisation de produits agricoles et alimentaires traditionnels en Amérique *latine-Propositions "Metate"*, in Collart Dutilleul F. (ed.), *De la terre aux aliments, des valeurs au droit*, Charleston SC, 459 – 465

Hagenmeyer M.

(2006) *The food additives revival*, in *EFFL*, 5/2006

Held D.

(2005), *Governare la globalizzazione. Riflessioni sullo stato attuale del mondo*, Bologna, 2005

Henson S.

(2006), *The Role of Public and Private standards in Regulating International Food Markets*, Paper prepared for the IATRC Summer symposium "Food Regulation and Trade: Institutional Framework, Concepts of Analysis and Empirical Evidence" (Bonn, May 28 – 30, 2006), (www.ilrl.uni-bonn.de)

Henson S. - Humphrey J.

(2008), *Understanding the Complexities of Private Standards in Global Agri-Food Chains*, www.ids.ac.uk

Hildebrand, D.

(2002), *The European School in EC Competition Law*, in 25 *World Competition*, 2002

(2009), *The Role of Economic Analysis in the EC Competition Rules*, Kluwer, 2009

Hood C. - Rothestein H.,

(2001), *Risk Regulation Under Pressure: Problem Solving on Blame Shifting?*, in *Administration & Society*, 2001, 33(1), 21

Holtorf M. - Sachs L.

(2010), *The new European legislation on food additives, flavourings and*

enzymes, in *EFFL*, 3/2010

IDAIC (ed.)

(2003), *La sicurezza alimentare nell'Unione europea. Commentario sul Regolamento CE No 178/2002*, in *Le nuove leggi civ. comm.*, 2003, 1 - 2, 114

Ielo D.

(2006), *Commento agli artt. 115 e 117 in*AA. VV., *Codice del consumo. Commento al D. Lgs. 6 settembre 2005, n. 206*, Milano, 2006, 820.

ISO

(2007), *Traceability in the feed and food chain-General principles and basic requirements for system design and implementation*, ISO 22005:2007

(2010), *International standards and "private standards"*, Geneva

Izzo S.

(2006), *Il principio di integrazione ambientale nel diritto comunitario*, Napoli, 2006.

Jackson J.H.

(1998), *The World Trade Organization. Constitution and Jurisprudence*, London, 1998

Jannarelli A.

(1997a), *Il regime della concorrenza nel settore agricolo tra mercato unico europeo e globalizzazione dell'economia*, in *RDA*, 1997, I, 416

(1997b), *L'attività: profili generali: La disciplina dell'atto e delle attività: i contratti fra imprese e fra imprese e consumatori*, in Lipari N. (ed.), *Diritto privato europeo*, Padova, 1997

(1999), *Le relazioni contrattuali tra agricoltura e industria nella recente esperienza giuridica italiana*, in Massart A. (ed.), *Accordi interprofessionali e contratti agro-industriali. Problemi di inquadramento giuridico*, Pisa, 1999, 69

(2000), *La concorrenza nel sistema agro-alimentare e la globalizzazione dei mercati*, in *DGAA*, 433

(2001), *Il diritto dell'agricoltura nell'era della globalizzazione*, Bari, 2001

(2004), *La qualità dei prodotti agricoli: considerazioni introduttive ad un approccio sistemico*, in *DGAA*, 2004, 5

(2008), *Mercato agricolo europeo*, in Enc. dir., Annali, II, 2, Milano, 770

(2009a), *La concorrenza e l'agricoltura nell'attuale esperienza europea: una relazione? speciale?*, in *RDA*, 2009, I, 515

(2009b), *Aiuti comunitari e aiuti di Stato*, in *DGAAA*, 2009, 375

(2009c), *La governance della sicurezza alimentare: l'esigenza di un monitoraggio costane del modello*, in *RDAL*, www. rivistadirittoalimentare. it, 4 – 2009, 1

(2010) *La nuova Food in security: una prima lettura sistemica*, in *RDA*, 2010, I, 565

(2012) *L'associazionismo dei produttori agricoli ed il 'tabù' dei prezzi agricoli nella disciplina europea della concorrenza. Considerazioni critiche sul reg. n. 261 del 2012 in materia di latte e prodotti lattiero-caseari*, in *RDA*, I. 2012, 179

(2015a) *Comments on the draft Commission Guidelines on the application of specific antitrust rules to the agricultural sector*, Research for Agro Committee, Policy Department B: Structural and Cohesion Policies, Bruxelles 2015

(2015b), *Cibo e diritti. Per un'agricoltura sostenibile*, Giappichelli,

Torino, 2015

(2016a) *L'eccezionalismo agricolo e la catena alimentare nel futuro della PAC*, in *Diritto agroalimentare*, 2016, 61

(2016b) *Le organizzazioni riconosciute dei produttori agricoli tra Pac e concorrenza: osservazioni a proposito di* Cour de Cassation 8 *dicembre* 2015, in *RDA*, 2016, I, 7

Jesse E.V. - Johnson A.C.Jr. - Marion B.W. - Manchester, A.C.

(1982), *Interpreting and Enforcing Section 2 of the Capper-Volstead Act*, in *Amer. J. Agr. Econ.*, 1982, 431

Kahneman D.

(2011), *Thinking, Fast and Slow*, 2011, New York

Kahn-Freund O.

(1974), *On Uses and Misuses of Comparative Law*, in 37 *Modern Law Review*

Kireeva I. - Black R.

(2011), *Chemical safety of food*, *in* EFFL, 3/2011

Kreher A. - Martines F.

(1996), Le agenzie della Comunità europea: un approccio nuovo per l'integrazione amministrativa, *in* Riv. It. Dir. Pubbl. Com., 1996, *vol. I*, 98

LangJ.T. - Hallman W.K.

(2005), Who Does the Public Trust? The Case of Genetically Modified Food in the United States, Risk Analysis, *vol.* 25, *Issue* 5, 2005

Lampkin, N. H., Padel, S. (eds)

(1994), The Economics of organic farming. An international perspective CAB International, *Wallingford*, 1994

Lattanzi P.

(1996), *Le*controversie tra Stati nel diritto del commercio internazionale: dal GATT all'OMC, *Padova*, 1996

(2004), Il sistema di allarme rapido nella sicurezza alimentare, *in* AIM, 2004, 237

Lattanzi P. - Trapè I.

(2011), Additivi, aromi, integratori alimentari, coloranti, coadiuvanti tecnologici ed enzimi, *in Albisinni F.* (ed.), BDDA, 2011, *www. leggiditaliaprofessionale. it*

Lawless J.

(2012), The Complexity of Flexibility in EU Food Hygiene Regulation, *in* EFFL, 5, 220

León Guzmán M. & Muñoz Ureña, H. A.

(2012), Proposition de réglementation spécifique de la production et de la commercialisation de produits agricoles et alimentaires traditionnels en Amérique latine-Propositions "Metate", *in Collart Dutilleul F.* (ed.), De la terre aux aliments, des valeurs au droit, *Charleston SC*, 459 – 465

Ligustro A.

(1996), Le controversie tra Stati nel diritto del commercio internazionale: dal GATT all'OMC, *Padova*, 1996

Lindstrom M.

(2008), Buyology. Truth and Lies About why Buy, 2008, *Doubleday*, *New York*

Lorvellec L.

(2002), Écrits de droit rural et agroalimentare, *Paris*, 2002

Losavio C.

(2003), Commento all'art. 26 del reg. Ce n. 178/2002, *in IDAIC* (*ed.*) 2003, 311

(2004), La riforma della normativa comunitaria in materia di igiene dei prodotti alimentari: il c. d. "pacchetto igiene", *in* DGAA, 2004, 679

(2007), Il consumatore di alimenti e il suo diritto ad essere informato, *Milano*, 2007

(2008), La sicurezza alimentare e la tutela degli interessi del consumatore di alimenti, *in* RDA, 2008, 77

Lucifero N.

(2008), La sicurezza alimentare e la tutela degli interessi del consumatore di alimenti, *in* RDA, 2008, 77

(2011), La Comunicazione simbolica nel mercato alimentare: marchi e segni del territorio, *in* Costato L. – Germanò A. – Rook Basile (*eds.*), Trattato di diritto agrario, *III*, *Torino*, 2011, 321

Lupone A. - Ricci C. - Santini A. (eds.)

(2013), The right to safe food towards a global governance, *Torino*, 2013

Maccioni G.

(2010), La sicurezza alimentare nel sistema di tutela multilivello. A proposito dei principi e delle regole, *Pisa*, 2010, 142

MacMaoláin C.

(2007), EU Food Law. Protecting Consumers and Health in a Common Market, *Oxford*, 2007

(2015), Food Law. European, Domestic and International Frameworks, *Hart Publishing*, *London*, 2015.

Magatti M.

(2009), Libertà immaginaria. Le illusioni del capitalismo tecno-nichilista sulle persone, *Milano*, 2009

Mahieu S.

(2007), Le droit de la société de l'alimentation, *Bruxelles*, 2007

Manservisi S.

(2003), Tutela della salute del consumatore, impiego di additivi alimentari e interpretazione della Corte di giustizia delle deroghe di cui all'art. 95, n. 4 del Trattato CE, *in* RDA, 2003, *II*, 216

Martinengo A. (ed.)

(2006), Figure del conflitto. Identità, sfera pubblica e potere nel mondo globalizzato. Studi in onore di Giacomo Marramao, *Roma*, 2006

Martínez Gutiérrez Á.

(2010), Sobre la viabilidad jurídica de las marcas oleícolas de carácter geográfico, *in* RDAL, *www.rivistadirittoalimentare.it*, n. 4-2010, 1

Masi P.

(2004), I prodotti tradizionali e tipici di fronte agli standard della sicurezza, *in Germanò A-Rook Basile E. – Massart A. (eds)*, 2003, 93

Masini S.

(1998), Etichettatura dell'olio di oliva (osservazioni alla l. 3 agosto 1998, 313), *in* Dir. dell'Agr., 1998, 491

(2006), Sulla funzione delle specialità tradizionali garantite: una nomenclatura tra tradizione e delocalizzazione, *in* DGAAA, 2006, 490

(2007*a*), I mercatali (mercati degli imprenditori agricoli a vendita diretta), *in* DGAAA, 2007, 289

(2007*b*), Prime note sulla disciplina europea delle indicazioni nutrizionali e sulla salute *in* DGAAA, 2007, 73

(2011), Corso di diritto alimentare, *II ed.*, *Milano*, 2011

(2014), Introduzione alla disciplina di residui e contaminanti, *in* DGAAA, 2014, 7/8

(2015), Corso di diritto alimentare, *IV ed.*, *Milano*, 2015

Matassa N.

(1989), Commento all'art. 6, *in* Pardolesi R. – Ponzanelli G. (*eds*) 1989, 557

Mattera A.

(1992), L'article 30 du Traité CEE, la jurisprudence "Cassis de Dijon" et le principe de la reconnaissance mutuelle, *in* Revue du marché unique européen, 1992, *n.* 4, 13

(1998), Le principe de la reconnaissance mutuelle: instrument de préservation des traditions et des diversités nationales, régionales et locales, *in* Revue du marché unique européen, 1998, *n.* 2, 5

Mayr C.

(2000), La disciplina delle nuove varietà vegetali, *in* Nuove leggi. civ. comm., 2000, 847

Meisterernst A. - Ballke, C.

(2008), The provision on claims concerning the development and health of children in regulation (EC) 1924/2006 – better regulation?, *in* EFFL, 2008, 178.

Meli V.

(2005), Pubblicità ingannevole, *in* Enciclopedia giuridica, *XXV*, *Roma*

Mengoni, L.

(1985), Problema e sistema nella controversia sul metodo giuridico, *in*

Diritto e valori, Bologna, 1985, 11

Merusi F.

(1982), Coordinamento per comitati e decisione amministrativa, *in* Amato G. - *Marongiu G.* (*eds*) 1982, 170

(2000), Democrazia e autorità indipendenti, *Bologna*, 2000

Merusi F. - Passaro M.

(2002), Autorità indipendenti, *in* Enc. Dir., *VI Agg.*, *Milano*, 2002, 144

Michelsen J. - Hamm U-Wynen E. - Roth E.

(1999), The European market for organic products: Growth and development, *Universität Hohenheim*, 1999

Mol A.P.J. - Bulkeley H.

(2002), Food risks and the environment: changing perspectives in a changing social order, Journal of Environmental Policy & Planning, *vol.* 4, *Issue* 3, 2002

Moschitz H. - Stolze M.

(2009), Organic farming policy networks in Europe: Context, actors and variation, Food Policy 34 (2009), 258

Moy C.

(1999), Food Safety and the Globalization of Trade: A Challenge to the Public Health Sector, *in* World Food Regulation Review, 1999, 8(9), 21

Muñoz Ureña H.A.

(2001), Código Alimentario con índice Analítico, *San José*

(2009), Legislación Alimentaria Costarricense, *Charleston SC*

Nerio Carugno G.

(1993), Contaminanti alimentari e tutela della salute, *in* RDA, 1993,

I, 277

Nicolini G.

(2005), Immissione in commercio del prodotto agro-alimentare, *Torino*, 2005

Ngo Mai-Anh

(2006), La qualité et la sécurité des produits agro-alimentaires, *Paris*, 2006

Núñez Santiago B.

(1992), Derecho alimentario: Consumidor, productor y Estado frente a la alimentación y a los productos alimentarios, *Buenos Aires*

(1998), Políticas públicas y Derecho alimentario: del GATT a la OMC en Latinoamérica y el Caribe, *Buenos Aires*

O'Connor B.

(2015), Geographical Indications in CETA, the Comprehensive Economic and Trade Agreement between Canada and the EU, *in* RDAL, *No* 2 - 2015, 61

Ondeck C. E. - Clair K.

(2009), Justice Department and Private Plaintiffs take Aim at Capper-Volstead Act' Protections for Agriculture, *in* Antitrust & Trade Regulation Report, 11 *June* 2009, *in* http://www.bna.com.

Orestano R.

(1963), Introduzioneallo studio storico del diritto romano, *Torino*, 1963, 245

O'Rourke, R.

(2005), European Food Law, *III ed.*, *London*, 2005

Pacheco Martínez J. M.

(2001), Derecho alimentario mexicano, *Mexico*

Pacileo V.

(2003), Il diritto degli alimenti. Profili civili, penali ed amministrativi, *Padova*, 2003

Paemen, H. - Bensch, A.

(1995), Du GATT à l'OMC. La Communauté européenne dans L'Uruguay Round, *Leuven*, 1995

Paganizza V.

(2016), Eating insects, Crunching Legal Clues on Entomophagy, *in* RDAL, *www.rivistadirittoalimentare.it*, 1 - 2016, 16

Palmieri, A. - Pardolesi, R.

(2002), Difetti del prodotto e del diritto privato europeo, *in* Foro it., 2002, *IV*, 301

Paoloni, L.

(2005), Diritti degli agricoltori e tutela della biodiversità, *Torino*, 2005, 106

(2009), Prodotti tradizionali e filiere produttive, *in* RDAL, 1 - 2009, n. 1, 25

Paoloni, L. (ed.)

(2008), Alimenti, danno e responsabilità, *Milano*, 2008

Paoloni, L. - Colaneri, P.

(2011), Prodotti dietetici e destinati ad una alimentazione particolare, *in* Albisinni F. (ed.), BDDA, 2011, *www.leggiditaliaprofessionale.it*

Pardolesi, R. - Ponzanelli, G. (eds)

(1989), Commentario La responsabilità per danno da prodotti difettosi *in*

Le nuove leggi civili comm. , 1989, 497

Pardolesi, R.

(1989), Commento all'art. 15, *in Pardolesi, R. - Ponzanelli, G.* (ed.) 1989, 650

Parisio V. (ed.)

(2015), Food Safety and Quality Law: a Transnational Perspective, *Torino*, 2015

Parker R.W. - Alemanno A.

(2016), A Comparative Overview of EU and US Legislative and Regulatory Systems: Implications for Domestic Governance & the Transatlantic Trade and Investment Partnership, *in Columbia Journal of European Law*, *vol.* 22, *No.* 1, 2016

Pastori G.

(1982), Coordinamento e governo di una società complessa, *in G. Amato-G. Marongiu (eds)* 1982, 127

Patti S.

(1990), Ripartizione dell'onere, probabilità e verosimiglianza nella prova del danno da prodotti, *in Riv. dir. civ.* , 1990, *I*, 714

Petersmann E.U.

(1997), E. U. , The GATT/WTO dispute settlement system: international law, international organizations and dispute settlement, *London*, 1997

Petrelli L.

(1996), La nuova politica comunitaria di qualità dei prodotti agricoli e alimentari. Il regime delle attestazioni di specificità, denominazioni di origine, indicazioni geografiche, *Camerino*, 1996

(2003), Commento agli artt. 50 – 52 del reg. Ce n. 178/2002, *in* IDAIC (ed.) 2003, 428

(2009), Le nuove regole comunitarie per l'utilizzo di indicazioni sulla salute fornite sui prodotti alimentari, *in* RDA, 2009, *I*, 50

(2010), Il sistema di allarme rapido per gli alimenti ed i mangimi, *in* RDAL, *www. rivistadidirittoalimentare. it*, 4 – 2010, 14

(2011), Il sistema di allarme rapido, *in Albisinni F.* (ed.), BDDA, 2011, *www. leggiditaliaprofessionale. it*

(2012), I regimi di qualità nel diritto alimentare dell'Unione europea. Prodotti DOP IGP STG biologici e delle regioni ultraperiferiche, *Napoli*, 2012

Picker C.B.

(2005), Regional Trade Agreements v. The WTO: A Proposal for Reform of Article XXIV to Counter This Institutional Threat, 26 U. Pa. J. Int'l Econ. L., 267

Pizzoferrato A.

(2002), Brevetto per invenzione e biotecnologie, *Padova*, 2002

Povel C. - Van der Meulen B.

(2007), Scientific substantiation of health claims, *in* EFFL, 2007, 82

Power M.

(1997), The Audit Society: Rituals of Verification, *Oxford*, 1997

Rando G.

(2004), Tolleranza zero: per la Corte è una misura proporzionata se il rischio tocca la salute dei consumatori, *in* Diritto pubblico comparato ed europeo, 2004, 1473

Ratescu I.

(2010) Safe use of food additives under EU law, *in* EJRR, 4/2010

Reich A.

(2006 - 2007), The Agricultural Exemption in Antitrust Law: A Comparative Look at the Political Economy of market Regulation, *in* Texas Int. Law Journal *vol.* 42., 2006 - 2007, 843

Restrepo Yepes O. C.

(2009) El derecho alimentario como derecho constitucional. Una pregunta por el concepto y estructura del derecho constitucional alimentario, *in* OJU, 2009, 115 *at http://www. scielo. org. co/pdf/ojum/v8n16/v8n16a07. pdf*

Reyes Ríos N.

(1999), Derecho alimentario en el Perú: propuesta para desformalizar el proceso, *in* DPUCP, 1999, 773 *at file:///C:/Users/luis/Downloads/Dialnet-DerechoAlimentarioEnElPeru - 5002623%20(1). pdf*

Ricolfi M.

(1995), Bioetica, valori, mercato. Il caso del brevetto biotecnologico, *in* Riv. trim. dir. proc. civ., 1995, 635

(1999), I segni distintivi. Diritto interno e comunitario, *Torino*, 1999

Rihoney L

(2010), La controverse scientifique à la rencontre du phénomène juridique. Etude à la lumière du droit agroalimentaire, *PhD dissertation*, *Nantes*, 2010

Rizzioli S.

(2008), I principi generali del diritto alimentare nella legislazione e giurisprudenza comunitarie, *Roma*

(2011), Novels foods, *in* Albisinni F. (ed.), BDDA, 2011, *www. leggiditaliaprofessionale. it*

Roberts M.T.

(2016), Food Law in the United States, *Cambridge University Press*

Röcklinsberg H.

(2006), Consent and Consensus in Policies Related to Food-Five Core Values, Journal of Agriculture and Environment Ethics, 2006, *Volume* 19, *No* 3

Rodriguez Fuentes V.

(2003), El derecho agroalimentario, *Barcelona*, 2003

Rodriguez Fuentes V. (ed)

(2014), From agricultural to food law: the new scenario, *Wageningen Academic Publishers*, *The Netherlands*, 2014

Rodotà S.

(1998), Aspettando un codice, *in* Riv. Crit. Dir. Priv., 1998, 1 – 2

Rogy C.

(2005), Les Relations entre l'EFSA et les instances des États membres accomplissant des tâchesanalogues, *in* La création de l'Autorité européenne de sécurité des Aliments, enjeux et perspectives, *Études de l'IREDE*, *Presses de l'Université de Toulouse*, 2005, 59

Romagnoli E.

(1976 – 1977), Lezioni di diritto agrario comparato. Gli interventi comunitari in materia di strutture agricole, Dispense universitarie, *Firenze*, 1976 – 1977, *vol. I*, 25

Rook Basile E.

(1995), Prodotti agricoli, mercato di massa e comunicazione simbolica, *in* DGAA, 1995, 138.

(2000), La funzione pubblicitaria dei prodotti alimentari nel sistema del mercato agricolo, *in* Agricoltura e diritto. Scritti in onore di Emilio Romagnoli, *Milano*, 2000, 1087

(2001), I prodotti tipici, *in Germanò A. (ed.)* 2001, 171

(2002), Vecchie categorie per nuovi modelli, *in* Scritti in onore di Giovanni Galloni, *Roma*, 2002, *vol. I*, 268

(2003), I segni distintivi dei prodotti agricoli, *in* Costato L. (ed.) 2003, 73

(2005) L'informazione dei prodotti alimentari, il consumatore e il contratto, *in Germano' A. – Rook Basile E. (ed)* 2005, 3

(2011), I marchi dei prodotti alimentari, *in* Albisinni F. (ed.), BDDA, 2011, www. leggiditaliaprofessionale. it

Rook Basile E. - Germanò A. (eds)

(2003) Agricoltura e alimentazione tra diritto, comunicazione e mercato: verso un diritto agrario e agro-alimentare della produzione e del consumo, *Atti del Convegno Gian Gastone Bolla: Firenze 9 – 10 novembre 2001, Milano*, 2003

Rook Basile E. - Massart A. - Germanò A. (eds)

(2004), Prodotti agricoli e sicurezza alimentare, *Atti del 7° Congresso mondiale di diritto agrario, II, Milano*, 2004

Rook-Basile E. - Carmignani S. (eds.)

(2013), Sicurezza energetica e sicurezza alimentare nel sistema UE, *Milano, Giuffré ed.*, 2013

Rossi G.

(2000), La pubblicità dannosa, *Milano*, 2000

(2006), Il gioco delle regole, *Milano*, 2006

Rosso Grossman R.

(2005), Traceability and labelling of genetically modified crops, food and feed in the European Union, Journal of Food Law & Policy, 2005, 1, 43

Rubino V.

(2004), La direttiva 2003/89 CE "allergeni" fra efficacia verticale ed effetto regolamentare: profili di responsabilità del produttore di alimenti in caso di mancata trasposizione, *in* Alimenta, 2004

Russo L.

(2007), Fare cose con regole: standard private per la produzione alimentare nel commercio internazionale, *in* RDA, 2007, *I*, 607

(2010), La sicurezza delle produzioni tecnologiche, *in* RDAL, *www.rivistadidirittoalimentare.it*, n. 2 – 2010, 3

(2015), Contracts in the agri-food supply chain within the framework of the new Common Agricultural Policy, *in* REDUR (*Revista electrònica de derecho Universidad de La Rioja*) 13/2015, 177 – 206

Saker Woeste V.

(1998), The Farmers's Benevolent Trust, *Univ. of North Carolina Press*, 1998

Salvi L.

(2015*a*), The EU's 'Soft Reaction' to Nanotechnology Regulation in the Food Sector, *in* EFFLR, 3/2015, 186

(2015*b*), La regolazione soft delle nanotecnologie nel settore alimentare. Nuove forme (e incertezze) della disciplina europea, *in* RDAL, *www.rivistadirittoalimentare.it*, n. 2 – 2015, 13

Sands P.

(1995), Principles of International Environmental Law, *vol. I*, *Manchester*, 1995

Schavelzon S.

(2015), Plurinacionalidad y Vivir Bien/Buen Vivir: Dos conceptos leídos desde Bolivia y Ecuador post-constituyentes, *Ediciones Abya-Yala-CLACSO*, 2015, *Quito*

Schepel H.

(2005), The Constitution of Private Governance: Product Standards in the Regulation of Integrating Markets, *Oxford*, 2005

Sciaudone A.

(2014), I contaminanti negli alimenti, *in* RDA, 2014, 3

Scorzon A. - van der Meulen B. - Jiao L.

(2014), Organics in Chinese Food Law, *in* EFFLR, 3, 179

Sena G.

(2001), Il nuovo diritto dei marchi. Marchio nazionale e marchio comunitario, *Milano*, 2001

Severino E.

(2010), Macigni e spirito di gravità. Riflessioni sullo stato attuale del mondo, *Milano*, 2010

Sgarbanti G.

(1988), Le fonti del diritto agrario. Le fonti costituzionali e comunitarie, *Padova*, 1988

(1993), Mercato agricolo, *in* Digesto, *IV ed.*, Disc. priv., sez. comm., *IX*, *Torino*, 1993, 445

(2002), I principi generali della legislazione alimentare e il suo adeguamento alle norme internazionali *in* Rook Basile E. – Massart A. – Germanò A. (eds) 2004, 481

(2003a), Lalibera circolazione dei prodotti alimentari, *in* Costato L.

(ed.) 2003, 623

(2003b), Commento all'art. 4 del reg. Ce n. 178/2002, *in IDAIC* 2003, 189

Silvestri G.

(2005), Latutela dei diritti fondamentali nell'Unione europea dopo la Carta di Nizza, *in AA. VV.*, Studi in onore di Gianni Ferrara, *Torino*, 2005, 603

Sirsi E.

(2003), Commento all'art. 18 del reg. Ce n. 178/2002, *in IDAIC* (ed.) 2003, 265

(2005) A proposito degli alimenti senza OGM (Note sulle regole di etichettatura di alimenti e mangimi costituiti, contenenti e derivati da Ogm con particolare riferimento all'etichettatura negativa), *in* RDA, 2005, *I*, 30

Smith F.

(2009), Agriculture and The Wto. Towards a New Theory of International Agricultural Trade Regulation, *Celtenham*, 2009

Smith G.

(2009), Interaction of Public and Private Standards in the Food Chain, OECD Food, Agriculture and Fisheries Papers, *No* 15, *OECD Publishing*, 2009

Smorto G.

(2003), Certificazione di qualità e formazione tecnica, *in* Digesto (quarto), disc. priv. sez. civ, Agg., *Torino*, 2003, 205

Snyder F.

(1990), Diritto agrario della Comunità europea, Principi e tendenze, *Milano*, 1990

Snyder F. (ed.)

(2004), International Food Security and Global Legal Pluralism, *Bruxelles*, 2004

Sordelli L.

(1997), Denominazioni di origine ed indicazioni geografiche, *in* Enciclopedia del diritto, Aggiornamento, *vol. I*, *Milano*, 1997, 523

Spiller A. - Shulze H.

(2008), Sviluppi e sfide degli standard di certificazione nella filiera agroalimentare internazionale, *in Grazia C. – Green R. – Hammoudi A. (eds)*, Qualità e sicurezza degli alimenti. Una rivoluzione nel cuore del sistema agroalimentare, *Milano*, 51

Stolze M. - Lampkin M.

(2009), Policy for organic farming: Rationale and concepts, *in* Food Policy 34

Strambi G.

(2010a), I prodotti tradizionali e la politica di qualità dell'Unione Europea, *in* RDAL, ,*n.* 1 – 2010, 17

(2010b), Gli strumenti di promozione dei prodotti agroalimentari tradizionali ad alta vocazione territoriale alla luce della Comunicazione sulla politica di qualità di prodotti agricoli, *in* RDA, 2010, *I*, 109

(2014a), L'indicazione facoltativa di qualità "prodotto di montagna", *in* AIM, *n.* 1/2014, 123 *ss*

(2014b), La tutela delle "specialità tradizionali garantite" alla luce del reg. (UE) n. 1151/2012, *in* "Studi in onore di LuigiCostato", *vol. II*, *Diritto alimentare. Diritto dell'Unione europea*, *Napoli*, 2014, 365 *ss.*

Strukul M.

(2009), La certificazione di qualità come strumento di tutela del consumatore, Profili contrattuali e di responsabilità, *in* Obbligazioni e contratti, 2009, 732

Sun, J.

(2012), The evolving appreciation of food safety, *in* European Food and Feed Law Review, 7(2), 2012, *pp.* 84 – 85

Tamponi M.

(2003), La tutela del consumatore di alimenti: soggetti, oggetto e relazioni, *in-Rook Basile E. – Germanò A.* (eds) 2003, 301

Teubner G.

(2005), La cultura del diritto nell'era della globalizzazione. L'emergere delle Costituzioni civili, *Roma*, 2005

Thompson D. - Hu Y.

(2007), Food safety in China: new strategies, *in* Global Health Governance, 1 (2), 4

Torchia L.

(2006), Il governo delle differenze. Il principio di equivalenza nell'ordinamento europeo, *Bologna*, 2006

Torresetti G. (ed.)

(2008), Diritto, politica e realtà sociale, *Macerata*, 2008

Trapè I.

(2003), Commento all'art. 27 del reg. Ce n. 178/2002, *in IDAIC* (ed.), Le nuove leggi civ. comm., 2003, 313

Ulate Chacón E. - Vasquez Vasquez R.

(2008), Introducción al Derecho Agroalimentario, *San José*

Valero Flores C. N.

(2007), El derecho a la alimentación y la Soberanía alimentaria,

Mexico, 2007 at http://www5. diputados. gob. mx/index. php/esl/content/download/18383/92600/file/Soberania%20alimentaria. pdf

Valletta M.

(2003a), Commento all'art. 136 del reg. Ce n. 178/2002, *in IDAIC* (ed.), Le nuove leggi civ. comm., 2003, 228

(2003b), Biotecnologia, agricoltura e sicurezza alimentare: il nuovo regolamento sui cibi geneticamente modificati ed il processo di sistematizzazione del quadro giuridico comunitario, *in* Dir. Pubbl. Comp. Eur., 2003, 1493

Van Der Koojl P.A.C.E.

(1997), Introduction to the EC Regulation on Plant Variety Protection, *London-The Hague-Boston*, 1997, 36

Van der Meulen B.

(2014), EU Food Law Handbook, *Wageningen Academic Publishers, The Netherlands*

Van der Meulen B. - Van der Velde M.

(2008), European Food Law Handbook, *Wageningen Academic Publishers, The Netherlands*

Van der SpiegelM. - Noordam M.Y. - Fels - Klerx H.J.

(2013), Safety of novel protein source (insects, microalgae, seeweed, duckweed, *in* Comprehensive Reviews in Food Science and Food Safety, 2013, *vol.* 12, 6, 662

Vanzetti A.

(1998), Lafunzione del marchio in un regime di libera cessione, *in* Riv. dir. ind., 1998, *I*, 78

Vanzetti A. - Di Cataldo V.

(2000), Manuale di diritto industriale, *Milano*, 2000

参考文献

Vapnek, J. and Spreij, M.

(2005), Perspectives and guidelines on food legislation, with a new model food law, *the Development Law Service*, *FAO Legal Office*

Vaqué L.G.

(2014), El TJUE clarifica el concepto de "carne separada mecánicamente": la sentencia "Newby Foods Ltd" de 16 de octubre de 2014, *in* RDAL, *www. rivistadirittoalimentare. it*, 4 - 2014, 4

Venit J.S.

(2003), Brave New World: the Modernization and Decentralization of Enforcement Under Articles 81 and 82 of the EC Treaty, *in* 40 Common Market L. Rev., 2003, 545

Verdure C.

(2008), The (EC) regulation on microbiological criteria: a general overview, European Food and feed Review, 3/2008

Vitolo R.

(2003), Il diritto alimentare nell'ordinamento interno e comunitario, *Napoli*, 2003

Volpato A.,

(2015) La riforma del regolamento sui Novel Food: alla ricerca di un impossibile equilibrio?, *in* RDAL, *www. rivistadirittoalimentare. it*, 4 - 2015, 26

Watson A.

(1974), Legal Transplants: An Approach to Comparative Law, *Edinburgh*

Will M. - Guenther D.

(2007), Food Quality and Safety Standards as Required by EU Law and the Private Industry, *II edition*, *Deutsche Gesellschaft für Technische Zusammenarbeit* (*GTZ*), *http://www2.gtz.de/dokumente/bib/07-0800.pdf*

Ziller J.

(2003), La nuova Costituzione europea, *Bologna*, 2003

WHO

(1996), Guideline for strengthening a national food safety programme, *WHO/FNU/FOS/96.2*, 1996, 12

WTO

(2001), (*Economic Research and Analysis Division*), Market access: unfinished business. Post-Uruguay Round inventory and issues, *Geneva*, 2001